# ASPECTOS CONTROVERTIDOS DA LEI DE IMPROBIDADE ADMINISTRATIVA:

## UMA ANÁLISE CRÍTICA A PARTIR DOS JULGADOS DOS TRIBUNAIS SUPERIORES

CLÁUDIO SMIRNE DINIZ
MAURO SÉRGIO ROCHA
RENATO DE LIMA CASTRO
(Organizadores)

# ASPECTOS CONTROVERTIDOS DA LEI DE IMPROBIDADE ADMINISTRATIVA:
## UMA ANÁLISE CRÍTICA A PARTIR DOS JULGADOS DOS TRIBUNAIS SUPERIORES

ASPECTOS MATERIAS

VOLUME 1

2ª TIRAGEM
2018

Del Rey editora
Belo Horizonte
2016

Impresso no Brasil | *Printed in Brazil*

EDITORA DEL REY LTDA
www.editoradelrey.com.br

**Editor:** Arnaldo Oliveira

**Editor Adjunto:** Ricardo A. Malheiros Fiuza

**Editora Assistente:** Waneska Diniz

**Revisão:** RESPONSABILIDADE DOS AUTORES

**Diagramação:** Lucila Pangracio Azevedo

**Capa:** Alfstudio

**Editora / MG**

Rua dos Goitacases, 71 – Loja 24A – Centro

Belo Horizonte-MG – CEP 30190-909

Comercial:

Tel.: (31) 3293 8233

vendas@editoradelrey.com.br

Editorial:

editoraassistente@editoradelrey.com.br



A838 Aspectos controvertidos da Lei de Improbidade Administrativa: uma análise crítica a partir dos julgados dos tribunais superiores. / Cláudio Smirne Diniz, Mauro Sérgio Rocha, e Renato de Lima Castro (Org.). Belo Horizonte: Del Rey, 2016. 2ª Tiragem, 2018.

v.1, xvi + 320 p.

ISBN: 978-85-384-0436-1

1. Improbidade administrativa. I. Diniz, Cláudio Smirne (Org.) II. Rocha, Mauro Sérgio (Org.). III. Castro, Renato de Lima Castro (Org.).

CDU: 35.086:343.35

# ESCREVERAM NESTA OBRA

**ANA PAULA PINA GAIO**

Especialização em direito público com ênfase em direito administrativo pela Universidade Federal do Paraná. Especialização em direito criminal na Unicuritiba. Mestrado em Direito Econômico e socioambiental na PUC-PR. Promotora de Justiça.

**CARLOS ALBERTO HOHMANN CHOINSKI**

Promotor de Justiça. Especialista em Direito Público pela Universidade Federal do Paraná. Especialista em Direito Processual Civil pela Universidade Federal do Paraná. Professor da disciplina "Tutelas Coletivas" (Fempar).

**CLÁUDIO SMIRNE DINIZ**

Bacharel em Direito pela PUC-SP (1995). Bacharel em Economia pela PUC-SP (1994). Mestre (2007) e Doutor em Direito pela PUC -PR (2012). Professor de Direito Administrativo. Promotor de Justiça com atuação na área da proteção ao patrimônio público.

**EGON BOCKMANN MOREIRA**

Mestre e Doutor em Direito. Professor da Faculdade de Direito e do Programa de Pós-Graduação em Direito da UFPR. Advogado.

**EMERSON GARCIA**

Doutor e Mestre em Ciências Jurídico-Políticas pela Universidade de Lisboa. Especialista em *Education Law and Policy* pela *European Association for Education Law and Policy* (Antuérpia – Bélgica) e em Ciências Políticas e Internacionais pela Universidade de Lisboa. Membro do Ministério Público do Estado do Rio de Janeiro, Consultor Jurídico da Procuradoria Geral de Justiça e Diretor da Revista de Direito. Consultor Jurídico da Associação Nacional dos Membros do Ministério Público (CONAMP). Membro da *American Society of International Law* e da *International Association of Prosecutors* (Haia – Holanda).

**FÁBIO ANDRÉ GUARAGNI**

Possui graduação em Direito pela Faculdade de Direito de Curitiba (1992), graduação em Administração de Empresas pela Universidade Federal do Paraná (1991), Mestrado em Direito pela Universidade Federal do Paraná (1998) e Doutorado em Direito das Relações Sociais, com ênfase em Direito Penal, pela Universidade Federal do Paraná (2002). Realizou estágio Pós-Doutoral na Università degli Studi di Milano (2012). Atualmente é professor titular do Centro Universitário Curitiba - UNICURITIBA, professor da Escola da Magistratura do Paraná - EMAP e professor da Fundação Escola do Ministério Público do Paraná - FEMPAR. Possui livros publicados, dentre eles, Teorias da Conduta em Direito Penal, pela Editora Revista dos Tribunais. Promotor de Justiça no Estado do Paraná, tem experiência na área de Direito, com ênfase em Direito Público, atuando principalmente nos seguintes temas: direito penal, processo penal, direito penal ambiental, sociedade de risco e direito penal econômico.

**JACSON LUIZ ZILIO**

Doutor em Direito Penal e Criminologia pela Universidade Pablo de Olavide, de Sevilha/Espanha, com revalidação pela Universidade Federal do Paraná. Professor de Direito Penal e Criminologia do Instituto de Criminologia e Política Criminal (ICPC), da Escola da Magistratura do Paraná (EMAP), da Universidade Positivo (licenciado), da Fundação Escola Superior do Ministério Público do Paraná (FEMPAR) e do Centro Sulamericano de Ensino Superior/CESUL (licenciado). Investigador do Grupo de Pesquisas "Modernas Tendências do Sistema Penal" (Centro Universitário Franciscano do Paraná/FAE). Promotor de Justiça do Ministério Público do Estado do Paraná.

**MÁRIO SÉRGIO DE ALBUQUERQUE SCHIRMER**

Procurador de Justiça. Mestre em Direito Administrativo pela Universidade Federal do Paraná.

**MAURO SÉRGIO ROCHA**

Promotor de Justiça no Estado do Paraná. Doutor em Direito pela Universidade Federal do Paraná. Mestre em Direito pela Universidade Estadual de Maringá. Professor de Direito Processual Civil da Fundação Escola do Ministério Público do Paraná - Fempar e da Academia Brasileira de Direito Constitucional – ABDConst.

**PAULO OVÍDIO DOS SANTOS LIMA**

Promotor de Justiça. Graduado em Direito pela Faculdade de Direito de Curitiba. Especialista em Direito Administrativo Aplicado pelo Instituto Bacellar. Atualmente titular da 1ª Promotoria de Proteção ao Patrimônio Público de Curitiba.

**RENATO DE LIMA CASTRO**

Mestre em Direito Penal pela Universidade Estadual de Maringá; pós-graduado em Direito Penal e Econômico e Europeu, Coimbra; Ex Procurador do Estado. Professor de Direito Penal; Promotor de Justiça com atribuições na Promotoria de Defesa do Patrimônio Público de Londrina.

**RODRIGO LEITE FERREIRA CABRAL**

Doutorando em Ciências Jurídicas e Políticas pela Universidad Pablo de Olavide/Espanha, mestre em Criminología y Ciencias Forenses pela mesma Instituição (2011). É especialista em Direito Constitucional (2009). Possui graduação em Direito pela Faculdade de Direito de Curitiba (2003). É Promotor de Justiça do Ministério Público do Estado do Paraná. Foi pesquisador-visitante do Max-Planck-Institut para Direito Penal Estrangeiro e Internacional em Freiburg, Alemanha (2013). É professor do curso de especialização em Direito Penal e Processo Penal da Unicuritiba, Professor da FEMPAR e do Curso Luiz Carlos.

**VITOR HUGO NICASTRO HONESKO**

Mestre em Filosofia do Direito e do Estado pela Pontifícia Universidade Católica de São Paulo, Professor da Fundação Escola do Ministério Público do Estado do Paraná (FEMPAR) e Promotor de Justiça no Estado do Paraná.

**WALTER CLAUDIUS ROTHENBURG**

Doutor em Direito do Estado (1998) e Mestre em Direito Público (1993) pela Universidade Federal do Paraná (1998). Pós-graduado em Direito Constitucional pela Universidade de Paris II (1992), Graduação em Direito pela Universidade Federal do Paraná (1988). Professor da Instituição Toledo de Ensino - ITE e convidado de diversas instituições de ensino. Autor de livros (p. ex.: "Direito Constitucional", 2010; "Inconstitucionalidade por omissão e troca de sujeito", 2005;

"Princípios Constitucionais", 1999; "A pessoa jurídica criminosa", 1997) e artigos. Procurador Regional da República em São Paulo. Atuação nas seguintes áreas: Direito Constitucional, Direitos Fundamentais, Controle de Constitucionalidade, Ministério Público, Povos e Comunidades Tradicionais, Meio Ambiente e Patrimônio Histórico, Direito Previdenciário.

# SUMÁRIO

# APRESENTAÇÃO

É comum aos autores que se uniram para a construção desta coletânea a preocupação, tanto profissional, quanto acadêmica, acerca da efetividade do Direito e, especialmente, em relação à maneira pela qual este poderia contribuir para o controle da Administração Pública, notoriamente marcada pelas práticas ineficientes, pelos desvios e malversações.

Com este propósito inicial, portanto, a obra coletiva que ora se apresenta pretende acrescentar ao quanto já se dispõe na doutrina do Direito Administrativo Sancionador, questionamentos alusivos à avaliação dos resultados concretos, trazidos pelo microssistema de proteção ao patrimônio público, notadamente pela Lei de Improbidade Administrativa.

Tais instigações, pautadas sempre pelo desejo de se avançar em termos de obtenção, pelos instrumentos jurídicos, da máxima probidade, operaram-se mediante a análise crítica da Lei de Improbidade Administrativa, à luz da jurisprudência atual sobre o tema, especialmente no âmbito dos Tribunais Superiores.

O projeto não se esgota neste volume, pois três outros subsequentes foram idealizados. Sendo assim, haverá espaço para que também sejam estudados os aspectos investigatórios do ato de improbidade administrativa, as especificidades processuais e também casos concretos que se tornaram paradigmas no tratamento da matéria. No presente volume, o primeiro deles, destacou-se os principais pontos relacionados ao direito material.

Os estudos foram divididos em quatorze artigos, englobando as características marcantes do ato de improbidade administrativa, seus sujeitos, o elemento subjetivo, o erro – escusável ou não –, a tipologia e as sanções.

O artigo "A Lei de Improbidade Administrativa no contexto do controle da Administração Pública: semelhanças e distinções entre o Direito Administrativo e o Direito Penal", da autoria de Fábio André Guaragni, inaugura a obra com a abordagem acerca dos principais elementos caracterizadores do ato de improbidade administrativa, estabelecendo-se paralelo entre este e os crimes praticados contra a Administração Pública, previstos, essencialmente, no Código Penal, destacando seus pontos de contato e de distanciamento.

Os sujeitos do ato de improbidade administrativa foram estudados nos seguintes artigos: i) "Aplicação da Lei de Improbidade Administrativa aos agentes políticos", de Emerson Garcia, texto em que se enfoca criticamente o entendimento do Supremo Tribunal Federal, exposto na Reclamação 2.138-DF; ii) "Improbidade Administrativa e Ato Legislativo: responsabilidade do parlamentar na Lei de Improbidade Administrativa (n.º 8429/92)", de Renato de Lima Castro, em que o autor define os contornos dentro dos quais se configura a responsabilidade, temperada pelo § 1º do art. 27 e pelo inc. VIII do art. 29, ambos da Constituição Federal; e, iii) "O Terceiro Setor como sujeito do ato de improbidade administrativa", de Cláudio Smirne Diniz, em que se analisa a Lei de Improbidade Administrativa como instrumento de controle do Terceiro Setor, diante da redefinição dos espaços público e privado, trazida pela Reforma do Estado.

Rodrigo Leite Ferreira Cabral escreveu sobre "O elemento subjetivo do ato de improbidade administrativa", enfatizando a ausência de conceitos próprios do Direito Administrativo neste segmento; e, em parceria com Jacson Luiz Zilio sobre "A teoria penal do erro de proibição e sua aplicação na improbidade administrativa", em que se faz remissão à teoria da culpabilidade do Direito Penal e seus reflexos no Direito Administrativo.

Dos atos de improbidade que importam em enriquecimento ilícito, Mauro Sérgio Rocha analisou, especificamente, "A evolução patrimonial incompatível prevista no art. 9º da Lei 8.429/92", enfrentando questões sensíveis atinentes ao tema, tais como a presunção relativa de responsabilidade decorrente do patrimônio a descoberto, em contraposição ao princípio da presunção de inocência.

Dos atos que causam dano ao erário, Mário Sérgio de Albuquerque Schirmer sugere importantes reflexões sobre o "Dano indireto para fins do art. 10 da Lei 8.429/92". Neste ensaio, o autor ingressa nos efeitos advindos do ato ímprobo, tido como nulo, na hipótese de ter havido contraprestação pelo particular, quer agindo ou não de boa fé.

Walter Claudius Rothenburg analisa "O ato de improbidade administrativa que atenta contra os princípios da administração pública", conferindo especial ênfase ao elemento subjetivo necessário à configuração das hipóteses do art. 11 da Lei de Improbidade Administrativa.

As sanções cominadas ao ato de improbidade administrativa foram objeto de dois artigos: "A cassação da aposentadoria como efeito da condenação pela prática de ato de improbidade administrativa", da autoria de Vitor Hugo Nicastro Honesko; e "Efeitos jurídicos decorrentes da suspensão dos direitos políticos e da perda da função pública", elaborado por Carlos Alberto Hohmann Choinski.

"A prescrição da ação de improbidade administrativa" é o tema abordado por Ana Paula Pina Gaio. A autora analisa as principais controvérsias jurisprudenciais existentes acerca da interpretação do art. 23 da Lei de Improbidade Administrativa, quer nas hipóteses em que o agente público mantém vínculo duradouro com a Administração, quer naquelas marcadas pela transitoriedade.

Após estas abordagens, Paulo Ovídio dos Santos Lima, como uma espécie de conclusão ao que fora exposto, constrói "Análise crítica da Lei de Improbidade Administrativa sob a perspectiva de sua efetividade", enfatizando os grandes avanços proporcionados pela Lei em termos de combate à corrupção, assim como os principais fatores de entrave a serem enfrentados.

Por fim, ainda que aparentemente se afaste da temática central da obra – a análise da Lei de Improbidade Administrativa frente às decisões dos Tribunais Superiores –, entendeu-se conveniente a incursão na recente Lei 12.846/2013, já conhecida como Lei Anticorrupção, a qual trata da responsabilização administrativa e civil das pessoas jurídicas pela prática de atos contra a Administração Pública, o que se aperfeiçoa independentemente de qualquer elemento subjetivo, vale dizer: dolo ou culpa, sem prejuízo da própria responsabilidade subjetiva individual de seus respectivos dirigentes.

Atribui-se a ampliação do objeto da pesquisa ao fato de a aplicação da Lei Anticorrupção (Lei 12.846/2013), ao contrário do que ocorre com a Lei de Improbidade Administrativa, independer da efetiva participação de qualquer agente público no ato ilícito. Nesse sentido, a Lei Anticorrupção passa a integrar, ao lado e complementarmente à Lei de Improbidade Administrativa, o microssistema, material e processual, de controle do patrimônio público.

Sobre esta temática, o texto, de autoria de Egon Bockmann Moreira, versa sobre as inovações trazidas pela Lei, especialmente no que diz respeito à responsabilização objetiva, nos moldes já estabelecidos pela Legislação Ambiental e Antitruste, os graus de desconsideração/consideração da pessoa jurídica e, ainda, a necessidade de sua regulamentação.

Ao fim, é de se dizer que se espera, com a oferta da presente publicação, o incentivo ao debate, o convite a se revisitar entendimentos, talvez precocemente sedimentados, a reavaliação de fundamentos que podem merecer melhor técnica. Mais amplamente, guarda-se a intenção de conferir maior concretude ao Direito que se mostra útil na exata medida em que serve à construção de um Estado consistente e, a partir disso, de um ambiente mais próspero para se viver.

Setembro de 2015.

*Cláudio Smirne Diniz*

*Mauro Sérgio Rocha*

*Renato de Lima Castro*

# A LEI DE IMPROBIDADE ADMINISTRATIVA NO CONTEXTO DO CONTROLE DA ADMINISTRAÇÃO PÚBLICA: SEMELHANÇAS E DISTINÇÕES ENTRE O DIREITO ADMINISTRATIVO E O DIREITO PENAL

*Fábio André Guaragni*[1]

*Sumário: 1. Introdução. 2. Um recorte sociológico do ambiente de formação e aplicação da Lei de Improbidade Administrativa (LIA). 3. Pontos comuns entre a Lei de Improbidade Administrativa e o Direito Penal. 4. Consequências de uma assimilação da LIA pelo Direito Penal. 5. Distinções formais e materiais entre o Direito Penal e a Lei de Improbidade Administrativa e conclusões correlatas. 6. Bibliografia.*

## 1. INTRODUÇÃO

A confrontação entre o direito penal, enquanto tradicional ramo do direito, com características e principiologia próprias, e o conteúdo constante da Lei de Improbidade Administrativa – com inegável perfil público-sancionador – é um manancial de oportunidades de debate. Derivam tais oportunidades, sobretudo, das semelhanças e diferenças

---

[1] Promotor de Justiça do Ministério Público de Estado do Paraná. Doutor e Mestre em Direito das Relações Sociais pela UFPR. Pós-Doutor pela *Università degli Studi di Milano*. Professor de Direito Penal Econômico do Programa de Mestrado em Direito do Centro Universitário Curitiba – UNICURITIBA. Professor de Direito Penal da FEMPAR – Fundação Escola do Ministério Público do Paraná e da Escola da Magistratura Federal do Paraná.
Este texto toma por base palestra proferida em comemoração aos vinte anos de vigência da Lei de Improbidade Administrativa, em evento realizado na sede da Procuradoria Geral de Justiça do Estado do Paraná, em 14.06.2012.

que podem ser encontradas quando cotejados os dois campos jurídicos, bem como das relações que ambos podem travar e das consequências daí derivadas.

Neste texto, inicia-se trabalhando alguns aspectos sociológicos delineadores tanto do ambiente formativo da Lei de Improbidade Administrativa, como de sua aplicação, nos últimos vinte anos. Depois, abordam-se pontos em que há comunhão de traços entre o Direito Penal e a Lei de Improbidade Administrativa. Há aspectos de quase sobreposição dos dois sistemas de controle social – e ambos o são.

Na sequência, são destacadas eventuais consequências derivadas da proximidade do Direito Penal com a Lei de Improbidade Administrativa. Tais consequências são – aponte-se de logo – perigosas para o bom sucesso da empreitada de combate a corrupção lato senso no Brasil. Justamente porque perigosas, convém ao final separar Direito Penal e sistema jurídico-legal de controle da Improbidade Administrativa, mediante a indicação das respectivas diferenças formais e materiais. Diferenças materiais serão apresentadas num sentido propositivo. Pretende-se, com tais diferenciações, evidenciar que o Direito Penal não é absorvente ou consuntivo quanto às hipóteses de improbidade.

De partida, então, que fique clara a preocupação que motiva este trabalho: a aproximação do Direito Penal com a Lei de Improbidade – sem que sejam visualizadas as distinções respectivas – é deletéria para as conquistas derivadas da aplicação da LIA desde o início de sua vigência em 1992. Através desta aproximação, mecânicas que há muito minam a eficiência da proteção de bens jurídicos através do Direito Penal podem ser estendidas ao campo da improbidade. A título de exemplo, um só é suficiente: a equiparação dos dois setores ameaça conduzir, recorrentemente, à extensão do foro privilegiado para o campo da improbidade. E, por conseguinte, de toda a gama de dificuldades por ele geradas, desde a distância entre o local dos fatos e provas de um lado, e das autoridades judicial e investigadora de outro, passando pelo desaparelhamento e burocracia dos Tribunais para a condução de processos de conhecimento em competência originária (já que precipuamente examinam feitos em grau recursal e para isso estão estruturados), dentre outros problemas.

Eis o percurso a ser seguido, eis o motivo da caminhada.

## 2. UM RECORTE SOCIOLÓGICO DO AMBIENTE DE FORMAÇÃO E APLICAÇÃO DA LEI DE IMPROBIDADE ADMINISTRATIVA (LIA)

Pretende-se, de partida, um recorte sociológico singelo, porém capaz de caracterizar aspectos do panorama social brasileiro no momento de criação e implantação da Lei 8429/92, de Improbidade Administrativa. Trata-se de um rápido diagnóstico, demarcado no tempo – fim do século XX e começo do século XXI – e no lugar. Ambienta-se, com isto, a questão da improbidade administrativa.

O primeiro aspecto sociológico que interessa ao processo formativo e aplicativo da lei de improbidade é a questão do deslocamento do eixo do poder. O Estado-nação, na virada do século XIX para o XX (há coisa de cem anos, portanto), ocupava ainda a posição de agência hegemônica de poder. Esta grande agência de poder perdeu força. Foi substituída – parcial ou integralmente, a depender do campo da vida para o qual se olhe – por outra grande agência de poder: a corporação industrial. Há interessante estatística, datada de 1999, selecionada por MÁRIO FERREIRA MONTE, elencando empresas entre os sessenta maiores Produtos Internos Brutos[2] do mundo. Na virada do século XX para o XXI, por exemplo, o 23º PIB mundial era produzido pela General Motors, seguida da Dinamarca. Após, em 26º lugar, a Ford, seguida da Noruega. A Sumimoto, do Japão, era o 40º PIB, seguido de Malásia e Portugal[3]. Eram corporações industriais mais potentes que importantes estados nacionais.

Vários motivos explicam este deslocamento do eixo do poder, do Estado nacional para a corporação industrial. Dentre eles, a deslocação do discurso do poder do universo político para o poder da informação técnica[4]. Ao invés de grandes ideologias que tentam programar e domar o mundo, microdecisões concretas, exaltando a razão técnico

---

2 MONTE, Mário Ferreira. "Apontamento Introdutório". Prefácio à obra de Paulo Silva Fernandes *Globalização, "sociedade de risco" e o futuro do direito penal.* Coimbra: Almedina, 2001, p. 17.

3 Idem, pp. 17-18. A crise de 2008, conquanto possa ter alterado posições, certamente não afastou *players* privados desta listagem.

4 **O Fim da Democracia.** Trad. Howard Maurice Johnson e Amaury Temporal. 2ª. Ed. Rio de Janeiro: Bertrand Brasil, 1999, p. 30: "*o poder depende sempre*

-instrumental. Esta derrocada do discurso político ideológico evidencia-se no esgotamento, por exemplo, dos próprios partidos políticos e seus projetos, enquanto depositários de esperança e fidelidade. Detentor do novo poder, retirado da velha agência estatal, é quem detém informação técnica[5]. Esta informação, critério definidor da detenção de poder, provém da pesquisa científica, proposta, financiada e desenvolvida preponderantemente pelo mundo corporativo-industrial. O poder deixa de passar pelo discurso político para tornar-se, antes, discurso econômico, gravitando em torno de informações tecnológicas. Todo esse movimento faz com que a agência chamada Estado se enfraqueça diante do poder econômico da corporação industrial. O que isso tem a ver com a Lei de Improbidade Administrativa? Tudo, porque isso muda a face da corrupção, a corrupção ganha uma nova cara.

Há cento e vinte anos, a corrupção era uma barreira que um funcionário colocava para alguém participar de uma atividade da vida econômica: se não pagasse a propina, não participava. Assim, o pagamento de propinas assumia a feição de "espécie de imposto ou mal necessário que não merece nenhuma reprovação" (NIETO MARTÍN)[6]. Preponderava o olhar sobre o funcionário corrupto, encastelado na agência de poder consistente no Estado nacional. Hoje, a corrupção é alimentada pelo corruptor, como parte do negócio. Há uma mudança da característica da corrupção[7]. O agente econômico privado, uma

---

*do domínio das informações*". Acrescenta, no mesmo compasso, uma curiosa definição do lobista: *"O lobista é um corredor de informações"*.

5 A sociologia do risco, de fim de século XX, surge como contenção destes riscos, colocando em cheque já a nova agência de poder. Para uma crítica ao projeto resultante da razão técnico-instrumental, SANTOS, Boaventura de Souza. *Um discurso sobre as ciências. 16ª ed.* Porto: Afrontamento, 2010. Para as grandes linhas da sociologia do risco, v.g., BECK, Ulrich. *La sociedad del Riesgo Mundial.* Barcelona: Paidós, 2008.

6 NIETO MARTÍN, Adán. "La privatización de la lucha contra la corrupción. In **El Derecho Penal Económico en la era del Compliance.** Directores Luis Arroyo Zapatero e Adán Nieto Martín. Valencia: Tirant ló Blanch, 2013, p. 191.

7 Do mesmo sentir, BAIGÚN, David e BISCAY, Pedro. "Actuación preventiva de los organismos estatales y no estatales en el ámbito de la corrupción y la criminalidad económica". In **Delincuencia económica y corrupción: su prevención en Unión Europea y el MERCOSUR. Coord. David Baigún e Nicolás Garcia Rivas.** Buenos Aires: Ediar, 2006, p. 16.

vez corrompendo, não perde um pouco para participar de uma determinada área da vida econômica. Ao contrário, quando corrompe, tem uma garantia de que ganhará, adiante, mais do que ganharia. Isto vale tanto para a corrupção em sentido estrito (o tipo penal dos arts. 333 e 317, CP, ligados), como *lato sensu,* como por exemplo a ideia de um superfaturamento em licitação. Não é que o agente privado corruptor perca um pouco. A corrupção fá-lo ganhar mais do que ganharia, é produtiva pelo ponto de vista econômico e se integra como parte do negócio. Diante disto, a corrupção muda de feição: não está mais clivada no corrupto, mas no corruptor[8].

A própria forma como os episódios famosos de corrupção aparecem na mídia talvez reforce esta percepção. A agência corruptora, situada na iniciativa privada, por ser detentora de poder, consegue passar discreta à percepção pública. Esquiva-se. O olhar todo é voltado ao corrupto, pertencente ao Estado, enquanto agência enfraquecida de poder. Há alguns anos, o caso emblemático da descoberta de pensões alimentícias pagas por empreiteira como "gentileza" ao Presidente do Senado da República Renan Calheiros levou a uma devassa de sua vida. Via-se a devassa da vida do corrupto, mas nada, absolutamente nada, havia de devassa nas atividades da empreiteira corruptora. Se uma construtora corrompe um alto cargo da República, o que fará nas centenas de contratos que possui com Prefeituras espalhadas pelo país? Mas, aparentemente, não havia jornalismo investigativo interessado nesta face da moeda. De onde vem esta neutralização,

---

8 "A corrupção está passando a ser 'coisa de dois'. A política criminal mais recente responsabilizou também as empresas na luta contra a corrupção", afirma NIETO MARTÍN, Adán. "La privatización de la lucha contra la corrupción. In **El Derecho Penal Económico en la era del Compliance.** Directores Luis Arroyo Zapatero e Adán Nieto Martín. Valencia: Tirant ló Blanch, 2013, p. 192. Segundo o autor, exige-se das empresas medidas internas de prevenção à corrupção (aí entrando programas eficientes *ex ante* de *compliance*), preveem-se penas para corrupção internacional, tanto para os corruptores como para o ente coletivo, bem como proibição de subornos a funcionários públicos e "dirigentes ou empregados de outras empresas". De fato, pelo motivo da corrupção ser "coisa de dois", há um novo problema a ser atacado no universo da economia: a corrupção privada, em que uma agência corporativa, corrompendo funcionário de outra, gera-lhe prejuízo. Há uma franca tendência de tipificação penal da corrupção privada.

esta esquiva da agência corruptora, pela qual consegue passar discreta diante da censura pública? Não é desacertado sugerir que: 1- seja produto do próprio controle corporativo privado da atividade de imprensa; 2- da dependência das empresas de imprensa de patrocinadores que figuram, cotidianamente, como estruturas corruptoras; 3- do domínio de ambiente hegemônico das agências de poder corporativas privadas, capaz de deslocar a carga da reprovação pública da corrupção *lato sensu* para o Estado e seus eventuais agentes corruptos. Naturalmente não se advoga aqui uma exoneração do agente público. Óbvio que não. Enquanto guardião de parcelas de *res publica,* inerentes à sua função ou cargo, deve por ela velar e, no desvio, ser censurado. Mas a *res publica* é, de fato, coisa de todos, inclusive das agências privadas corruptoras, que não podem passar discretas pelo processo público de reproche.

O que acontece nesse ambiente de mudança de face do fenômeno da corrupção? O Estado intensifica controles da atividade econômica, para evitar os desvios de conduta que, em seu seio, tenham ligação com agentes econômicos externos privados. Porém, falha. Falha porque há um descompasso entre sua estrutura, marcada por competências territoriais, com a estrutura e consequente atividade dos agentes da vida econômica, supraterritorial[9]. A economia transcende os limites de soberania territorial, eis que, nela e no "comércio em geral, tudo se compra e se vende em e para todos os lugares do mundo, em um grau de rapidez muito mais alucinante do que alguma vez sucedeu", conforme pontua PAULO SILVA FERNANDES[10]. Agências territoriais controlando fenômenos supraterritoriais...

---

[9] Acerca de fenômenos de risco não respeitarem fronteiras geográficas, calha consultar BECK, Ulrich. **La sociedad del Riesgo Mundial**, p. 63. A propósito da derrocada do poder de Estado no marco neoliberal dos anos 90, v. ZAFFARONI, Eugenio Raúl. "La Globalización e las atuales orientaciones de la política criminal", in **Direito Criminal,** pp. 14-15, assinalando que se produziu uma "redução do poder regulador econômico de todos os estados, embora em diferente medida, invocando-se a necessidade de favorecer um mercado mundial". Como reflexo desta perda de poder, os estados "perderam sua capacidade de mediação entre capital e trabalho".

[10] FERNANDES, Paulo Silva. **Globalização, "sociedade de risco" e o futuro do direito penal.** Coimbra: Almedina, 2001, p. 36.

Como não há, todavia, a perspectiva estatal de atuar para além de limites territoriais sem depender de outra agência, há uma insistência no uso das instâncias de controle social, pelas quais ainda detém o monopólio institucional da força. Perdendo paulatinamente força, compensa com reforços de controle social. Reforça o poder administrativo sancionador e inclusive faz com que o Direito Penal seja chamado para auxiliar o Direito Administrativo. É como se o Estado batesse às portas do seu Direito Penal e convocasse-o: "vem cá, ajuda meu Direito Administrativo a se fazer respeitar. Só com ele, não consigo dar conta de fazer o controle da vida econômica, já que a corporação industrial ficou maior do que eu, não consigo controlá-la...".

O Direito Penal assume o papel de apoio ao Direito Administrativo – uma face da administrativização do Direito Penal[11] – prevendo uma série de crimes em que o que se protege é a própria atividade administrativa. A mais emblemática é a Lei de Crimes Ambientais: crime é praticar este, aquele ou aqueloutro comportamento sem licença estatal, autorização estatal, contra regulamento estatal, etc. O que se está protegendo é o meio ambiente ou a administração estatal do ambiente, com suas licenças, autorizações e regulamentos? O Direito Penal caminha em direção ao Direito Administrativo, para armá-lo de um braço mais forte ou poderoso. Rompe-se um princípio clássico de intervenção mínima jurídico-penal. *Pari passu,* acontece uma expansão do Direito Administrativo Sancionador. Novamente: a resposta que o Estado dá ao descontrole é tentar fazer mais controles (mais do mesmo). Vai criando mais legislação sancionadora na base do seu

---

[11] STRATENWERTH, Günter. *Derecho Penal. Parte General.* Buenos Aires: Hammurabi, 2005, p. 57. Sobre a produção de normas penais inspiradas em normas administrativas, v. MACHADO, Édina Maria dos Santos. A administrativização do direito penal em face da sociedade do risco e a flexibilização dos princípios e garantias jurídico-penais. **Revista de Ciências Jurídicas.** Ponta Grossa, p. 69, 2012. Disponível em: <http://www.revistas2.uepg.br/index.php/lumiar> Acesso em: 30 jul. 2013. No mesmo sentido, apontando a conversão do direito penal em gestor *ex ante factum* de riscos, ao invés de interveniente em fatos lesivos de bens constatados *ex post,* v. SILVA-SÁNCHEZ, Jesús-María. **A expansão do Direito Penal: Aspectos da política criminal nas sociedades pós-industriais**. 2ª ed. São Paulo: Revista dos Tribunais, 2011, p.148.

amplo poder punitivo administrativo e penal – que, em boa medida, é o que lhe resta, após a derrocada decorrente da substituição do discurso do poder[12].

O primeiro recorte sociológico evidencia que a Lei de Improbidade Administrativa foi criada no marco de uma mudança no fenômeno da corrupção: passou a ser "parte do negócio" da corporação industrial, nova agência de poder, substitutiva do Estado. Daí a importância de a Lei de Improbidade Administrativa atingir não só o funcionário ímprobo – seu foco a partir do corte clássico de corrupção como algo com fonte e gênese no Estado – mas à agência privada corruptora. Mais importante ainda, após mais de vinte anos de sua vigência, é a emergência da Lei 12.846/13. Trata-se da Lei Anticorrupção, sensível a todo o panorama ora desenhado e, por isso, com foco na agência privada corruptora. Lei de Improbidade Administrativa e Lei Anticorrupção somam-se, pois, num microssistema atento a todo o diagnóstico efetuado.

As improbidades administrativas, particularmente relacionadas a licitações, sempre têm o ambiente da economia como pano de fundo e, nele, uma conexão da agência privada corporativa com o poder público estatal. Aquela "seduzindo" o funcionário desta. A sedução fica mais clara quando derivamos para um segundo recorte, não só sociológico, mas filosófico: o abandono de certa "ética do dever" kantiana, do começo do século XIX, trocada por uma ética de prazer hedonista de começo do século XXI.

Como resumir a ética do dever kantiana? Kant foi grande defensor da ideia de liberdade, de autonomia de vontade, do homem que faz a sua lei. Mas qual lei o homem faz para si? Aquela que parte deste imperativo categórico de justiça: "age exteriormente de modo que o livre uso de teu arbítrio possa se conciliar com a liberdade de todos, segundo uma lei universal"[13]. O atuar humano sob esta sentença é

---

12 Fenômeno que motivou, igualmente, todo o neoliberalismo dos anos 90, sustentando pelas cartilhas de FRIEDMAN, Milton. **Capitalismo e liberdade.** São Paulo: Artenova, 1977, *passim,* bem como HAYEK, Friedrich Auguste. **O caminho da servidão.** Rio de Janeiro: Expressão e Cultura: Instituto Liberal, 1987, *passim.*

13 KANT, Immanuel. **Doutrina do Direito.** Trad. Edson Bini. 2ª. ed. São Paulo: Ícone, 1993, p. 46.

ação livre: uma liberdade que o homem exerce quando cria um dever de si para si. O dever que cria para si é de que só atuará se suas ações puderem ser repetidas por todos. Quando age de tal forma que sua ação possa ser repetida por outros, sua ação fica autorizada por uma norma criada pelo homem de si para si (autonomia). Esta é a liberdade a partir de um dever (o paradoxo só é aparente) – a ética do dever kantiana. Referida ética dá pilastras ao contrato social, como discurso da origem do poder do Estado, constituindo o direito como "condições segundo as quais os homens podem conviver entre si, ou o limite da liberdade de cada um, de maneira que todas as liberdades externas possam coexistir segundo uma lei universal" (BOBBIO)[14].

Essa ética do dever certamente produziu, no século XIX, um sentido de honradez muito forte por parte daquele que fazia parte de determinados *corpora*, como, por exemplo, um *corpus* militar, ou um *corpus* funcional, da administração pública. Trata-se do sentido de honradez do funcionário público: ele se sente orgulhoso e honrado por pertencer a uma corporação. O Promotor de Justiça honrado por ser Promotor: esse discurso que está todo fundado na ética do dever, de alguém honrar-se por realizar o seu dever e assim sentir-se parte de um *corpus* respeitado, de uma coletividade absolutamente acatada no seio social, como o corpo de funcionários públicos, essa ética do dever... desapareceu! Ela caiu, se desfez e ficou meio "fora de moda".

O funcionário público do século XIX, que honrava a sua corporação, cuidava do seu horário, cioso com o material da repartição pública, foi-se tornando figura pertencente ao passado. Personagem machadiano. Afinal, o que desmoronou foi a própria ética do dever, sobre a qual a personagem se apoiava. A ética do prazer de começo de século XXI, do homem como *capolavoro* ou obra-prima de si mesmo[15], indica-nos que nossos corpos têm de ser centros das

---

14 BOBBIO, Norberto. **Direito e Estado no Pensamento de Emanuel Kant.** Trad. Alfredo Fait. 4ª. ed. Brasília: Editora Universidade de Brasília, 1997, pp. 70-71.

15 MINESTRONI, Laura. **Comprendere il consumo. Società e cultura daí classici al postmoderno**. Milão: FrancoAngeli, 2006, p. 327-328: "O corpo é um receptor de sensações", significando que "absorve e assimila experiências e possui uma extraordinária atitude a ser estimulado, transformando-se em um instrumento de prazer. Quando tal capacidade é presente e ativa nos indivíduos, quando a sensibilidade relativa a novas sensações e experiências caracteriza a

experiências extremas de prazer. O mercado cumpre o papel de, através do *marketing,* anunciar que há sempre uma nova experiência de prazer. Instiga a mente e o corpo, compele ao novo objetivo sem o qual a vida não é possível: *uma coisa deve ser comprada.* Os consumidores revelam-se como "procuradores de sensações" ou "colecionadores de prazeres", na perspectiva de BAUMAN, objeto de estudo de LAURA MINESTRONI[16]. Para obtenção da felicidade prometida, que dá cumprimento à nova razão de viver, é preciso dinheiro, para acessar as experiências justificantes de estar vivo.

Neste contexto, muitos desejam pertencer a um corpo funcional de Estado pelo exclusivo fato de ganharem dinheiro, para após aplicá-lo sobre o corpo como centro sensorial de experiências, num jogo interminável, em que a última das experiências já está superada pela promessa mais sedutora da próxima. Afinal, assinala BAUMAN:

> "Se o consumo é a medida de uma vida bem-sucedida, da felicidade e mesmo da decência humana, então foi retirada a tampa dos desejos humanos: nenhuma quantidade de aquisições e sensações emocionantes tem qualquer probabilidade de trazer satisfação da maneira como o 'manter-se ao nível dos padrões' outrora prometeu: não há padrões a cujo nível se manter – a linha de chegada avança junto com o corredor (...) Não existem modelos, exceto os de *apoderar-se de mais*, e não existem normas, exceto o imperativo de 'saber aproveitar bem as cartas de que se dispõe'."[17]

Este estado de coisas reforça a tentação de privatizar a coisa pública. E, neste ambiente, atua a Lei de Improbidade Administrativa.

Um terceiro e interessante recorte sociológico é o seguinte: com base em BAUMAN, tem sido recorrente afirmar a queda dos grandes enredos ou discursos como signo da pós-modernidade ora

---

nossa postura frente ao corpo, então significa que estamos em uma condição de bem-estar".

16 MINESTRONI, Laura. **Comprendere il consumo. Società e cultura daí classici al postmoderno**. Milão: FrancoAngeli, 2006, p. 327-328: a segunda expressão é de BAUMAN, cuja obra é analisada pela autora no último capítulo da obra de referência.

17 BAUMAN, Zygmunt. **O mal-estar da Pós-Modernidade.** Rio de Janeiro: Jorge Zahar, 1998, p. 56.

vivida[18]. Nossa modernidade está caracterizada pelo desaparecimento dos discursos ideológicos que respondiam pela construção de grandes projetos para a sociedade e pela definição dos papeis de cada um de nós dentro dela. Há cem anos estava bem claro o que era o papel de ser pai, ser marido, o que era um professor, um funcionário público. A definição dos papeis ou de como sermos dentro de um universo social se desfez a partir da destruição dos grandes enredos, que eram bandeiras coletivas de vida a que nos associávamos. Bandeiras como o comunismo, o sindicalismo, o trabalhismo: todos grandes discursos aos quais as pessoas se associavam e devotavam suas vidas. Estes discursos que mostravam como o homem deveria proceder a vida toda se desfizeram. É a queda dos grandes enredos.

Em lugar, não há mais solidez nos papeis sociais. As pessoas não têm mais orientação para se encaixarem em um discurso já pronto. Trata-se de uma ausência de referências coletivas. Há uma única bandeira[19] a unir o tecido social: o individualismo exaltado. Há inclusive uma transferência deste individualismo para as políticas públicas: um "individualismo institucionalizado", em que os "direitos de bem-estar, por exemplo, estão pensados para indivíduos mais que para famílias"

---

[18] BAUMAN, Zygmunt. **A vida fragmentada – Ensaios sobre a moral pós-moderna.** Lisboa: Relógio D´Água Editores, 2007, pp. 28-29: "Hoje, enfim, eis-nos 'de pé e enfrentando o caos´. Coisa que nunca fizemos antes. O confronto com o caos seria já por si bastante perturbante e doloroso. Mas a novidade do facto – a completa ausência de precedentes que nos sirvam de pontos de referência, que nos tranquilizem e nos guiem – torna a situação completamente desconcertante. As águas em que navegamos não são apenas profundas, mas também sem mapa. (...) não se descobriram nem é provável que se descubram fundamentos no ser, e os esforços destinados a estabelecê-los não foram bem-sucedidos nem é provável que venham a sê-lo. A moral não tem causa nem razão; nem a necessidade de sermos morais nem o sentido de o sermos podem ser demonstrados ou logicamente deduzidos. Por isso, a moral é tão contingente como o restante do ser: sem fundamentos éticos. (...) Uma coisa é considerarmos que ainda não descobrimos os fundamentos éticos ou que estes estão ainda por construir, e outra muito diferente considerarmos que não há fundamentos éticos".

[19] Há quem discorde da inexistência de grandes enredos. Por exemplo, exaltando o discurso internacionalizado da proteção de direitos humanos, CHARLES, Sébastien. **Cartas sobre a Hipermodernidade.** São Paulo: Barcarolla, 2009, pp. 21-31. Porém, soam mais como heranças da modernidade em duelo com o niilismo que se lhe sucedeu.

(BECK)[20]. O que acontece com a ética do dever? Neste contexto, ela sofre um novo golpe. Ética do prazer e individualismo exaltado: tudo deságua, como caldo de cultura negativa, no aumento da frequência de atos de improbidade. Há um ambiente propício a intensificação dela.

Aliás, da institucionalização do individualismo surge a *privacy* como barreira e biombo em favor do corrupto: ainda que viva do crime, mostra-se intangível. A privacidade converte-se em "obstáculo ao reconhecimento público de uma responsabilidade", tratando-se de prerrogativa individual "sacrossanta, mas da qual se abusa, transformada em bastião de posições indefensáveis"[21].

Por fim: a queda dos grandes enredos gera uma modernidade líquida, segundo a notória definição de BAUMAN, já não mais apoiada na solidez de discursos coletivos e papeis sociais encaixotados. Uma modernidade talvez prenunciada nas artes: o quadro de Salvador Dali, em que relógios derretidos pendem dos galhos de árvore. Aqueles relógios derretem-se, como a antecipar pela imagem a queda de discursos sólidos. Também a pintura decomposta de Picasso desencaixa o mundo de suas formas sempiternas e antecipa o desencaixotamento dos papeis sociais.

Como associar isso com a Lei de Improbidade Administrativa? Ela é a maior evidência de um direito líquido. A modernidade líquida produz um direito líquido, aquele direito cujas fronteiras não são tão sólidas, onde não é possível catalogar Direito Público, Direito Privado. Na academia, a velha divisão entre Direito Público e Privado definhou. Deu-se a emergência de ramos jurídicos que tocam os dois grandes antigos blocos sólidos da primeira modernidade. A divisão sumiu, como no caso do direito do consumidor, ramo do direito líquido, pois não se enxerga a fronteira entre o público e o privado. Outro fenômeno é a confluência de ramos jurídicos tradicionalmente separados, de modo estanque. Tanto quanto a recente Lei Anticorrupção, a Lei de Improbidade Administrativa é muito evidente disso:

---

20 BECK, Ulrich. **La Sociedad del Riesgo Global.** Madrid: Siglo Veintiuno de España Editores, 2002, p. 14. O autor não se mostra, todavia, cético quanto a este aspecto da vida hodierna, clivando – aí sim, de modo pessimista – sua análise sociológica no cerco de riscos tecnológicos, próprios da vitória da Modernidade enquanto projeto fundado no racionalismo técnico-instrumental.

21 RODOTÀ, Stefano. **Elogio del Moralismo.** 5a. ed. Bari: Laterza, 2012, pp. 24-25.

nela, tem-se um pouco de Direito Civil, a ideia de reparação do dano; um tanto de penal, porque há por certo punições, mediante verdadeiras medidas restritivas de direito (similares, em parte, às penas restritivas de direitos dos arts. 43 e ss. do CP); grandes pitadas de Direito Administrativo Sancionador e Disciplinar, na ideia de perda do cargo, na ideia de um controle da atividade administrativa para a autopreservação da estrutura de Estado, em que a atividade administrativa torna-se fim em si. Há mais: nacos de consequências políticas, com sobreposição, por exemplo, com os crimes de responsabilidade. Enfim, é um campo de "direito líquido", permitido o neologismo. Os operadores têm dificuldade de responder à interpretação desse direito líquido, acostumados com blocos de direito muito fechados, ramos separados (o penal, o civil, o tributário), categorias estanques (o privado, a relação do Estado com o indivíduo, relação do indivíduo com o indivíduo). Tudo isto se desfigurou, com bom emblema na Lei de Improbidade Administrativa.

No Direito Penal, WINFRIED HASSEMER sugeriu há muito que a tutela de interesses coletivos, como os ambientais, se desse pela criação de um novo campo, o "direito de intervenção", que ficaria entre o direito penal e o administrativo[22]. Não levaria à privação da liberdade, não sendo direito penal; mas, aplicado pelos juízes, não seria administrativo, para além de outros hibridismos entre o penal e o administrativo. É sugestivo pensar a Lei de Improbidade Administrativa não propriamente como um direito de intervenção, até porque a meta de proteção aventada por HASSEMER diverge das metas da Lei 8429/92, mas tem por certo comunhão com o direito de intervenção, no sentido de intermediar-se entre penal e administrativo. É expressão, repise-se, de uma modernidade líquida, dentro da qual o direito perde solidez enquanto palco de fusões entre áreas.

Este painel introdutório, de índole extrajurídica, com pontes sociológicas, pontua a necessidade de intensificar o uso da Lei de Improbidade Administrativa, em tempos em que "probidade" soa *démodé* no caldo comum de cultura negativa, já que se choca com a ideia de extração individual da máxima vantagem em tudo, na base ética hedonista da pós-modernidade.

---

22 HASSEMER, Winfried. **Direito Penal – fundamentos, estrutura, política.** Porto Alegre: Sergio Antonio Fabris, 2008, p. 262.

## 3. PONTOS COMUNS ENTRE A LEI DE IMPROBIDADE ADMINISTRATIVA E O DIREITO PENAL

Foram traçados pontos de interesse do panorama sociológico formativo e de aplicação da Lei de Improbidade. Agora, assinalam-se comunhões entre ela e o Direito Penal. Como já dito, na sua "liquidez", tem um quê de Direito Penal.

De partida, é preciso apontar que ambos sintetizam modelos de controle social e manifestações de um poder punitivo estatal de caráter geral[23]. Atuam como espécies de manifestação deste poder,

---

[23] NAPPI, Aniello. **Manuale di Diritto Penale. Parte generale.** Milano: Giuffrè, 2011, p. 09, assinala, a partir da jurisprudência de Strasburgo (CEDH), uma área de ilícitos e sanções – inclusive com extensão das garantias clássicas do direito penal – denominada "direito dos ilícitos" ou "direito punitivo geral". Parece derivar deste direito punitivo geral certo "direito sancionador judicial", apontado por BIANCHINI, Alice e GOMES, Luiz Flávio. "Agentes políticos não estão sujeitos à lei de Improbidade Administrativa". Disponível em: http://atualidadesdodireito.com.br/alicebianchini/2013/08/26/agentes-politicos-nao-estao-sujeitos-a-lei-de-improbidade-administrativa/. Acesso em 08.04.14. Para estes autores, o direito sancionador judicial "se situa entre o Direito penal e o Direito administrativo (em outras palavras: está fora do Direito penal e do Direito administrativo, mantendo com eles apenas alguns pontos de interconexão). Distingue-se do Direito penal porque não se permite a aplicação de pena privativa de liberdade; de outro lado, suas sanções não produzem os efeitos secundários típicos das sanções penais (antecedentes criminais, reincidência etc.). Também não se situa na linha do Direito administrativo porque é aplicado pelo juiz e não por uma autoridade administrativa. Sendo de competência do Judiciário, mas sem que se encontre legitimado o uso da pena de prisão, o Direito sancionador judicial permite uma certa flexibilização das garantias do sistema de imputação, bem como a possibilidade de elaboração de acordos, de transação etc." Referem-se, precisamente, à LIA 8.429/92. De nossa parte, entendemos que o ordenamento jurídico brasileiro revela, a partir da Carta Constitucional, a possibilidade de existirem sistemas sancionadores judiciais constituídos pela legislação infraconstitucional que não se caracterizam, necessariamente, como direito penal. Valem as afirmações de OSÓRIO, Fábio Medina. **Direito Administrativo Sancionador.** 3ª ed. São Paulo: RT, 2009, p. 82: "A Administração Pública pode ser vítima de ataques a bens jurídicos por ela protegidos ou que digam respeito à sua existência, assumindo posições diversificadas na perspectiva processual, ora como promotora de acusações, ora como vítima de ilícitos, ora nessa dúplice condição simultaneamente. No patamar de vítima, pode ocorrer que a Administração não disponha de titularidade para determinado processo punitivo, não obstante tratar-se de interesses seus e da

enquanto gênero. O Estado detém *potestas* punitiva, um poder de punir que se estabelece a partir de vários ramos: vem pelo sancionador fiscal, pelo penal, administrativo sancionador, pela Lei de Improbidade, etc. O problema a ser enfrentado é definir os tipos de garantias em face de todos esses poderes punitivos estatais. Todos esses campos de manifestação do poder punitivo tem que ter as mesmas e estreitas garantias? Ao trabalhar-se com direitos humanos, principalmente à vista da interpretação a eles conferida, por exemplo, pela Corte Europeia de Direitos Humanos[24], de certo modo deve-se desprezar o rótulo dado por um país às normas que contenham penas: sejam jurídico-penais ou administrativas (ou um misto, como a Lei de Improbidade), havendo sanção, dá-se uma diminuição de bens do imputado que deve ser acautelada através de um princípio comum de vedação de excesso. Daí derivam garantias. Separá-las ou não e o porquê, conferi-las em medidas distintas, tudo é problemático quando se trata de um só poder punitivo, com meras formas distintas de manifestar-se.

Um paralelo, talvez não muito relacionado, mas que calha num sentido pedagógico, dá-se na Itália, quando se fala da responsabilidade da pessoa jurídica por crimes[25]. O Decreto Legislativo 231/2001 estabeleceu natureza administrativa para a responsabilidade dos entes coletivos por crimes. Essa responsabilidade administrativa prevê penas administrativas que são aplicadas pelo juiz da Vara Criminal, no bojo do processo penal, ao ente coletivo. Conquanto a lei mencione como

---

sociedade que estejam em jogo. Em tal situação, vale frisar que o Estado-Administração recebe a tutela do Direito Administrativo, embora sua operacionalização possa ocorrer pelo Poder Judiciário e de instituições como o Ministério Público. Esta será uma deliberação do legislador, que ostenta competências soberanas e discricionárias para tanto. Segundo se percebe, em realidade, cabe ao legislador outorgar a juízes e tribunais poderes sancionadores de Direito Administrativo, tendo em conta o princípio da livre configuração legislativa de ilícitos e sanções."

24 VIGANÒ, Francesco. "Diritto Penale Sostanziale e Convenzione Europea dei diritti dell´uomo". In **Rivista Italiana di Diritto e Procedura Penale.** 2007, pp. 42 e ss..

25 A propósito, v. o nosso GUARAGNI, Fábio André. "Interesse ou benefício como exigências para a responsabilização da pessoa jurídica decorrente de crimes ambientais no Brasil". In **Diritto Penale Contemporaneo – Rivista Trimestrale.** Vol. 2. Ano II, 2013.

administrativa a natureza da responsabilidade da pessoa jurídica, o fato de derivar de crimes, ser aplicada pelo Poder Judiciário, no processo penal, leva à conclusão da doutrina dominante de que se trata de responsabilidade penal[26], com fraude de etiquetas.

*Mutatis mutandis,* as Cortes guardiãs de direitos humanos têm desprezado a nomenclatura da norma dada por um país quando, mediante ela, estabelece sanções, porque o que interessa é que tal norma faz parte de um corpo legislativo expressivo de um Direito Punitivo Geral, como já afirmado. Este é um ponto em comum entre o Direito Penal e a Lei de Improbidade Administrativa: ambos fazem parte das manifestações estatais de um Poder Punitivo Geral. Isto provoca um quadro de garantias aproximado, a exemplo da ideia de culpabilidade, exigente de responsabilidade subjetiva por dolo ou culpa[27].

Outro ponto em comum entre o Penal e a Lei de Improbidade Administrativa: a aplicação de sanção pelo Poder Judiciário. Há aqui uma diferença grande em relação ao sistema tradicional do Direito Administrativo, que é baseado na ideia de auto-executoriedade e poder de polícia[28].

---

26 Para um rol de autores que adotam este posicionamento, inclusive o próprio, v. PALIERO, Carlo Enrico. "Dieci anni di 'corporate liability' nel sistema italiano: Il paradigma imputativo nell´evoluzione della legislazione e della prassi'. In **Le Societá – Mensile di diritto e pratica commerciale, societaria e fiscale. Supplemento**. Ano XXX, n.12, dez/2011, p. 15, nota 29.

27 CARVALHO FILHO, José dos Santos. **Manual de Direito Administrativo.** 25ª. ed. São Paulo: Atlas, 2012, p. 1069, exigindo dolo ou culpa em atos de improbidade administrativa. Vai além OSÓRIO, Fábio Medina. **Teoria da Improbidade Administrativa.** 3ª. ed. São Paulo: RT, 2013, p. 244, exigindo dolo ou culpa *grave*. A exigência de culpa com tal graduação, todavia, é discutível: a) porque o texto de lei é silencioso, remetendo ao regime geral da responsabilidade subjetiva, por dolo ou culpa, pura e simples, independente de graduação; b) porque o escalonamento da culpa depende de critérios altamente subjetivos, gerando dificuldades hermenêuticas sérias, a exemplo da ideia de "culpa temerária" ou "negligência grosseira" do CP português, art. 137, que se refere a homicídio culposo com pena qualificada de 03 para 05 anos em seu máximo. De todo modo, não é o tema para o momento, exceto no que toca à confirmação doutrinária da exigência de responsabilidade subjetiva em improbidade administrativa.

28 A auto-executoridade dimana da imposição do ato administrativo sancionador ser "posto em execução pela própria Administração Pública, sem necessidade de intervenção do Poder Judiciário", cf. DI PIETRO, Maria Sylvia Zanella. **Direito Administrativo**. 26ª ed. São Paulo: Atlas, 2013, p. 208. O poder de polícia é o

Terceiro aspecto comum: há uma sobreposição parcial (não integral, portanto) de pretensões estatais de proteção. Se considerarmos os três grandes blocos, respectivamente, dos artigos 9°, 10 e 11 da Lei de Improbidade, tem-se que os dois primeiros trabalham o enriquecimento ilícito, de um lado, e a proteção do erário, de outro. O artigo 11 opera com princípios, protegendo a lealdade para com a administração. Todos estabelecem hipóteses concretas de violação, exemplificadas nos seus incisos, que têm sobreposição parcial com metas de proteção do Direito Penal. Afinal, o Direito Penal também protege o erário, a probidade administrativa e a lealdade para com a Administração Pública mediante variada gama de tipos penais.

Na Lei de Licitações 8666/93, isto é candente. Há crimes em que o bem jurídico penal de proteção não reclama ofensa ao erário, como o previsto no artigo 89 (dispensa ou inexigibilidade de licitação fora das hipóteses). O crime está configurado mesmo que o comportamento concreto seja economicamente vantajoso para o erário, porque o que se cobra do administrador público é a lealdade para com a administração pública. A mesma coisa se dá no Decreto Lei 201/67 – Crimes de Prefeito. Há uma série de crimes que não exigem prejuízo ao erário, como o art. 1º, IV, que versa sobe a aplicação de recursos, pelo Prefeito, fora da destinação a que vinculado. O que se exige no tipo penal é a probidade, a lealdade para com a administração. Portanto, estas são metas de proteção que o Direito Penal muitas vezes também tem.

Finalmente, é muito clara a superposição de reações. Basicamente, tudo que está contido na Lei de Improbidade Administrativa também está previsto no Direito Penal como reação. A perda de bens e valores acrescidos ao patrimônio de maneira indevida (art. 91, II, b, CP) é efeito extrapenal genérico da sentença criminal, consistente no confisco dos *producta sceleris*. A Lei de Improbidade administrativa também a prevê, eis que viabiliza seja declarada a perda dos valores acrescidos ao patrimônio de modo indevido (art. 12, I). A fixação do

---

"modo de atuar da autoridade administrativa que consiste em intervir no exercício das atividades individuais suscetíveis de fazer perigar interesses gerais, tendo por objeto evitar que se produzam, ampliem ou generalizem os danos sociais que a lei procura prevenir", segundo CAETANO, Marcelo. **Princípios fundamentais de Direito Administrativo.** Rio de Janeiro: Forense, 1977, p. 339.

ressarcimento integral do dano, que tem feição de Direito Civil, está previsto no Código de Processo Penal, artigo 387, como parte da sentença condenatória. E mais: o artigo 33, parágrafo 4º, CP, prevê para os crimes funcionais que o funcionário público só tem direito à progressão de regime se reparar o dano. Então, há reparação integral do dano prevista no Direito Penal também. Na LIA, figura no art. 12, incisos.

Na mesma toada, a perda da função pública, contemplada como sanção na Lei de Improbidade (art. 12, incisos, com períodos variados segundo a gravidade do fato), está estampada no artigo 92, I, CP, com efeito extrapenal específico[29] do Direito Penal. A suspensão dos direitos políticos contempla-se no artigo 15 da Constituição da República como consequência a partir da improbidade administrativa (o art. 12 da LIA regulamenta-a). O mesmo dispositivo constitucional prevê a suspensão como efeito extrapenal da condenação por crime, consoante o respectivo inciso III (suspensão dos direitos políticos enquanto perdura a execução). A multa civil até o triplo do patrimônio agregado ilicitamente ou o dobro do dano ao erário, aludida nos artigos 9º e 10 da Lei de Improbidade, recorda a multa como pena, conquanto a etiqueta possa ser de "multa civil". A rigor, é pena – e inclusive mais pesada do que as multas do Direito Penal, porque este trabalha com penas cuja dosimetria não tem na base de cálculo o dano ao erário ou o ganho acumulado, mas a capacidade econômica do pagador (critério do dia-multa – art. 49, CP).

Quanto à proibição de contratar com o Poder Público e receber benefícios, excepcionalmente o Direito Penal prevê-os como penas restritivas de direito em alguns campos, como o Direito Penal Ambiental. Pela Lei 9605/98, esta pena restritiva aplica-se tanto para a pessoa física quanto para a pessoa jurídica, como na Lei de Improbidade. Divergem direito penal e Lei de Improbidade, aqui, em relação ao setor de aplicação.

Percebem-se, em conclusão, pelo menos quatro superposições entre o Direito Penal e a Lei de Improbidade Administrativa: 1- ambos

---

29 A perda do cargo por força de condenação à pena privativa de liberdade superior a 04 anos não guarda necessidade de conexão do crime com o uso do cargo. É duvidoso tratar-se de efeito extrapenal específico, portanto. De todo modo, elenca-se dentre as hipóteses do CP que revestem esta natureza.

fazem parte de uma estrutura maior, o Poder Punitivo Estatal, sendo neste sentido espécies do mesmo gênero, enquanto manifestações do Poder Punitivo Estatal; 2- são aplicados pelo Poder Judiciário; 3- o Direito Penal, pelo menos em parte, contempla os mesmos bens protegidos pela Lei de Improbidade Administrativa, quando se fala no erário, na probidade, na boa imagem da administração; 4- são compostos de sanções que se acumulam ou repetem integral ou parcialmente.

Estes pontos assemelhados podem gerar que consequências?

## 4. CONSEQUÊNCIAS DE UMA ASSIMILAÇÃO DA LIA PELO DIREITO PENAL

A existência de pontos de contato entre o Direito Penal e a Lei de Improbidade pode importar em certa confusão entre os campos. Exaltados, tais pontos em comum podem mesmo levar à tentativa de assimilação da Lei de Improbidade pelo Direito Penal (mais amplo), na ideia forte daquela como parte e manifestação deste. Isto teria consequência nefasta, justamente em tempos cujo recorte sociológico sugere o incremento da corrupção e "convida" à improbidade, instando-a.

O conjunto de contenções ao poder punitivo jurídico penal, expresso nos princípios de vedação de excesso da atuação estatal frente ao réu, engessaria toda a atividade persecutória da improbidade e os ganhos derivados da aplicação da LIA ao longo de mais de vinte anos. Basta verificar o engessamento experimentado pelo próprio Direito Penal brasileiro no combate aos crimes contra a administração pública (é ínfima, no universo de execuções penais, a parcela de condenações definitivas em crimes funcionais; ao contrário, a ocorrência destes é decantada diariamente nos jornais, sempre com novos escândalos).

Afinal, a principiologia de contenção do poder punitivo jurídico-penal é a mais dura, justificando-se pelo caráter aflitivo da mais grave das penas, a privativa de liberdade (ou da própria pena de morte, contemplada no Código Penal Militar brasileiro, com aval constitucional – art. 5º, XLVII, a – para dados crimes, praticados em tempo de guerra). Em relação ao regime de combate às improbidades referidas na LIA, dar-se-ia uma exasperação dos princípios de vedação de excesso.

Por exemplo, incidiria um princípio de reserva legal endurecido, como é próprio do direito penal, nas hipóteses de improbidade, impossibilitando a interpretação dos arts. 9º a 11 da LIA como tipos abertos, com conteúdo exemplificativo. Sem *lex praevia, stricta, stricta et certa,* inexistiriam situações de improbidade administrativa sujeitas às sanções contidas na LIA. Noutros termos, ficaria vedada a subsunção da conduta exclusivamente no caput de cada um destes artigos. Haveria, no mínimo, necessidade de utilizar o critério da interpretação analógica em relação a todas as hipóteses previstas nos incisos dos arts. 9º a 11. É provável que, neste contexto, fosse mesmo declarada a inconstitucionalidade das expressões "e notadamente", presentes nos artigos 9º, 10 e 11. Outra projeção possível seria o transporte fabuloso de todas as discussões sobre limites da norma penal em branco para o microssistema de combate à improbidade contido na LIA. Afinal, a LIA utiliza-se recorrentemente de normas em branco, i.é., cuja compreensão remete ou reenvia a outras normas, não contidas na própria Lei 8429/92. Basta a leitura do art. 11. A título de exemplo, o inciso I remete à "regra de competência", que deve ser buscada em normativa distinta. O II fala em "ato de ofício", cuja localização exige a verificação em normativa diversa das atribuições e competências de um cargo, emprego ou função. O VI menciona omissão de prestação de contas quando "obrigado a fazê-lo" (segundo uma normativa qualquer a ser buscada pelo intérprete). Assim, discussões sobre a inconstitucionalidade da norma penal em branco de remissão em segundo grau (quando a norma penal remete a outra que, a seu turno, remete a uma terceira), por violação de *lex certa* e incompetência formal do órgão expedidor da segunda remissão (quando administrativo, atuando em poder regulamentar anômalo), seriam apresentadas ao aplicador da LIA. Por outro lado, em relação aos exemplos destacados do art. 11, o reenvio pode ser feito à legislação municipal e estadual? Pode ser feito por fonte normativa anômala? Decreto, resolução, portaria? Toda problemática da norma penal em branco, própria do Direito Penal, entraria em cheio na exegese do art. 11, comprometendo sua incidência. Impactos processuais, como a extensão do foro privilegiado e toda a ineficácia que produz para o Direito Penal, igualmente derivariam da assimilação da LIA pelo Direito Penal. Aliás, topicamente esta problemática ressurge em precedentes de Tribunais volta e meia, ainda que o art. 84, parágrafo 2º, CPP, acrescentado pela Lei 10.628/02, que estendia o privilégio de foro *ratione personae* processual penal aos casos de improbidade, tenha sido declarado inconstitucional por força das ADI's 2.797-2 e 2.860-0, em 15 de setembro de 2005, pelo C. STF.

Visível, ainda, que a assimilação da LIA pelo Direito Penal geraria vedação de cumulação de sanções, por força do princípio *ne bis in idem*. Conquanto a CR, art. 37, parágrafo 4º, contraponha formalmente os dois campos, uma confusão material entre os setores seria invocada como fundamento. É que a permissão do *bis in idem* somente incide quando os efeitos promanam de campos diversos do direito. Campos que, antes de tudo, tem fins diversos. É o caso da incidência de efeitos civis e penais sobre um mesmo fato: não se discute a possibilidade de que ocorra. Afinal, a diferença de pretensões do Direito Penal e do Direito Civil é escancarada. Direito Civil é ressarcitório, Direito Penal é retributivo e preventivo. Do mesmo modo, por que se permite *bis in idem* entre Direito Penal e Direito Administrativo? Porque as pretensões são diferentes: v.g, o Direito Administrativo de Trânsito não intenta proteger somente a vida ou o patrimônio das pessoas que dividem o tráfego viário. O Direito Administrativo de Trânsito tem outras metas, como fazer com que o trânsito se organize de tal modo que seja fluente, para que as pessoas se desloquem mais rápido e facilmente. Por isso ele estabelece, por exemplo, mãos de direção ou regras de rodagem preferencial, segundo a posição do motorista na atividade compartilhada de trânsito. A questão não se resume a proteger a incolumidade pública, vidas, patrimônios, integridades físicas. O Direito de Trânsito quer fazer com que o trânsito ande bem. Se é assim, a pretensão do administrativo é diferente do penal, inexistindo *bis in idem*. É adequado que um ramo possa produzir consequências sobre um fato e outro também, desde que materialmente esses ramos almejem coisas diferentes. Aí, não é só formal a diferença, é material.

É preciso, então, apontar diferenças materiais entre o Direito Penal e a Lei de Improbidade Administrativa, para além da afirmação constitucional formal permissiva da aplicação cumulada de ambos[30].

---

30 Alguns países, como a Espanha, a partir de interpretação corrente da norma constitucional do art. 25, escalonam os efeitos do Direito Penal (para infrações graves) e Administrativo (para as demais), de modo que não se cumulem.

## 5. DISTINÇÕES FORMAIS E MATERIAIS ENTRE O DIREITO PENAL E A LEI DE IMPROBIDADE ADMINISTRATIVA E CONCLUSÕES CORRELATAS

A LIA é um microssistema de direito líquido, com fronteiras mal demarcadas, vez ou outra, em relação ao Direito Penal. Os efeitos de uma simbiose entre ambos ou assimilação daquela por este, já se viu, produziriam sérios déficits de efetividade na proteção da probidade administrativa.

Bem por isso, encaminha-se a última parte destas observações no senso de ressaltar as diferenças entre os universos do Direito Penal e do sistema de combate à improbidade administrativa contido na Lei 8429/92. Sem embargo de superposições e similitudes, são campos de controle social distintos formalmente e com conteúdos materiais que também indicam diversidade. E neste universo de distinções reside a legitimidade da aplicação acumulada de ambos sobre o mesmo fato, bem como a não extensão do foro privilegiado jurídico-penal ao campo da LIA e a aplicação de princípios de garantias mitigados no microssistema da improbidade, quando cotejados aos princípios jurídico-penais (até porque os efeitos da LIA são mitigados se comparados ao Direito Penal, e aí já começam as diferenças).

Que diferenças devemos ressaltar? Primeiro, a diferença (aparentemente só) formal: a Constituição da República, enquanto norma fundamental, através dos artigos 15, incisos III e V, bem como 37, parágrafo 4°, separa taxativamente, o penal de um lado e a improbidade de outro. A partir daí, há possibilidade de acumulação de efeitos sobre o mesmo fato, declarada na Carta Magna. A norma fundamental, que cristaliza a concessão dos poderes ao Estado, pelo povo, na reminiscência do contrato social, indica como vontade popular estampada na "constituição cidadã" de 1988 a abdicação destes campos de bens ou interesses de cada indivíduo em favor do Estado, como garante do interesse comum, legitimado pelo contraponto do princípio de vedação de excesso, que é o princípio de proteção eficiente[31] de bens e interesses.

---

Assim, a STC 02/1981, 30.01.81. O Brasil tem uma norma constitucional determinado o avesso (art. 37, IV).

31 SARLET, Ingo Wolfgang. **A eficácia dos Direitos Fundamentais.** 11ª ed. Porto Alegre: Livraria do Advogado, 2012, p. 190. De fato, o princípio da

Nunca se olvide a herança da Filosofia da Ilustração e seu grande legado consistente no contrato social: só é dado ao povo, diretamente ou por seus representantes, autolimitar-se. A cumulação dos efeitos penais e daqueles resultantes da LIA sobre o mesmo fato é exemplo concreto da adoção de um modelo de autolimitação mediante participação popular, através do legislador originário. Nesta base os arts. 15 e 37, parágrafo 4º, CR, devem ser lidos: cristalizam escolhas populares por um modelo de repressão a atos de improbidade que sacrificam, mediante separação dos campos jurídico-penal e de improbidade e consequente cumulatividade de efeitos, bens e interesses do arguido, para a respectiva proteção eficiente da probidade. Este coração simbólico, herdado do Iluminismo contratualista, faz com que a distinção constitucional entre Direito Penal e sistema de contenção de improbidade transcenda a mera dimensão formal.

De caráter exclusivamente formal, há uma outra distinção entre o penal e o sistema de contenção de improbidade brasileiro. A LIA cria um sistema contínuo de proteção à probidade administrativa, ou à boa gestão pública. E o direito penal não. É um sistema fragmentário ou descontinuo de proteção. O modo de realização de proteção é, portanto, completamente diferente, de um setor para outro. O caráter contínuo do sistema de proteção contido na LIA pode ser verificado pelas redações do caput dos arts. 9º a 11. As definições deles buscam abarcar, pela ordem: 1) tudo o que gera o enriquecimento ilícito, dolosamente, a partir da função pública; 2) tudo o que gera violação ao erário, dolosa ou culposamente, a partir do mau uso da função

proporcionalidade deve ser visualizado com dupla feição: a) como vedação de excesso ou arbítrio por parte do Estado, ao invadir liberdades públicas, quando de reações penais; b) como vedação de proteção deficiente de bens jurídicos de vítimas, por parte do mesmo Estado. Esta segunda feição impõe que o Estado "adote medidas positivas com vista a garantir e proteger de forma efetiva a fruição dos direitos fundamentais" (SARLET, Ingo. Op. cit., p. 190), não se omitindo diante de agressões sofridas pelas vítimas, sejam elas derivadas de agentes estatais, sejam de "particulares e até mesmo de outros Estados" (SARLET, Ingo. Op. cit., p. 190), e mesmo pessoas jurídicas de direito privado. Vide, também, STRECK, Maria Luíza Schäfer. **Direito Penal e Constituição: a face oculta dos direitos fundamentais**. Porto Alegre: Livraria do Advogado, 2009, p. 65.

pública; 3) todas as violações daqueles princípios considerados caros a administração pública. Depois, arrolam hipóteses em caráter exemplificativo. O enunciado das cabeças dos artigos 9º a 11 recordam a norma definitória do ilícito civil, que diz: "Aquele que, por ação ou omissão voluntária, negligência ou imprudência, violar direito e causar dano a outrem, ainda que exclusivamente moral, comete ato ilícito" (art. 186, CC). O que, segundo a norma definitória do ilícito civil, caracteriza-o? Violação de direito cumulada com produção de dano. Tudo o que contiver tais caracteres encaixa-se na bastante abrangente definição. Na LIA, ao invés de tipos penais, há normas definitórias na cabeça dos arts. 9º a 11, abarcando amplamente hipóteses de enriquecimentos ilícitos, danos ao erário e violação de princípios. Justo por força do emprego de normas definitórias de caráter amplo, forja-se um sistema contínuo de proteção da gestão pública.

Já o direto penal, sabidamente, não abarca todos os comportamentos ilícitos que existem. Fumar no avião, estacionar na contramão, estupro, homicídio, peculato, tudo interessa ao direito penal? Não. Fumar no avião não interessa. Estacionar na contramão tampouco. Homicídios, estupros e peculatos interessam. O direito penal não se interessa por todo o conjunto de ilícito, mas por fragmentos dele. Por isso é fragmentário, descontínuo. Atua em "pequenas ilhas dentro no grande mar do penalmente indiferente", na revelha figuração[32]. Já a LIA ataca todo o mar de ilicitude definido como improbidade administrativa. Essa é uma diferença fundamental.

Outra diferença: a lei de Improbidade Administrativa é constitutiva, no sentido de criar figuras que lhes são próprias. As definições do que é improbidade administrativa vêm no bojo da LIA. O direito penal, em regra, não é constitutivo, mas tão somente sancionador[33]. Funciona como uma espécie de "agência de importação": importa do direito civil, por exemplo, o homicídio. O homicídio é um ilícito civil? Lógico, pois provoca dano e viola direito, subsumindo-se à letra ampla do art. 186, CC. O direito penal importa a figura para dentro

---

32 Aqui, via PRADO, Luiz Regis. **Curso de Direito Penal Brasileiro. Parte Geral.** 3ª. ed. São Paulo: RT, 2002, p. 120.

33 ZAFFARONI, Eugenio Raúl e PIERANGELI, José Henrique. **Manual de Direito Penal Brasileiro.** Vol. 1. 8ª. ed. São Paulo: RT, 2008, p. 93.

de si e associa-lhe uma pena. A sonegação de impostos é um ilícito tributário? Sim. O direito penal importa esse ilícito para seu universo e estabelece-lhe uma sanção. Enfim, o Direito Penal traz dos outros setores condutas que, neles, já são ilícitas, associando-lhes penas. Não o faz para todos, mas para fragmentos do conjunto de comportamentos proibidos. Aqueles fragmentos considerados intoleráveis. A relação do Direito Penal com a LIA, neste aspecto, dá-se do mesmo modo. O direito penal não ataca toda improbidade administrativa que a lei de improbidade tem por horizonte. Apenas – e de novo – fragmentos deste conjunto. O peculato, por certo improbidade administrativa, também é injusto penal. Já uma violação culposa de improbidade administrativa, que gera prejuízo ao erário, em regra não interessa ao direito penal, porque o direito penal é um sistema descontínuo, fragmentário e eminentemente sancionador.

Em suma: ao contrário do Direito Penal, a lei de improbidade administrativa é um sistema contínuo. Ainda que trabalhe com tipos, são abertos (as expressões "e notadamente" dos arts. 9º a 11 confirmam-no) e derivados de autênticas normas definitórias de caráter ampliativo. Mais que contínuo, é constitutivo, criando figuras que lhe são próprias. O direito penal faz isto como exceção. A regra é ser sancionador, enquanto a LIA é constitutiva.

São diferenças formais pesadas no desenho da mecânica de controle social subjacente a cada setor.

Há mais: a LIA não trabalha com pena privativa de liberdade. Do seu caráter invasivo deriva, em grande medida, o cinturão tão pesado de garantias em favor do individuo réu-cidadão contra o poder punitivo do Estado. A lei de improbidade não prevê essa possibilidade, tratando-se de diferença essencial.

As sanções da lei de improbidade são específicas, voltadas para o uso indevido do cargo. Coligam-se, todo o tempo, com este aspecto. Perda do cargo, suspensão dos direitos políticos, multa ligada ao dano do prejuízo gerado: todas as sanções invocam o aspecto do ilícito material consistente no mau uso do cargo público. Ao contrário, de modo geral, o direito penal desvincula a sanção do ilícito. A pena privativa de liberdade é prevista para vários comportamentos, não tendo uma conexão direta com o tipo do ilícito. Penas restritivas de direito, afora as específicas (as interdições temporárias de direitos contidas no art. 47, CP), também são genéricas e não tem ligação com propriedades ou particularidades do ilícito. A multa penal, muito menos. Há aqui mais uma característica formal da LIA muito distante do direito penal.

Para finalizar, uma proposição. A literatura tem dificuldade de enxergar qualitativamente um conteúdo diferente entre o ilícito penal e o administrativo, para além da brasileiríssima questão da improbidade administrativa. Por vários, CEREZO MIR, ao sustentar ser meramente quantitativa a diferença entre o ilícito penal e o administrativo.

Porém, é possível demarcar distâncias de conteúdo material. A LIA, como um microssistema de proteção à boa gestão pública, toma em conta dois grandes aspectos da má gestão pública, que pretende repelir: 1- o da desonestidade; 2- o da ineficiência. Todos os ilícitos de improbidade administrativa caracterizam-se pela má gestão ou por desonestidade ou ineficiência. Este microssistema criado na lei de improbidade administrativa acautela à boa gestão, voltando-se a sujeitos ativos de delito que, precipuamente, mantêm relações especiais com a administração pública. Foi constituído exclusivamente para isso. Pergunta-se: o direito penal foi criado só e exclusivamente para isso? De modo nenhum. É fato que protege alguns bens inseridos no universo de proteção da LIA, mas fá-lo de passagem, num universo de proteção de bens bastante heterogêneos entre si. Por outra, não se volta para uma categoria específica de sujeitos ativos de delitos.

Mais do que isto: seria estranho que se colocasse para o direito penal, como meta político-criminal, a eficiência da gestão pública num sentido gerencial. Não é propriamente uma pretensão do direito penal preocupar-se com a ideia do fomento do bom gerenciamento público de um ponto de vista de ciência da administração. Ao contrário, pode darse um indesejável direito penal produzido por razões puras de Estado. Já a LIA tem a gestão pública, do ponto de vista gerencial, enquanto ciência de administração, como preocupação. Volta-se não só ao combate da desonestidade, mas da ineficiência operativa dos órgãos de Estado.

Enfim, trata-se de distinção sugerida com uma clara pretensão: de que não sejam solapadas as conquistas produzidas a partir da aplicação da LIA no Brasil, com extensões de garantias que não foram criadas para a lei de improbidade administrativa e sim para direito penal. Esta extensão não é bem vinda. É inadmissível uma assimilação da LIA pelo Direito Penal, com extensão *tout court* dos limites de atuação jurídico-penais para o campo da improbidade, tanto pelas diferenças gritantes – e não só formais – entre os dois universos, como pelo amor à ideia de que superar a cultura de corrupção enraizada no país seja uma missão para qualquer jurista sério. Sério enquanto cidadão, ciente de que a "democracia não é só um governo do povo, mas em público"[34]. Com transparência.

## 6. BIBLIOGRAFIA

BAIGÚN, David e BISCAY, Pedro. "Actuación preventiva de los organismos estatales y no estatales en el ámbito de la corrupción y la criminalidad económica". In **Delincuencia económica y corrupción: su prevención en Unión Europea y el MERCOSUR.** Coord. David Baigún e Nicolás Garcia Rivas. Buenos Aires: Ediar, 2006.

BAUMAN, Zygmunt. **O mal-estar da Pós-Modernidade.** Rio de Janeiro: Jorge Zahar, 1998.

__________________. **A vida fragmentada – Ensaios sobre a moral pós-moderna.** Lisboa: Relógio D´Água Editores, 2007.

BECK, Ulrich. **La sociedad del Riesgo Mundial**. Barcelona: Paidós, 2008.

__________. **La Sociedad del Riesgo Global.** Madrid: Siglo Veintiuno de España Editores, 2002.

BIANCHINI, Alice e GOMES, Luiz Flávio. "Agentes políticos não estão sujeitos à lei de Improbidade Administrativa". Disponível em: http://atualidadesdodireito.com.br/alicebianchini/2013/08/26/agentes-politicos-nao-estao-sujeitos-a-lei-de-improbidade-administrativa/. Acesso em 08.04.14.

BOBBIO, Norberto. **Direito e Estado no Pensamento de Emanuel Kant.** Trad. Alfredo Fait. 4ª. ed. Brasília: Editora Universidade de Brasília, 1997.

CAETANO, Marcelo. **Princípios fundamentais de Direito Administrativo.** Rio de Janeiro: Forense, 1977.

CARVALHO FILHO, José dos Santos. **Manual de Direito Administrativo.** 25ª. ed. São Paulo: Atlas, 2012.

CHARLES, Sébastien. **Cartas sobre a Hipermodernidade.** São Paulo: Barcarolla, 2009.

[34] RODOTÀ, Stefano. **Elogio del Moralismo.** 5ª. ed. Bari: Laterza, 2012, p. 25.

DI PIETRO, Maria Sylvia Zanella. **Direito Administrativo**. 26ª ed. São Paulo: Atlas, 2013.

FERNANDES, Paulo Silva. **Globalização, "sociedade de risco" e o futuro do direito penal.** Coimbra: Almedina, 2001.

FRIEDMAN, Milton. **Capitalismo e liberdade.** São Paulo: Artenova, 1977.

GUARAGNI, Fábio André. "Interesse ou benefício como exigências para a responsabilização da pessoa jurídica decorrente de crimes ambientais no Brasil". In **Diritto Penale Contemporaneo – Rivista Trimestrale**. Vol. 2. Ano II, 2013.

GUÉHENNO, Jean-Marie. **O Fim da Democracia.** Trad. Howard Maurice Johnson e Amaury Temporal. 2ª. Ed. Rio de Janeiro: Bertrand Brasil, 1999.

HASSEMER, Winfried. **Direito Penal – fundamentos, estrutura, política.** Porto Alegre: Sergio Antonio Fabris, 2008.

HAYEK, Friedrich Auguste. **O caminho da servidão.** Rio de Janeiro: Expressão e Cultura: Instituto Liberal, 1987.

KANT, Immanuel. **Doutrina do Direito.** Trad. Edson Bini. 2ª. ed. São Paulo: Ícone, 1993.

MACHADO, Édina Maria dos Santos. A administrativização do direito penal em face da sociedade do risco e a flexibilização dos princípios e garantias jurídico-penais. **Revista de Ciências Jurídicas.** Ponta Grossa, pp. 67-75, 2012. Disponível em: <http://www.revistas2.uepg.br/index.php/lumiar> Acesso em: 30 jul. 2013.

MINESTRONI, Laura. **Comprendere il consumo. Società e cultura daí classici al postmoderno**. Milão: FrancoAngeli, 2006.

MONTE, Mário Ferreira. "Apontamento Introdutório". Prefácio à obra de Paulo Silva Fernandes **Globalização, "sociedade de risco" e o futuro do direito penal.** Coimbra: Almedina, 2001.

NAPPI, Aniello. **Manuale di Diritto Penale. Parte generale.** Milano: Giuffrè, 2011.

NIETO MARTÍN, Adán. "La privatización de la lucha contra la corrupción. In **El Derecho Penal Económico en la era del Compliance.** Directores Luis Arroyo Zapatero e Adán Nieto Martín. Valencia: Tirant ló Blanch, 2013.

OSÓRIO, Fábio Medina. **Direito Administrativo Sancionador.** 3ª ed. São Paulo: RT, 2009.

________________. **Teoria da Improbidade Administrativa.** 3ª. ed. São Paulo: RT, 2013.

PALIERO, Carlo Enrico. "Dieci anni di 'corporate liability' nel sistema italiano: Il paradigma imputativo nell´evoluzione della legislazione e della prassi'. In **Le Società – Mensile di diritto e pratica commerciale, societaria e fiscale.** Supplemento. Ano XXX, n.12, dez/2011.

PRADO, Luiz Regis. **Curso de Direito Penal Brasileiro. Parte Geral.** 3ª. ed. São Paulo: RT, 2002.

RODOTÀ, Stefano. **Elogio del Moralismo.** 5a. ed. Bari: Laterza, 2012.

SANTOS, Boaventura de Souza. **Um discurso sobre as ciências.** 16ª ed. Porto: Afrontamento, 2010.

SARLET, Ingo Wolfgang. **A eficácia dos Direitos Fundamentais.** 11ª ed. Porto Alegre: Livraria do Advogado, 2012.

STRATENWERTH, Günter. **Derecho Penal. Parte General.** Buenos Aires: Hammurabi, 2005.

STRECK, Maria Luíza Schäfer. **Direito Penal e Constituição: a face oculta dos direitos fundamentais**. Porto Alegre: Livraria do Advogado, 2009.

SILVA-SÁNCHEZ, Jesús-María. **A expansão do Direito Penal: Aspectos da política criminal nas sociedades pós-industriais**. 2ª ed. São Paulo: Revista dos Tribunais, 2011.

VIGANÒ, Francesco. "Diritto Penale Sostanziale e Convenzione Europea dei diritti dell´uomo". In **Rivista Italiana di Diritto e Procedura Penale.** Nuova Serie. Anno XLII. 2007.

ZAFFARONI, Eugenio Raúl. "La Globalización e las actuales orientaciones de la política criminal". In **Direito Criminal. Coord. José Henrique Pierangeli.** Belo Horizonte: Del Rey, 2000.

# APLICAÇÃO DA LEI Nº 8.429/1992 AOS AGENTES POLÍTICOS

*Emerson Garcia*[1]

*Sumário: 1. Considerações iniciais. 2. A distinção entre crimes de responsabilidade e atos de improbidade administrativa. 3. Epílogo.*

## 1. CONSIDERAÇÕES INICIAIS

A evolução histórica do Estado brasileiro tem demonstrado que a punição das elites políticas nunca foi uma prioridade para as estruturas estatais de poder. Não bastasse a inegável influência do poder político, particularmente deletéria em um país onde o fisiologismo e o patrimonialismo parecem misturar-se à própria concepção de Administração Pública, o sistema sempre foi cuidadosamente estruturado para que a reprimenda jamais alcançasse a realidade. O processo e o julgamento de certas autoridades são concentrados nos Tribunais, sendo mais que insignificante o índice de condenações, e, em inúmeros casos, o Poder Judiciário carecia de autorização política para a própria instauração do processo judicial.

Com a redemocratização do País, é perceptível que, pouco a pouco, esse lamentável quadro começa a ser alterado. Apesar de o foro por prerrogativa de função persistir em *terra brasilis*, as modificações

---

1 Doutor e Mestre em Ciências Jurídico-Políticas pela Universidade de Lisboa. Especialista em *Education Law and Policy* pela *European Association for Education Law and Policy* (Antuérpia – Bélgica) e em Ciências Políticas e Internacionais pela Universidade de Lisboa. Membro do Ministério Público do Estado do Rio de Janeiro, Consultor Jurídico da Procuradoria Geral de Justiça e Diretor da Revista de Direito. Consultor Jurídico da Associação Nacional dos Membros do Ministério Público (CONAMP). Membro da *American Society of International Law* e da *International Association of Prosecutors* (Haia – Holanda).

introduzidas pela EC nº 35/2001, dispensando a autorização da Casa Legislativa para que parlamentares fossem processados, ao que se somam condenações paradigmáticas realizadas pelo Supremo Tribunal Federal no limiar do século XXI, fizeram que o tradicional desencanto cedesse lugar ao fulgurar de uma intensa esperança.

Nesse processo de desconstrução de antigos paradigmas, é digno de realce o papel desempenhado pela Lei nº 8.429/1992, que regulamentou o disposto no art. 37, § 4º, da Constituição da República. Múltiplos são os aspectos que singularizam a denominada "Lei de Improbidade Administrativa". Em primeiro lugar, foi proposta e sancionada pelo Presidente Fernando Collor de Mello, primeiro e único Chefe de Estado brasileiro a ser afastado do cargo num processo de *impeachment.* Além disso, instituiu uma nova esfera de responsabilização, que coexiste com as tradicionais esferas de natureza penal, administrativa e política. Por fim, alcança todo agente que mantenha contato com o dinheiro público, ainda que sua atividade seja estritamente privada, bem como aqueles que possuam algum tipo de vínculo com o Poder Público.

Ao dispor sobre os sujeitos ativos em potencial dos atos de improbidade administrativa, a Lei nº 8.429/1992 utilizou expressão linguística de inegável amplitude. De acordo com o seu art. 2º, "*[r]eputa-se agente público, para os efeitos desta Lei, todo aquele que exerce, ainda que transitoriamente ou sem remuneração, por eleição, nomeação, designação, contratação ou qualquer outra forma de investidura ou vínculo, mandato, cargo, emprego ou função nas entidades mencionadas no artigo anterior*". É perceptível que a concepção de agente público, vale dizer, o sujeito ativo do ato de improbidade, foi delineada a partir da identificação do sujeito passivo.[2]

O art. 1º da Lei nº 8.429/1992 considerou atos de improbidade aqueles praticados em detrimento: a) da administração direta ou indireta de qualquer dos Poderes da União, dos Estados, dos Municípios ou do Distrito Federal; b) de empresa incorporada ao patrimônio público, o que, salvo melhor juízo, denota que esse ente deixou

---

2 Para maior desenvolvimento do tema, vide, de nossa autoria, a primeira parte da obra Improbidade Administrativa. 7ª ed., 2ª tiragem. São Paulo: Editora Saraiva, 2014, p. 314 e ss.

de ter individualidade própria e suas atividades foram absorvidas pelo ente incorporador, sendo este, não aquele, o verdadeiro sujeito passivo do ato, ou de entidade para cuja criação ou custeio o erário haja concorrido ou concorra com *mais* de cinquenta por cento do patrimônio ou da receita anual; c) do *patrimônio* de entidade para cuja criação ou custeio o erário haja concorrido ou concorra com *menos* de cinquenta por cento do patrimônio ou da receita anual, ou que receba subvenção, benefício ou incentivo, fiscal ou creditício, de órgão público.

Para os fins de nossa análise, especificamente voltada à situação dos agentes políticos, observa-se que são alcançados pela Lei nº 8.429/1992 todos aqueles que desempenham alguma atividade junto à administração direta ou indireta de qualquer dos Poderes da União, dos Estados, do Distrito Federal e dos Municípios, os quais são tradicionalmente enquadrados sob a epígrafe dos agentes públicos em sentido lato.

A estrutura do art. 2º da Lei nº 8.429/1992 permite concluir que à expressão *agente público* foi atribuída considerável amplitude. Afinal, é irrelevante (a) o lapso de exercício das atividades, que pode ser transitório ou duradouro; (b) a contraprestação pelas atividades, que podem ser gratuitas ou remuneradas; c) a origem da relação, sendo alcançadas todas as situações possíveis, como eleição, nomeação, designação, contratação "*ou qualquer outra forma de investidura ou vínculo*"; e (d) a natureza da relação mantida com os entes elencados no art. 1º, estendendo-se ao mandato, ao cargo, ao emprego ou à função.

Apesar da ausência de uniformidade nessa seara, podemos identificar as seguintes categorias de agentes públicos: agentes políticos, agentes particulares colaboradores, servidores públicos e agentes meramente particulares.

Agentes políticos são aqueles que, no âmbito do respectivo Poder, desempenham as funções políticas de direção previstas na Constituição, normalmente de forma transitória, sendo a investidura realizada por meio de eleição (no Executivo, Presidente, Governadores, Prefeitos e, no Legislativo, Senadores, Deputados Federais, Deputados Estaduais, Deputados Distritais e Vereadores) ou nomeação direta (Ministros e Secretários Estaduais e Municipais). Antiga doutrina, capitaneada por Hely Lopes Meirelles[3], sustentava que os membros do Ministério Público, do Poder Judiciário e dos Tribunais de Contas, por atuarem com independência funcional, também são agentes políticos. Este enquadramento é combatido, dentre outros, por Maria Sylvia Zanella di Pietro[4], Celso Antonio Bandeira de Mello[5] e Carvalho Filho[6], os quais restringem o conceito de agentes políticos à concepção de governo e função política, implicando capacidade de fixação de metas, diretrizes e planos governamentais, com o que concordamos.

Agentes particulares colaboradores, por sua vez, são os que executam determinadas funções de natureza pública (*v.g.*: delegatários das serventias do registro público), por vezes de forma transitória e sem remuneração (ex.: juízes leigos dos Juizados Especiais, jurados, mesários, escrutinadores, representantes da sociedade civil em conselhos etc.), abrangendo, para os fins da Lei nº 8.429/1992, aqueles que tenham sido contratados especificamente para o exercício de determinada tarefa ou para o oferecimento de um serviço público (ex.: concessionários e permissionários de serviços públicos).

Servidores públicos são aqueles que, independente do regime jurídico a que estejam submetidos, possuem um vínculo permanente com os entes da Administração Direta ou Indireta, desempenham funções próprias destes últimos ou outras úteis à sua consecução e são remunerados por seus serviços, estando aqui incluídos os membros do Ministério Público, do Poder Judiciário e dos Tribunais de Contas. São normalmente subdivididos em duas categorias básicas, a dos servidores civis e a dos militares.

Por fim, agentes meramente particulares são aqueles que não executam nenhuma função de natureza pública e mantêm um vínculo com o ente recebedor de numerário público (ex.: sócio de empresa beneficiária de incentivos fiscais). Estes últimos não realizam nenhuma atividade no âmbito das estruturas estatais de poder, não se submetem ao regime jurídico próprio dos servidores públicos, não estão sujeitos

---

3 Direito administrativo brasileiro. 19ª ed. São Paulo: Malheiros Editores, 1993, p. 69.

4 Direito administrativo. 4ª ed. São Paulo: Editora Atlas, 1994, p. 353

5 Curso de direito administrativo. 5ª ed. São Paulo: Malheiros Editores, 1994, p. 123

6 Manual de direito administrativo. 15ª ed. Rio de Janeiro: Editora Lumen Juris, 2006, p. 488

às limitações que alcançam àqueles (*v.g.*: incompatibilidades), mas estão sujeitos à disciplina da Lei nº 8.429/1992.

Não obstante a amplitude do art. 2º da Lei nº 8.429/1992, o Supremo Tribunal Federal, ao julgar a Reclamação nº 2.138/2002, acolheu a tese de que Ministros de Estados não praticariam atos de improbidade, mas tão somente crimes de responsabilidade. Essa tese chegou a ser amplificada nas instâncias ordinárias, sendo construído o seguinte arremedo de silogismo: (a) como os Ministros de Estados não praticam atos de improbidade e (b) Ministros de Estado são agentes políticos, (c) nenhum agente político pratica ato de improbidade. Não bastasse a manifesta incompatibilidade dessa construção com qualquer referencial de lógica argumentativa, é factível que crimes de responsabilidade e atos de improbidade se ajustam a instâncias independentes de responsabilização, sendo injurídico que uma seja tomada pela outra.

## 2. A DISTINÇÃO ENTRE CRIMES DE RESPONSABILIDADE E ATOS DE IMPROBIDADE ADMINISTRATIVA[7]

Os denominados *crimes de responsabilidade* encontram inspiração no processo de *impeachment* do direito anglo-saxão. O *impeachment*, desde a sua gênese, é tratado como um instituto de natureza político-constitucional que busca afastar o agente de um cargo público que demonstrou não ter aptidão para ocupar, em nada se confundindo com outras esferas de responsabilização, como a penal. No direito penal, a perda do cargo e a inabilitação para o exercício de outra função pública costumam ser meros efeitos da condenação, enquanto, no processo de *impeachment*, são os próprios fins perseguidos. Em um caso, busca-se punir o infrator; no outro, privá-lo do poder.[8]

[7] Parte da argumentação aqui adotada subsidiou a palestra proferida pelo autor, em 10 de maio de 2012, no seminário "Improbidade Administrativa e Agentes Públicos", promovido, na Cidade de Porto Alegre, pela Escola da Magistratura do Tribunal Regional Federal da 4ª Região. Essa exposição foi incorporada à primeira parte da obra Improbidade Administrativa. 7ª ed., 2ª tiragem. São Paulo: Editora Saraiva, 2014, p. 595 e ss.

[8] Cf. BARBOSA, Rui, Commentarios à Constituição Federal Brasileira, vol. III, colligidos por Homero Pires. São Paulo: Saraiva, 1933, p. 433.

O processo de *impeachment* tem raízes no direito inglês, em que os ministros do Rei eram responsabilizados, perante o Parlamento, pelos atos ilegais do governo. A regra "*the king can do no wrong*" não significava propriamente que todos os atos do Rei eram legais, mas, sim, que a responsabilidade recairia sobre os seus ministros.[9]

O *impeachment* evoluiu de modo que todos os agentes públicos poderiam ser acusados, pela *House of Commons*, por traição, corrupção e outros crimes graves, sendo o julgamento de competência da *House of Lords*. No decorrer do Século XVII, o *impeachment* foi uma importante arma no combate às políticas reais impopulares. O último julgamento dessa natureza foi o de Lord Melville, que, em 1806, foi acusado de corrupção. Atualmente, o Parlamento possui mecanismos mais eficazes para apurar a responsabilidade ministerial (*v.g.*: voto de desconfiança), estando o processo de *impeachment* francamente ultrapassado. Trata-se de consequência lógica do fortalecimento do Parlamento, que assumiu uma posição hegemônica na escolha dos membros do governo, intensificando o seu controle e facilitando a sua substituição.

A fórmula foi transposta para o direito norte-americano, em que o Presidente, o Vice-Presidente e todos os funcionários civis estão sujeitos a processo de *impeachment* por traição, corrupção ou outros graves crimes.[10] A exemplo do modelo britânico, as atividades de acusação e julgamento foram divididas entre as duas Casas Legislativas. É um processo de contornos essencialmente políticos, atuando como nítido elemento de contenção, pelo Poder Legislativo, dos atos discricionários emanados dos altos funcionários do País. A utilização do sistema presidencialista de governo, com uma separação mais intensa entre as funções executiva e legislativa, tem conferido singular importância ao processo de *impeachment*, sendo um dos principais canais de controle do Executivo.

No direito brasileiro, que se assemelha ao norte-americano no sistema de governo e nos objetivos a serem alcançados com processos dessa natureza, merece referência a Exposição de Motivos que acompanhou a Lei nº 1.079/1950. Ao tratar do *iter* a ser seguido na persecução dos

---

9 Cf. BRADLEY, A. W. e EWING, K. G.. *Constitutional and Administrative Law.* 13ª ed. Harlow: Pearson Education Limited, 2003, p. 104

10 Constituição de 1787, art. II, Seção 4.

crimes de responsabilidade, dispôs que "*ao conjunto de providências e medidas que o constituem, dá-se o nome de processo, porque este é o termo genérico com que se designam os atos de acusação, defesa e julgamento, mas é, em última análise, um processo sui generis, que não se confunde e se não pode confundir com o processo judiciário, porque promana de outros fundamentos e visa outros fins*".[11]

Conquanto seja induvidoso que, no sistema brasileiro, a *ratio* da tipificação, do julgamento e do sancionamento dos crimes de responsabilidade seja cessar o vínculo jurídico-funcional do infrator com o Poder Público, impedindo o seu restabelecimento durante certo período, a sua natureza puramente política não é estreme de dúvidas. Afinal, em alguns casos, o processo e o julgamento são deslocados do Poder Legislativo para o Judiciário, o que confere um colorido distinto aos atos a serem praticados.

Assim, a primeira dificuldade que se encontra é identificar o que vem a ser crimes de responsabilidade, proposição que enseja não poucas dúvidas e perplexidades. Para o Presidente da República, crime de responsabilidade é uma infração político-administrativa que enseja a realização de um julgamento político (sem necessidade de fundamentação) perante o Senado Federal.[12] Para o Ministro de Estado, é uma

---

[11] Essa constatação é reforçada pela redação do art. 42 da Lei nº 1.079/1950: "A denúncia só poderá ser recebida se o denunciado não tiver, por qualquer motivo, deixado definitivamente o cargo". Deixando o cargo, suprimida estaria a responsabilidade política do agente. O art. 3º da Lei nº 1.079/1950 ressaltou, de forma expressa, que ainda seria possível o julgamento do agente, perante o órgão jurisdicional competente, em tendo praticado crime comum. Não bastasse isto, o art. 52, parágrafo único, da Constituição, dispõe que, no julgamento dos crimes de responsabilidade imputados ao Presidente e ao Vice-Presidente da República, aos Ministros de Estado, aos Comandantes da Marinha, do Exército e da Aeronáutica, aos Ministros do Supremo Tribunal Federal, aos membros do Conselho Nacional de Justiça e do Conselho Nacional do Ministério Público, ao Procurador-Geral da República e ao Advogado-Geral da União, "funcionará como Presidente o do Supremo Tribunal Federal, limitando-se a condenação, que somente será proferida por dois terços dos votos do Senado Federal, à perda do cargo, com inabilitação, por oito anos, para o exercício de função pública, sem prejuízo das demais sanções judiciais cabíveis". À luz desses preceitos, restam incontroversas a dicotomia e a independência entre as instâncias política e jurisdicional.

[12] CR/1988, art. 52, I e parágrafo único.

infração associada a atos políticos e administrativos que redunda num julgamento totalmente jurídico (com a necessidade de fundamentação) perante o Supremo Tribunal Federal.[13] Para o Prefeito Municipal, é um crime comum, que o expõe a uma pena de prisão.[14] E, para os Senadores, Deputados e Vereadores? Não é nada. Em outras palavras, esses agentes não se enquadram na tipologia dos crimes de responsabilidade, estando sujeitos, unicamente, ao controle político realizado no âmbito do próprio Parlamento, o que, eventualmente, pode resultar na perda do mandato. Como única exceção, pode ser mencionado o crime de responsabilidade passível de ser praticado pelo Presidente da Câmara dos Vereadores que gastar mais de 70% de sua receita com folha de pagamento, incluído o gasto com subsídio de seus Vereadores (CR/1988, art. 29-A, §§ 1º e 3º).

Ainda merece referência a circunstância de que alguns agentes mencionados na Constituição da República como autores em potencial dos crimes de responsabilidade (*v.g.*: membros do Conselho Nacional de Justiça e do Conselho Nacional do Ministério Público – art. 52, II) sequer são alcançados pela tipologia da Lei nº 1.079/1950, o que simplesmente inviabiliza a sua punição.

---

13 CR/1988, art. 102, I, c.

14 Decreto-Lei nº 201/1967, art. 1º. O mesmo diploma normativo, em seu art. 4º, fala nas "*infrações-político-administrativas dos Prefeitos Municipais*", o que se assemelharia aos crimes de responsabilidade da Lei nº 1.079/1950. Nesse sentido: "Penal. Processual Penal. Prefeito: Crime de Responsabilidade. D.L. 201, de 1967, artigo 1º: crimes comuns. I. – Os crimes denominados de responsabilidade, tipificados no art. 1º do D.L. 201, de 1967, são crimes comuns, que deverão ser julgados pelo Poder Judiciário, independentemente do pronunciamento da Câmara dos Vereadores (art. 1º), são de ação pública e punidos com pena de reclusão e de detenção (art. 1º, § 1º) e o processo é o comum, do C.P.P., com pequenas modificações (art. 2º). No art. 4º, o D.L. 201, de 1967, cuida das infrações político-administrativas dos prefeitos, sujeitos ao julgamento pelo Câmara dos Vereadores e sancionadas com a cassação do mandato. Essas infrações é que podem, na tradição do direito brasileiro, ser denominadas crimes de responsabilidade. II. – A ação penal contra prefeito municipal, por crime tipificado no art. 1º do D.L. 201, de 1967, pode ser instaurada mesmo após a extinção do mandato. III. – Revisão da jurisprudência do Supremo Tribunal Federal. IV. – HC indeferido" (STF, Pleno, HC nº 60.671/PI, rel. Min. Carlos Velloso, DJ de 19/05/1995).

À luz dessas considerações iniciais, já se pode constatar que o questionamento sobre a natureza jurídica dos crimes de responsabilidade não comporta uma resposta linear. Para alguns agentes, trata-se de ilícito que ensejará um julgamento jurídico e, para outros, um julgamento político, isso para não falarmos daqueles que sequer são alcançados pela tipologia legal.[15]

A tese de que os agentes políticos somente podem praticar crimes de responsabilidade foi encampada pelo Supremo Tribunal Federal no julgamento da Reclamação nº 2.138/2002. Argumentou-se que boa parte dos atos de improbidade administrativa encontram correspondência na tipologia da Lei nº 1.079/1950,[16] que "*define os crimes de responsabilidade e regula o respectivo processo e julgamento*", o que seria suficiente para demonstrar que o crime de responsabilidade absorveria o ato de improbidade. Além disso, o próprio texto constitucional, em seu art. 85, V, teria recepcionado esse entendimento ao dispor que o Presidente da República praticaria crime de responsabilidade sempre que atentasse contra a probidade na administração, o que possibilitaria o seu *impeachment*. Em consequência, prevaleceu a seguinte linha argumentativa: (1) o Tribunal é competente para processar os Ministros de Estado por crime de responsabilidade, (2) qualquer atentado à probidade configura crime de responsabilidade e, consequentemente, (3) o juiz federal de primeira instância, ao reconhecer-se competente para julgar Ministro de Estado, que utilizara aviões da FAB para desfrutar momentos de lazer em Fernando de

---

15 Acresça-se a dificuldade em compreender o real fundamento do Enunciado nº 722 da Súmula do STF ("*são da competência legislativa da União a definição dos crimes de responsabilidade e o estabelecimento das respectivas normas de processo e julgamento*"), pois, se os crimes de responsabilidade não são verdadeiros crimes (*v.g.*: não são considerados para fins de reincidência), mas infrações de raiz política e administrativa, como justificar a competência privativa da União para legislar sobre a matéria? Incidiria na hipótese o disposto no art. 22, I, da Constituição da República?

16 Infrações semelhantes já eram coibidas (1) no Império, com a lei "sobre a responsabilidade dos Ministros e Secretários de Estado e dos Conselheiros de Estado, de 15/10/1827, que regulamentou o art. 47 da Constituição de 1824, e (2) no início da República, com os Decretos 27 e 30, de 07 e 08/01/1892, que tratavam dos crimes de responsabilidade do Presidente da República, sendo estes os antecedentes da Lei nº 1.079, de 10/04/1950.

Noronha (praxe administrativa, segundo o agente), usurpou a competência do Tribunal.

A tese de que a Lei de Improbidade veicularia crimes de responsabilidade encontrou pouco prestígio na doutrina e nenhuma adesão na jurisprudência. Não se pode negar, no entanto, que o caso submetido à apreciação do Supremo Tribunal Federal, por envolver Ministro de Estado, representava uma situação verdadeiramente singular. Afinal, esse agente, a exemplos dos demais referidos no art. 102, I, c, da Constituição de 1988, quando pratica crimes de responsabilidade, é submetido a um julgamento estritamente jurídico perante o Supremo Tribunal Federal. Desse modo, a partir de uma tipologia semelhante, o agente estaria sujeito a duas esferas distintas de responsabilização jurídica, a dos crimes de responsabilidade e a dos atos de improbidade, o que, aos olhos do Tribunal, pareceu inadequado.

Avançando nos alicerces estruturais da curiosa e criativa "tese", observa-se que o parágrafo único do art. 85 da Constituição da República dispõe que esse tipo de crime seria definido em "*lei especial*", logo, nada mais "natural" que concluir que a Lei de Improbidade faz às vezes de tal lei. Afinal, se é crime de responsabilidade atentar contra a probidade, qualquer conduta que consubstancie improbidade administrativa será, em última *ratio*, crime de responsabilidade.

Com a devida vênia daqueles que encampam esse entendimento, não tem ele a mínima plausibilidade jurídica. Entender que ao Legislativo é defeso atribuir consequências criminais, cíveis, políticas ou administrativas a um mesmo fato, inclusive com identidade de tipologia, é algo novo na ciência jurídica. Se o Constituinte não impôs tal vedação, será legítimo ao pseudo-intérprete impô-la? Não é demais lembrar que o próprio substitutivo ao Projeto de Lei nº 1446/1991, apresentado pelo Senado e que redundou na Lei nº 8.429/1992, era expresso ao reconhecer que os atos de improbidade (principal) também configuravam crimes de responsabilidade (secundário), sendo certo que "*a instauração de procedimento para apurar crime de responsabilidade não impede nem suspende o inquérito ou processo judicial referido nesta Lei*" (art. 11). Percebe-se, assim, a difusão do entendimento de que são figuras distintas, bem como que a interpenetração dos sistemas dependeria de previsão legal expressa.

E, o pior, é crível a tese de que a Lei nº 1.079/1950 é especial em relação à Lei nº 8.429/1992, culminado em absorver a última? Não pode o agente público responder por seus atos em diferentes instâncias, todas previamente definidas e individualizadas pelo Legislador? Como é fácil perceber, é por demais difícil sustentar que uma resposta positiva a esses questionamentos possa ser amparada pela Constituição, pela moral ou pela razão.

Não se pode perder de vista que a própria Constituição faz referência, separadamente, a "*atos de improbidade*"[17] e a "*crimes de responsabilidade*",[18] remetendo a sua definição para a legislação infraconstitucional.[19] Como se constata, por imperativo constitucional, as figuras coexistem. Além disso, como ensejam sanções diversas, por vezes aplicadas em esferas distintas (jurisdicional e política), não se pode falar, sequer, em *bis in idem*. Não é demais lembrar que a funcionalidade do processo por crime de responsabilidade é afastar o agente do poder, não propriamente impor restrições aos distintos aspectos de sua esfera jurídica alcançados pela Lei nº 8.429/1992.

Com escusas pela obviedade, pode-se afirmar que a Lei nº 1.079/1950 é a lei especial a que refere o parágrafo único do art. 85 da Constituição, enquanto a Lei nº 8.429/1992 é a lei a que se refere o parágrafo 4º do art. 37. Esse aspecto tornou-se bem nítido com a promulgação da Emenda Constitucional nº 62/2009, que, além de estabelecer uma nova sistemática para o pagamento de precatórios, incluiu um preceito no ADCT dispondo, como consequência para a inobservância dessas regras, que "*o chefe do Poder Executivo responderá na forma da legislação de responsabilidade fiscal e de improbidade administrativa*" (art. 97, § 10, III). Não obstante a declaração de inconstitucionalidade do art. 97 do ADCT, já que instituíra, à margem da Constituição, um regime diferenciado para o pagamento dos precatórios,[20] era nítida a plena integração ao sistema da referência á improbidade administrativa.

---

[17] CR/1988, arts 15, V, e 37, § 4º.

[18] CR/1988, arts. 29, §§ 2º e 3º; 50, *caput* e § 1º; 52, I; 85, *caput* e parágrafo único; 86, *caput* e § 1º, II; 96, III; 100, § 6º; 102, I, c; 105, I, a; 108, I, a; e 167, § 1º.

[19] CR/1988, arts. 37, § 4º, e 85, parágrafo único.

[20] Pleno, ADI nº 4.425/DF, rel. p/acórdão Min. Luiz Fux, j. em 14/03/2013, DJe de 19/12/2013.

Acresça-se que o "entendimento" externado na Reclamação nº 2.138/2002 simplesmente ignora a realidade brasileira e os elevados níveis de ilicitude que são frequentemente praticados pelos altos escalões do poder. Ignora, igualmente, ser de todo incompatível com qualquer referencial de racionalidade e coerência lógica que, em um ambiente hierarquizado, como sói ser aquele inerente à Administração Pública, seja excluída a responsabilidade justamente dos altos escalões do poder. Afinal, com escusas pela obviedade, o exemplo há de vir sempre de cima, máxime porque, regra geral, as decisões são tomadas pelos escalões superiores e simplesmente executadas pelos inferiores.

Não é possível alcançar conclusão outra que não a de que o referido "entendimento" foi engendrado de tocaia para inutilizar o único instrumento sério de combate à improbidade em um país assolado pelo desmando e pela impunidade. Espera-se, ao final, seja ele revisto, mas o simples fato de ter sido arquitetado e posto em prática bem demonstra que não será fácil elevar o Brasil das sombras à luz.

Como afirmou o Ministro Carlos Velloso, a tese "é um convite para a corrupção", conclusão clara na medida em que servirá de *bill of indemnity* para os autos escalões do poder. Na medida em que estarão imunes à Lei de Improbidade, é fácil imaginar que neles será concentrado todo o poder de decisão, sujeitando-os, tão somente, à responsabilização nas esferas política e criminal, cuja ineficácia não precisa ser lembrada ou explicada.

O Ministro Joaquim Barbosa, no voto divergente que proferiu na Reclamação nº 2.138/2002, externou uma perplexidade que, arriscaríamos dizer, é compartilhada por grande parte da comunidade jurídica nacional. Eis suas considerações: "a proposta que vem obtendo acolhida até o momento nesta Corte, no meu modo de entender, além de absolutamente inconstitucional, é a-histórica e reacionária, na medida em que ela anula algumas das conquistas civilizatórias mais preciosas obtidas pelo homem desde as revoluções do final do século XVIII. Ela propõe nada mais, nada menos, do que o retorno à barbárie da época do absolutismo, propõe o retorno a uma época em que certas classes de pessoas tinham o privilégio de não se submeterem às regras em princípio aplicáveis a todos, tinham a prerrogativa de terem o seu ordenamento jurídico próprio, particular. Trata-se, como já afirmei, de um gigantesco retrocesso institucional. Na perspectiva da notável evolução institucional experimentada pelo nosso país nas últimas duas décadas, cuida-se, a meu sentir, de uma lamentável tentativa de *rebananização* da nossa República! Eu creio que o Supremo Tribunal Federal, pelo seu passado, pela sua credibilidade, pelas justas expectativas que suscita, não deve embarcar nessa aventura arriscada".

Deve-se observar que, no mesmo dia em que ultimou o julgamento da Reclamação nº 2.138/2002, o Supremo Tribunal Federal apreciou a Petição nº 3.923,[21] tendo decidido que caberia ao juiz de primeira instância realizar a execução de decisão judicial que condenara um Deputado Federal por ato de improbidade, praticado quando ocupara o cargo de Prefeito Municipal de São Paulo. Na ocasião, restou assentado que o Supremo Tribunal Federal não poderia transmudar-se em mero executor de uma decisão transitada em julgado. Em *obiter dictum*, diversos Ministros que não participaram do julgamento da Reclamação nº 2.138/2002 reconheceram expressamente que agentes políticos podem ser responsabilizados por ato de improbidade administrativa, sem direito a foro por prerrogativa de função. De qualquer modo, o que se verifica é que o Tribunal jamais comungou da tese de que nenhum agente político está sujeito aos ditames da Lei nº 8.429/1992.

O Superior Tribunal de Justiça, do mesmo modo, não estendeu o entendimento adotado na Reclamação nº 2.138/2002 aos demais agentes políticos. Em relação aos Prefeitos, o Tribunal sedimentou a sua jurisprudência no sentido de que estão sujeitos, simultaneamente, ao crivo do Decreto-Lei nº 201/1967 e à Lei nº 8.429/1992, não sendo alcançados, obviamente, pela Lei nº 1.079/1950.[22] Idêntico entendimento prevaleceu em relação aos Vereadores.[23] Ao deparar-se com a tese de que os magistrados de primeiro grau são agentes políticos, o Tribunal decidiu que eles "*submetem-se aos ditames da Lei 8.429/92, porquanto*

---

21 Pleno, rel. Min. Joaquim Barbosa, j. em 13/06/2007, DJ de 20/06/2007.

22 1ª T., REsp. n. 1.029.842/RJ, rel. Min. Benedito Gonçalves, j. em 15/4/2010, DJ de 28/4/2010; 2ª T. REsp nº 1.147.329/SC, rel. Min. Herman Benjamin, j. em 13/4/2010, DJ de 23/4/2010; e STJ, 2ª T., AgRg. no AREsp. nº 399.128/SC, rel. Min. Mauro Campbell Marques, j. em 07/11/2013, DJe de 18/11/2013.

23 STJ, 2ª T., REsp. nº 1.135.767/SP, rel. Min. Castro Meira, j. em 25/05/2010, DJ de 09/06/2010; e 1ª T., REsp. nº 1.197.444/RJ, rel. Min. Napoleão Nunes Maia Filho, j. em 27/08/2013, DJe de 05/09/2013.

*não participam do rol daquelas autoridades que estão submetidas à Lei nº 1.079/1950, podendo responder por seus atos administrativos na via da ação civil pública de improbidade administrativa*".[24] No que diz respeito ao Presidente da República, o Tribunal, sem que ninguém o perguntasse, já que a causa dizia respeito a um Desembargador Federal (*rectius*: Juiz Federal lotado em Tribunal Regional Federal),[25] afirmou que referido agente não estaria sujeito à Lei nº 8.429/1992.

Ressalte-se que o Superior Tribunal de Justiça, embora tenha flertado com o entendimento de que o foro por prerrogativa de função adotado na seara criminal[26] é extensivo às ações de improbidade, foi obrigado a rever sua tese[27], isso em razão do seu não acolhimento pelo Supremo

---

[24] Nesse sentido: 1ª T., REsp. nº 1.174.603/RN, rel. Min. Benedito Gonçalves, j. em 03/03/2011, DJ de 16/03/2011. O TRF-4ª Região chegou ao extremo de afirmar que os magistrados somente respondem por crimes de responsabilidade, "constituindo teratologia jurídica que venha um membro do Judiciário responder, pelo mesmo fato, a título de crime, a título de infração disciplinar, a título de improbidade" (3ª T., AI. nº 2008.04.00.030765-7, rel. Juiz Luiz Carlos de Castro Lugon, j. em 16/06/2009, DJe de 08/07/2009). Considerando a secular adoção, no direito brasileiro, do sistema de independência entre as instâncias, não nos resta conclusão outra senão a de que o próprio conceito de "teratologia" pode assumir contornos variáveis. Nesse particular, vem à lembrança o belo conto de Machado de Assis, intitulado "O Alienista". Ali, o protagonista, após internar todos os habitantes da Cidade na "Casa de Orates", percebeu que o único louco era ele próprio.

[25] STJ, 1ª T., REsp. nº 1.205.562/RS, rel. Min. Napoleão Nunes Maia Filho, j. em 14/02/2012, DJe de 17/02/2012.

[26] Corte Especial, Reclamação nº 2.790/SC, rel. Min. Teori Albino Zavascki, j. em 02/12/2009, DJ de 04/03/2010.

[27] O novo posicionamento foi adotado a partir do julgamento, pela Corte Especial, do AgRg. na Rcl. nº 12.514/MT, rel. Min. Ari Pargendler, j. em 16/09/2013, DJe de 26/09/2013. Em momento posterior, foi confirmado em diversos precedentes: 2ª T., AgRg. no REsp. nº 1.186.083/RS, rel. Min. Humberto Martins, j. em 17/09/2013, DJe de 06/11/2013 (Conselheiro de Tribunal de Contas); 2ª T., EDcl. no AgRg. no REsp. nº 1.216.168/RS, rel. Min. Humberto Martins, j. em 24/09/2013, DJe de 04/10/2013 (Governador de Estado); Corte Especial, AgRg. no AgRg. na AIA nº 35/DF, rel. Min. Ari Pargendler, j. em 03/02/2014, DJe de 10/02/2014 (membros de Tribunal); 2ª T., AgRg. no REsp. nº 1.382.920/RS, rel. Min. Humberto Martins, j. em 05/12/2013, DJe de 16/12/2013 (parlamentares federais); 2ª T., AgRg. no AgRg. no AREsp. nº 259.278/RS, rel. Min. Eliana Calmon, j. em 12/11/2013, DJe de 06/12/2013 (Prefeitos Municipais); 2ª T., AgRg. no AREsp. nº 422.394/DF, rel. Min. Og Fernandes, j. em 20/02/2014,

Tribunal Federal, que manteve a posição exarada ao julgar as ADIs nº 2.797/DF e 2.860/DF, quando reconhecera a inconstitucionalidade do art. 84, § 2º, do CPP, que estendera o foro por prerrogativa de função às ações de improbidade administrativa.[28]

## EPÍLOGO

Ainda que a Lei nº 8.429/1992 esteja passando por um processo de contínuo amadurecimento, é perceptível a que a sua interpretação não pode ser dissociada do contexto em que projetará a sua força normativa. Nesse particular, não podemos ignorar a advertência de Alejandro Nieto ao afirmar que "*a corrupção ama as alturas*"[29] e "*acompanha o poder tal qual a sombra acompanha o corpo*".[30]

Por ser inegável que certos padrões culturais sedimentados na sociedade brasileira tornam nossas estruturas estatais particularmente sensíveis às investidas da corrupção, não podemos fechar os olhos para a constatação de que os sistemas de responsabilização mais severos hão de ser direcionados aos altos escalões do poder, que detêm o poder decisório e direcionam a atuação das instâncias inferiores. Ignorar essa realidade significa tornar a nossa ordem jurídica indiferente à sociedade, razão de ser de sua própria existência, daí decorrendo um paradoxo impossível de ser decifrado. O pior de tudo é imaginar que a Constituição de 1988 ampara essa "aventura hermenêutica" quando ela própria dispôs sobre a coexistência dos atos de improbidade e dos crimes de responsabilidade.

---

DJe de 14/03/2014 (Deputado Distrital, no exercício do cargo de Secretário de Estado). Todos, invariavelmente, serão julgados em primeira instância.

28 Nesse sentido: STF, Reclamação nº 13.998/RJ, decisão monocrática da Min. Carmén Lúcia, j. em 12/03/2014, DJe de 19/03/2014; 1ª T., AI nº 556.727 AgR/SP, rel. Min. Dias Toffoli, j. em 20/03/2012, DJ de 26/04/2012; 1ª T., AI nº 678.927/SP, rel. Min. Ricardo Lewandowski, j. em 02/12/2010, DJ de 01/02/2011; 1ª T., AI nº 554.298 AgR/GO, rel. Min. Ricardo Lewandowski, j. em 19/10/2010, DJ de 16/11/2010; e 2ª T., AI nº 506.323 AgR/PR, rel. Min. Celso de Mello, j. em 02/06/2009, DJ de 01/07/2009.

29 *Corrupción en la España democrática*. Barcelona: Ariel, 1997, p. 136.

30 *Corrupción...*, p. 7.

# IMPROBIDADE ADMINISTRATIVA E ATO LEGISLATIVO: RESPONSABILIDADE DO PARLAMENTAR NA LEI DE IMPROBIDADE ADMINISTRATIVA (N.º 8429/92)

*Renato de Lima Castro*[1]

*Sumário. 1. Delimitação do tema. 2. Imunidade parlamentar e a prática de Atos de Improbidade Administrativa. 3. Atos de Improbidade Administrativa no exercício da atividade legislativa de atos normativos gerais e abstratos. 4. Atos de Improbidade Administrativa no exercício da atividade legislativa de atos normativos de efeitos concretos. 5. Elemento Subjetivo do Ato de Improbidade Administrativa praticado por parlamentar. 6. Conclusões.*

## 1. DELIMITAÇÃO DO TEMA

O livre e independente exercício da atividade legislativa é fator imprescindível de um Estado democrático de direito. Por esta razão, confere-se ao parlamento e, como decorrência, a seus membros, no

---

1 Mestre em Direito Penal pela Universidade Estadual de Maringá; pós-graduado em Direito Penal e Econômico e Europeu, Coimbra; Ex Procurador do Estado. Professor de Direito Penal (escola da Magistratura; Pós-graduação: UEM; UEL); Promotor de Justiça com atribuições na Promotoria de Defesa do Patrimônio Público de Londrina.
Agradeço as frutíferas discussões levadas a efeito com o eminente Juiz de Direito, titular da 1ª Vara da Fazenda Pública da Comarca de Londrina, Marcos Vieira, com a Promotora de Justiça, Leila Schimiti, titular da 22ª Promotoria de Defesa do Patrimônio Público de Londrina, e com Luiz Fernando Boldo do Nascimento, assessor jurídico da Promotoria de Defesa do Patrimônio Público de Londrina, que muito contribuíram para a discussão e amadurecimento de inúmeros temas discorridos neste artigo.

exercício do mandato, a irresponsabilidade por suas opiniões palavras e votos, no âmbito penal, civil e administrativo.

Não é incomum, todavia, que parlamentares, no exercício de suas atividades legislativas, pratiquem comportamentos que causam lesão ao erário, geram enriquecimento ilícito ou violam os princípios que regem a Administração Pública em detrimento dos interesses das pessoas jurídicas para as quais prestam função pública: União, Estados e Municípios, além daquelas que integram a Administração indireta.

Nesse viés, surge uma aparente tensão constitucional: de um lado, assegura-se ao parlamentar o livre e independente exercício da atividade legislativa; de outro, este exercício, como qualquer atividade estatal, não é ilimitado, já que está vinculado ao cumprimento do regime jurídico administrativo de probidade e responsabilidade na administração da coisa pública.

O deslinde dessa tensão será objeto do estudo proposto, perpassando, em um primeiro momento, na análise dos limites da imunidade material, frente ao regime jurídico administrativo de probidade garantido constitucionalmente, com o propósito de perscrutar a possibilidade de se impor sanções decorrentes da prática de Ato de Improbidade Administrativa ao parlamentar que, no exercício de sua atividade legislativa, causou, por ação ou omissão dolosa ou culposa, comportamentos tipificados nos arts. 9º, 10 e 11, da Lei de Improbidade Administrativa (Lei n.º 8429/92).

Na sequência, será analisada a possibilidade de responsabilização do parlamentar, notadamente na edição de atos normativos, de efeito concreto e abstrato, com a correspondente imputação de Ato de Improbidade Administrativa, colacionando, sempre que possível, orientações jurisprudenciais aplicáveis à espécie.

Por fim, será realizada breve abordagem sobre o elemento subjetivo do ato de improbidade administrativa, praticado para edição de atos normativos de efeito concreto e abstrato para, ao final, apresentar as conclusões do estudo proposto.

## 2. IMUNIDADE PARLAMENTAR E A PRÁTICA DE ATOS DE IMPROBIDADE ADMINISTRATIVA

Nos termos do art. 53, *caput*, da Constituição Federal, os deputados e senadores são invioláveis, civil e penalmente, por suas opiniões, palavras e votos (art. 53, caput)[2], no exercício de seus mandatos.[3] Esta inviolabilidade estende-se aos deputados estaduais e vereadores, nos termos dos arts. 27, § 1º e art. 29, VIII, respectivamente, da CF.

Essa imunidade material, garantida na Constituição Federal de 1988, destina-se a conferir importante instrumento de proteção ao parlamento, no sentido de que o parlamentar possa, com absoluta segurança, desempenhar sua atividade legislativa de forma imparcial e independente, sem se submeter às influências do poder econômico ou político vigente.

Celso de Mello, em voto lapidar acerca do sentido e alcance dessa prerrogativa, leciona que:

> "o instituto da imunidade parlamentar atua, no contexto normativo delineado por nossa Constituição, como condição e garantia de independência do Poder Legislativo, seu real destinatário, em face dos outros Poderes do Estado. Estende-se ao congressista, embora não constitua uma prerrogativa de ordem subjetiva, deste. Trata-se de prerrogativa de caráter institucional inerente ao Poder

---

2 Registra Michel Temer, em sua obra Elementos de Direito Constitucional, 22ª Edição, 2007, Malheiros, São Paulo, páginas 131 que **"...** o parlamentar, diante do Direito, pode agir como cidadão comum ou como titular de mandato. Agindo na primeira qualidade não é coberto pela inviolabilidade. A inviolabilidade está ligada à idéia de exercício de mandato. Opiniões, palavras e votos proferidos sem nenhuma relação com desempenho do mandato representativo não são alcançados pela inviolabilidade".

3 "A cláusula de inviolabilidade constitucional, que impede a responsabilização penal e/ou civil do membro do Congresso Nacional, por suas palavras, opiniões e votos, também abrange, sob seu manto protetor, as entrevistas jornalísticas, a transmissão, para a imprensa, do conteúdo de pronunciamentos ou de relatórios produzidos nas Casas Legislativas e as declarações feitas aos meios de comunicação social, eis que tais manifestações – desde que vinculadas ao desempenho do mandato – qualificam-se como natural projeção do exercício das atividades parlamentares." (**Inq 2.332-AgR**, Rel. Min. **Celso de Mello**, julgamento em 10-2-2011, Plenário, *DJE* de 1º-3-2011.) **No mesmo sentido**: **RE 606.451-AgR-segundo**, Rel. Min. **Luiz Fux**, julgamento em 23-3-2011, Primeira Turma, *DJE* de 15-4-2011; **RE 501.555-AgR**, Rel. Min. **Dias Toffoli**, julgamento em 1º-2-2011, Primeira Turma, *DJE* de 28-3-2011; **AI 401.600-AgR**, Rel. Min. **Celso de Mello**, julgamento em 1º-2-2011, Segunda Turma, *DJE* de 21-2-2011.

Legislativo, que só é conferida ao parlamentar *ratione numeris,* em função do cargo e do mandato que exerce."[4].

Por outro lado, enfatiza Alexandre de Moraes que, embora a imunidade material consubstancie verdadeira cláusula de irresponsabilidade funcional do congressista, é certo que essa proteção restringe-se aos "... atos, palavras, opiniões e votos proferidos no exercício do ofício congressual, sendo passíveis dessa tutela jurídico constitucional apenas os comportamentos parlamentares cuja prática possa ser imputável ao exercício do mandato legislativo"[5].

Nessa vertente, a incidência da imunidade material, para excluir a ilicitude do comportamento do agente parlamentar[6], exige nexo funcional[7], ou seja, as opiniões, palavras e votos devem ser proferidos pelo parlamentar no exercício de sua atividade legislativa.

Sucede que, muitas vezes, embora o parlamentar realize uma ação ou omissão no exercício de sua atividade legislativa, salvaguarda interesses pessoais e estranhos à consecução do interesse público,

4 **Inq 510**, Rel. Min. **Celso de Mello**, julgamento em 1º-2-1991, Plenário, *DJ* de 19-4-1991.

5 MORAES, Alexandre de. Direito Constitucional, 19 ed., São Paulo: Atlas, 2006, p. 408.

6 É fato que a natureza jurídica da imunidade parlamentar é controversa – causa que exclui a ilicitude ou gera atipia de conduta.

7 "A manifestação parlamentar do querelado guardou nexo de causalidade com o exercício da atividade legislativa, não havendo justa causa para a deflagração da ação penal de iniciativa privada. A imunidade material parlamentar exclui a tipicidade do fato praticado pelo deputado ou senador consistente na manifestação, escrita ou falada, exigindo-se apenas que ocorra no exercício da função. Tal razão fundamenta a rejeição da denúncia com base no art. 43, I, do CPP. O STF já firmou orientação no sentido de que o relator pode determinar o arquivamento dos autos quando as supostas manifestações ofensivas estiverem acobertadas pela imunidade parlamentar material (PET 3.162, rel. min. Celso de Mello, *DJ* de 4-3-2005; PET 3.195, rel. min. Cezar Peluso, *DJ* de 17-9-2004; PET 3.076, rel. min. Gilmar Mendes, *DJ* de 9-9-2004; PET 2.920, rel. min. Carlos Velloso, *DJ* de 1-8-2003)." (**Inq 2.273**, rel. min. **Ellen Gracie**, decisão monocrática, julgamento em 15-5-2008, *DJE* de 26-5-2008.) **No mesmo sentido**: **Pet 4.934**, rel. min. **Dias Toffoli**, decisão monocrática, julgamento em 25-9-2012, *DJE* de 28-9-2012.

sendo o nexo funcional critério insuficiente para resguardar o probo exercício da atividade legislativa.

Portanto, estabelecer os limites da imunidade material, para não servir de manto protetor para o exercício indevido da regra de competência legislativa[8], é tarefa árdua e de difícil concretização, exigindo uma interpretação sistemática, e teleológica das disposições contidas na Constituição Federal. A imunidade material deve harmonizar-se com o regime jurídico constitucional de responsabilidade funcional do agente público, por suas ações ou omissões que se desbordem das regras de competência gizadas pelo texto constitucional.

Nada mais exato. A utilização indevida da função pública pelo agente público, de quaisquer dos poderes da República Federativa do Brasil, admite a respectiva responsabilização. A responsabilidade funcional é princípio imanente da República (art. 1º, *caput*, da CF).

---

[8] "A garantia constitucional da imunidade parlamentar em sentido material (CF, art. 53, *caput*) – que representa um instrumento vital destinado a viabilizar o exercício independente do mandato representativo – somente protege o membro do Congresso Nacional, qualquer que seja o âmbito espacial (*locus*) em que este exerça a liberdade de opinião (ainda que fora do recinto da própria Casa legislativa), nas hipóteses específicas em que as suas manifestações guardem conexão com o desempenho da função legislativa (prática *in officio*) ou tenham sido proferidas em razão dela (prática *propter officium*), eis que a superveniente promulgação da EC 35/2001 não ampliou, em sede penal, a abrangência tutelar da cláusula da inviolabilidade. A prerrogativa indisponível da imunidade material – que constitui garantia inerente ao desempenho da função parlamentar (não traduzindo, por isso mesmo, qualquer privilégio de ordem pessoal) – não se estende a palavras, nem a manifestações do congressista, que se revelem estranhas ao exercício, por ele, do mandato legislativo. A cláusula constitucional da inviolabilidade (CF, art. 53, *caput*), para legitimamente proteger o parlamentar, supõe a existência do necessário nexo de implicação recíproca entre as declarações moralmente ofensivas, de um lado, e a prática inerente ao ofício congressional, de outro. Doutrina. Precedentes." (**Inq 1.024-QO**, Rel. Min. **Celso de Mello**, julgamento em 21-11-2002, Plenário, *DJ* de 4-3-2005.) **No mesmo sentido**: **Inq 2.915**, rel. min. **Luiz Fux**, julgamento em 9-5-2013, Plenário, *DJE* de 31-5-2013; **Inq 2.874-AgR**, rel. min. **Celso de Mello**, julgamento em 20-6-2012, Plenário, *DJE*de 1º-2-2013; **Inq 2.332-AgR**, Rel. Min. **Celso de Mello**, julgamento em 10-2-2011, Plenário, *DJE* de 1º-3-2011.

Portanto, a expressão República materializa-se em uma forma de governo em que o povo, titular do poder, outorga aos seus representantes, o poder-dever de gerir a coisa pública, com responsabilidade.

Por esta razão que o legislador constituinte, ao tempo em que preceituou que a República constituiu-se em um Estado democrático de direito, estabeleceu, como princípio fundamental para a Administração Pública direta ou indireta de quaisquer dos poderes da União, Estados, Municípios e Distrito Federal, a obediência aos princípios da legalidade, impessoalidade, moralidade, publicidade e eficiência. Impôs, aos violadores do regime jurídico administrativo, as sanções decorrentes do Ato de Improbidade Administrativa, expressamente previstas no § 4º do art. 37, da Constituição Federal.

Assim, com esteio no princípio da unidade constitucional, não pode pairar dúvida de interpretação: o regime jurídico administrativo de probidade espraia seus efeitos a todos os agentes que, transitória ou permanentemente, exercem função pública em quaisquer esferas de "poder" (funções legislativa, executiva, judicial).

Nesse viés, dois bens jurídicos de *status* constitucional buscam primazia: a prerrogativa de imunidade material *versus* o dever de probidade do agente público/político[9], no exercício de sua função pública.

Ao confrontá-los, poderia se concluir, à primeira vista, que referidos bens jurídicos entrariam em uma rota de colisão, de forma que um princípio se sobressairia sobre o outro.

No entanto, analisando a problemática em conformidade com o sistema constitucional, percebe-se, por outro lado, que entre a imunidade

---

9 No dizer de Mateus Bertoncini, em seu artigo Direito fundamental à probidade administrativa, p. 45, "... certo é que o direito público subjetivo à probidade na Administração Pública deve ser considerado um direito fundamental, haja vista o seu caráter coletivo e universal, e a sua titularidade indefinida e indeterminável, nota distintiva destes direitos" (BERTONCINI, Mateus. Direito Fundamental à probidade administrativa, in: FARIAS, Cristiano Chaves; OLIVEIRA, Alexandre Albagli; GHIGNONE, Luciano Taques (org). Estudos sobre Improbidade Administrativa: em homenagem ao professor J.J. Calmon de Passos, Salvador: Editora Jus Podivm, p. 33-47).

material e o dever de probidade do parlamentar, no exercício de sua atividade legislativa, não há uma relação de antinomia ou mesmo alternância, mas de coexistência, de forma que há plena compatibilidade neste aparente conflito.

Com efeito, não se olvida que o parlamentar, no desempenho das funções no âmbito da União, Estados ou Município, deve enfeixar garantias que lhe permitam exercer a atividade legislativa, típica e atípica, de forma soberana e independente; esta atividade legislativa não é livre, mas se circunscreve a uma atuação proba e consentânea com os valores estabelecidos no regime jurídico administrativo a que todos os agentes públicos estão obrigados.

No mais das vezes, o parlamentar realiza um típico ato legislativo, destinado a salvaguardar interesses pessoais e estranhos à consecução do interesse público, quer porque almeja obter vantagens indevidas, quer porque se limita a favorecer ou desfavorecer, com sua ação ou omissão, apadrinhados ou mesmo seus algozes políticos. Em outras hipóteses, recebe antecipadamente vantagem indevida (propina), ou aceita a promessa de percepção de tal vantagem, para determiná-lo a fazer ou deixar de fazer – (pronunciar-se, contra ou a favor, acerca de determinada matéria, por intermédio do voto).

Nessas hipóteses, muito embora haja nexo de interpendência, entre as opiniões, palavras e votos, frente ao típico exercício da atividade parlamentar, não se pode admitir sua irresponsabilidade civil, penal e administrativa.

A Constituição Federal necessita ser interpretada de forma teleológica e sistemática, para se observar que as prerrogativas garantidas no texto constitucional e conferidas aos exercentes das funções legislativas não os desobrigam do cumprimento do regime jurídico administrativo de responsabilidade gizado pelo texto constitucional e respectiva legislação infraconstitucional. Consagra-se, aqui, o princípio da unidade da Constituição Federal, conforme foi enfatizado.

Desde logo, reputa-se inadmissível, em um Estado de Direito democrático, a exclusão de determinados agentes públicos, do espectro de incidência da legislação de regência. Geraldo Ataliba, em profunda análise do sentido e alcance da expressão "República", enfatiza que:

".. é regime de responsabilidade. Os agentes públicos respondem por seus atos. Todos são, assim, responsáveis".[10]

Continua o autor, linhas à frente: "...a responsabilidade é a contrapartida dos poderes em que, em razão da representação da soberania popular, são investidos os mandatários. É lógico corolário da situação de administradores, latu sensu, ou seja, gestores de coisa alheia"[11].

Nessa vertente, constitui-se pressuposto do exercício de qualquer função pública, de quaisquer dos poderes da República Federativa do Brasil, o respeito aos princípios da moralidade, impessoalidade, legalidade e lealdade às instituições, sob pena de prática de Improbidade Administrativa, segundo expressa determinação Constitucional (art. 37, *caput*, da CF).

Carlos Ari Sundfeld[12], em importante estudo a respeito do abuso do poder de legislar, leciona que:

> "... a atividade pública – cujo exercício é regulado pelo Direito Público – constitui função. Função, para o direito, é o poder de agir cujo exercício traduz verdadeiro dever jurídico e que só se legitima quando dirigido ao atingimento da específica finalidade que gerou sua atribuição ao agente. O legislador, o administrador, o juiz, desempenham função: os poderes que receberam da ordem jurídica são de exercício obrigatório e devem necessariamente alcançar o bem jurídico que a norma tem em mira".

Portanto, ao desempenhar função pública, regida pelas regras de Direito Público, o parlamentar submete-se ao regime jurídico a este inerente. Exige-se, para o desempenho de sua atividade legislativa, a prática de um comportamento funcional compatível com os princípios da moralidade, impessoalidade, lealdade à instituição para a qual o parlamentar exerce função, que deve ser eficiente, responsável e honesta, sob pena de sua responsabilidade pessoal, em decorrência de suas intencionais ações ou omissões legislativas que desbordem do

---

10 ATALIBA, Geraldo. República e Constituição. 2. Ed., São Paulo: Malheiros, 2001, p. 65.

11 IDEM, p. 66.

12 SUNDFELD, Carlos Ari. Princípio da impessoalidade e abuso do poder de legislar. In: Revista Trimestral de Direito Público, v. 05, 1994.

regime jurídico a que está submetido (no Estado de Direito, todos se submetem ao primado da lei).

No tópico a seguir, serão abordadas, ainda que perfunctoriamente, os atos normativos, de efeito concreto e abstrato, já que esta delimitação conceitual é fundamental ao deslinde do objeto cognoscível.

## 3. ATOS DE IMPROBIDADE ADMINISTRATIVA NO EXERCÍCIO DA ATIVIDADE LEGISLATIVA DE ATOS NORMATIVOS GERAIS E ABSTRATOS

Via de regra, os parlamentares praticam uma sucessão de atos legislativos (apresentação de projetos; discussão, votação, etc), que culminam na formulação de comandos gerais e abstratos que se dirigem a um número geral e indeterminado de pessoas. São os denominados atos normativos de efeitos gerais e abstratos, já que não preveem situações concretas e predefinidas.

Segundo Geraldo Ataliba, o parlamentar, quando no exercício da atividade legislativa destinada à edição de normas gerais e abstratas, apenas pode ser responsabilizado politicamente. Portanto, é irresponsável, civil, criminal e administrativamente. Neste sentido, registra que:

> "Sua função legislativa (formular preceitos genéricos, abstratos e impessoais, obrigatórios), bem como a fiscalizatória, a debatedora, etc, não implicam responsabilidade administrativa ou civil (quanto a penal, por definição, é pessoal). As decisões que adotam, mediante voto, são insuscetíveis de todo contraste que não seja político. Não cabe pretender responsabilizar, quer civilmente, quer administrativamente, os parlamentares por atos dos órgãos que integram e cuja vontade compõem, pelo ato jurídico do voto"[13].

Não se duvida que as orientações políticas albergadas pelo parlamentar, na execução de seu mandato político, terão induvidosa repercussão nas urnas. É corolário de um regime democrático, em que o titular do poder, o povo, outorga a seus representantes o poder-dever de gerir a coisa pública, com responsabilidade. O desvirtuamento deste mandato político pode (e deve) repercutir, por ocasião do voto.

---

13 ATALIBA, Geraldo, ob. cit., p. 67.

É inaceitável, todavia, que este agente político, na hipótese de praticar ações ou omissões tipicamente legislativas, em colidência com o regime jurídico de probidade, legalidade e moralidade às funções institucionais para as quais foi eleito, não seja responsabilizado, civil, penal e administrativamente, em decorrência de seus comportamentos antecedentes e que motivam, seu voto, na edição do ato normativo geral e abstrato. Neste sentido orienta-se Emerson Garcia.[14]

Esta orientação doutrinária não se coaduna com o regime jurídico administrativo de responsabilidade albergado pela Constitucional de 1988.

Nada mais exato. É plenamente possível que o parlamentar, no exercício de sua função normativa, geral e abstrata, receba vantagens indevidas ou mesmo aceite a percepção destas vantagens ilícitas, para motivá-lo a se pronunciar, contra ou a favor de determinado ato normativo geral e abstrato (ou mesmo abster-se de votar), objeto de sua atuação funcional.[15]

Esse ato normativo, que foi editado em decorrência do recebimento ou da promessa de recebimento de vantagem patrimonial indevida, é formalmente perfeito, já que, exteriormente, aparenta ser compatível com o princípio da legalidade. Sua ilicitude decorre, todavia, do fato antecedente, delituoso, ou seja, da obtenção ou promessa de percepção de vantagem patrimonial indevida (já que se trata de crime contra a Administração Pública).

Além do Ato normativo geral e abstrato padecer de indisfarçável vício de inconstitucionalidade, já que foi editado com absoluto conflito com os valores imanentes de um Estado de Direito Democrático (voto livre) e com princípios carteais da Administração Pública, direta

---

14 GARCIA, Emerson, *et al*, Improbidade Administrativa, 7 ed. rev. ampl e atual. São Paulo: Saraiva, 2013, p.451, que ..” há fatores externos que concorrem para a formação do elemento anímico do agente e que não são acobertados pela inviolabilidade prevista no texto constitucional. Nestas hipóteses, não será o teor do voto que configurará a improbidade, mas, sim, os acontecimentos externos que influíram na atividade do agente político”.

15 Este fato foi reconhecido, em data recente, pela Suprema Corte Brasileira, ao se admitir no Congresso Nacional a existência de um grande esquema de corrupção (Mensalão), em que parlamentares receberiam propina para votar contra/favor de matérias tidas como fundamentais para o governo federal.

e indireta, de quaisquer dos poderes da República, também sujeita o parlamentar ao regime de responsabilidade funcional, a que todo agente público submete-se.

Nesta quadra, referido parlamentar pratica, na espécie, ato de Improbidade Administrativa que gera enriquecimento ilícito, ao receber vantagem indevida para votar contra, a favor ou se abster de votar, já que estão presentes seus elementos constitutivos: enriquecimento ilícito do agente público; nexo funcional, estabelecido entre o enriquecimento indevido do agente e o exercício funcional (atividade legislativa); vantagem indevida (ilícita). Trata-se da espécie normativa encartada o art. 9, caput e inciso I, da Lei n.º 8429-92.

Ressalva-se que, na hipótese do parlamentar que aceitou promessa de percepção de vantagem indevida, comprometendo-se a votar, contra ou a favor, ou se abster de votar, pratica apenas Ato de Improbidade Administrativa que viola os princípios (art. 11, *caput*, e inciso I da Lei n.º 8429/92), já que a única hipótese em que a Lei n. 8429/92 admite a tentativa de ato ímprobo não se amolda à espécie (art. 9º, inciso V desta Lei). Merece registro que, na espécie, o parlamentar estará sujeito à prática de Ato de Improbidade Administrativa porque, em decorrência do fato antecedente, aceitou promessa de percepção de vantagem indevida, para a prática do ato legislativo (voto, contra ou a favor, de determinada matéria).

Problema que merece reflexão é a possibilidade de se responsabilizar o parlamentar que, em decorrência de fato antecedente, viola princípios que regem a Administração Pública, para motivá-lo, a votar, contra/a favor ou abster se, a respeito de determinada matéria legislativa.

Não se olvida que, em um sistema democrático, o jogo político abarca uma multiplicidade de interesses contrapostos, em que há constantes intervenções de grupos sociais, econômicos, empresários, sindicatos, que intervém junto a parlamentares para prevalecer seus interesses na aprovação de atos normativos, gerais e abstratos. Destes fatos não podem advir responsabilidade, por Improbidade Administrativa, ainda que se vislumbre certa mácula aos princípios da moralidade e impessoalidade. Há, sem dúvida, interesses constitucionais que devem ser resguardados.

Entretanto, determinados comportamentos podem ensejar a responsabilidade, quando contrastados com o regime jurídico administrativo. Com efeito, imagine-se que, hipoteticamente, o prefeito Municipal reúna-se com vereador, para solicitar-lhes voto favorável ao projeto de lei encaminhado pelo Executivo, destinado à criação de inúmeros cargos em comissão. Em contrapartida, promete-lhe nomear, para o cargo em comissão, a amante do edil.

É induvidoso que, na espécie, o vereador pratica Ato de Improbidade Administrativa que viola o princípio da moralidade, já que exerce sua atividade legislativa para satisfazer interesse nitidamente pessoal, e não para consecução da finalidade pública (que, na hipótese, é verificar se há necessidade/possibilidade, de criação de cargos em comissão, na forma almejada pelo Executivo municipal).

Por outro vértice, comprovado que o agente púbico enriqueceu-se ilicitamente, em evolução patrimonial desconforme com suas rendas lícitas, estará o parlamentar sujeito às sanções decorrentes da prática de Ato de Improbidade Administrativa.

Portanto, pode-se afirmar, de forma conclusiva, que a responsabilidade do parlamentar, decorrente da edição de atos normativos gerais e abstratos, pode advir: de seu comportamento anterior ao voto, consistente no recebimento ou promessa de recebimento, de vantagem indevida, ou na prática de uma ação ou omissão que vise a satisfazer interesses exclusivamente pessoais, que motive o parlamentar a votar, contra ou a favor, ou abster-se de votar, acerca de qualquer matéria legislativa; ou do seu enriquecimento ilícito, no exercício da atividade parlamentar. Assim, forçoso é reconhecer que o substrato da responsabilidade assenta-se no fato ilícito antecedente, e não no conteúdo do ato normativo geral e abstrato.[16]

---

[16] Recentemente, o Supremo Tribunal Federal condenou inúmeros agentes políticos, no rumoroso caso "Mensalão", em que parlamentares da base aliada do governo receberam propina (vantagem indevida), para votar a favor de matérias de interesse do governo. Trata-se, sem dúvida, de responsabilização parlamentar por ato Legislativo, em que o Procurador Geral da República descreveu comportamentos dos parlamentares que antecederam as edições dos atos normativos gerais e abstratos, consistentes na aceitação de vantagem patrimonial indevida.

No âmbito desta pretensão civil pública, destinada à imposição de sanções decorrentes da prática de Ato de Improbidade Administrativa em face dos parlamentares que, por hipótese, receberam vantagem indevida[17], não se poderá pleitear a invalidação do ato normativo, geral e abstrato, já que a Ação Civil Pública não se presta ao controle abstrato da constitucionalidade das Leis.

Assim, por se tratar de ato normativo de efeito geral, apenas os legitimados diretos poderão buscar um provimento jurisdicional, em decorrência da ausência de lide, em seu conceito processual.

Em data recente, a Associação dos Magistrados do Brasil e a Associação Nacional dos Magistrados da Justiça do Trabalho propuseram uma Ação Direta de Inconstitucionalidade, em face da **Emenda Constitucional n. 41/2003, chamada de Reforma da Previdência II,** que autorizou a instituição previdenciária complementar dos servidores públicos, em decorrência do grande esquema de corrupção (mensalão), instalado na Câmara Federal. A liminar, entretanto, foi indeferida pelo Ministro relator Marco Aurélio. Consigne:

> AÇÃO DIRETA DE INCONSTITUCIONALIDADE – LIMINAR – JULGAMENTO DEFINITIVO.
>
> 1. Esta ação direta de inconstitucionalidade tem como objeto o § 15 do artigo 40 da Carta Federal, com a redação dada pela Emenda Constitucional nº 41, de 2003, e contra a Lei nº 12.618, de 2012, na parte em que autorizada a criação de entidade fechada de previdência complementar destinada a alcançar membros da magistratura. A racionalidade própria ao Direito direciona no sentido de aguardar-se o julgamento definitivo.
>
> 2. Aciono o disposto no artigo 12 da Lei nº 9.868/99. Providenciem as informações, a manifestação do Advogado-Geral da União e o parecer do Procurador-Geral da República.
>
> 3. Publiquem”[18].

---

[17] Embora exista certa controvérsia acerca da possibilidade da vantagem indevida não possuir caráter patrimonial, observa-se que a simples leitura do art. 9º, *caput*, da Lei n.º 8429/92, não autoriza interpretação em sentido contrário.

[18] STF - ADI: 4885 DF, Relator: Min. MARCO AURÉLIO, Data de Julgamento: 03/01/2013, Data de Publicação: DJe-024 DIVULG 04/02/2013 PUBLIC 05/02/2013.

Esta ação direta de inconstitucionalidade teve como fundamento a percepção de vantagens patrimoniais indevidas por parlamentares (mensalão), para votação de matérias do interesse do governo, o que violou o processo legislativo, integrante do devido processo legal, em decorrência da fraude da votação.

Merece registro, outrossim, que a sujeição do parlamentar ao pólo passivo de uma relação jurídica processual, decorrente da prática de Ato de Improbidade Administrativa, em razão da percepção de vantagem indevida (destinada à votação, contra ou a favor, ou mesmo a abstenção), torna desnecessário que o titular da ação civil pública investigue o resultado da votação, para sujeitá-lo às sanções decorrentes da prática do Ato Ímprobo.

## 3. ATOS DE IMPROBIDADE ADMINISTRATIVA NO EXERCÍCIO DA ATIVIDADE LEGISLATIVA DE ATOS NORMATIVOS DE EFEITOS CONCRETOS.

As atuações normativas dos parlamentares, realizadas no âmbito da edição de atos normativos de efeitos concretos, que colhem situações fáticas, ou estabelecem relações jurídicas predefinidas, também são passíveis de responsabilização pela prática de Ato de Improbidade Administrativa. Estão abarcadas nestas hipóteses, as alterações de Zoneamentos Urbanos, para satisfazer interesses pessoais de determinado administrado; doações de imóveis para particulares, ou mesmo a edição de atos normativos municipais, destinados ao aumento de remuneração dos vereadores, na mesma legislatura, etc.[19] Há inúmeros

[19] Segundo leciona Hely Lopes Meirelles, em sua obra Mandado de segurança, ação popular, ação civil pública, mandado de injunção e habeas data, 12 ed., ampl e atual. pela Constituição da República de 1988, São Paulo: Revista dos Tribunais, 1989, p. 17, "Por leis e decretos de efeitos concretos entende-se aqueles que trazem em si mesmos o resultado específico pretendido, tais como as leis que aprovam planos de urbanização, as que fixam limites territoriais, as que criam municípios ou desmembram distritos, as que concedem isenções fiscais; as que proíbem ou atividades ou condutas individuais; os decretos que desapropriam bens, os que fixam tarifas, os que fazem nomeações e outros dessa espécie. Tais leis ou decretos nada tem de normativos; são atos de efeitos concretos, revestindo a forma imprópria de lei ou decreto, por exigências administrativas. não contem mandamentos genéricos, nem apresentam qualquer regra abstrata de

precedentes jurisprudenciais, que admitem a responsabilização do parlamentar, pela prática de Ato de Improbidade Administrativa em decorrência da edição de leis de efeito concreto[20].

---

conduta; atuam concreta e imediatamente como qualquer ato administrativo de efeitos individuais e específicos...".

[20] Nesse sentido, Emerson Garcia, et al, em sua obra, Improbidade Administrativa, 7 ed. rev. ampl e atual. São Paulo: Saraiva, 2013, p. 450/451, colaciona os seguintes julgados: AÇÃO POPULAR. AÇÃO DE IMPROBIDADE ADMINISTRATIVA. JULGAMENTO CONJUNTO. CÂMARA DE VEREADORES QUE REAJUSTA OS SUBSÍDIOS DE SEUS INTEGRANTES PARA VIGORAR NA MESMA LEGISLATURA. AFRONTA À LEI ORGÂNICA LOCAL E À PRÓPRIA CARTA MAGNA. CONDENAÇÃO À DEVOLUÇÃO DO QUE OS EDIS RECEBERAM INDEVIDAMENTE. APELO IMPROVIDO. Devem ser devolvidos ao erário municipal os valores recebidos a maior pelos vereadores que reajustam e recebem subsídios na mesma legislatura em que estabeleceu-se o aumento. A sucumbência parcial dos autores em ação popular e de enriquecimento ilícito, não implica em condenação recíproca de honorários advocatícios. O Juiz na ação de reparação de dano por improbidade administrativa, não é obrigado a impor, em conjunto, as sanções previstas no art. 11, da Lei 8429/92, podendo determinar apenas a reparação do dano com seus acréscimos legais, em casos menos graves. O particular não está legitimado a figurar como parte ativa na ação de improbidade administrativa, ajuizada pelo Ministério Público. (TJ-PR, Relator: Fleury Fernandes, Data de Julgamento: 25/08/1998, 5ª Câmara Cível); "Constitucional e administrativo. Patrimônio Público. Improbidade administrativa. Lei n 8.429/92. Ação civil pública. Admissibilidade. Legitimidade do ministério público. Incorre em ato de improbidade administrativa o Presidente de Câmara Municipal que determina o pagamento de auxílio médico-hospitalar com base em resolução legislativa não publicada. Incide na prática de ato de improbidade o vereador que recebeu o benefício. Ilegalidade de resolução com efeito retroativo, máxime quando os fatos e o pagamento ocorreram antes da data da publicação. Quebra dos princípios da legalidade, impessoalidade, publicidade e moralidade da administração pública, previstos no art. 37, da CF. Condenação nas sanções preconizadas no artigo 12, incisos I, II e III, da Lei nº 8.429/92 (1ª CC, AP n. 57390200, rel. Des. Ulysses Lopes, j. em 18/11/1997)"; AÇAO CIVIL PÚBLICA. APLICAÇÕES CÍVEIS. FALTA DE PREPARO. DESERCAO. PRELIMINARES. CERCEAMENTO DE DEFESA. IMPROBIDADE ADMINISTRATIVA. REMUNERAÇAO DE VEREADORES. DESOBEDIÊNCIA AOS PARÂMETROS LEGAIS. SANÇÕES DO ART. 12 DA LEI Nº 8.429/92. EMENDA CONSTITUCIONAL Nº 19/98. AUTO APLICABILIDADE. DEDUÇAO DO IRRF. I - Na dicção do artigo 511, do Código de Processo Civil, modificado pela Lei nº 8.950/94, o recorrente terá de juntar, no ato da interposição do recurso, a prova do pagamento do

No mais das vezes, estas alterações de zoneamento ou doação de imóveis para empresários são precedidas do pagamento ou promessa de pagamento de propina ao parlamentar, que se compromete a apresentar o projeto de lei ou mesmo angariar votos junto a seu grupo político de vereadores, eventualmente comparsas na prática do fato ímprobo e delituoso.[21] [22]

---

preparo, sob pena de ocorrer a preclusão consumativa, visto que a norma é de aplicação cogente e sua desobediência impõe-se a pena de deserção. II - Constantes dos autos prova documental suficiente para formar o convencimento do juiz, não ocorre cerceamento de defesa se a lide é julgada antecipadamente. III - Tipifica improbidade administrativa, descrita no art. 9º da Lei nº 8.429/92, a percepção de subsídios excedentes aos parâmetros legais. IV - Comprovada a prática pelos réus de ato de improbidade administrativa, cominam-se-lhes as penas de ressarcimento integral do dano causado ao erário e de multa civil, previstas no art. 12 da Lei n º 8.429/92. V - Não é auto-aplicável a norma do art. 37, XI, da CF, vez que somente será aplicável após a edição de lei que, regulamentando a matéria, fixe novo teto vencimental no âmbito dos três poderes e nas diferentes unidades da Federação. VI - O IRRF deve ser deduzido no valor a ser restituído pelos edis aos cofres públicos, já que recolhidos com base na remuneração majorada. (Tribunal de Justiça de Goiás, 2ª CC, Duplo Grau de Jurisdição n. 6.611-2/195, Des. Aluízio Ataís de Souza, j. em 5/6/01, DJ de 27/6/2001, p. 7). Administrativo. Ato de improbidade. Ação Civil pública. Pratica o Vereador que recebe valor comprovado por quebra de sigilo de sua conta bancária, poucos dias após estabelecer negociação de seu voto na eleição da mesa da Câmara Municipal. Procedência da ação em determinação de devolução do valor. Imposição de multa civil. Suspensão dos direitos políticos. Gradação da pena que desrecomenda a aplicação de sanção de proibição de contratar com o Poder Público. Improcedência com relação clara de sua participação nos fatos. Provimento parcial de ambas as apelações, por maioria" (TJRS, 1ª CC, AP n. 598009314, rel. Des. Luiz Felipe Silveira Difini, j. em 23/12/1998).

[21] Em Londrina, a Promotoria de Defesa do Patrimônio Público, em atuação conjunta com o Grupo de Atuação e Combate ao Crime Organizado (GAECO), investigaram e propuseram inúmeras ações, penais e civis (pela prática de Atos de Improbidade Administrativa que geraram enriquecimento ilícito ao agente público e violaram os princípios que regem a Administração Pública), em face de inúmeros vereadores que, em decorrência da percepção de propina, propuseram alterações legislativas destinadas à alteração de zoneamento urbano da cidade.

[22] Emerson Garcia, et al, em sua obra, Improbidade Administrativa, 7 ed. rev. ampl. e atual. São Paulo: Saraiva, 2013, p. 450/451, colaciona o seguinte julgado: "Administrativo. Ato de improbidade. Ação Civil Pública. Pratica o Vereador que recebe valor comprovado por quebra de sigilo de sua conta bancária, poucos dias após estabelecer negociação de seu voto na eleição da mesa da Câmara Municipal. Procedência da ação em determinação de devolução do valor.

Sob outro vértice, é possível que um parlamentar, membro de uma comissão parlamentar de Inquérito que investiga o comportamento funcional de um membro da casa legislativa, mediante a promessa de recebimento de propina, comprometa-se a deixar de executar ato de seu ofício, quer por ação (votar contra a instauração da comissão parlamentar), quer por omissão (abster-se de votá-la, não comparecendo à sessão). Seu comportamento adequa-se ao disposto no art. 9º, inciso V da Lei n.º 8.429/92, sendo a única hipótese de Ato de Improbidade Administrativa em que se admite a forma tentada, conforme enfatizado por Mateus Bertoncini[23].

Nesse sentido, o Tribunal de Justiça do Rio Grande do Sul condenou vereador que recebeu propina, para negociar voto na eleição da mesa da Câmara Municipal. Consigne:

> Administrativo. Ato de improbidade. Ação Civil pública. Pratica o Vereador que recebe valor comprovado por quebra de sigilo de sua conta bancária, poucos dias após estabelecer negociação de seu voto na eleição da mesa da Câmara Municipal. Procedência da ação em determinação de devolução do valor. Imposição de multa civil. Suspensão dos direitos políticos. Gradação da pena que desrecomenda a aplicação de sanção de proibição de contratar com o Poder Público. Improcedência com relação clara de sua participação nos fatos. Provimento parcial de ambas as apelações, por maioria" (TJRS, 1ª CC, AP n. 598009314, rel. Des. Luiz Felipe Silveira Difini, j. em 23/12/1998).[24]

---

Imposição de multa civil. Suspensão dos direitos políticos. Gradação da pena que desrecomenda a aplicação de sanção de proibição de contratar com o Poder Público. Improcedência com relação clara de sua participação nos fatos. Provimento parcial de ambas as apelações, por maioria" (TJRS, 1ª CC, AP n. 598009314, rel. Des. Luiz Felipe Silveira Difini, j. em 23/12/1998).

23 Assim, leciona Mateus Bertoncini, em sua obra Ato de Improbidade Administrativa: 15 anos da Lei 8429/1992, São Paulo: Revista dos Tribunais, 2007, p. 234, que "Relativamente ao inciso V, é importante registrar que é a única modalidade de Ato de Improbidade Administrativa que causa enriquecimento ilícito e que admite tentativa, pois a lei também pune quem aceitar promessas de tal vantagem".
É evidente, por outro lado, que o agente parlamentar estará sujeito às sanções decorrentes da prática do ilícito penal correspondente (v.g., concussão; corrupção passiva ou ativa).

24 Citado por, GARCIA, Emerson, *et al*, Improbidade Administrativa, 7 ed. rev. ampl e atual. São Paulo: Saraiva, 2013, p. 450/451.

Registre-se que nem sempre será possível estabelecer uma conexão, no campo probatório, entre o exercício da atividade parlamentar e a percepção da vantagem indevida. Nesta hipótese, incumbe-se ao titular da investigação constatar que o património do parlamentar é desconforme e incompatível com suas rendas auferidas licitamente, para legitimar o manejo da Ação de Improbidade Administrativa que gera enriquecimento ilícito do agente, nos termos do art. 9º, XI, da Lei n. º 8.429/92.

Na espécie, basta ao Promotor de Justiça/Procurador da República demonstrar a incongruência patrimonial frente aos bens/rendas auferidas licitamente pelo agente público, para exigir que o agente político comprove que, de fato, obteve licitamente sua formação patrimonial (v.g, recebeu doações; ganhou loteria, etc), para desconstituir esta aparente incompatibilidade patrimonial.

Pode ocorrer, outrossim, que o ato de improbidade administrativa praticado pelo parlamentar concretize-se sem o pagamento de propina, já que este agente político é amigo íntimo do administrado, ou mesmo que, por hipótese, inimigo capital do empresário, que pretende receber a doação do imóvel pelo poder público, para realizar um empreendimento, mas que esta pretensão resta inviabilizada em razão de um ou alguns desafetos no parlamento municipal. Trata-se de corrupção moral, que macula o regime jurídico administrativo e submete o agente público à responsabilidade dele decorrente.

Frise-se: essas situações maculam os princípios que regem a Administração Pública, consubstanciando Ato de Improbidade Administrativa tipificado no art. 11, caput e inciso I, da Lei n.º 8.429/92.

Emerson Garcia discorda dessa orientação, já que não admite a responsabilidade do parlamentar, decorrente da violação dos princípios que regem a Administração Pública.

Para esse renomado jurista, "... a luz do sistema constitucional pátrio, não será possível responsabilizar pessoalmente os membros das Casas legislativas pela votação e aprovação de comandos normativos dissonantes das normas constitucionais, em especial do princípio da moralidade, ainda que visem satisfazer interesses pessoais"[25].

---

[25] GARCIA EMERSON; PACHECO ALVES, ROGÉRIO. Improbidade Administrativa, 7 ed. rev. ampl e atual. São Paulo: Saraiva, 2013, p. 447.

Destaca, em seguida, que a Constituição Federal garante a inviolabilidade do parlamentar, sendo certo que "... tal garantia é da essência do sistema representativo e alcança, a um só tempo, representantes e representados, permitindo o cumprimento do mandato outorgado pelo povo com plena liberdade e independência, o que facilitará a consecução dos objetivos almejados"[26].

Não restam dúvidas que, muitas vezes, o ambiente político compõe-se de uma multiplicidade de interesses, para concretização de suas plataformas políticas. Nesse viés, partidos e parlamentares podem, muitas vezes, praticarem ações ou omissões destinadas a consecuções de fins políticos, em colidência com os princípios da moralidade e impessoalidade. Imagine-se, por hipótese, que determinado partido político estabeleça o voto de seus membros ou determine que seus pares esvaziem o plenário para inviabilizar a votação de determinada matéria. Trata-se de uma postura política que macula, à toda evidencia, o princípio da moralidade administrativa.

Nessa hipótese, há prevalência do interesse político, sendo esta contraposição de interesses inerentes ao Estado de Direito democrático. Não há ato de improbidade administrativa que macule os princípios que regem a Administração Pública, já que o pluralismo político é um dos fundamentos da República Federativa do Brasil, nos termos do art. 1°, inciso V da Constituição Federal.

A hipótese aqui aventada, todavia, é distinta. O parlamentar não está tutelando um interesse que autoriza inferir, por intermédio de uma interpretação crítica e razoável, que sua atuação visa resguardar valores partidários, inerentes ao processo democrático pautado pela dialética de ideias e de interesses contrapostos. Ao contrário, executa sua atividade legislativa como simples instrumento para satisfazer interesses pessoais, mesquinhos e divorciados da finalidade pública para a qual exerce função eletiva.

---

[26] Registre, entretanto, que GARCIA EMERSON; PACHECO ALVES, ROGÉRIO. Improbidade Administrativa, 7 ed. rev. ampl e atual. São Paulo: Saraiva, 2013, p . 451, admite a responsabilidade parlamentar decorrente de "... fatores externos que concorrem para a formação do elemento anímico do agente e que não são acobertados pela inviolabilidade prevista no texto constitucional. Nestas hipóteses, não será o teor do voto que configurará a improbidade, mas, sim, os acontecimentos externos que influíram na atividade do agente político".

Na espécie, o parlamentar, ao legislar para atender aos interesses pessoais de determinadas pessoas físicas ou jurídicas, exorbita de seu poder de legislar, praticando fim diverso daquele previsto na regra de competência (que é, em última análise, editar regras gerais e impessoais visando o fim comum).

Pratica, assim, ato impessoal e imoral[27], eis que desconforme com o sentimento de justiça e ética das instituições, cujo sacrifício imposto à coletividade é desproporcional frente ao ganho auferido por apenas uma pessoa (física ou jurídica, beneficiada pela arbitrária alteração da legislação municipal).

É inegável que a edição de normativo voltado à consecução de interesse individual, pessoal, divorciado do fim almejado pela norma, consubstancia inegável desvio de finalidade, porque editado para atender fins estranhos ao interesse público.

Incumbe ao parlamentar executar sua atividade pública tendo por escopo atingir o fim visado pela norma, não desvirtuando a *"ratio legis"* do diploma legal. Nesse sentido é o magistério de Hely Lopes Meirelles, ao afirmar que "... *a finalidade terá sempre um objetivo certo e inafastável de qualquer ato administrativo: o interesse público. Todo ato que se apartar desse objetivo sujeitar-se-á a invalidação por desvio de finalidade, que a nossa lei da ação popular conceituou como o "fim diverso daquele previsto, explícita ou implicitamente na regra de competência" do agente (Lei nº 4.717/65, art. 2º, parágrafo único, "e")"*. ("Direito Administrativo Brasileiro", Malheiros, p. 86, 19ª edição).

Portanto, o exercício da atividade legislativa, para atingir finalidades pessoais de apadrinhados ou amigos, caracteriza-se desvio de

[27] **DI PIETRO, Maria Silvia Zanella, Direito administrativo.** 6ª edição. São Paulo: Editora Atlas, 1996, p. 69-71, ao investigar o conteúdo do princípio da moralidade, registra que "não é preciso penetrar na intenção do agente, porque do próprio objeto resulta a imoralidade. Isto ocorre quando o conceito de determinado ato contrariar o senso comum de honestidade, retidão, equilíbrio, justiça e respeito à dignidade do ser humano, à boa-fé, ao trabalho, à ética das instituições. A moralidade exige a proporcionalidade entre os meios e os fins a atingir. entre os sacrifícios impostos à coletividade e os benefícios por ela auferidos entre as vantagens usufruídas pelas autoridades públicas e os encargos impostos à maioria dos cidadãos".

poder, que se materializa no descompasso entre a finalidade da regra discricionária (realizar o ato administrativo com vistas à consecução do interesse público), frente à providência concretamente eleita pelo legislador, no legítimo exercício de sua regra de competência.

No dizer de Celso Antônio Bandeira de Mello, o desvio de poder ou de finalidade verifica-se "quando o agente se serve de um ato para satisfazer finalidade alheia à natureza do ato utilizado. Há, em conseqüência, um mau uso da competência que o agente possui para praticar atos administrativos, traduzida na busca de uma finalidade que simplesmente não pode ser buscada ou, quando possa, não pode sê-lo através do ato utilizado"[28].

José Cretella Junior, por sua vez, enfatiza que o "... elemento integrante e indispensável do ato administrativo, erige-se o fim ou finalidade como a bússola que assinala o caminho certo da Administração. Desvirtuado o fim, desnatura-se o ato, eiva-o de vício inconvalidável, configura-se o denominado desvio de fim, desvio de finalidade ou desvio de poder"[29].

Destaque-se que o fim ou finalidade apresentam duplo sentido: 1) amplo, a finalidade sempre corresponde à consecução de um resultado de interesse público; nesse sentido, diz-se que o ato administrativo tem que ter sempre finalidade pública; 2) estrito, em que a finalidade é o resultado específico que cada ato deve produzir, conforme definido na lei; neste aspecto, a finalidade do ato administrativo é sempre a que decorre explícita ou implicitamente da lei.

Seja infringindo a finalidade legal do ato (sentido estrito), seja desatendendo o seu fim de interesse público ou a quaisquer dos princípios constitucionais (sentido amplo), o ato normativo de efeito concreto será ilegal, por desvio de poder ou de finalidade, sujeitando o parlamentar ao regime de responsabilidade encartado na Lei n.º 8.429/92[30].

---

[28] MELLO. Elementos de Direito Administrativo, 3ª edição, São Paulo; Malheiros, 1992, p. 126-127.

[29] Cretella Junior, José. Tratado de Direito Administrativo, vol. II, Ed. Forense, Rio de Janeiro, 2002, p. 210.

[30] É certo que, à toda evidência, a possibilidade de submissão do parlamentar à integração do polo passivo de uma Ação Civil Pública, pela prática do Ato de Improbidade Administrativa, exige que o voto seja aberto, ou que a votação seja unânime.

Em outra vertente, é necessário consignar que a jurisprudência pátria orienta-se no sentido da admissibilidade da responsabilização do parlamentar, na prática de Ato de Improbidade Administrativa, em decorrência da edição de ato normativo de efeito concreto, quer porque o agente político enriqueceu-se ilicitamente (art. 9º, da Lei de Improbidade Administrativa), causou lesão ao erário (art. 10) ou violou os princípios que regem a Administração Pública. Registre, a propósito, acordão do Tribunal de Justiça de São Paulo:

> **TJSP - Agravo de Instrumento n° 516.428-5/9-00. Julgamento em 30 de novembro de 2006.**
>
> AÇÃO CIVIL PÚBLICA POR IMPROBIDADE ADMINISTRATIVA - MALFERIMENTO A PRINCÍPIOS QUE NORTEIAM A ADMINISTRAÇÃO PÚBLICA - APROVAÇÃO DE LEI QUE TRANSFORMOU ÁREA RURAL EM ÁREA DE EXPANSÃO URBANA - TENTATIVA DE REGULARIZAÇÃO DE LOTEAMENTO CLANDESTINO - POSSÍVEIS DANOS AO MEIO AMBIENTE - RECURSO VOLTADO CONTRA A DECISÃO QUE EXCLUIU DA LIDE OS VEREADORES DA CÂMARA MUNICIPAL - EDIS PODEM SER RÉUS EM AÇÃO CIVIL PÚBLICA POR IMPROBIDADE ADMINISTRATIVA, PORQUANTO A IMUNIDADE CIVIL E PENAL NÃO ABRANGE ATOS DESSA NATUREZA. RECURSO AO QUAL SE DÁ PROVIMENTO.

De igual modo, o Superior Tribunal de Justiça orientou-se no sentido da responsabilidade do parlamentar, no âmbito da Lei de Improbidade Administrativa, na edição de leis de efeito concreto:

> **STJ - RECURSO ESPECIAL Nº 1.36.951 -SP (2012/06375-1). Relator: Ministro Herman Benjamin. Julgamento em 14 de maio de 2013.**
>
> ADMINSTRATIVO. PROCESUAL. IMPROBIDADE ADMINISTRATIVA. MAJORAÇÃO DE SUBSÍDIOS DE VERADORES. INCIDÊNCIA DAS SÚMULAS 280/STF E7/STJ. APLICABILDADE DA LIA AGENTES POLÍTICOS. ELEMENTO SUBJETIVO.
>
> 7. A Corte Especial do STJ decidiu pela submissão dos agentes políticos à LIA (Rcl 2.790/SC, Corte Especial, Rel. Ministro Teori Albino Zavascki, DJe 4.3201).

> 12. Inexiste, in casu, restrição à aplicabilidade da LIA. Não se cuida aqui de ato legislativo típico, de conteúdo geral e abstrato. Debate-se aqui norma de autoria do presidente da Câmara, cujos efeitos são concretos e delimitados à majoração de subsídios próprios e dos demais vereadores, em manifesta afronta ao texto constitucional e a despeito de inúmeros alertas feitos por instituições civis e pelo Ministério Público.
>
> 14. Precedente desta Turma, relatado pelo eminente Ministro Castro Meira, lastreado em doutrina de Pedro Roberto Decomain, no sentido de que "A ação por improbidade administrativa não é meio processual adequado para impugnar ato legislativo propriamente dito. Isso não significa, todavia, que todos os atos a que se denomina formalmente de 'lei' estejam infensos ao controle jurisdicional por seu intermédio. Leis que usualmente passaram a receber a denominação de 'leis de efeitos concretos', e que são antes atos administrativos que legislativos, embora emanados do Poder Legislativos, podem ter sua eventual lesividade submetida a controle pela via da ação por improbidade administrativa (.)" (REsp 1.01.359/CE, Rel. Min. Castro Meira, Segunda Turma, DJe 9/1209).

Assim, em sede conclusiva, uma vez praticado o Ato de Improbidade Administrativa de efeito concreto, pode o titular da pretensão acusatória (v.g., Ministério Público, etc) fazer a imputação do fato ímprobo, subsumindo o comportamento do agente público/político a uma das hipóteses encartadas nos arts. 9º, 10 e 11, da Lei de Improbidade Administrativa, cumulando com o pedido de invalidação do Ato normativo de efeito concreto, já que se trata de espécie normativa que possui natureza jurídica de verdadeiro ato administrativo, o que admite a realização do controle de sua compatibilidade com os princípios vetores da Constituição Federal, antecedente necessário à apreciação da pretensão final: imposição das sanções decorrentes da prática do fato ímprobo[31].

[31] Sendo lei de efeito concreto, pode e deve ser declarada inválida pelo Poder Judiciário, com fundamento na Constituição Federal (art. 37, *caput)* e no art. 2º da Lei de Ação Popular: São nulos os atos lesivos ao patrimônio das entidades mencionadas no artigo anterior, nos casos de: e) desvio de finalidade, sujeitando os responsáveis pela aprovação do ato normativo incompatível com os princípios que regem a Administração Pública a sanções pela prática de ato de improbidade administrativa (art. 11, *caput* e inciso I da Lei de Improbidade Administrativa).

## 5. ELEMENTO SUBJETIVO DO ATO DE IMPROBIDADE ADMINISTRATIVA PRATICADO POR PARLAMENTAR.

Frise-se, por derradeiro, que há grande dificuldade para a imputação do Ato de Improbidade Administrativa em face do parlamentar que participou da elaboração de lei de efeito concreto (com ares de legalidade), em colidência com os princípios que regem a Administração Pública, exatamente porque os órgãos jurisdicionais, de primeira e segunda instâncias, têm exigido a comprovação de fatores estranhos ao elemento subjetivo do agente, para a concretização do Ato de Improbidade Administrativa[32].

São pacíficas, em acórdãos proferidos pelo Superior Tribunal de Justiça, orientações no sentido de que as sanções decorrentes do Ato de Improbidade Administrativa exigem a concretização do elemento subjetivo do tipo de injusto – dolo/culpa – para configurar as hipóteses típicas encartadas nos arts. 9º, 10 e 11 da Lei n.º 8.429/92 (registre-se: modalidade culposa apenas admissível no Ato de Improbidade Administrativa que causa lesão ao erário - art. 10).

Essa orientação jurisprudencial é absolutamente compatível com a existência de um Estado de Direito democrático, que não admite a responsabilidade do agente, pela simples causação do resultado (responsabilidade objetiva). A responsabilidade subjetiva, portanto, é medida que se coaduna com a ordem axiológica garantida constitucionalmente.

O que tem ocorrido, todavia, é que acórdãos do STJ têm registrado a ausência de dolo no comportamento do agente público, para justificar (indevidamente) a inexistência de Ato de Improbidade Administrativa quando, na realidade, o problema reside em outro

---

[32] Neste sentido, pontifica Wallace Paiva Martins Júnior, em sua obra Probidade Administrativa, 2 ed., São Paulo: Saraiva, p. 2002, p. 288, que "A doutrina destaca o desvio de poder nos atos legislativos (inconstitucionais, inclusive os desvinculados da observância da finalidade contida na norma constitucional que fundamenta o poder de legislar) e jurisdicional (deferimento imoderado de liminares para alcance de alvo diverso do conteúdo da competência ou mudança proposital de voto em órgão colegiado para impedir a interposição de embargos infringentes). Todavia, é o móvel do agente que deve ser avaliado para revelar a grave falta de ética no uso do poder, que denote sua inabilidade moral no exercício da função pública".

local: falta de uma análise crítica da Lei n. 8.429/92, para alicerçar a atipia do comportamento do agente[33]. Outras vezes, o STJ afasta o elemento subjetivo do Ato de Improbidade Administrativa, diante da ausência de má-fé[34].

Não há que se confundir dolo e má-fé, já que são conceitos distintos. O dolo significa, tão somente, vontade do agente público de realizar o comportamento proibido e descrito pelo tipo sancionador. Ou, de outro modo, significa apenas a representação e vontade do agente de praticar os comportamentos típicos descritos nos arts. 9º, 10 e 11 da Lei n.º 8.429/1992.

Assim, a boa ou má fé do agente público são conceitos distintos e dogmaticamente diversos do elemento subjetivo doloso do agente[35].

---

33 Assim, v.g., no Recurso Especial n. 1.140.544-MG, tem-se a seguinte ementa: "Ação Civil por Ato de Improbidade Administrativa – Convênio firmado pelo Município e Secretaria do Estado da Educação. Objeto do Contrato cumprido. Alegação de ausência de prestação de contas. Mera irregularidade. Não comprovação do dano ao erário público. Improcedência do pedido. Confirmação da sentença". Segundo voto da então relatora, ministra Eliana Calmon, "constato, assim, que em razão da ausência de prestação de contas de 03 parcelas, de um total de 09 prestações, pela ex-prefeita, oriundos de convênio, imputa-lhe o cometimento de ato de improbidade. Ressalta-se que é fato incontroverso nos autos, que os recursos públicos objeto do convênio firmado entre o Município do Governo do Estado foram utilizados devidamente para sua finalidade, qual seja, a construção de escola estadual. Contudo, será que a simples ausência de prestação de contas impõe a condenação do agente público por improbidade, conforme prevê o art. 11 da LIA? A resposta é negativa, pois entende-se necessária a comprovação do elemento subjetivo, a título de dolo genérico". Observe-se que a improcedência da Ação Civil Pública pela prática de Ato de Improbidade administrativa deu-se em decorrência da suposta ausência de dolo que, todavia, fazia-se plenamente concretizado na espécie. O então prefeito, com representação e vontade, descumpriu, por 3 meses consecutivos, o comando normativo que exigia a prestação de contas do convênio, prestação esta destinada a conferir importante instrumento de mecanismo de controle da Administração Pública, para controlar os gastos públicos previamente estabelecidos na lei orçamentária.

34 STJ, 1ª T, REsp n. 1130.198/RR, rel. Ministro Luiz Fux, j. 22/12/2010; REsp 1149.427/SC, rel. Min Luiz Fux, cujas citações foram extraídas de GARCIA EMERSON; PACHECO ALVES, ROGÉRIO. Improbidade Administrativa, 7 ed. rev. ampl e atual. São Paulo: Saraiva, 2013, p. 174, nota 225.

35 Registra, mais uma vez, Emerson Garcia, Improbidade Administrativa, 7 ed. rev. ampl e atual. São Paulo: Saraiva, 2013, p. 173, que "a ausência de maior

Pode o agente atuar com dolo, para realizar o comportamento ímprobo, mas que, em verdade, almeja alcançar uma finalidade pública.

Nessa vertente, v.g., na situação em que o agente, com representação e vontade, emprega verba pública tarjada (proveniente de um convênio, destinado à educação municipal), para empregá-la no pagamento de abrigo/comida/remédio, aos desabrigados de uma enchente, certamente atuará com dolo, mas seu comportamento estará imbuído de boa fé.

Em consequência, o comportamento desse agente público, embora formalmente típico, é materialmente atípico, já que o princípio da proporcionalidade deve exercer importante critério de interpretação da Lei de Improbidade Administrativa, sem que se permita, a um só tempo: que a Lei nº. 8.429/92 não seja aplicada de forma desarrazoada e desproporcional; que sua interpretação não sirva a interesses escusos, estimulares da impunidade no âmbito da administração pública (de quaisquer dos poderes da República).

Nesse vértice, na hipótese do órgão jurisdicional vislumbrar a escassa lesão ao bem jurídico tutelado pelo Direito Administrativo, ou, conforme pontifica Emerson Garcia, "... o enriquecimento ínfimo ou de nenhum valor monetário, ou mesmo de ato que, apesar de violador dos princípios regentes da atividade estatal, tenha atingido o interesse público em sua plenitude, sem qualquer lesão a direitos individuais, não se terá uma relação de proporcionalidade entre a conduta do agente e as consequências que advirão da aplicação da Lei n. 8.429/92, o que deve importar no seu afastamento"[36]. Não se tem, na espécie, improbidade administrativa materialmente concebida.

O dolo frise-se: é simples representação e vontade de realizar o comportamento proibido ou exigido, pela Lei de Improbidade Administrativa.

---

preocupação dogmática faz que a funcionalidade da má fé varie ao sabor do intérprete da ocasião, o que em muito dificulta a ação do operador do direito ao aferir se uma determinação fática consubstancia, ou não, um ato de improbidade administrativa. É constante, por exemplo, (a) a associação da má-fé ao elemento subjetivo do agente público (*rectius*: ao seu dolo), ou (b) ao conhecimento da ilicitude de sua conduta, o que termina por gerar perplexidades no intérprete sempre que procure justificar, dogmaticamente, o emprego desse conceito".

[36] GARCIA EMERSON; PACHECO ALVES, ROGÉRIO. Improbidade Administrativa, 7 ed. rev. ampl e atual. São Paulo: Saraiva, 2013, p. 425.

Sua comprovação se dá, em verdade, por intermédio da análise sistemática, coerente e convergente do material probatório produzido, o que exige do órgão jurisdicional uma acurada análise da prova produzida durante a instrução, ou seja, de uma inteligente e crítica observação das provas produzidas, quer no inquérito civil, quer no curso da instrução probatória.

Segundo Fábio Osório Medina, em sua obra Teoria da Improbidade Administrativa:

> Já se disse que o dolo vem do direito romano. Um fator intelectivo e outro de natureza volitiva integram o dolo em suas distintas formas históricas, com oscilações nos conteúdos respectivos. O dolo requer o conhecimento das circunstâncias do modelo legal de conduta proibida, sendo necessário fixar de que forma a pessoa acessará ou deveria acessar seu conteúdo. Esse acesso depende, frequentemente, de dois fatores interligados: o sistema processual e o alcance da redação do tipo. A vontade consiste na decisão de realizar a conduta proibida e sua execução, demandando, também aqui, canais institucionais adequados para aferição dessa vontade exteriorizada. Os elementos do modelo de conduta proibida constituem o ponto de referência do dolo[37].

É fato que o Ministério Público, ao descrever um modelo de comportamento proibido pela Lei de Improbidade Administrativa, deve apontar, a um só tempo, os elementos objetivos e subjetivos do ato ímprobo.

Para tanto, deverá volver o material probatório coligido na investigação, para se imputar Atos de Improbidade Administrativa em face do parlamentar: nos atos normativos gerais e abstratos apenas se admite sua configuração pela prática de um comportamento ilícito antecedente, ou seja, em razão da percepção ou promessa de percepção, de vantagem patrimonial indevida. Este fato antecedente praticado pelo agente político - consiste na representação e vontade do agente de exigir vantagem indevida, ou aceitar/receber, promessa de tal vantagem indevida, para votar ou se abster de votar, contra ou a

37 OSÓRIO MEDINA, Fábio. Teoria da Improbidade Administrativa: má gestão pública; corrupção e ineficiência. São Paulo: Editora Revista dos Tribunais, 2007, p. 292.

favor, a edição de determinado ato normativo, materializa Ato de Improbidade Administrativa. A comprovação do elemento subjetivo do parlamentar, na espécie, dá-se de variadas formas: confissão; delação premiada; escuta telefônica, gravação ambiental, declarações de testemunhas, entrega da vantagem indevida, etc.

Estas considerações aplicam-se, de igual forma, aos Atos de Improbidade Administrativa decorrentes de lei de efeito concreto. Assim, as eventuais gravações de um desafeto do parlamentar, no sentido de que votaria a favor da abertura de uma comissão parlamentar de inquérito se, por hipótese, recebesse vantagem indevida, ou mesmo porque é seu inimigo, são exemplos de fatores exteriores que admitem inferir o elemento subjetivo do agente, a determinar a existência de dolo para concretizar o tipo de injusto encartado nos arts. 9º, 10 e 11 da Lei n. 8.429/92.

Assim, qualquer exigência de comprovação do elemento subjetivo que exorbite a descrição das circunstâncias que gravitaram em torno do fato ímprobo trata-se de odiosa exigência diabólica, porque impossível de se realizar.

O que ocorre na esfera do pensamento do agente, ao tempo em que realizou o comportamento administrativo que ensejou enriquecimento ilícito (art. 9º), que causou lesão ao erário (art. 10) ou que violou os princípios que regem a Administração Pública, só pode ser descortinado por intermédio da análise, sistemática e convergente, de todas as circunstâncias do fato.

Os órgãos jurisdicionais não podem esquecer que a interpretação do direito exige uma decodificação da realidade, destinada ao real descortino dos fatos delituosos e ímprobos que tanto maculam a República Federativa do Brasil.

No mais das vezes, verdadeiras organizações criminosas são criadas no âmbito das pessoas jurídicas de direito público interno – União, Estados e Municípios – com grande sofisticação e distribuição de tarefas, em que cada agente tem um papel para a concretização do desiderato ímprobo da organização. O caso mensalão é, sem dúvida, exemplo desta intrincada organização, reconhecido pela Suprema Corte brasileira.

Por esta razão, a extração do elemento subjetivo do Ato de Improbidade Administrativa exige uma decodificação da realidade, já que os detratores do regime democrático não tarjam seus comportamentos como delituosos e ímprobos. Ao contrário, buscam conferir aspecto de legalidade em suas ações e omissões, sobretudo quando seus instrumentos de atuação são o exercício da atividade legislativa, decorrência necessária da função pública que lhes foram outorgadas, por meio do voto popular[38].

## 6. CONCLUSÕES

O parlamentar, ao desempenhar função pública, regida pelas regras de Direito Público, submete-se ao regime jurídico administrativo a ele inerente. Portanto, a imunidade material prevista na Constituição Federal, deve ser interpretada de forma sistemática e coerente, com o regime de responsabilidade albergado no texto constitucional.

É plenamente possível que o parlamentar, no exercício de sua função normativa, geral e abstrata, receba vantagens indevidas ou mesmo aceite a percepção destas vantagens ilícitas, para motivá-lo a se pronunciar, contra ou a favor, à aprovação de determinado ato normativo geral e abstrato (ou mesmo abster-se de votar), objeto de sua atuação funcional. Assim, esse ato normativo, embora formalmente perfeito (exteriormente), é ilícito, já que decorre do fato antecedente, delituoso.

Nesta quadra, referido parlamentar pratica, na espécie, ato de Improbidade Administrativa que gera enriquecimento ilícito, ao receber vantagem indevida para votar contra, a favor ou se abster de votar, já que estão presentes seus elementos constitutivos: enriquecimento ilícito do agente público; nexo funcional, estabelecido entre o enriquecimento indevido do agente e o exercício funcional (atividade legislativa); vantagem indevida (ilícita).

Ressalva-se que, na hipótese do parlamentar que aceitou promessa de percepção de vantagem indevida, comprometendo-se a votar, contra ou a favor, ou se abster de votar, pratica apenas Ato de Improbidade

[38] As ponderações externadas neste trabalho são excepcionais no âmbito da atividade legislativa. Portanto, as questões jurídicas suscitadas destinam-se, em caráter de exclusividade, ao agente público que se vale da função pública como instrumento para concretização de fatos ilícitos, fato que, como se sabe, estende-se a todas esferas de poder (*rectius*: função).

Administrativa que viola os princípios (art. 11, *caput*, e inciso I da Lei n.º 8.429/92), já que a única hipótese em que a Lei n. 8.429/92 admite a tentativa de ato ímprobo não se amolda à espécie (art. 9º, inciso V desta Lei).

A responsabilidade do parlamentar, decorrente da edição de atos normativos gerais e abstratos, pode advir: de seu comportamento anterior ao voto, consistente no recebimento ou promessa de recebimento, de vantagem indevida, ou na prática de uma ação ou omissão que vise a satisfazer interesses exclusivamente pessoais, que motive o parlamentar a votar, contra ou a favor, ou abster-se de votar, acerca de qualquer matéria legislativa; ou do seu enriquecimento ilícito, no exercício da atividade parlamentar. Assim, o substrato da responsabilidade assenta-se no fato ilícito antecedente, e não no conteúdo do ato normativo geral e abstrato.

Nem sempre será possível estabelecer uma conexão, no campo probatório, entre o exercício da atividade parlamentar e a percepção da vantagem indevida. Nesta hipótese, incumbe-se ao titular da investigação constatar que o património do parlamentar é desconforme e incompatível com suas rendas auferidas licitamente, para legitimar o manejo da Ação de Improbidade Administrativa que gera enriquecimento ilícito do agente, nos termos do art. 9º, XI, da Lei n. º 8.429/92.

As atuações normativas dos parlamentares, realizadas no âmbito da edição de atos normativos de efeitos concretos, que colhem situações fáticas ou estabelecem relações jurídicas predefinidas, também são passíveis de responsabilização pela prática de Ato de Improbidade Administrativa. Estão abarcadas, nestas hipóteses, as alterações de Zoneamentos Urbanos para satisfazer interesses pessoais de determinado administrado; doações de imóveis para particulares, etc, que podem ter como fato antecedente o pagamento ou promessa de pagamento de propina (hipótese em que se trata de Ato de Improbidade Administrativa que gera enriquecimento ilícito), ou que o móvel do agente parlamentar seja a exclusiva satisfação de interesses pessoais e divorciados do fim público.

Assim, se o parlamentar executa sua atividade legislativa como simples instrumento para satisfazer interesses pessoais, mesquinhos e divorciados da finalidade pública para a qual exerce função, exorbita de seu poder de legislar, praticando fim diverso daquele previsto na regra de competência (que é, em última análise, editar regras gerais e impessoais visando o fim comum ou regras individuais, para salvaguarda do interesse público que legitima sua edição), submete-se às sanções decorrentes da prática do Ato de Improbidade Administrativa (art. 11, *caput* e inciso I da Lei n.º 8.429/92), sujeitando a lei de efeito concreto à invalidação (diante de sua incompatibilidade com a Constituição Federal).

A jurisprudência nacional admite a responsabilização do parlamentar, pela prática de Ato de Improbidade Administrativa, em decorrência da edição de atos normativos de efeito concreto.

O parlamentar, na hipótese que atua com o propósito de resguardar interesses partidários (partido político), inerentes ao processo democrático pautado pela dialética de ideias e de interesses contrapostos, não pratica ato de improbidade administrativa que viola os princípios que regem a Administração Pública.

O dolo, principal elemento subjetivo dos tipos de injusto, penal e de Improbidade Administrativa, pode e deve ser exigido pelo Judiciário, mas sempre de forma crítica e coerente, já que sua comprovação se faz, em caráter de exclusividade, por intermédio de uma análise sistemática e convergente do material probatório, coligindo documentos, declarações coletadas na investigação, escutas telefônicas e gravações ambientais, o que permitirá, a um só tempo, resguardar o devido processo legal sem se descurar da salvaguarda do regime jurídico de probidade albergado pelo texto Constitucional.

## REFERÊNCIAS BIBLIOGRÁFICAS

ATALIBA, Geraldo. *República e Constituição.* 2 ed, 2ª tiragem atualizada por Rosolea Miranda Golgosi. São Paulo: Malheiros, 2001;

BERTONCINI, Mateus. *Ato de Improbidade Administrativa: 15 anos da Lei n.º 8429/92*. São Paulo: Editora Revista dos Tribunais, 2007;

___ Direito Fundamental à probidade administrativa, in: FARIAS, Cristiano Chaves; OLIVEIRA, Alexandre Albagli; GHIGNONE, Luciano Taques (org). Estudos sobre Improbidade Administrativa: em homenagem ao professor J.J. Calmon de Passos, Salvador: Editora Jus Podivm, p. 33-47);

CARVALHO FILHO, José dos Santos. *Manual de Direito Administrativo*, 13 ed., rev. amp e atual, Rio de Janeiro: Lumen Juris, 2005;

CRETELA JÚNIOR, José. *Tratado de direito administrativo, vol. II: teoria do ato administrativo,* 2. Ed atual. Ver. E ampl Rio de Janeiro: Forense;

DI PIETRO, Maria Sylvia Zanella. *Direito Administrativo*. 20 ed. São Paulo: Atlas, 2012;

FAZZIO JUNIOR, Waldo. *Improbidade Administrativa: doutrina, legislação e jurisprudência*. São Paulo: Atlas, 2012;

GARCIA, Emerson; ALVES, Rogério Pacheco. *Improbidade Administrativa*, 7. ed. rev. ampl. Rio de Janeiro: Lumen Juris;

NEIVA, José Antônio Lisboa. *Improbidade Administrativa: legislação comentada artigo por artigo: doutrina, legislação e jurisprudência*. 4 ed. rev. e atual. Niteroi: Impetus, 2013;

OSÓRIO MEDINA, Fábio. *Teoria da Improbidade Administrativa: má gestão pública; corrupção e ineficiência*. São Paulo: Editora Revista dos Tribunais, 2007;

____*Direito Administrativo Sancionador*. São Paulo: Editora Revista dos Tribunais, 2000;

PAZZAGLINI FILHO, Marino. *Lei de Improbidade Administrativa comentada: aspectos constitucionais, administrativos, civis, criminais, processuais e de responsabilidade fiscal.* 5 ed. São Paulo: Atlas, 2011;

SUNDFELD, Carlos Ari. *Princípio da impessoalidade e abuso do poder de legislar.* In: Revista Trimestral de Direito Público, v. 05, 1994;

TEMER , Michel. *Elementos de Direito Constitucional*, 22ª Edição, Malheiros, São Paulo, 2007;

MEIRELLES, Hely Lopes. *Mandado de segurança, ação popular, ação civil pública, mandado de injunção e habeas data*, 12 ed., ampl e atual. pela Constituição da República de 1988, São Paulo: Revista dos Tribunais, 1989;

MELLO, Celso Antônio Bandeira de. *Elementos de Direito Administrativo*, 3ª edição, São Paulo; Malheiros, 1992;

DECOMAIN, Pedro Roberto. *Improbidade Administrativa*, 2. ed, São Paulo: Dialética, 2014;

MARTINS JÚNIOR, Wallace Paiva. *Probidade Administrativa*, 2 ed., São Paulo: Saraiva, 2001;

BENTO SOARES DO NASCIMENTO, Rogério José. *Abuso do Poder de Legislar: Controle judicial da legislação de urgência no Brasil e na Itália.* Rio de Janiero: Editora Lumen Juris, 2004;

PALU, Oswaldo Luiz. *Controle dos Atos de Governo pela Jurisdição*. São Paulo: Editora Revista dos Tribunais, 2004.

# O TERCEIRO SETOR COMO SUJEITO DO ATO DE IMPROBIDADE ADMINISTRATIVA

*Cláudio Smirne Diniz*[1]

*Sumário: 1- Apresentação do tema. 2- Reforma da Administração Pública. 3- Fortalecimento do Terceiro Setor. 4- Sujeitos do ato de improbidade administrativa. 5- Aplicação da Lei de Improbidade Administrativa ao Terceiro Setor. 6- Análise da jurisprudência. 7- Conclusão. 8- Referências bibliográficas. 9- Referências jurisprudenciais.*

## 1. APRESENTAÇÃO DO TEMA

Entende-se por atividade administrativa estatal, sob o aspecto formal ou objetivo, as funções desenvolvidas mediante comportamentos infralegais, voltadas à concretização do interesse público e submetidas ao pleno controle judicial. Estas funções podem ser desempenhadas pelo próprio Estado ou por terceiros, hipótese em que estes fazem as vezes do próprio Estado.

O desenvolvimento de atividades administrativas por terceiros importa ao presente ensaio, particularmente no que diz respeito aos contornos da responsabilidade que decorre desse exercício, especialmente no campo da improbidade administrativa.

A problemática da qual se ocupa deve ser analisada no contexto das recentes reformas administrativas ocorridas na administração pública brasileira[2], conferindo-lhe novos paradigmas, notadamente quanto às relações jurídico-administrativas que estabelece com o setor privado.

---

1 Promotor de Justiça. Doutor em Direito pela PUC/PR. Professor de Direito Administrativo.

2 Tais reformas se operaram, sobretudo, por meio de emendas constitucionais.

Estas relações, além de intensificadas, vieram a representar a superação do momento histórico da hegemonia estatal sobre quaisquer outros entes, de maneira a fixar o plano das relações doravante estabelecidas em patamares de relativa horizontalidade.

O espaço que se descortina, denominado de Terceiro Setor, volta-se à execução de atividades muito próprias do Poder Público, a exemplo da saúde e da assistência social. O exercício dessas atividades por pessoas privadas, assumindo tarefas que historicamente foram prestadas diretamente pelo Poder Público, inaugura no, cenário nacional, conceitos propiciadores de indiscutível inquietude.

Está-se a tratar do papel assumido por entidades privadas que não somente desempenham atividades estatais, como também, e por isso, são destinatárias de repasses de recursos, de doações de bens e de cessão gratuita de servidores, todos eles de origem pública.

Diante dessa reordenação entre o espaço público e o privado, aproximando-os, como se observa na posição assumida pelo Terceiro Setor, tem-se, como decorrência inexorável, a necessidade de submissão dessas entidades privadas a rigorosos mecanismos de controle.

Segundo Ronaldo Porto Macedo Júnior:

> Assim, cada vez mais é necessária a criação de mecanismos que garantam a transparência e *accountability* do Terceiro Setor, não somente em razão da origem pública de parcela significativa de seus recursos como também, e principalmente, em razão da finalidade social de seus investimentos e ações. É importante notar que a questão da *accountability* não se refere apenas ao controle contra a malversação do dinheiro das ONGs e Fundações, mas também a garantia de padrões mínimos de eficácia[3].

Dentre as múltiplas esferas de controle, simultâneas e independentes, destaca-se aquela exercida pela Lei de Improbidade Administrativa (Lei 8.429/92). Este ensaio aborda os limites e critérios dessa

---

3 MACEDO JÚNIOR, Ronaldo Porto. O Quarto Poder e o Terceiro Setor. O Ministério Público e as Organizações Não Governamentais sem Fins Lucrativos – Estratégias para o Futuro. In: VIGLIAR, José Marcelo Menezes; MACEDO JÚNIOR, Ronaldo Porto (Coordenadores). Ministério Público II Democracia. São Paulo: Atlas, 1999, p. 258.

subsunção, a partir da contextualização do fortalecimento do Terceiro Setor no bojo da Reforma da Administração Pública. É o que se passa a analisar.

## 2. REFORMA DA ADMINISTRAÇÃO PÚBLICA

A partir da segunda metade do séc. XX, diversas correntes políticas e acadêmicas passaram a analisar criticamente o modelo do Estado Social, defendendo a tese de que seus contornos resultavam na ineficiência da gestão e, consequentemente, dos serviços que prestava. Foi-lhe imputada a responsabilidade pelas adversidades econômicas, sobretudo em razão de se mostrar incapaz de promover investimentos e ofertar serviços públicos de qualidade. Além disso, associou-se o custo exagerado de sua manutenção à origem dos vultosos endividamentos do setor público que resultaram em grave crise fiscal[4].

Diante disso, defendia-se a necessidade da sociedade ser estimulada em suas próprias iniciativas ou, caso contrário, chegar-se-ia ao ponto de o Estado demonstrar-se absolutamente insuficiente para atender às demandas sociais. Minimiza-se, pois, a atuação do Estado, privilegiando-se a liberdade de mercado e a autonomia da sociedade civil.

A teoria econômica intervencionista de Keynes, colocada em descrédito, é substituída pelas teorias de Friedrich Hayek[5] (Prêmio Nobel da Economia em 1974) e Milton Friedman[6] (Prêmio Nobel da Economia em 1976). Essa corrente teórica defende que as prioridades estatais no campo econômico deveriam ser o combate ao *déficit* público,

---

4 GROTTI, Dinorá Adelaide Musetti. O Serviço Público e a Constituição de 1988. São Paulo: Malheiros, 2003, p. 65.

5 A grande primeira doutrina liberal é a obra O Caminho da Servidão, de Friedrich Hayek, publicada em 1944, na qual defende que a regulação do mercado constitui-se em risco à liberdade econômica e política e, nesse sentido, sustenta que a livre concorrência deve ser o mecanismo regulador dos esforços individuais.

6 Milton Friedman aduz que a liberdade política está condicionada à existência da liberdade econômica. Defende o exercício de funções apenas essenciais pelo Estado. Sustenta que o comércio internacional estimula a harmonia entre as nações. Quanto aos direitos sociais, considera-os negativos aos próprios indivíduos, uma vez que deixariam de ser cidadãos ao deles usufruírem. Seu pensamento está sintetizado na obra Capitalismo e Liberdade, publicada em 1962.

a intensificação dos processos de privatização e a desregulação da economia[7].

Ganham importância as propostas de privatização, fomento e parceria com o setor privado, criando-se um espaço público não estatal, proliferando-se entes intermediários entre os setores público e privado. Essas bases se refletem na Administração Pública, exigindo-se dela maior flexibilidade para o exercício de funções de controle normativo e regulador.

Contrariamente a esta linha de pensamento que então se emergia, a Constituição da República de 1988, em seu texto original, ao dispor sobre a ordem econômica, consagrou a continuidade do intervencionismo estatal, em nítida alusão aos preceitos do Estado do Bem-Estar Social e às formulações teóricas de Keynes. Essas influências podem ser observadas na previsão do planejamento econômico pelo Estado (CF, art. 174) e na menção à lei federal de diretrizes e bases do planejamento do desenvolvimento nacional equilibrado, o qual deverá incorporar e compatibilizar os planos nacionais e regionais de desenvolvimento (CF, art. 174, § 1º).

Entretanto, os contornos traçados pelo legislador constituinte não se mantiveram, pois, inserido em uma tendência global, o Estado Brasileiro, a partir 1990, vivenciou uma ruptura com seus antigos preceitos. O cenário é de crise fiscal, em que o potencial arrecadatório não supre as demandas de sua enorme estrutura, elevando-se, por conseqüência, o *déficit* público, a escalada inflacionária e os juros, fator inibitório do crescimento.

---

7 Essas são as premissas a partir das quais se desenvolve o pensamento neoliberal, debatido ao longo dos acordos de Bretton Woods (1944) e sintetizado no "Consenso de Washington". Trata-se de recomendações dos países desenvolvidos aos países em desenvolvimento, consistentes na adoção de políticas de abertura de mercados e de medidas inerentes ao Estado Mínimo, resumidas em três pontos fundamentais: i) implementação de medidas tendentes a estancar a espiral inflacionária, pois a estabilidade de preços cria condições para os investimentos privados; ii) privatização em larga escala, medida esta capaz de remover gargalos de oferta e de infraestrutura; e iii) redução do papel do Estado no domínio econômico, deixando que o mercado regule a sociedade.

Há que se mencionar que o Programa Nacional de Desestatização (PND)[8], desde 1990, constitui-se em instrumento do processo de reforma do Estado, estabelecido com o propósito de reordenar a posição estratégica estatal na economia e, por conseguinte, a convivência entre os espaços público e privado.

A partir da reforma do Estado, surge o delineamento de três setores distintos, porém interrelacionados. Um primeiro, consistente em um núcleo estratégico estatal, incumbido do desenvolvimento de atividades privativas do Estado e, portanto, indelegáveis. Outra esfera, composta pelas atividades econômicas desenvolvidas pelos particulares com o propósito de obtenção de lucro. E, por fim, um terceiro conjunto de atividades, dotadas de relevância social, porém desenvolvidas por entidades particulares, paralelamente ao Estado, sem interesse lucrativo.

Nesse aspecto, pondera-se que o ordenamento jurídico admite que os particulares desempenhem atividades que também correspondam a deveres do Estado, porém não são exclusivamente públicas. Trata-se, portanto, de atividades que ensejam a atuação conjunta entre o Estado e a sociedade civil e permitem, inclusive, a posição estritamente complementar do Estado. Por essa razão, são passíveis de recebimento de incentivos públicos.

É justamente para esse Terceiro Setor, situado próximo ao Estado, mas sem integrar suas estruturas, que se converge a análise, especialmente quanto ao correspondente controle que, de forma indiscutível, deve ser exercido.

## 3. FORTALECIMENTO DO TERCEIRO SETOR

O Terceiro Setor é composto por entidades privadas, sem vínculo orgânico com a Administração Pública, com objetivos sociais e sem qualquer escopo de lucro. Presta-se a cooperar com o Estado em atividades não exclusivas deste, mediante algum incentivo do Poder Público, como subvenções sociais ou isenções.

8 Lei 8.031, de 12 de abril de 1990, sucedida pela Lei 9.491, de 10 de setembro de 1997.

Em síntese, são pessoas jurídicas de direito privado que prestam serviços de utilidade pública. No entanto, embora preservem suas características privadas originais, passam a dispor de tratamento diferenciado, a partir do momento em que recebem a certificação para tanto. Vale dizer, desde que preencham certos requisitos e assim o desejem, recebem o título que lhes autoriza a obtenção de determinados benefícios públicos (servidores, bens, receita, etc.).

Tais entidades passaram a ser estimuladas pelo Poder Público, sobretudo em decorrência das recentes reformas administrativas, acima mencionadas. Por força dessa remodelação, assumiram significativas funções no implemento das políticas públicas estatais. Dentre tais entidades, destacam-se as Organizações Sociais (OSs) e as Organizações da Sociedade Civil de Interesse Público (OSCIPs)[9].

As Organizações Sociais[10] são entidades privadas, sem fins lucrativos[11], declaradas como tais pelo Poder Executivo, cujas atividades sejam dirigidas ao ensino, à pesquisa científica, ao desenvolvimento tecnológico, à proteção e preservação do meio ambiente, à cultura e à saúde (Lei 9.637/1998, art. 1º). Importam aqui, duas observações.

A primeira, a de que a qualificação pressupõe o preenchimento, pela entidade, dos requisitos objetivos previstos nos artigos 2º a 4º da Lei 9.637/1998. Dentre estes requisitos, destaca-se a previsão de representação do Poder Público e da comunidade no órgão de deliberação superior da entidade (Lei 9.637/1998, art. 2º, I, d, c/c art. 3º).

---

9 A mesma análise se aplica às denominadas às Organizações da Sociedade Civil, disciplinadas pela Lei 13.019, de 31.07.2014, a qual disciplina o regime jurídico das parcerias voluntárias, envolvendo ou não transferências de recursos financeiros. Nos termos da Lei, compreende-se por Organização da Sociedade Civil a pessoa jurídica de direito privado, sem fins lucrativos, que não distribui eventuais resultados e que os aplica integralmente na consecução do respectivo objeto social, de forma imediata ou por meio da constituição de fundo patrimonial ou fundo de reserva.

10 A Lei 9.637, de 15 de maio de 1998, dispõe sobre a qualificação de entidades como organizações sociais.

11 Consequentemente, há a obrigatoriedade de investimento de seus excedentes financeiros no desenvolvimento das próprias atividades.

A segunda, a de que a qualificação, embora pautada em requisitos de ordem objetiva, é aferida com discricionariedade pelo órgão competente. Em outras palavras, a aprovação do requerimento de certificação da entidade, como organização social, submete-se ao juízo de conveniência e oportunidade do Poder Público (Lei 9.637/1998, art. 2º, II).

Nesse ponto, faz-se oportuna a menção de que a discricionariedade conferida à Administração Pública inibe a concorrência entre entidades objetivamente compatíveis, haja vista a possibilidade de certa entidade, ainda que venha a preencher os requisitos objetivos, ter seu requerimento indeferido, enquanto outra, em condições objetivamente similares, obtém a certificação. Este potencial favorecimento poderá ser fator propiciador do conluio entre os administradores públicos e a entidade privada, pois será certificada preferencialmente aquela que atender as expectativas, lícitas ou não, do gestor.

Uma vez certificada a entidade, haverá a possibilidade de celebração do denominado contrato de gestão com a Administração Pública que a certificou como organização social. Trata-se de instrumento para a formação de parceria para o fomento e a execução de atividades de interesse público, firmada mediante acordo mútuo (Lei 9.637/1998, art. 5º).

O contrato de gestão conterá a especificação do programa de trabalho proposto pela organização social, a estipulação das metas a serem atingidas e os respectivos prazos, bem como previsão expressa dos critérios objetivos de avaliação de desempenho. Além disso, estipulará os limites e os critérios para despesa com remuneração e vantagens de qualquer natureza a serem percebidas pelos dirigentes e empregados (Lei 9.637/1998, art. 7º).

São estes, em síntese, os traços mais característicos das Organizações Sociais. Passa-se, pois, à análise dos contornos de outra entidade integrante do Terceiro Setor, as Organizações da Sociedade Civil de Interesse Público (OSCIPs)[12].

---

12 A Lei 9.790, de 23 de março de 1999, dispõe sobre a qualificação de pessoas jurídicas de direito privado, sem fins lucrativos, como Organizações da Sociedade Civil de Interesse Público, institui e disciplina o Termo de Parceria, e dá outras providências.

Trata-se de pessoas jurídicas de direito privado, sem fins lucrativos[13], cujo estatuto e objetivos sociais atendam os requisitos legais (Lei 9.790/1999, art. 1º). Para os fins de qualificação, consideram-se as seguintes atividades sociais de interesse público: assistência social, educação e cultura, saúde e segurança alimentar, preservação do meio ambiente e desenvolvimento sustentável, trabalho voluntário, combate à pobreza, desenvolvimento de modelos socioprodutivos alternativos e fomento ao esporte, defesa da cidadania, dos direitos humanos e dos valores universais (Lei 9.790/1999, art. 3º).

A qualificação terá abrangência nacional e será concedida pelo Ministério da Justiça, não havendo discricionariedade quanto a tal avaliação (Lei 9.790/1990, art. 5º e 6º), contrariamente ao que ocorre em relação às Organizações Sociais, em relação às quais é conferida ampla discricionariedade à Administração, no que se refere à tal avaliação.

Uma vez qualificado, o particular passa a ter legitimidade para firmar Termo de Parceria com a Administração. Vale dizer, essa qualificação apenas possibilita que as entidades se relacionem com o Estado, porém o simples fato de serem qualificadas não lhes assegura a celebração do Termo. Para tanto, faz-se necessário que seja a proposta submetida a concurso de projetos, por meio do qual se identifica a entidade que melhor se ajusta aos objetivos a que se pretende (Decreto nº 3.100/1999, arts. 23 e ss.).

Constitui-se o Termo de Parceria em instrumento destinado à formação de vínculo de cooperação entre as partes, para o fomento e a execução das atividades de interesse público, vinculadas a metas, sob a fiscalização e o acompanhamento do parceiro público (Lei 9.790/1999, art. 9º).

No Termo de Parceria consta a discriminação dos direitos e das obrigações das partes, a previsão de receitas e despesas, o programa de trabalho e especificações técnicas do projeto a ser executado,

---

[13] Considera-se sem fins lucrativos a pessoa jurídica de direito privado que não distribui, entre os seus sócios ou associados, conselheiros, diretores, empregados ou doadores, eventuais excedentes operacionais, brutos ou líquidos, dividendos, bonificações, participações ou parcelas do seu patrimônio, auferidos mediante o exercício de suas atividades, e que os aplica integralmente na consecução do respectivo objeto social (Lei 9.790/1999, art. 1º, § 1º).

as metas e os resultados, bem como os respectivos critérios e indicadores de avaliação de desempenho (Lei 9.790/1999, art. 10).

Ao término de cada exercício, deve ser elaborado relatório sobre a execução, contendo comparativo específico das metas propostas com os resultados alcançados, assim como prestação de contas dos gastos e das receitas efetivamente realizadas, das remunerações pagas aos diretores e trabalhadores com relação direta ou indireta com o objeto do Termo de Parceria[14].

É bastante perceptível que o regime das Organizações da Sociedade Civil de Interesse Público em muito se assemelha ao das Organizações Sociais. Ambas integram o denominado Terceiro Setor, executam serviços de relevância pública e exercem suas atividades e gerenciamento de recursos de forma vinculada ao quanto estabelecido no pacto celebrado com o Poder Público. Este vínculo submete a entidade privada, ainda, às regras inafastáveis de transparência de seus atos, bem como aos mecanismos de controle.

Outro aspecto, objeto de intensa controvérsia, diz respeito à necessidade ou não da Administração Pública proceder à licitação para eleger a entidade do Terceiro Setor com a qual irá realizar a parceria, isto na hipótese de existir mais de uma entidade apta e interessada.

Em relação às Organizações Sociais, a celebração do contrato de gestão pode se dar sem a prévia licitação, tendo em vista a previsão expressa de dispensa, constante do inciso XXIV do art. 24 da Lei 8.666/93: "É dispensável a licitação: [...] para a celebração de contratos de prestação de serviços com as organizações sociais, qualificadas no âmbito das respectivas esferas de governo, para atividades contempladas no contrato de gestão".

Embora haja previsão legal para a contratação direta, considera-se a hipótese de existência de entidades em igualdade de situações. Nesse caso, a escolha por uma delas, calcada em aspectos estritamente subjetivos, viola, por evidente, os princípios antes citados. Sendo assim, em que pesem entendimentos divergentes, parece que a licitação

---

[14] A não prestação de contas configura a prática de improbidade administrativa (TRF-5. AC 522.432. Des. Francisco Wildo. J. 10.04.2012. P. 19.04.2012).

se impõe em tais situações[15], em decorrência direta dos princípios da impessoalidade e da moralidade. O mesmo vale para as OSCIPs.

Nesse sentido já decidiu o Superior Tribunal de Justiça:

> O ato discutido nos autos evidencia-se como viciado, flagrantemente, pela ilegalidade. O contrato de gestão, por resultar benefícios patrimoniais, deve, obrigatoriamente, ser precedido de licitação. O fato de já ter sido celebrado e consumado não afasta a possibilidade da decretação de sua nulidade, com efeitos ex-tunc. A Administração Pública tem compromisso maior com os princípios da legalidade, moralidade, publicidade, impessoalidade, eficiência e transparência. O procedimento licitatório só pode ser dispensado ou inexigível nas situações previstas na Lei nº 8.666/93. Impossível ampliar as situações nela previstas. O descumprimento ou inobservância de princípios legais e constitucionais que norteiam a atuação estatal presume o risco do dano[16].

Por fim, ainda que não se pretenda dirigir nenhuma crítica generalizada às entidades do Terceiro Setor, nem tão pouco insurgir-se contra esta sistemática ínsita à recente Reforma do Estado, é notório que significativa parcela dessas entidades não goza de credibilidade perante a sociedade.

Isto se deve, dentre outros fatores, à observância de requisitos meramente formais para a respectiva certificação, em relação aos quais se confere ampla margem de discricionariedade ao Poder Público, quando da correspondente aferição. A isto se soma a inexistência de disciplina adequada em relação à atividade finalística a ser desenvolvida, assim como a ausência de critérios de acompanhamento das metas a serem obtidas.

Abordou-se estes pontos para o fim específico de sustentar que o Terceiro Setor necessita de controle, quer sob o prisma patrimonial, quer sob o viés finalístico. É nessa perspectiva que a Lei de Improbidade Administrativa exerce relevante contribuição como instrumento de contenção de desmandos e malversação de verbas públicas.

---

15 Para a celebração do Termo de Parceria, o Decreto nº 3.100/99, que regulamenta a Lei nº 9.790/99, prevê o denominado "concurso de projetos".

16 STJ. Resp. 623.197/RS. Rel. Min. José Delgado. P. 08.11.2004.

## 4. SUJEITOS DO ATO DE IMPROBIDADE ADMINISTRATIVA

O art. 1º da LIA relaciona as pessoas jurídicas que podem ser sujeitos passivos, isto é, vítimas, de atos de improbidade administrativa:

> Art. 1° Os atos de improbidade praticados por qualquer agente público, servidor ou não, contra a administração direta, indireta ou fundacional de qualquer dos Poderes da União, dos Estados, do Distrito Federal, dos Municípios, de Território, de empresa incorporada ao patrimônio público ou de entidade para cuja criação ou custeio o erário haja concorrido ou concorra com mais de cinqüenta por cento do patrimônio ou da receita anual, serão punidos na forma desta lei.
>
> Parágrafo único. Estão também sujeitos às penalidades desta lei os atos de improbidade praticados contra o patrimônio de entidade que receba subvenção, benefício ou incentivo, fiscal ou creditício, de órgão público bem como daquelas para cuja criação ou custeio o erário haja concorrido ou concorra com menos de cinqüenta por cento do patrimônio ou da receita anual, limitando-se, nestes casos, a sanção patrimonial à repercussão do ilícito sobre a contribuição dos cofres públicos.

Primeiramente, o dispositivo trata dos entes que integram a Administração Direta, dotados de personalidade jurídica de direito público, que desempenham suas atividades por intermédio de órgãos próprios, estes desprovidos de personalidade jurídica.

Trata também das pessoas jurídicas que compõem a Administração Indireta, sendo elas as autarquias, as empresas públicas, as sociedades de economia mista, as fundações e os próprios consórcios públicos. Nesses casos, a vítima do ato de improbidade é a própria pessoa jurídica integrante da Administração Indireta.

Não apenas as entidades que integram o Poder Executivo podem sofrer atos de improbidade administrativa. Na verdade, os atos de improbidade podem atingir quaisquer dos Poderes da União, dos Estados, do Distrito Federal, dos Municípios e dos Territórios. O mesmo se aplica ao Ministério Público e aos Tribunais de Contas.

Também pode ser vítima da prática do ato de improbidade a empresa incorporada ao patrimônio público, além da entidade para cuja criação ou custeio o erário haja concorrido ou concorra com mais de cinquenta por cento do patrimônio ou da receita anual.

São, ainda, sujeitos passivos do ato de improbidade administrativa, as entidades que tenham menos da metade do seu patrimônio, ou da sua receita anual, proveniente de recursos públicos, mas recebam subvenção[17], benefício ou incentivo fiscal ou creditício de órgão público.

Vale a transcrição da abordagem de Hélvio Simões Vidal acerca do referido dispositivo:

> Já a uma primeira leitura, percebe-se que os atos de improbidade referidos são os praticados contra o patrimônio da própria entidade (privada), e que, ainda assim, consideram-se cometidos em detrimento do erário público. Mesmo que os valores, bens, direitos ou rendas hajam sido incorporados ao patrimônio da pessoa jurídica de direito privado, subsistem, por expressa vontade legal, a lesão ao erário e, portanto, a única limitação, quanto à incidência das sanções pela prática da improbidade, constituem-se nas limitações das sanções patrimoniais (perda de bens ou valores, ressarcimento integral do dano, multa civil) à repercussão (alcance) do ilícito sobre a contribuição dos cofres públicos[18].

Para fins de incidência da Lei 8.429/92, em função das contribuições advindas do setor público, excluem-se os benefícios, incentivos e subvenções concedidos em caráter genérico. Ao contrário, para tal finalidade, é preciso que o fomento estatal empreendido esteja associado à consecução de determinado fim específico. Segundo Emerson Garcia:

> Considerando que a lei se destina a alcançar aqueles entes que disponham de um tratamento diferenciado do Poder Público, sempre com o objetivo de atingir determinado fim específico, é possível afirmar que, para fins de incidência da Lei n. 8.429/92,

---

17 Lei 4.320/1964, art. 12, § 3º: "Consideram-se subvenções, para os efeitos desta lei, as transferências destinadas a cobrir despesas de custeio das entidades beneficiadas, distinguindo-se como: I - subvenções sociais, as que se destinem a instituições públicas ou privadas de caráter assistencial ou cultural, sem finalidade lucrativa; II - subvenções econômicas, as que se destinem a empresas públicas ou privadas de caráter industrial, comercial, agrícola ou pastoril".

18 VIDAL, Hélvio Simões. Administradores e Provedores de entidades privadas prestadoras de serviços de saúde como sujeitos ativos de improbidade administrativa e a legimitação do Ministério Público para responsabilizá-los. Doutrinas Essenciais de Responsabilidade Civil. São Paulo: Ed. Revista dos Tribunais, vol. 5, p. 223, out./2011.

os benefícios, incentivos e subvenções não deverão ter sido concedidos em caráter genérico[19].

Da mesma forma, as empresas ou entidades que tenham recebido auxílio do Poder Público, qualquer que seja o montante, podem sofrer atos de improbidade administrativa que atentem contra o seu patrimônio. Exemplo desses auxílios são as doações de imóveis ou as isenções fiscais.

Enfim, a lei pune atos de improbidade sempre que o Poder Público contribua regular ou esporadicamente para a manutenção do ente lesado com a prática ímproba.

Sob outro vértice, o sujeito passivo do ato de improbidade administrativa é definido a partir de dois critérios, um subjetivo, onde o campo da incidência legislativa abrange entes estatais, integrantes da Administração Pública, direta e indireta; e outro objetivo, estendendo-o aos demais entes privados que, embora não integrem a Administração Pública, exercem certas atividades de interesse social e, por esta razão, recebem contribuições dos cofres públicos[20].

Outro ponto está em que o recebimento de recursos públicos, pelas entidades privadas, não se constitui em fator indispensável para a incidência da Lei de Improbidade Administrativa. Isto porque as atividades administrativas, como foi dito no início deste ensaio, não são prestadas exclusivamente pelo Estado, mas também pelas pessoas privadas que, em regime de colaboração com o Estado, mantêm com ele relações jurídicas para o desempenho de funções de interesse público, ainda que, por isso, nada recebam do Estado. A incidência da Lei de Improbidade Administrativa, portanto, está associada ao vínculo mantido com o Estado e não com os recursos públicos dele decorrentes.

É a posição defendida por José Roberto Pimenta Oliveira:

> Entendemos que, na delimitação subjetiva do dever de probidade administrativa, em regulamentação ao artigo 37, § 4º da CF/88,

---

19 GARCIA, Emerson; ALVES, Rogério Pacheco. Improbidade Administrativa. São Paulo: Saraiva, 2013, p. 290.

20 Uma observação: a pessoa física não poderá ser sujeito passivo do ato de improbidade. A pessoa física pode, eventualmente, ser prejudicada por um ato de improbidade, mas a situação que configurar improbidade sempre envolverá uma pessoa jurídica também lesada com a conduta ímproba.

> a Lei nº 8.429/92 merece interpretação conforme a Constituição, no sentido de tornar plenamente compatível o âmbito de abrangência pessoal da tutela legal da probidade a toda e qualquer pessoa privada que mantenha relação com o Estado (ou quem lhe faça as suas vezes), integrada ao exercício da função administrativa[21].

Em suma, considera-se sujeito passivo, ou vítima, do ato de improbidade administrativa, o titular do bem jurídico ameaçado ou violado pela conduta ilícita. O conceito abrange o conjunto de pessoas jurídicas que, direta ou indiretamente, desempenham atividades de natureza pública.

Por outro lado, há que se analisar o sujeito ativo do ato de improbidade administrativa, ou seja, quem pratica a conduta ou para ela contribui, induzindo ou concorrendo para a prática do ato. O sujeito ativo do ato de improbidade administrativa é o agente público, seja ele servidor ou não. Para tais fins, a concepção de agente público é desenhada a partir da identificação do sujeito passivo dos atos de improbidade, sendo, portanto, estabelecida uma intercomunicação entre estas duas noções.

Consideram-se agentes públicos todos aqueles que exercem mandato, cargo, emprego ou função na Administração Pública. Vale dizer, agente público é toda pessoa que exerce, permanente ou transitoriamente, com ou sem remuneração, por eleição, nomeação, designação, contratação ou qualquer outra forma de investidura ou vínculo, mandato, cargo, emprego ou função pública.

Além do conceito tradicional de agente público, compreendido como aquele que exerce atividade junto à Administração Pública, direta ou indireta, de qualquer dos Poderes, em qualquer ente federativo, a parte final do art. 2º da Lei 8.429/92 estende a acepção inicial para abranger, nesta mesma categoria, as pessoas físicas detentoras de vínculo com as entidades mencionadas no art. 1º.

---

21 OLIVEIRA, José Roberto Pimenta. Improbidade Administrativa e Terceiro Setor. In: PIRES, Luis Manuel Fonseca; ZOCKUN, Maurício; ADRI, Renata Porto (Coord.). Corrupção, ética e moralidade administrativa. Belo Horizonte: Fórum, 2008, p. 171.

A consequência disso é que poderão ser sujeitos ativos do ato de improbidade administrativa, além daqueles que exercem atividades administrativas junto à Administração Pública direta e indireta, as pessoas físicas que desempenhem atividades em entidade privada que receba recursos públicos – quer o montante correspondente supere cinquenta porcento do patrimônio ou da receita anual, quer não[22] – ainda que estes recursos sejam transferidos na forma de subvenção, benefício ou incentivo, fiscal ou creditício.

Há, ainda, outro alargamento do conceito de sujeito ativo. Isto porque, as disposições da Lei de Improbidade Administrativa são aplicáveis, no que couberem[23], àquele que, mesmo não sendo agente público, induza ou concorra para a prática do ato de improbidade ou dele se beneficie, sob qualquer forma direta ou indireta (LIA, art. 3º).

Assim, a sujeição à Lei de Improbidade Administrativa se estende, inclusive, aos beneficiários do ato de improbidade, dentre os quais as pessoas jurídicas, mesmo que de direito privado[24].

## 5. APLICAÇÃO DA LEI DE IMPROBIDADE ADMINISTRATIVA AO TERCEIRO SETOR

Expostos os sujeitos do ato de improbidade administrativa, importa aos fins do presente ensaio, a constatação de que as entidades que integram o Terceiro Setor – especificamente as Organizações Sociais e as Organizações da Sociedade Civil de Interesse Público (aqui tratadas) – estão contempladas, a teor do art. 1º da Lei 8.429/92, como sujeitos passivos, em potencial, dos atos de improbidade.

---

[22] Nesta hipótese, eventual pedido de ressarcimento estaria restrito ao montante dos repasses públicos.

[23] A expressão "no que couber" faz-se necessária porque há sanções incompatíveis com aqueles que não sejam agentes públicos, a exemplo da perda da função pública.

[24] "Considerando que as pessoas jurídicas podem ser beneficiadas e condenadas por atos ímprobos, é de se concluir que, de forma correlata, podem figurar no polo passivo de uma demanda de improbidade, ainda que desacompanhada de seus sócios". (STJ. REsp. 970.393. Rel. Min. Benedito Gonçalves. J. 19.06.2012). No mesmo sentido: STJ. REsp. 1.122.177/MT. Rel. Min. Herman Benjamin. DJe 27.04.2011).

Em uma primeira hipótese, a responsabilidade pelo ato de improbidade administrativa recai sobre os agentes que praticaram, induziram ou concorreram para a prática, não sendo o caso da pessoa jurídica figurar no polo passivo da ação. Nessas situações, é possível, até mesmo, que a própria entidade represente pela apuração da responsabilidade, já que vítima do ilícito.

Situação diversa, e até mais comum, é aquela em que os representantes da entidade praticam o ato e, em consequência, a pessoa privada é a própria beneficiária do ilícito. Nesse caso, a entidade privada torna-se sujeito ativo do ato de improbidade administrativa.

Para a análise deste tópico é preciso ter em mente que, em regra, o contrato de gestão ou o termo de parceria firmado entre o Poder Público e a entidade do Terceiro Setor deverá prever a transferência de recursos, bens ou serviços de origem pública, fomento este que possibilitará o implemento do objeto específico da avença (Lei 9.637/1998, art. 12). Observa-se que é facultada a cessão especial de servidor às organizações sociais, com ônus para origem (Lei 9.637/1998, art. 14).

Este aspecto, por si só, demonstra que as entidades submetem-se ao regime de responsabilização por ato de improbidade administrativa, sendo inclusive, em certas hipóteses, o Poder Público o sujeito passivo material do ilícito, considerando, para tanto, tratar-se do órgão transferidor das subvenções destinadas àquelas organizações.

Considera-se que as entidades do Terceiro Setor atuam em colaboração com o Poder Público e, portanto, devem se submeter aos princípios da legalidade, impessoalidade, moralidade, publicidade, economicidade e eficiência, tal qual imposto pela Constituição Federal, à Administração Pública. É, por conseguinte, sujeito passivo em potencial de atos de improbidade administrativa[25].

É preciso que se considere que a interrelação entre o público e o privado, viabilizada por meio do contrato de gestão e do termo de parceria, constitui-se em fator de exposição a situações de ilicitudes:

> Assim, é difícil imaginar – e com maior razão em períodos eleitorais – que tais entidades não virão a se constituir em um dos

---

[25] TJPR. AI 963437-5 (Decisão monocrática). Rel. Des. Adalberto Jorge Xisto Pereira. J. 29.10.2012.

> maiores focos de imoralidade já vistos na história republicana, o que certamente desvirtuará e desacreditará os objetivos da lei. Em razão dessas peculiaridades, somente uma fiscalização adequada e de índole eminentemente preventiva não permitirá que inúmeros ilícitos sejam perpetrados[26].

As relações estabelecidas entre a Administração Pública e o Terceiro Setor não devem "*representar uma porta aberta para o arbítrio e o favorecimento, permitindo a contratação direta e sem os critérios rígidos do certame público, o que pode conduzir a favorecimentos ou erros administrativos*"[27].

Em relação a estes desvios, a Lei de Improbidade Administrativa exerce função fundamental de controle.

Destaca-se que o art. 10 da Lei 9.637/1998 prevê que, em função da gravidade de eventual ilícito, havendo indícios fundados de malversação de bens ou recursos de origem pública, os responsáveis pela fiscalização representarão ao Ministério Público para que requeira ao juízo competente a decretação da indisponibilidade dos bens da entidade e dos seus dirigentes, bem como de agente público ou terceiro, que possam ter enriquecido ilicitamente ou causado dano ao patrimônio público.

Da mesma forma, a Lei 9.790/1999 estabelece a obrigação dos responsáveis pela fiscalização do Termo de Parceria, ao tomarem conhecimento de qualquer irregularidade ou ilegalidade na utilização de recursos ou bens de origem pública pela organização parceira, dar imediata ciência ao Tribunal de Contas respectivo e ao Ministério Público, sob pena de responsabilidade solidária (art. 12). Igualmente prevê a possibilidade de representação pela indisponibilidade de bens (art. 13).

Observe-se, ainda, que na hipótese da entidade gozar de benefícios e incentivos fiscais e creditícios, será mais um fator de enquadramento no art. 1º da Lei de Improbidade.

Em suma, a subsunção da conduta dos dirigentes à Lei de Improbidade Administrativa dar-se-á da seguinte forma: i) se a entidade receber benefício, incentivo ou subvenção inferior a cinquenta por

---

26 GARCIA, Emerson; ALVES, Rogério Pacheco. Improbidade Administrativa. São Paulo: Saraiva, 2013, p. 303.

27 TJSP. Apelação nº 937.493.5/4-00. Rel. Des. Venicio Salles. J. 27.04.2011.

cento de sua receita anual, será aplicado o disposto no parágrafo único do art. 1º da Lei 8.429/92 e, portanto, a responsabilidade do agente estará condicionada à ocorrência de dano ao patrimônio público; e ii) se a entidade receber subvenções que representem mais de cinquenta por cento de sua receita anual, será aplicado o *caput* do art. 1º da Lei de Improbidade, prescindindo-se, portanto, da ocorrência de dano.

Por outro lado, é possível que a aplicação da Lei de Improbidade Administrativa às entidades integrantes do Terceiro Setor decorra da incidência do art. 3º, hipótese em que a entidade figure no ilícito na condição de beneficiária do ato de improbidade administrativa[28].

## 6. ANÁLISE DA JURISPRUDÊNCIA

Passa-se à análise dos principais delineamentos estabelecidos pela jurisprudência, envolvendo a questão da prática de improbidade administrativa, em relação à qual o Terceiro Setor figura como sujeito desse ato. A começar, a jurisprudência admite que as entidades que integram o Terceiro Setor possam ser sujeitos do ato de improbidade administrativa[29]:

> AÇÃO CIVIL PÚBLICA – IMPROBIDADE ADMINISTRATIVA
>
> Os agentes políticos sujeitam-se às sanções civis por improbidade administrativa, que não se confundem com as de ordem administrativa, política ou criminal porventura incidentes sobre o mesmo fato.

---

[28] "Além disso, as Organizações Sociais estão inequivocamente submetidas ao sancionamento por improbidade administrativa, caso façam mau uso dos recursos públicos. A própria Lei nº 9.637/98 faz menção a diversas formas de controle e de fiscalização, conforme se infere da redação dos arts. 2º, I, f, 4º, IX e X, 8º, §§ 1º, 2º e 3º, art. 9, e art. 10. De outro lado, não há igualmente restrição à atuação do Ministério Público, já que o art. 10 só menciona um dever de representação pelos responsáveis pela fiscalização, o que não impede, evidentemente, a atuação de ofício do *parquet* no controle da moralidade administrativa à luz dos arts. 127 e seguintes da Constituição Federal" (Voto do Min. Luiz Fux, no julgamento da ADI 1.923, perante o Supremo Tribunal Federal).

[29] Sobre as entidades integrantes do Terceiro Setor como sujeitos do ato de improbidade administrativa, consultar: TJSP. Agravo de Instrumento nº 0072116-24.2011.8.26.0000. Rel. Des. Oswaldo Luiz Palu. J. 21.09.2011.

> Sujeita-se a OSCIP aos mesmos princípios impostos à atuação da Administração quando ajusta parceria com o Poder Público. Em consequência, é obrigada a repor o que foi despendido em seu favor a propósito de parceria ajustada de forma legal, sem respeito a formalidades estabelecidas nas leis 8.666/93 e 9.790/99. Nulo o negócio, não incide o art. 79, § 2º, da Lei 8.666/93, uma vez positivado dolo.
>
> Verificado subjacente ato de improbidade administrativa (art. 10, VIII e XIV da Lei 8.429/92), sujeitam-se os agentes públicos por ele responsáveis, a OSCIP e seu dirigente apontado responsável pela boa administração dos recursos recebidos, por consequências prescritas no art. 12, II. A par da restituição integral e de forma solidária de tudo o que foi despendido em virtude da avença, é razoável aplicar aos agentes públicos multas correspondentes à terça parte do valor do dano e a todos proibir de obter vantagens econômicas do poder público, por cinco anos.
>
> Manifestando-se o malfeito em prejuízo de fundação pública, com autonomia administrativa e patrimonial frente à Administração central do Município, não há como estender os efeitos da improbidade ao Prefeito, na falta de elementos concretos indicativos de sua participação na fraude.
>
> Ação julgada parcialmente procedente. Sentença reformada em parte, com acolhimento integral do recurso adesivo do Prefeito do Município e denegação do apelo manifestado pela OSCIP e seu dirigente. (TJSP. Apelação Cível nº 902.067-5/0-Rio Claro. Rel. Des. Coimbra Schmidt. J. 05.10.2009).

Ilicitude corriqueira, envolvendo o Terceiro Setor, decorre de irregularidades no próprio repasse de verbas, por exemplo, por não terem sido observados os requisitos legais para a habilitação da entidade ou pela previsão, no instrumento jurídico, de atribuições vagas e sem especificações ou da ausência, neste mesmo instrumento, de metas a serem atingidas ou de mecanismos para a avaliação dos resultados[30].

Em caso de Termo de Parceria com o objetivo de realização de atividades de cooperação bilateral para a implementação do projeto de desenvolvimento institucional, científico e tecnológico, visando o

---

30 TJSP. Apelação com revisão nº 0004190-48.2009.8.26.0274. Rel. Des. Antonio Carlos Villen. J. 25.06.2012.

programa de treinamento e qualificação para a reorganização do sistema municipal de saúde, constatou-se não ter havido a apresentação de documentação idônea e apta que permitisse comprovar a reputação ético-profissional. Além disso, o projeto apresentado padecia de graves irregularidades, não atentando para o disposto no inc. IX do art. 6º da Lei 8.666/93, acerca da avaliação pormenorizada e detalhada do custo do serviço que seria realizado. No caso concreto, apurou-se que em torno de 53% do quadro de pessoal da Secretaria Municipal de Saúde havia sido contratado pela entidade sob regime celetista ou como bolsista[31].

Outra ilicitude frequente decorre da utilização de entidades do Terceiro Setor para a contratação de mão de obra[32], sem o prévio concurso público, ou a contratação de serviços, sem a prévia licitação[33]. Veda-se a utilização das OSCIPs como meio de burla ao concurso público, o que se efetivaria mediante a contratação de pessoal pelo Poder Público, valendo-se de interposta pessoa[34].

---

[31] TRF-2. AC 504.435. Rel. Des. Guilherme Calmon Nogureira da Gama. J. 23.07.2012. P. 30.07.2012.

[32] Em período recente, os entes públicos vinham usurpando a prática do concurso público por meio da contratação de cooperativas de mão-de-obra. O Terceiro Setor, em certa medida, substituiu essa antiga prática.

[33] TRF-5. AC 552.166. Des. Francisco Barros Dias. J. 02.04.2013. P. 04.04.2013.

[34] "APELAÇÃO CÍVEL. AÇÃO CIVIL PÚBLICA. IMPROBIDADE ADMINISTRATIVA. TERMO DE PARCERIA COM OSCIP.PRESTAÇÃO DE SERVIÇOS EXCLUSIVOS DO PODER PÚBLICO E NÃO INTERMEDIÁRIOS DE APOIO. OFENSA DOLOSA AO PRINCÍPIO DA LEGALIDADE (LEI FEDERAL N.º 9.790/1999, ART.3.º, INCISOS III E IV C/C O ART. 9.º). RECURSO A QUE SE NEGA PROVIMENTO, PROCEDENDO-SE, DE OFÍCIO, A ADEQUAÇÃO TÍPICA DOS ATOS PRATICADOS (LIA, ART. 11) COM A REDUÇÃO DAS PENAS IMPOSTAS AOS APELADOS. (1) A OSCIP deve atuar ao lado da Administração Pública e não fazer suas vezes, não podendo ser utilizada como mecanismo de burla ao concurso público, uma verdadeira terceirização, suprindo a necessidade de servidores mediante contratação direta, ao arrepio do art. 37, Inciso II, da Constituição Federal. (2) "Em se tratando de sanções desproporcionais aplicadas pela prática de ato de improbidade pode o Tribunal, de ofício, reduzi-las" (TJPR, 5.ª CCv, ApCível n.º 398.626-9, Rel. Des. Leonel Cunha, j. em 05.06.2007)". (TJPR. AC 1059493-7. Rel. Des. Adalberto Jorge Xisto Pereira. J. 08.10.2013. P. 05.11.2013). No mesmo sentido: TJPR. AC - 695705-9. Rel. Des. Abraham Lincoln Calixto. J. 15.04.2014. P. 04.06.2014.

Tal prática se evidencia, sobretudo, naquelas situações em que os recursos públicos repassados terminam por ser utilizados exclusivamente para o pagamento de despesas com pessoal e encargos. Nesse sentido:

> Ação civil pública – contratação de organização social nos termos da Lei Federal nº 9.637/98 e Lei Municipal nº 1.818/98 – contratação que expõe o propósito de desburocratizar, com a superação do certame público para a contratação de servidores ou de licitação para a escolha da pessoa jurídica – irregularidade capaz de tipificar ato de improbidade – danos potenciais dimensionado pela multa civil – procedência da ação – reforma da sentença. (TJSP. Apelação nº 937.493.5/4-00. Rel. Des. Venicio Salles. J. 27.04.2011)

Quanto às atividades que, efetivamente, as Organizações da Sociedade Civil de Interesse Público podem exercer, por meio do Termo de Parceira, verifica-se a necessidade da observância estrita aos parâmetros do art. 3º da Lei 9.790/99. Nesse sentido, afasta-se, por exemplo, a terceirização de serviços médicos[35], mesmo porque a hipótese versa sobre atividade-fim do Estado[36].

O mesmo raciocínio aplica-se à área da educação. Nesse sentido, o art. 67 da Lei de Diretrizes e Bases da Educação Nacional (Lei nº 9.394/96) vedou a terceirização dos serviços educacionais: "Art. 67. Os sistemas de ensino promoverão a valorização dos profissionais da educação, assegurando-lhes, inclusive nos termos dos estatutos e dos planos de carreira do magistério público: I – ingresso exclusivamente por concurso público de provas e títulos".

Observa-se que as ações de improbidade administrativa propostas em face das entidades do Terceiro Setor poderão deduzir, cumulativamente, pedido de desqualificação da entidade como organização social ou organização da sociedade de interesse público (Lei 9.790/1999, art. 7º), em virtude da demonstração da prática de conduta incompatível com o interesse público[37].

---

35 TCE-PR. Acórdão 276/13. Rel. Conselheiro Ivan Lelis Bonilha. J. 20.02.2013.

36 TJPR. Apelação Cível nº 972.707-1. Rel. Des. Wellington Emanuel C. de Moura. J. 04.02.2014.

37 Nesse sentido: TJPR. AI 897.680. Rel. Des. Guido Döbeli. J. 12.03.2013. p. 26.03.2013.

Além disso, em recente acórdão do Superior Tribunal de Justiça, decidiu-se que, **em ação de improbidade administrativa, é possível a concessão de liminar "inaudita altera parte" a fim de obstar o recebimento, pelo demandado, de novas verbas do poder público e de benefícios fiscais e creditícios. Entendeu o Tribunal que,** ressalvadas as medidas de natureza exclusivamente sancionatórias, pode o magistrado, a qualquer tempo, com fundamento no poder geral de cautela, adotar a tutela necessária para fazer cessar ou extirpar a atividade nociva, a teor do que disciplina o § 5º do art. 461 do CPC[38].

## 7. CONCLUSÃO

As recentes reformas administrativas ocorridas na administração pública brasileira trouxeram grandes reflexos nas relações jurídico-administrativas estabelecidas entre o Estado e o setor privado.

Neste contexto, houve o fortalecimento do denominado Terceiro Setor, passando este a assumir tarefas que, historicamente, foram prestadas diretamente pelo Poder Público. Diante dessa reordenação entre o espaço público e o privado, aproximando-os, tem-se, como decorrência inexorável, a necessidade de controle dessas entidades privadas. Dentre as múltiplas esferas de controle, destaca-se a submissão das entidades que compõem o Terceiro Setor, assim como de seus dirigentes, à Lei de Improbidade Administrativa (Lei 8.429/92).

Isto porque as entidades que integram o Terceiro Setor estão contempladas, a teor do art. 1º da Lei 8.429/92, como sujeitos passivos em potencial dos atos de improbidade. Nesta hipótese, a responsabilidade pelo ato de improbidade administrativa recai sobre os agentes que praticaram, induziram ou concorreram para a prática. Observe-se, ainda, que na hipótese de a entidade gozar de benefícios e incentivos fiscais e creditícios, haverá mais um fator de enquadramento no art. 1º da Lei de Improbidade.

De outro lado, é possível que os representantes da entidade pratiquem o ato e, em consequência, a pessoa privada seja a beneficiária do ilícito. Nesse caso, a entidade privada torna-se sujeito ativo do ato de improbidade administrativa.

---

[38] STJ. REsp 1.385.582-RS. **Rel. Herman Benjamin. J. 1º/10/2013.**

## 8. REFERÊNCIAS BIBLIOGRÁFICAS

BANDEIRA DE MELLO, Celso Antônio. Curso de Direito Administrativo. São Paulo: Malheiros, 2010.

DI PIETRO, Maria Sylvia Zanella. Parcerias na Administração Pública: concessão, permissão, franquia, terceirização e outras formas. São Paulo: Atlas, 2002.

GARCIA, Emerson; ALVES, Rogério Pacheco. Improbidade Administrativa. São Paulo: Saraiva, 2013.

GROTTI, Dinorá Adelaide Musetti. O Serviço Público e a Constituição de 1988. São Paulo: Malheiros, 2003.

MACEDO JÚNIOR, Ronaldo Porto. O Quarto Poder e o Terceiro Setor. O Ministério Público e as Organizações Não Governamentais sem Fins Lucrativos – Estratégias para o Futuro. In: VIGLIAR, José Marcelo Menezes; MACEDO JÚNIOR, Ronaldo Porto (Coordenadores). Ministério Público II Democracia. São Paulo: Atlas, 1999, p. 248-263.

OLIVEIRA, José Roberto Pimenta. Improbidade administrativa e Terceiro Setor. In: PIRES, Luis Manuel Fonseca; ZOCKUN, Maurício; ADRI, Renata Porto (Coord.). Corrupção, ética e moralidade administrativa. Belo Horizonte: Fórum, 2008, p. 161-193.

OLIVEIRA, Rafael Carvalho Rezende. Terceiro Setor: contratações, responsabilidade civil e outras questões polêmicas. In: Interesse Público. Belo Horizonte, ano 11, n. 64, mar./abr;/2009.

VIDAL, Hélvio Simões. Administradores e Provedores de entidades privadas prestadoras de serviços de saúde como sujeitos ativos de improbidade administrativa e a legimitação do Ministério Público para responsabilizá-los. Doutrinas Essenciais de Responsabilidade Civil. São Paulo: Ed. Revista dos Tribunais, vol. 5, p. 223, out./2011.

## 9. REFERÊNCIAS JURISPRUDENCIAIS

STJ. REsp. 623.197/RS. Rel. Min. José Delgado. P. 08.11.2004.

STJ. REsp. 970.393/CE. Rel. Min. Benedito Gonçalves. J. 21.06.2012.

STJ. REsp 1.385.582-RS**. Rel. Herman Benjamin. J. 01.10.2013.**

TCE-PR. Acórdão 276/13. Rel. Conselheiro Ivan Lelis Bonilha. J. 20.02.2013.

TJPR. AI 963.437-5 (Decisão monocrática). Rel. Des. Adalberto Jorge Xisto Pereira. J. 29.10.2012.

TJPR. AI 897.680. Rel. Des. Guido Döbeli. J. 12.03.2013. P. 26.03.2013.

TJPR. AC 1059493-7. Rel. Des. Adalberto Jorge Xisto Pereira. J. 08.10.2013. P. 05.11.2013

TJPR. Apelação Cível nº 972.707-1. Rel. Des. Wellington Emanuel C. de Moura. J. 04.02.2014.

TJPR. AC – 695705-9. Rel. Des. Abraham Lincoln Calixto. J. 15.04.2014. P. 04.06.2014.

TJSP. Apelação Cível nº 902.067-5/0-Rio Claro. Rel. Des. Coimbra Schmidt. J. 05.10.2009.

TJSP. Apelação nº 937.493.5/4-00. Rel. Des. Venicio Salles. J. 27.04.2011.

TJSP. Agravo de Instrumento nº 0072116-24.2011.8.26.0000. Rel. Des. Oswaldo Luiz Palu. J. 21.09.2011.

TJSP. Apelação com revisão nº 0004190-48.2009.8.26.0274. Rel. Des. Antonio Carlos Villen. J. 25.06.2012.

TRF-2. AC 504.435. Rel. Des. Guilherme Calmon Nogureira da Gama. J. 23.07.2012. P. 30.07.2012.

TRF-5. AC 522.432. Des. Francisco Wildo. J. 10.04.2012. P. 19.04.2012.

TRF-5. AC 552.166. Des. Francisco Barros Dias. J. 02.04.2013. P. 04.04.2013.

# O ELEMENTO SUBJETIVO DO ATO DE IMPROBIDADE ADMINISTRATIVA

*Rodrigo Leite Ferreira Cabral*[1]



## 1. INTRODUÇÃO

A proposta do presente trabalho é analisar o tema do elemento subjetivo do ato de improbidade administrativa a partir da análise crítica de um julgado de Tribunal superior.

O julgado escolhido foi o REsp 951.389/SC do Superior Tribunal de Justiça, pois tem duas características que se reputa bastante adequadas para este trabalho: (i) tem qualidade técnica, o que permite um melhor aprofundamento teórico no debate; (ii) trata, ainda que incidentemente, de quase todos os temas importantes a respeito das formas de imputação subjetiva com base na Lei de Improbidade Administrativa.

A ementa do julgado tem o seguinte teor, transcrito apenas na parte em que interessa:

---

1 Doutorando em Ciências Jurídicas e Políticas pela Universidade Pablo de Olavide (Sevilha/Espanha); Promotor de Justiça no Estado do Paraná.

ADMINISTRATIVO. IMPROBIDADE. ELEMENTO SUBJETIVO. CONTRATAÇÃO DE SERVIÇOS DE TRANSPORTE SEM LICITAÇÃO. ATO ÍMPROBO POR ATENTADO AOS PRINCÍPIOS DA ADMINISTRAÇÃO PÚBLICA. CONDENAÇÃO CRIMINAL TRANSITADA EM JULGADO. APLICAÇÃO DAS SANÇÕES.

(...)

2. Conforme já decidido pela Segunda Turma do STJ (REsp 765.212/AC), o elemento subjetivo, necessário à configuração de improbidade administrativa censurada nos termos do art. 11 da Lei 8.429/1992, é o dolo genérico de realizar conduta que atente contra os princípios da Administração Pública, não se exigindo a presença de dolo específico.

3. Para que se concretize a ofensa ao art. 11 da Lei de Improbidade, revela-se dispensável a comprovação de enriquecimento ilícito do administrador público ou a caracterização de prejuízo ao Erário.

4. In casu, a conduta dolosa é patente, in re ipsa. A leitura do acórdão recorrido evidencia que os recorrentes participaram deliberadamente de contratação de serviço de transporte prestado ao ente municipal à margem do devido procedimento licitatório. O Tribunal a quo entendeu comprovado o conluio entre o ex-prefeito municipal e os prestadores de serviço contratados, tendo consignado que, em razão dos mesmos fatos, eles foram criminalmente condenados pela prática do ato doloso de fraude à licitação, tipificado no art. 90 da Lei 8.666/1993, com decisão já transitada em julgado.

5. O acórdão bem aplicou o art. 11 da Lei de Improbidade, porquanto a conduta ofende os princípios da moralidade administrativa, da legalidade e da impessoalidade, todos informadores da regra da obrigatoriedade da licitação para o fornecimento de bens e serviços à Administração.

(...)"[2]

No presente artigo se trabalhará com três eixos principais de abordagem: (i) a gramática da imputação subjetiva na improbidade administrativa; (ii) o dolo; e (iii) a culpa.

---

[2] STJ – REsp 951389/SC, Rel. Ministro HERMAN BENJAMIN, PRIMEIRA SEÇÃO, julgado em 09/06/2010, DJe 04/05/2011.

## 2. A GRAMÁTICA DA IMPUTAÇÃO SUBJETIVA NA IMPROBIDADE ADMINISTRATIVA

A Lei de Improbidade Administrativa faz, por duas vezes, referência às modalidades de imputação subjetiva: dolo e culpa.

No artigo 5º afirma que o ressarcimento integral do dano se dará quando houver lesão ao patrimônio público por *"ação ou omissão, dolosa ou culposa, do agente ou de terceiro"*.

Já no artigo 10, que tipifica os atos de improbidade administrativa que causam prejuízo ao erário, consta que eles podem decorrer de *"qualquer ação ou omissão, dolosa ou culposa"*.

Considerando que a Lei de Improbidade Administrativa inaugura um novo sistema de proteção ao princípio republicano e não traz propriamente um conceito legal dessas modalidades de imputação, a questão óbvia que surge é: afinal, o que é dolo ou culpa na improbidade administrativa?

Não se tem dúvidas que os juristas positivistas de pronto irão buscar alguma norma legal em que há a conceituação de dolo ou culpa e, com base em tais dispositivos, utilizar métodos interpretativos, tais como o método gramatical, exegético ou teleológico[3] para tentar justificar a aplicação à Lei de Improbidade Administrativa do conceito de dolo e culpa deles extraído.

Essa concepção, sem dúvida nenhuma, decorre de uma visão equivocada do direito, partidária da superada filosofia da consciência, em que se acredita que os conceitos devem materializar a melhor descrição possível daquilo que é conceituado, como se fossem um *"espelho da natureza"*, em uma *"montagem de representações exatas"*[4].

Para o positivismo lógico, como afirma VIVES ANTÓN: *"o significado se reduz à sintaxe e experiência: uma proposição bem*

---

[3] Uma análise crítica a respeito desses métodos tradicionais, já foi apresentado em outro lugar: CABRAL, Rodrigo Leite Ferreira; HALLVASS FILHO, Luiz Carlos. *Técnicas de Interpretação da Lei Penal.* In: BUSATO, Paulo César. (Org.). Direito penal baseado em casos – Fundamentos de Direito Penal. 1ª ed. Curitiba: Juruá, 2013, p. 258-269.

[4] RORTY, Richard. *A filosofia e o espelho da natureza.* Rio de Janeiro: Relume-Dumará, 1994, p. 169.

*construída sintaticamente é verdadeira se coincide com os fatos, e falsa em caso contrário. Mas, se se refere a coisas que não estão no mundo – que não são fatos -, então não são nem verdadeiros, nem falsos: simplesmente, carecem de sentido ou, quando menos, se se adota o ponto de vista do "Tractatus", pertence ao que não se pode dizer, o inefável.*"[5]

Assim, não há dúvidas, que o primeiro desafio para a compreensão do elemento subjetivo do ato de improbidade administrativa é examinar como podemos identificar o significado de dolo e culpa na responsabilização por ato de improbidade administrativa.

O melhor caminho para essa tarefa, nos parece, é oferecido pela filosofia da linguagem.

Foi WITTGENSTEIN quem, em seu livro Investigações Filosóficas, quebrando toda uma tradição da filosofia da consciência, propôs que o significado das palavras fosse identificado – não pela melhor descrição do seu objeto à moda positivista, no sentido de que significado funciona como uma figura (teoria pictórica) daquilo que ocorre na realidade – mas sim com base na ideia de que é o uso público, contextual e intersubjetivo (palavra como ferramenta) que melhor expressa corretamente o seu significado.

Assim, as palavras não partem do nada, de uma tábula rasa, há por detrás delas uma tradição que lhes dá sentido, que é justamente esse uso público e contínuo a que WITTGENSTEIN faz referência.

Daí porque é fundamental identificar a gramática da imputação subjetiva na improbidade, é dizer, identificar os usos linguísticos que dão sentido e fundamento às ideais de culpa e dolo na improbidade.

Isso porque, são justamente as regras gramaticais que estabelecem os "*padrões para o uso correto de uma expressão, que 'determinam', seu significado; dar o significado de uma palavra é especificar sua gramática*"[6].

---

5 VIVES ANTÓN, Tomás S. *Fundamentos del Sistema Penal.* 2ª. Ed., Valencia, Tirant lo Blanch, 2011, p. 402.

6 GLOCK, Hans-Johann. *Dicionário Wittgenstein.* Rio de Janeiro: Zahar, 1998, p. 193.

O "conceito"[7] de dolo e culpa depende, pois, de qual gramática é a mais adequada a sustentar o significado de tais expressões, pois, afinal, como afirma GLOCK, com base na teoria de WITTGENSTEIN:

> "O sentido de uma proposição é determinado por seu lugar no sistema gramatical, no sentido de que este determina suas relações lógicas com outras proposições (PG 152-3). A gramática de uma língua é o sistema global de regras gramaticais, das regras constitutivas que a definem, pela determinação daquilo que faz sentido dizer ao usá-la (PR 51; LWL 46-59; PG 60, 133, 143; PI §496)."[8]

No direito brasileiro existem dois grandes sistemas gramaticais que podem, pois, dar suporte significativo ao conceito de dolo e culpa para improbidade administrativa, considerando que, como foi visto, a Lei de Improbidade Administrativa não funda uma nova gramática, pelo menos, nesse tema.

Nesse sentido, existem as concepções de dolo e culpa do Direito Civil e do Direito Penal.

A questão é, pois, verificar qual desses dois sistemas de referência é mais adequado para fundamentar a imputação subjetiva dos atos de improbidade administrativa.

O Código Civil traz, basicamente, duas regências sobre o dolo e culpa: (i) o direito de regresso da administração, com relação ao agente público que pratica dano por dolo ou culpa (CC, art. 43);

---

7 Como corretamente explica VIVES ANTÓN, o uso da palavra conceito é inadequado, pois relevador de uma visão pictórica do significado: *"Segundo a velha terminologia escolástica, conceito é um conjunto de características comuns a um gênero. Esse uso de 'conceito', inaplicável por definição às ações, segundo já disse no livro* Fundamentos do Sistema Penal *e que se mostrará depois, ainda, sobrevive no âmbito da teoria da ação, tratada como uma espécie de* genus proximum*, cujas distintas espécies podem ser identificadas mediante a correspondente* differentia. *Creio ter demonstrado à saciedade, que um conceito assim é impossível. Por isso falo de concepção significativa, referindo-me assim a um ponto de vista do qual as distintas ações aparecem unidas por uma série de parentescos, por um* parecido de família*, que não pode ser definido."* VIVES ANTÓN, Tomás S. *Estudio preliminar* in RAMOS VÁZQUEZ, José Antonio. Concepción significativa de la acción y teoría jurídica del delito, Valencia, Tirant lo Blanch, 2008, p. 47.

8 GLOCK, Hans-Johann. *Op. cit.*, p. 193.

(ii) o dolo – não havendo referência à culpa – como forma de defeito dos negócios jurídicos (CC, art. 145 a 150)[9].

Para o Direito Civil, o dolo como fundamento do vício do ato administrativo tem o seguinte sentido, nas palavras de Pontes de Miranda:

> *Dolus Malus* – Dolo, causa de não-validade dos atos jurídicos, é o ato, positivo, ou negativo, com que, conscientemente, se induz, se mantém, ou seja confirma outrem em representação errônea[10].

Assim, pode-se verificar que o nosso Código Civil não traz propriamente o dolo como forma de imputação, mas sim como uma forma de vício de um negócio jurídico, um verdadeiro *dolus malus*, como apontado por Pontes de Miranda.

Ademais, o principal eixo de referência do Direito Civil não é sancionatório, ainda que, evidentemente, apresente rasgos nesse sentido[11].

Por outro lado, a teoria penal é rica no debate acerca de como é possível fazer uma imputação subjetiva justa.

O Direito Penal tem se ocupado há mais de séculos da tarefa de descobrir e definir o que efetivamente pode ser atribuído a uma pessoa como obra e responsabilidade sua.

---

9 Há, ainda, referência ao dolo nos seguintes dispositivos do Código Civil, mas que guardam a mesma referência ao dolo como espécie de vício de vontade: art. 48, parágrafo único; art. 171, II; 178, II, 180; 353; 392; 400; 403; 451; 458; 461; 557, I; 561 [esses dois últimos fazem referencia ao dolo penal]; 633; 762; 786, §1º; 814; 849; 1.078, §3º; 1.177, parágrafo único; 1.235; 1.752; 1.814 [também trata do dolo penal]; 1.909 e 2.020.

10 PONTES DE MIRANDA. Tratado de Direito Privado: Parte Geral, Tomo IV. Atualizado por Marcos Bernardes de Mello e Marcos Ehrhardt Jr. São Paulo: RT, 2012, p. 443. Assim, também, vide: RODRIGUES, Silvio. Direito Civil: Parte Geral, vol. I. 34ª ed. São Paulo: Saraiva, 2003, pp. 194-195. VENOSA, Silvio de Salvo. Direito Civil: Parte Geral, 11ª ed. São Paulo: Atlas, 2011, pp. 407-409.

11 Assim, também, é posição externada pelo voto-vencido: *"Ocorre que o foco desse ramo do Direito não é a punição do ato ilícito, mas a indenização pelos danos dele advindos (seja a título patrimonial, moral ou estético) – inclusive, esse também é o foco do art. 14, § 1º, da Lei n. 6.938/81. (...) Ora, a sistemática indenizatória em nada se assemelha à sistemática punitiva do microssistema de proteção à moralidade administrativa. O ilícito civil é o de gradação mais branda entre os três tipos possíveis (penal, civil e administrativo)"*. MARQUES, Mauro Campbell. Voto-vista: STJ – REsp 951389/SC, Rel. Ministro HERMAN BENJAMIN, PRIMEIRA SEÇÃO, julgado em 09/06/2010, DJe 04/05/2011, pp. 26-27.

Daí porque, não parece haver dúvida, que a gramática mais adequada para ser utilizada na imputação subjetiva do ato de improbidade administrativa é a gramática do Direito Penal e de sua teoria do delito.

E é justamente aqui que se começa a examinar algumas conclusões do julgado aqui comentado.

O voto-vencedor do Ministro Herman Benjamin (acompanhado pela Ministra Eliana Calmon) sustenta que a gramática do dolo a ser empregada na improbidade administrativa é a do Direito Administrativo sancionador.

O Ministro Benjamin faz a diferenciação entre o dolo penal e o dolo administrativo com base na doutrina de Fábio Medina Osório, que afirma que *"o dolo não é necessariamente a má-fé"* [12].

Assim, conclui o Min. Benjamin que *"o dolo reside na simples consciência e vontade de praticar determinada conduta, comissiva ou omissiva, que não se coadune com os princípios administrativos e com os deveres de honestidade, imparcialidade, legalidade e lealdade às instituições"* [13].

Ocorre, porém, que, com o devido respeito, o Ministro parte de premissas inadequadas para chegar a uma conclusão correta. O dolo penal, na atualidade, como se verá adiante, não guarda mais qualquer relação com a ideia de má-fé.

O conceito de dolo do direito administrativo sancionador, apresentado pelo Ministro Benjamin, é justamente o conceito de dolo do Direito Penal, uma vez que, até onde se sabe, o direito administrativo não possui uma gramática própria a ponto de trazer um novo conceito de dolo distinto do penal ou do civil.

A fundamentação que nos parece mais adequada, assim, é a apresentada pelo Ministro MAURO CAMPBELL MARQUES, no seu voto-vencido, que chega à mesma conclusão que aqui se pretende

---

[12] OSÓRIO, Fábio Medina. Direito Administrativo Sancionador, São Paulo, Revista dos Tribunais, 2006, p. 333, *apud* HERMAN BENJAMIN. Voto-vencedor: STJ – REsp 951389/SC, PRIMEIRA SEÇÃO, julgado em 09/06/2010, DJe 04/05/2011, pp. 11-12.

[13] HERMAN BENJAMIN. Voto-vencedor: STJ – REsp 951389/SC, PRIMEIRA SEÇÃO, julgado em 09/06/2010, DJe 04/05/2011, p. 12.

alcançar: a gramática da improbidade administrativa, em tema do dolo, é a do Direito Penal.

Veja-se o que afirma o Ministro no seguinte excerto de seu voto, que, nessa parte, é irretocável:

> *"Há uma realidade inegável no ordenamento jurídico brasileiro, por cima da qual não podemos passar: existe um microssistema de proteção* à moralidade administrativa, iniciado já antes da promulgação da Constituição da República de 1988 e por ela perpetuado e reforçado. Esse microssistema é formado basicamente pelas Leis n. 4.717/65 (Lei de Ação Popular – LAP), 7.347/85 (Lei de Ação Civil Pública – LACP), pela Constituição da República de 1988 (CR/88) e 8.429/92 (Lei de Improbidade Administrativa – LIA).
>
> Esse microssistema normativo traz sanções de especial gravidade para os agentes públicos que eventualmente incidirem nas condutas tipificadas em suas prescrições. Em razão dessa peculiaridade, penso que há uma aproximação inegável deste conjunto de normas com o Direito Penal, formando o que se denomina usualmente de direito administrativo sancionador.
>
> Não estou dizendo aqui, entenda-se bem, que todas as regras e os princípios atinentes ao Direito Penal possam ser aplicados, sem qualquer tempero, às ações constitucionais de proteção à moralidade. Não é isso. Esse entendimento, inclusive, é fortemente combatido pela doutrina administrativista, que defende a separação das esferas cível, administrativa e penal.
>
> As sanções da Lei de Ação Popular, da Lei de Ação Civil Pública e da Lei de Improbidade Administrativa não têm caráter penal, mas formam o arcabouço do direito administrativo sancionador, de cunho eminentemente punitivo, fato que autoriza trazermos à baila a lógica do Direito Penal, ainda que com granus salis. **É razoável pensar, pois, que pelo menos os princípios relacionados a direitos fundamentais que informem o Direito Penal devam, igualmente, informar a aplicação de outras leis de cunho sancionatório"**. [14]

[14] MARQUES, Mauro Campbell. Voto-vista: STJ – REsp 951389/SC, Rel. Ministro HERMAN BENJAMIN, PRIMEIRA SEÇÃO, julgado em 09/06/2010, DJe 04/05/2011, pp. 23-24.

Com efeito, tendo em conta os contornos da imputação por ato de improbidade administrativa e sua *"semelhança de família"*[15] com o Direito Penal, não se tem a menor dúvida em afirmar que a gramática – a teoria da imputação subjetiva – criminal, é onde se deve buscar o pano de fundo teórico para uma melhor compreensão dos elementos subjetivos do ato de improbidade administrativa[16].

Nunca é demais, porém, advertir – uma vez que sempre existem tentativas de fazer vinculações equivocadas entre o Direito Penal e a Improbidade Administrativa, nem sempre imbuídas de um objetivo de aprimoramento do microssistema de tutela da probidade, como, por exemplo, a tentativa de se reconhecer o foro especial por prerrogativa de função ou mesmo o princípio da tipicidade estrita também na improbidade – que o uso da gramática penal da imputação subjetiva

---

15 Para WITTGENTEIN não há um critério único e geral para as definições, sendo o único critério identificador para tanto, é a existência de uma "semelhança de família". Nesse sentido, veja-se o que afirma GLOCK: *"Quando 'olhamos e vemos' se todos os jogos possuem algo de comum, notamos que se unem, não por um único traço definidor comum, mas por uma complexa rede de semelhanças que se sobrepõem e se entrecruzam, do mesmo modo que os diferentes membros de uma família se parecem uns com os outros sob diferentes aspectos (compleições, feições, cor dos olhos, etc.). O que sustenta o conceito, conferindo-lhe unidade, não é um 'fio único' que percorre todos os casos, mas, por assim dizer, uma sobreposição de diferentes fibras, como em uma corda (BB 87; PG 75)."* GLOCK, Hans-Johann. *Op. cit.*, pp- 324-325.

16 A essa conclusão, também, parece ter chegado a doutrina especializada sobre o tema, ao empregar conceitos tipicamente de direito penal, para a caracterização dos conceitos de dolo e culpa no ato de improbidade administrativa, como, por exemplo: BERTONCINI, Mateus. Ato de Improbidade Administrativa: 15 anos da Lei 8.429/1992. São Paulo: Revista dos Tribunais, 2007, p. 153; OLIVEIRA, Alexandre Albagli. *A Tormentosa Abordagem do Elemento Subjetivo nos Atos de Improbidade Administrativa in*: Estudos Sobre Improbidade Administrativa em Homenagem ao Prof. J. J. Calmon de Passos. Rio de Janeiro: Lumen Juris, 2010, pp. 70-71; OLIVEIRA, Roberto Pimenta Oliveira. *Improbidade Administrativa e sua autonomia constitucional.* Belo Horizonte: Forum, 2009, pp. 272-280; OSÓRIO, Fabio Medina. *Teoria da Improbidade Administrativa.* 3ª ed. São Paulo: Revista dos Tribunais, 2013, pp- 245-249; GARCIA, Emerson; ALVES, Rogério Pacheco. *Improbidade Administrativa*, 3ª ed. Rio de Janeiro: Lumen Juris, 2006, pp. 280-284. Já FAZZIO JUNIOR, traz um conceito dolo mais vinculado à ideia de ato administrativo: FAZZIO JUNIOR, Waldo. *Improbidade Administrativa.* São Paulo: Atlas, 2012, pp. 300-301.

não quer significar, nem de longe (e isso seria um equívoco primário), que a repressão aos atos de improbidade administrativa tem natureza criminal.

## 3. O DOLO NA IMPROBIDADE ADMINISTRATIVA.

### *3.1. A superação da teoria do dolus malus (dolo não é má-fé).*

A origem da concepção jurídica do dolo (do grego δολος) é o direito civil romano, que, posteriormente, foi transladada para a imputação jurídico-penal. Assim, o Direito Romano também passou a adotar essa figura jurídica (*criminelle dolus*), que era caracterizada pela má intenção, má-fé, em suma: uma vontade maldosa dirigida a uma lesão. O Direito Penal romano adotava, assim, o denominado *dolus malus*[17].

Conforme aponta ROXIN, *"até 1930 era dominante na ciência jurídica a denominada teoria do dolo, segundo a qual o dolo pressupõe conhecer as circunstâncias do fato e além disso a consciência do injusto; esse dolus malus era considerado como forma da culpabilidade (pertencente à parte interna do fato)"*[18].

Foi justamente a discussão a respeito da composição do dolo, se era integrado, também, pela consciência da antijuridicidade ou se este elemento fazia parte apenas do extrato da culpabilidade é que gerou uma das maiores polêmicas do Direito Penal moderno, protagonizadas, de um lado, por WELZEL (finalismo) e, de outro, por MEZGER (causalismo)[19].

---

[17] REIN, Wilhelm. *Das Criminalrecht der Römer von Romulus bis auf Justinianus*. Leipzig: Köhler, 1844, p. 151.

[18] Conforme: ROXIN, Claus. Derecho penal. Parte general. Tomo I. Fundamentos. La estructura de la Teoría del Delito, trad. de Diego Manuel Luzón Peña, Miguel Díaz y García Conlledo y Javier de Vicente Remesal. Madrid: Thomson Civitas, 2003, p. 210.

[19] Veja-se que essa discussão, no fundo, possivelmente teve objetivos muito menos nobres que uma mera discussão acadêmica. Como pontua MUÑOZ CONDE a discussão, provocada por MEZGER, aparentemente tinha muito mais por objetivo criar uma cortina de fumaça, tentando fazer esquecer o passado nazista de MEZGER, *verbis*: *"Em 1950* (MEZGER) *publicou seu único ensaio científico depois da guerra:* 'Moderne Wege der Strafrechtsdogmatik'. *Uma espécie de*

Apesar disso, atualmente, é praticamente unânime em nossa doutrina penal a conclusão de que: *"dolo não é dolus malus* (dolo culpável)" e que a *"culpabilidade é um juízo valorativo que recai sobre a conduta dolosa"*[20], sendo que a consciência da antijuridicidade do ato não é um dos elementos necessários para a caracterização do dolo.

E é justamente neste momento que se chega a uma importante conclusão com relação ao dolo e a responsabilização por ato de improbidade administrativa: o dolo da improbidade não se confunde com o *dolus malus*, o dolo da improbidade não depende da existência de má-fé do agente público, ou seja, não tem como um dos seus elementos a potencial consciência da ilicitude.

---

*reconciliação com a dogmática jurídico-penal, que, na realidade, nunca havia abandonado (cf. Infra V), mas à que agora dava uma dimensão tão abstrata e filosófica que custa reconhecer nela o Mezger pedagógico dos manuais e inclusive do Tratado. Ademais, aproveita esta monografia para desencadear uma ácida polêmica sobre o conceito ontológico de ação com base na Teoria do Delito e sobre a posição sistemática nesta do dolo, contra Hans WELZEL, um penalista muito mais jovem que ele e que já se havia distinguido por algumas publicações de caráter filosófico jurídico e por haver publicado um breve manual no que expõe a Teoria do Delito desde o ponto de vista de um conceito ontológico final de ação, que, entre outras coisas, o leva a situar sistematicamente o dolo na tipicidade como parte integrante do tipo subjetivo. (...) Se, já aos seus 67 anos, o fez* (a crítica à Welzel) *para buscar um tema suficientemente abstrato e ideologicamente descomprometido que pudesse servir para ocultar seu recente passado nazista, ou se o fez por estar realmente convencido da necessidade de propor o novo Direito sobre estas base e premissas ontológicas, é algo que não posso provar, mesmo que sim tenha minha opinião a respeito, que creio poder-se deduzir objetivamente comparando o que havia escrito antes com o que escrevi agora, mas, em todo caso, não é agora o objetivo principal deste trabalho."* MUÑOZ CONDE, Francisco. Edmund Mezger e o Direito Penal de seu tempo: Estudos sobre o Direito Penal no Nacional-socialismo. Rio de Janeiro: Lumen Juris, 2005, p. 256-257.

20 ZAFFARONI, Eugenio Raúl. *Tratado de Derecho Penal: parte general.* Tomo III. Buenos Aires: Ediar, 1981, p. 312. Nas palavras do próprio WELZEL: *"A teoria do dolo não adverte que o dolo não é uma parte integrante, mas sim objeto da reprovabilidade e, por isso, pertence já a* ação e ao tipo do injusto, enquanto que a consciência da antijuridicidade é só um elemento da reprovabilidade." WELZEL, Hans. *El Nuevo Sistema del Derecho Penal: Una introducción a la doctrina de la acción finalista.* Buenos Aires/Montevideo: Editorial B. de F., 2004, p. 166.

Aqui concorda-se com a importantíssima conclusão do Ministro Benjamin, no sentido de que, para a caracterização do dolo na improbidade administrativa: *"[p]ouco importa se o agente atua com intenção específica de violar a lei ou com outra especial finalidade"*[21].

Assim, com essa posição vencedora[22], supera-se uma equivocadíssima posição jurisprudencial, que exigia, para a caracterização do dolo na improbidade administrativa, a existência de má-fé do agente público, ou seja, adotava um *dolus malus*, totalmente alheio a qualquer gramática de imputação de atos ilícitos adotada em nosso sistema atual.

De tal maneira, vale repetir, o dolo na improbidade nada tem a ver com má-fé. Assim, o agente público que subtrai dinheiro público para dar às pessoas carentes (ou seja, com boa-fé) comete sim ato de improbidade doloso. O agente que viola a licitação para beneficiar empresas locais e assim fomentar o emprego local age sim com dolo.

O problema é que a jurisprudência, muitas vezes, utiliza-se desse imaginário requisito da má-fé como forma de tornar a atuação judicial justa[23], evitando-se a imposição das penas previstas na Lei n. 8.429/92 em decorrência de meras ilegalidades, sem qualquer transcendência.

Ocorre, porém, que tal expediente é um equívoco teórico muito grave e causa grande prejuízo sistêmico ao combate à corrupção.

Não há dúvidas que meras irregularidades não podem configurar atos de improbidade administrativa. O fundamento para tal conclusão, porém, é a necessidade da existência de um conceito material de improbidade administrativa, em que se exige a efetiva violação a um bem jurídico protegido normativamente. Isso nada tem a ver com a existência ou não de dolo. Tem a ver com a ausência de violação

---

21 HERMAN BENJAMIN. Voto-vencedor: STJ – REsp 951389/SC, PRIMEIRA SEÇÃO, julgado em 09/06/2010, DJe 04/05/2011, p. 12.

22 A rigor essa tese foi unanime, pois defendida pelos vencedores Herman BENJAMIN e Eliana CALMON, bem com pelo vencido Mauro Campbell MARQUES, que adotou a concepção que o dolo da improbidade é o dolo penal, ou seja, não é o dolus malus e, portanto, não se confunde com má-fé.

23 É bem verdade que em muitos outros casos, a exigência da comprovação da má-fé se presta muito mais para justificar uma atitude complacente com atos desonestos, o que é facilitado pela grande manipulabilidade do conceito de má-fé e de uma visão psicológica do dolo.

material da norma, concepção essa que já vem sendo, de há muito, defendida pela doutrina sobre a improbidade[24] e largamente aceita e desenvolvida na doutrina penal[25].

Talvez esses equívocos decorram de uma má compreensão – e mesmo um mau desenvolvimento – da teoria do dolo em nosso país.

Resumindo, para deixar bem claro: (i) o dolo na improbidade administrativa nada tem a ver com má-fé; (ii) a necessidade de um conteúdo material para a configuração do ato de improbidade administrativa, da mesma forma, nada tem a ver com a figura do dolo, devendo ser exigida uma violação ao bem jurídico para a caracterização de um ato ímprobo.

Assentadas essas premissas iniciais, tentar-se-á, no próximo capítulo, passar em revista, ainda que rapidamente, as principais teorias sobre o dolo.

### 3.2 *A concepção de dolo na improbidade*

Na evolução do conceito de dolo, uma vez superada a fase romana do *dolus malus*, sobrevieram teses acerca do dolo propostas pelos glosadores e posglosadores, como a teoria do *dolus generalis*, a doutrina Bartoli e a do *dolus indirectus*[26].

A disputa relevante, porém, entre as teorias do dolo no Direito Penal aconteceu entre as chamadas teorias da vontade e da representação.

Enquanto a teoria da vontade defendia que há dolo *"quando o resultado foi querido"*[27] pelo agente, a teoria da representação, defendida principalmente por von LISZT, propunha como ponto central para a caracterização do dolo *"a prevalência da representação que*

---

[24] Por exemplo: OLIVEIRA, Roberto Pimenta Oliveira. *Improbidade Administrativa e sua autonomia constitucional*. Belo Horizonte: Forum, 2009, pp. 238-242.

[25] Trazendo um apanhado sobre a evolução do conceito de bem jurídico: GRECO, Luís. Modernização do Direito Penal, Bens Jurídicos Coletivos e Crimes de Perigo Abstrato. Com adendo: Princípio da Ofensividade e Crimes de Perigo Abstrato. Rio de Janeiro: Lumen Juris, 2011.

[26] ENGELMANN, Woldemar. *Die Schuldlehre der Postglossatoren und ihre Fortentwicklung*. Aalen: Scientia Verl., 1965, pp. 53/104.

[27] HIPPEL, Robert von. *Die Grenze von Vorsatz und Fahrlässigkeit*. Leipzig: Hirzel, 1903, p. 133.

*o sujeito faz do resultado, ou seja, dentro do elemento cognitivo, o que foi representado pelo autor"*[28].

Assim, a teoria da vontade valoriza mais o elemento volitivo, enquanto que a teoria da representação o elemento cognitivo do dolo.

Da teoria da vontade, é importante frisar, desenvolveu-se uma série de subteorias com o objetivo principal de dar uma explicação plausível para a fundamentação do dolo eventual.

Como bem pontua PUPPE:

> "Para a teoria da vontade, o dado psíquico que, no dolo direto de segundo grau e no dolo eventual, deve substituir a vontade é descrito como estar de acordo (BGHSt 14, 240), 'acolher em sua vontade' (RGSt 26, 243, 33, 45, 62, 159 [160]; 72, 36 [46]; Blei AT § 32 III), assunção do risco (RG 59, 3; 67, 425; 76, 115 [116], Baumann/Weber/Mitsch AT §20 nm. 48), aprovação (RGSt 72, 36 [43]; 76, 115) ou aprovação em sentido jurídico (BGHSt 7, 363 [369]; NJW 1963, 2236 [2237], NJW 1968, 660 [661]; MDR 1980, 812 (em Holtz); StV 1985, 100). Mas todos esses conceitos são usados com a mesma ambiguidade que o conceito de vontade. Eles são introduzidos no conceito de dolo como descrições de uma real disposição interna do autor em relação ao resultado."[29]

Por outro lado, a teoria da representação também influenciou a criação de novas teorias, em especial a teoria da probabilidade (que propugnava que o dolo era a representação de um resultado provável) e da possibilidade (em que se exigia que o resultado fosse antevisto pelo agente como possível).

Todas essas teorias são classificadas num grande grupo denominado de teorias volitivas, que são aquelas em que se exige para a configuração do dolo dois elementos: o elemento cognitivo e o elemento volitivo. Atualmente as teorias volitivas são majoritárias e adotam o conceito de dolo como: *consciência e vontade de realizar os elementos objetivos do tipo penal.*

---

28 BARJA DE QUIROGA, Jacobo López. *Tratado de derecho penal.* Cizur Menor: Civitas, Thompson Reuters, 2010, p. 472.

29 PUPPE, Ingeborg. A distinção entre Dolo e Culpa. Trad. Luís Greco. Barueri: Manole, 2004, p. 37.

Apesar disso, as teorias volitivas hoje em dia vêm sofrendo sérias críticas, a ponto de já existir, no Direito Penal, um movimento respeitável, ainda que minoritário, de teorias que defendem que o dolo é composto apenas pelo elemento cognitivo. Essas teses, por sua vez, são classificadas no grupo denominado de teorias cognitivas, sendo possível citar como seus defensores, FRISCH[30], PUPPE[31], HERZBERG[32], SCHMIDHÄUSER[33], JAKOBS[34] entre outros, cuja análise, por motivos óbvios, não pode ser feita em um trabalho como este[35].

Em que pese toda essa discussão, partindo-se de uma perspectiva pragmática, parece importante que, neste momento – além de afastar a ideia de dolo com a de má-fé e de noticiar a discussão existente na teoria do dolo do Direito Penal – focar em um dos principais problemas da teoria da imputação subjetiva: a prova do dolo.

### *3.3 A prova do dolo na improbidade (dolus ex re).*

É quase um consenso entre as teorias modernas do dolo que a prova do dolo não se faz por meio da investigação de inacessíveis estados

---

30 FRISCH, W. Vorsatz und Risiko. Köln, Berlin, Bonn, München: Carl Heymanns Verlag, 1983.

31 PUPPE, Ingeborg. *A distinção entre Dolo e Culpa*. Trad. Luís Greco. Barueri: Manole, 2004; PUPPE, Ingeborg. Der Vorstellungsinhalt des dolus eventuales, ZStW, 1991.

32 HERZBERG, *Die Abgrenzung von Vorsatz und bewusster Fahrlässigkeit* – ein Problem des objektiven Tatbestandes, Jus 1986.

33 SCHMIDHÄUSER, Eberhardt. *Die Grenze zwischen vorsätzlicher und fahrläs sìger Straftat* ("dolus eventuales" und bewubte Fahrlässigkeit), JuS, 1980.

34 JAKOBS, Günther. Gleichgültigkeit als dolus indirectus en Zeitschrift für die gesamte Strafrechtswissenschaft (ZStW), Berlin, 114 (2002), p. 594.

35 Sobre o tema já discorri algo, ainda que de modo superficial, em: CABRAL, Rodrigo Leite Ferreira. *O Elemento Volitivo do Dolo: uma contribuição da Filosofia da Linguagem de Wittgenstein e da Teoria da Ação Significativa, in*: Dolo e Direito Penal: modernas tendências. BUSATO, Paulo César (org.). 2ª ed. São Paulo: Atlas, 2014, pp. 121-126. Para uma análise mais profunda sobre as teorias volitivas e cognitivas, veja-se: DÍAZ PITA, María del Mar. *El dolo eventual*. Valencia: Tirant lo Blanch, 1994; RAGUÉS I VALLÉS, Ramon. *El dolo y su prueba en el proceso penal*. Barcelona: J.M. Bosch Editor, 1999; PÉREZ BARBERÁ, Gabriel. *El dolo eventual: Hacia el abandono de la idea de dolo como estado mental*. Buenos Aires: Hammurabi, 2011.

mentais. Essa crítica parte principalmente de uma visão pragmática, pois as teorias tradicionais têm apresentado propostas de difícil aplicação quotidiana.

Ademais, há um sério antagonismo com a visão psicológica do dolo, também, sob uma perspectiva filosófica, em que se critica especialmente a visão cartesiana da mente que é subjacente a essas teorias de matriz subjetivista[36].

Neste trabalho, parece produtivo, porém, ainda que se tenha alguma reserva sob o ponto de vista filosófico, a exposição e defesa das denominadas teorias processuais do dolo, que atualmente vêm ganhando bastante prestígio no estudo do tema[37] e que constituem, sem sombra de dúvidas, um evidente avanço com relação às teorias tradicionais.

Isso porque, caso se mantenha uma visão puramente psicológica, a possibilidade de condenação – se levada a sério essa teoria – resulta em uma tarefa quase impossível[38].

---

36 Apresenta-se tal crítica com detalhes em: CABRAL, Rodrigo Leite Ferreira. *O Elemento Volitivo do Dolo: uma contribuição da Filosofia da Linguagem de Wittgenstein e da Teoria da Ação Significativa, in*: Dolo e Direito Penal: modernas tendências. BUSATO, Paulo César (org.). 2ª ed. São Paulo: Atlas, 2014.

37 Como adverte PUPPE, tendo em conta que as teorias psicológicas apresentam critérios que são, em princípio, inacessíveis à investigação probatória forense, *"em tempos mais recentes, o interesse científico tem-se voltado da correta definição do que é o dolo para a questão do método correto de prova do dolo."* PUPPE, Ingeborg. *A distinção entre Dolo e Culpa*. Trad. Luís Greco. Barueri: Manole, 2004, p. 60.

38 RAGUÉS I VALLÉS corretamente adverte sobre a quase impossibilidade lógica da averiguação do dolo caso se adote uma visão psicológica, sustentando que: *"O juiz que queira ser fiel às exigências da concepção psicológica da 'determinação do dolo' e, portanto, somente condenar por delito doloso quando consiga comprovar conclusivamente determinados fenômenos psicológicos alheios e pretéritos, conta com um instrumental bastante precário para cumprir com sua missão. Tal instrumental se reduz, sendo otimista, a umas poucas regras de psicologia que dizem quando não existe conhecimento necessário para o dolo e alguns quantos enunciados baseados na experiência cotidiana que dificilmente se vai poder aplicar para resolver um só caso, por pressupor, uma imediatez ao momento do delito, que não costuma ocorrer na audiência de instrução e julgamento."* RAGUÉS I VALLÉS, Ramon. El dolo y su prueba en el proceso penal, op. cit., p. 259. E continua referido autor dizendo que: *"A solução que admite que praticamente nunca se poderá condenar por crimes dolosos projeta*

As teorias processuais sustentam que a prova do dolo se faz mediante a análise das circunstâncias e indicadores externos da conduta do agente e não com base no que *se passa em sua cabeça*[39].

De tal maneira, parece uma boa opção[40] a defesa da teoria majoritária no Direito Penal também para a improbidade administrativa, ou seja, a de que o dolo é consciência e vontade[41] de realizar os elementos dos tipos abertos da Lei de Improbidade Administrativa.

Entretanto, deve-se adicionar a esse conceito as contribuições das teorias processuais de dolo.

---

*negras sombras sobre a possibilidade de seguir afirmando que o Direito Penal é um meio eficaz para gerar algum efeito na sociedade. Assim, com uma aplicação coerente da concepção psicológica, os tipos delitivos em que somente se pune a realização dolosa resultam praticamente inaplicáveis e ficam de fato derrogados".* RAGUÉS I VALLÉS, Ramon. El dolo y su prueba en el proceso penal, op. cit., p. 260.

39 HASSEMER, Winfried. *Persona, mundo y responsabilidad.* Bases para una teoría de la imputación en Derecho penal, trad. de Francisco Muñoz Conde y María del Mar Díaz Pita, Valencia, Tirant lo Blanch, 1999, p. 152. Sobre a compatibilização da tese de HASSEMER com propostas da filosofia da linguagem, veja-se: BUSATO, Paulo César. *Dolo e Significado*, *in*: Dolo e Direito Penal: modernas tendências. BUSATO, Paulo César (org.). 2ª ed. São Paulo: Atlas, 2014, pp. 59-82.

40 Pelo menos neste momento de evolução doutrinária. A tese mais adequada, porém, parece, a propugnada pela teoria da ação significativa, em que se encara o dolo como um compromisso de atuar, pois *"entendendo o elemento volitivo do dolo, não naturalisticamente, como um processo psicológico, mas sim normativamente, como um compromisso de atuar, se esclarece seu conceito e começam a ter sentido não paradóxico os critérios que usamos para identificá-lo."* VIVES ANTÓN, Tomás S. Fundamentos del Sistema Penal, 2ª. Ed., Valencia, Tirant lo Blanch, 2011, p. 253.

41 É imprescindível deixar bem claro que vontade não se confunde com desejo. Há inúmeros casos em que o agente atua com vontade e, portanto, dolo, ainda que o resultado não lhe agrade ou que não realize seu desejo. Nesse sentido, impecável a advertência de VIVES ANTÓN: *"Muitas vezes nossas intenções se foram a reboque de nosso desejos, de modo que temos a intenção de fazer justamente aquilo que desejamos; outras muitas vezes, porém, temos a intenção de fazer e, efetivamente, fazemos, coisas que não desejamos (como v.g., sair às compras em um dia tórrido ou chuvoso, ir todo dia pela manhã ao trabalho ou cuidar de um doente)."* VIVES ANTÓN, Tomás S. *Op.cit.*, p. 243. Assim, o desejo é irrelevante para a configuração ou não de uma conduta dolosa. Daí porque o conceito de dolo direto de segundo grau não tem muita valia para o direito penal, pois assenta como critério distintivo entre duas formas de dolo no desejo.

Desse modo, conforme adverte MUÑOZ CONDE:

> "a demonstração do querer levanta, certamente, problemas de prova na prática, porém não por isso se pode prescindir dele. Como se trata de um elemento subjetivo, o melhor para a sua prova é demonstrar a existência de determinados indicadores objetivos dos quais se possa deduzir se realmente houve ou não uma decisão contrária ao bem jurídico. Entre esses indicadores se conta, em primeiro lugar, o risco ou perigo para o bem jurídico, implícito na própria ação e, em segundo lugar, a capacidade evitar o resultado, que sujeito pode ter quando age"[42].

No que diz respeito à prova do dolo, defende-se, com base na filosofia de WITTGENSTEIN, que existem três critérios para a aferição ou não da sua existência: a) o contexto; b) as explicações dadas pelo agente; e c) as confissões.

Repete-se aqui o que já se sustentou em outra oportunidade:

> "O contexto dos fatos, em Direito Penal, é seguramente o mais importante critério para atribuir as intenções (frise-se, uma vez mais, que não são estados mentais, mas atitudes públicas). Por isso, as circunstâncias do crime, a natureza de eventuais objetos utilizados (armas, ferramentas e outros), o local dos golpes ou disparos, o *modus operandi*, situações temporais, compleição física e muitos outros elementos que são ricos em revelar o dolo (intenção) do agente.
>
> As explicações, por sua vez, são as justificativas do agente, o modo como ele elabora sua manifestação, quais consequências derivam dela, quais as respostas e reações que o sujeito aceita como pertinentes.
>
> Por exemplo, quando um indivíduo efetua disparos contra a vítima e grita: vou te matar! Tal explicação robustece a ideia de que o agente atuou com dolo direto de matar.
>
> Por fim, a confissão é o que o agente declara como sua intenção ao agir de determinada maneira.
>
> Vale frisar que, na confissão, não há que se levantar qualquer dúvida do agente sobre sua própria intenção. Por isso, ele não precisa de critérios para saber sua intenção. Assim que não há que se

---

[42] MUÑOZ CONDE, Francisco, GARCÍA ARÁN, Mercedes. Derecho Penal, Parte General. 8ª ed, Valencia: Tirant lo Blanc, 2010, p. 273.

avaliar se a confissão foi equivocada, mas tão-somente se foi honesta ou não.

Veja-se, ainda, que a análise dos critérios da intenção não se fixam somente no exato momento do crime (como faziam as teorias clássicas e neoclássicas do crime), mas devem também ser amplamente examinados os fatos anteriores e posteriores ao mesmo, porque muito relevantes para oferecer critérios de identificação do significado da intenção do agente."[43]

De tal maneira, é de se aplicar a tese do *dolus ex re*, que – ao contrário do que muitos entendem – não é dolo presumido, mas é o dolo extraído das circunstâncias do fato.

Conforme explica v. WEBER, *dolus ex re*:

> "é aquele dolo delitivo que (...) sem a necessidade de confissão do acusado, pode ser reconhecido perfeitamente pelo tipo e modalidade do delito, pelas circunstâncias externas da ação concreta."[44]

Veja-se que a doutrina do *dolus ex re* vem sendo resgatada pela moderna doutrina do Direito Penal, especialmente por VOLK, cuja conclusão é irretocável:

> "(...) a justiça somente pode se produzir em um processo e ela não depende apenas de um conceito jurídico-material, mas também do modo em que é utilizada na prática."[45].

E, neste ponto, também concorda-se com o julgado analisado, que afirma que a constatação do dolo no caso concreto: *"É dolo in re ipsa"*[46].

---

43 CABRAL, Rodrigo Leite Ferreira. *O Elemento Volitivo do Dolo: uma contribuição da Filosofia da Linguagem de Wittgenstein e da Teoria da Ação Significativa, in*: Dolo e Direito Penal: modernas tendências. BUSATO, Paulo César (org.). 2ª ed. São Paulo: Atlas, 2014, p. 141.

44 WEBER, v. *Ueber die verschiedenen Arten des Dolus*. Neues Archiv des Criminalrechts, t. 7, 1825, p. 564 e ss *apud* PÉREZ BARBERÁ, Gabriel. El dolo eventual: Hacia el abandono de la idea de dolo como estado mental. Buenos Aires: Hammurabi, 2011, p. 599.

45 VOLK, Klaus. *Dolus ex re*. Strafgerechtigkeit. Festschrift für Arthur Kaufmann. Heidelberg: Müller, Jur. Verl., 1993, p. 624.

46 HERMAN BENJAMIN. Voto-vencedor: STJ – REsp 951389/SC, PRIMEIRA SEÇÃO, julgado em 09/06/2010, DJe 04/05/2011, p. 15. Veja-se que VIVES ANTÓN afirma também corretamente que: *"(...) não se trata de critérios*

## 4. A CULPA NA IMPROBIDADE ADMINISTRATIVA

### 4.1 *As modalidades de atos administrativos e a possibilidade de imputação subjetiva por culpa*

O primeiro ponto a ser avaliado sobre a culpa[47] na improbidade administrativa é verificar quais das tipologias da improbidade administrativa podem ser imputadas a título de culpa.

Conforme consta do voto do Min. HERMAN BENJAMIN:

> "É assente na jurisprudência do STJ que os atos de improbidade tipificados no art. 10 podem decorrer de dolo ou culpa, porém persiste controvérsia quanto ao elemento subjetivo presente nas demais modalidades de improbidade."[48]

---

*externos a partir dos quais possa induzir a ser a existência ou inexistência de determinados processos internos; já que 'tal dicotomia não existe': determinam o uso da palavra e, portanto, os critérios são constitutivos, o dolo é sempre, portanto,* dolus in re ipsa." VIVES ANTÓN, Tomás S. *Reexame do dolo*, *in*: Dolo e Direito Penal: modernas tendências. BUSATO, Paulo César (org.). 2ª ed. São Paulo: Atlas, 2014, p. 114.

47 No Direito Penal mais contemporâneo não se tem utilizado mais a expressão culpa, mas sim o termo imprudência. Sobre o tema, assim consigna Juarez CIRINO DOS SANTOS: *"O substantivo culpa e o adjetivo culposo são inadequados por várias razões: primeiro, confundem culpa, modalidade subjetiva do tipo, com culpabilidade, elemento do conceito de crime, exigindo a distinção complementar de culpa em sentido estrito e culpa em sentido amplo, o que é anti-científico; segundo, induzem perplexidade no cidadão comum, para o qual crime culposo parece mais grave que crime doloso, ampliando a incompreensão de conceitos jurídicos; terceiro, o substantivo imprudência e o adjetivo imprudente exprimem a idéia de lesão do dever de cuidado ou do risco permitido com maior precisão do que os correspondentes culpa e culposo; quarto, a dogmática alemã usa o termo Fahrlässigkeit, que significa negligência ou imprudência, mas a natureza da maioria absoluta dos fatos lesivos do dever de cuidado ou risco permitido, na circulação de veículos ou na indústria moderna, parece melhor definível como imprudência."* CIRINO DOS SANTOS, Juarez. *Direito Penal, Parte Geral*. Curitiba: ICPC; Lumen Juris, 2006, p. 165. Apesar disso, para fins didáticos, utilizaremos neste artigo o termo culpa, mesmo porque é o empregado, também, por nosso Código Penal (CP, art. 18, II).

48 HERMAN BENJAMIN. Voto-vencedor: STJ – REsp 951389/SC, PRIMEIRA SEÇÃO, julgado em 09/06/2010, DJe 04/05/2011, p. 06.

Tal controvérsia se dá em virtude de que o art. 10 da Lei de Improbidade Administrativa prevê expressamente a responsabilidade por *"ação ou omissão, dolosa ou culposa"* nos atos de improbidade administrativa que causem prejuízo ao erário, enquanto que nos atos de improbidade que importam em enriquecimento Ilícito (art. 9º) e que atentem contra os princípios da administração pública (art. 11), o legislador nada falou sobre a possibilidade de o agente responder por culpa.

Conforme bem noticia o ilustre relator, o Superior Tribunal de Justiça tem posições divergentes:

> (i) enquanto a 1ª Turma tem se posicionado no sentido de que, no silêncio da lei, não existe a possibilidade da responsabilização por condutas culposas, apenas dolosas[49];
>
> (ii) a 2ª Turma tem o entendimento no sentido de que, no que diz respeito aos atos de improbidade administrativa que atentam contra os princípios da administração pública, não é necessária a prova nem do dolo, nem da culpa, mas apenas o prejuízo material ao erário[50].

Em seguida o relator conclui, com relação às hipóteses do art. 11 da Lei de Improbidade Administrativa, o seguinte:

> "Nessa esteira, parece-me que não é a ausência de menção expressa à culpa que a exclui do art. 11, pois é a essência da norma, ao censurar condutas que contrariem princípios comezinhos e de conhecimento obrigatório, que a permite" 51.

Por outro lado, o Min. Mauro Campbell MARQUES sustenta que a responsabilidade por culpa, somente é possível no caso do art. 11 da Lei de Improbidade Administrativa, ao afirmar:

> Inicialmente, destaco, ainda que sob pena de exaustão, que a natureza das sanções impostas em razão de enriquecimento ilícito

---

49 Cita o seguinte julgado: STJ – REsp 940.629/DF, Rel. Ministro TEORI ALBINO ZAVASCKI, PRIMEIRA TURMA, julgado em 16/08/2008, DJe 04/09/2008.

50 Cita o seguinte julgado: STJ – REsp 737.279/PR, Rel. Ministro CASTRO MEIRA, SEGUNDA TURMA, julgado em 13/05/2008, DJe 21/05/2008.

51 HERMAN BENJAMIN. Voto-vencedor: STJ – REsp 951389/SC, PRIMEIRA SEÇÃO, julgado em 09/06/2010, DJe 04/05/2011, p. 09.

> ou de atentado aos princípios administrativos não comportaria a punição a título de culpa.
>
> Se por negligência, imprudência ou imperícia, os administradores violam os deveres de legalidade, honestidade, imparcialidade e lealdade às instituições (que é o substrato fático que autoriza a incidência do art. 11 da Lei n. 8.429/92), por mais desaconselhável que isso seja, haverá irregularidade administrativa (e não improbidade), que também é uma infração, merecendo sanção por outras esferas de controle, tais como a de responsabilização fiscal, a dos processos administrativos disciplinares, a da fiscalização dos Tribunais de Contas e os demais mecanismos de controle interno da Administração Pública, sem embargos do não menos eficiente controle exercido pelos novéis Conselhos Nacionais de Justiça e do Ministério Público.
>
> Note-se: essas irregularidades não podem ser entendidas como um "diminutivo" dos atos de improbidade – ensejando tratamentos pejorativos, tais como "meras" irregularidades – e elas merecem combate via controles interno e externo da Administração Pública, mas não atraem a aplicação de sanções da ordem das expressas na LIA.
>
> (...)
>
> Por eliminação, sobra como viável a conclusão (iii) acima enunciada, pela qual o legislador redigiu a Lei de Improbidade Administrativa nos mesmos moldes em que se redigem os tipos penais. Nesse caso, então, na ausência de menção expressa ao elemento subjetivo "culpa", os arts. 9º e 11 só incidirão na presença de dolo."[52]

Em nossa opinião, a razão está com o Min. Mauro Campbell.

Como se argumentou acima, a gramática que sustenta a imputação subjetiva na improbidade é a penal. De tal maneira, parece irrefutável a alegação de que a responsabilização por culpa deve ser excepcional e expressamente prevista pelo legislador.

---

[52] MARQUES, Mauro Campbell. Voto-vista: STJ – REsp 951389/SC, Rel. Ministro HERMAN BENJAMIN, PRIMEIRA SEÇÃO, julgado em 09/06/2010, DJe 04/05/2011, p. 31-32.

Não há como afirmar que houve uma omissão culposa do legislador ao deixar de prever expressamente essa modalidade de responsabilidade nos artigos 9º e 11 da Lei. Aqui não há espaço para uma interpretação extensiva, máxime em se tratando de responsabilidade com sérias consequências como a da improbidade administrativa.

A doutrina especializada, também, em sua maioria, tem esse mesmo entendimento[53], conforme se verifica do seguinte trecho da obra de Alexandre Albagli de Oliveira:

> "Veja-se que o legislador silenciou quanto ao elemento subjetivo nos atos de improbidade administrativa que importam enriquecimento ilícito. Nesses casos, cabe ao intérprete verificar se o tipo ímprobo respectivo reclama condutas dolosas e/ou culposas para a sua adequação típica e consequente configuração.
>
> No caso do art. 9º, de seu caput e de seus doze incisos, a análise minuciosa dos atos ali mencionados leva-nos a crer, sem muito esforço, que os referidos atos reclamam condutas dolosas."[54]

Com relação ao art. 11 da Lei, continua referido autor:

> "(...) a leitura do dispositivo em comento leva-nos a crer que o legislador preferiu tipificar, no caso de violação a princípios da Administração Pública, apenas condutas dolosas. Aqui servem os mesmos argumentos lançados no caso dos atos de improbidade administrativa que importam enriquecimento ilícito."[55]

---

[53] Emerson GARCIA afirma o seguinte: *"Partindo-se da premissa de que a responsabilidade objetiva pressupõe normatização expressa nesse sentido, constata-se que: a) a prática de atos de improbidade previstos nos arts. 9º e 11 exige dolo do agente; b) a tipologia inserida no art. 10 admite que o ato seja praticado com dolo ou com culpa; c) o mero vínculo objetivo entre a conduta do agente e o resultado ilícito não é passível de configurar improbidade"*. GARCIA, Emerson; ALVES, Rogério Pacheco. *Improbidade Administrativa*, 3ª ed. Rio de Janeiro: Lumen Juris, 2006, pp. 282-283.

[54] OLIVEIRA, Alexandre Albagli. *Op. cit.*, p. 72. Assim, também: FAZZIO JUNIOR, Waldo. *Op. cit.*, p. 148;

[55] OLIVEIRA, Alexandre Albagli. *Op. cit.*, pp. 90-91. FAZZIO JUNIOR afirma: *"Nem a exegese literal nem a contextual autorizam essa compreensão* (responsabilidade também por culpa – esclarecimento Rodrigo Cabral). *A excepcional sanção de atos culposos deve ser expressamente declinada no texto da norma. Não há como sancionar condutas a título de culpa sem expressa previsão legal."* FAZZIO JUNIOR, Waldo. *Op. cit.*, p. 302. No mesmo sentido Roberto

Assim, parece que a melhor postura a ser adotada é no sentido de que: (i) a tipologia dos artigos 9º e 11 da Lei de Improbidade Administrativa exigem a presença de dolo; e (ii) a tipologia do art. 10 permite a responsabilização a título de dolo ou culpa.

## *4.2 A concepção de culpa na improbidade*

Conforme já consignado acima, a gramática que sustenta o conceito de culpa na improbidade administrativa é a do Direito Penal.

Assim, os requisitos para a responsabilização subjetiva culposa penal são os mesmos para a imputação de atos de improbidade administrativa.

Ao contrário do que ocorria com as condutas dolosas, age com culpa aquele que atua sem intenção, sem compromisso com o resultado ou com o significado da conduta, caracterizando, assim, o componente de azar ínsito aos delitos culposos[56].

A imputação a título de culpa possui alguns critérios:

O primeiro deles, inegavelmente, é a violação ao dever objetivo de cuidado, que *"se determina, em princípio, a partir da normativa vigente, das normas socioculturais e da experiência comum, das quais derivam as regras que devem ser seguidas para avaliar os perigos derivados da conduta"*[57], sempre avaliando o específico contexto em que a conduta se deu.

Sobre esse tema, é de se fazer uma ressalva ao modo de identificação do dever objetivo de cuidado defendido pela doutrina majoritária, que sustenta que o horizonte de determinação do dever objetivo de cuidado é a do homem médio.

---

OLIVEIRA: *"O elemento subjetivo de tipo punitivo não se presume. Não há, pois, presunção de condutas dolosas no art. 11. Houve efetivamente apenas tipificação de condutas dolosas, não havendo espaço para intepretação extensiva."* OLIVEIRA, Roberto Pimenta Oliveira. *Op. cit.*, p. 277;

56 MUÑOZ CONDE, Francisco, GARCÍA ARÁN, Mercedes. Derecho Penal, Parte General, op. cit., p. 288.

57 MARTÍNEZ-BUJÁN PÉREZ. Carlos. *Derecho Penal Económico y de la Empresa: Parte General.* 3ª ed. Valencia: Tirant lo Blanc, 2011, p. 361.

Em nossa opinião, a baliza para fixar tais parâmetros – no caso particular dos agentes públicos – decorre das responsabilidades inerentes ao cargo ocupado no caso concreto, considerando-se, também, as capacidades específicas do agente, não sendo possível adotar a teoria majoritária que idealiza metafisicamente um modelo inexistente de homem, em proposta tipicamente tributária de uma filosofia da consciência.

Tal critério também determinará o segundo requisito, que é a previsibilidade subjetiva da superveniência do resultado ou significado da conduta.

Assim, sinteticamente, a ação culposa exige: i) violação do dever objetivo de cuidado; ii) previsibilidade subjetiva; iii) resultado ou significado previsto no tipo de improbidade; iv) relação entre a violação ao dever de cuidado e o resultado.

Esses são, grosso modo, os requisitos para a configuração de um ato de improbidade administrativa culposo.

## 5. CONCLUSÃO

Com essas considerações, superando-se a tese do dolo como má-fé, adotando-se a visão do dolo como consciência e vontade e extraindo-se a comprovação do dolo das circunstâncias do fato e dos critérios acima indicados, não há dúvida que existirá um salto de qualidade na análise da imputação subjetiva dolosa.

Da mesma forma, a conclusão de que a imputação subjetiva a título de culpa é excepcional, podendo ser fundada apenas na tipologia do art. 10 e de que é necessário estabelecer critérios para essa modalidade de imputação, tais como o dever objetivo de cuidado, representa um aprimoramento teórico no que diz respeito à responsabilidade culposa.

Diante disso, constata-se, ainda, que o tema merece uma melhor atenção doutrinária e jurisprudencial, sendo que o acórdão analisado, apesar da discordância aqui apontada, sem sombra de dúvidas, contribui para o aprofundamento do debate sobre tema tão importante para o país e para a práxis judicial como é o da imputação subjetiva dos atos de improbidade administrativa.

## 5. REFERÊNCIAS BIBLIOGRÁFICAS

BARJA DE QUIROGA, Jacobo López. Tratado de derecho penal. Cizur Menor: Civitas, Thompson Reuters, 2010.

BERTONCINI, Mateus. Ato de Improbidade Administrativa: 15 anos da Lei 8.429/1992. São Paulo: Revista dos Tribunais, 2007.

BUSATO, Paulo César. Dolo e Significado, in: Dolo e Direito Penal: modernas tendências. BUSATO, Paulo César (org.). 2a ed. São Paulo: Atlas, 2014.

CIRINO DOS SANTOS, Juarez. *Direito Penal, Parte Geral*. Curitiba: ICPC; Lumen Juris, 2006.

CABRAL, Rodrigo Leite Ferreira. O Elemento Volitivo do Dolo: uma contribuição da Filosofia da Linguagem de Wittgenstein e da Teoria da Ação Significativa, in: Dolo e Direito Penal: modernas tendências. BUSATO, Paulo César (org.). 2a ed. São Paulo: Atlas, 2014.

CABRAL, Rodrigo Leite Ferreira; HALLVASS FILHO, Luiz Carlos. Técnicas de Interpretação da Lei Penal. In: BUSATO, Paulo César. (Org.). Direito penal baseado em casos – Fundamentos de Direito Penal. 1ªed. Curitiba: Juruá, 2013.

DÍAZ PITA, María del Mar. El dolo eventual. Valencia: Tirant lo Blanch, 1994.

ENGELMANN, Woldemar. Die Schuldlehre der Postglossatoren und ihre Fortentwicklung. Aalen: Scientia Verl., 1965.

FAZZIO JUNIOR, Waldo. Improbidade Administrativa. Sao Paulo: Atlas, 2012.

FRISCH, W. Vorsatz und Risiko. Köln, Berlin, Bonn, München: Carl Heymanns Verlag, 1983.

GARCIA, Emerson; ALVES, Rogério Pacheco. Improbidade Administrativa, 3a ed. Rio de Janeiro: Lumen Juris, 2006.

GLOCK, Hans-Johann. Dicionário Wittgenstein. Rio de Janeiro: Jorge Zahar Editor, 1998.

GRECO, Luís. Modernização do Direito Penal, Bens Jurídicos Coletivos e Crimes de Perigo Abstrato. Com adendo: Princípio da Ofensividade e Crimes de Perigo Abstrato. Rio de Janeiro: Lumen Juris, 2011.

HASSEMER, Winfried. Persona, mundo y responsabilidad. Bases para una teoría de la imputación en Derecho penal, trad. de Francisco Muñoz Conde y María del Mar Díaz Pita, Valencia, Tirant lo Blanch, 1999.

HERZBERG, Die Abgrenzung von Vorsatz und bewusster Fahrlässigkeit – ein Problem des objektiven Tatbestandes, Jus 1986.

HIPPEL, Robert von. Die Grenze von Vorsatz und Fahrlässigkeit. Leipzig: Hirzel, 1903.

JAKOBS, Günther. Gleichgültigkeit als dolus indirectus en Zeitschrift für die gesamte Strafrechtswissenschaft (ZStW), Berlin, 114 (2002).

MARTÍNEZ-BUJÁN PÉREZ. Carlos. Derecho Penal Económico y de la Empresa: Parte General. 3ª ed. Valencia: Tirant lo Blanc, 2011.

MUÑOZ CONDE, Francisco, GARCÍA ARÁN, Mercedes. Derecho Penal, Parte General. 8ª ed, Valencia: Tirant lo Blanc, 2010.

MUÑOZ CONDE, Francisco. Edmund Mezger e o Direito Penal de seu tempo: Estudos sobre o Direito Penal no Nacional-socialismo. Rio de Janeiro: Lumen Juris, 2005

OLIVEIRA, Alexandre Albagli. A Tormentosa Abordagem do Elemento Subjetivo nos Atos de Improbidade Administrativa in: Estudos Sobre Improbidade Administrativa em Homenagem ao Prof. J. J. Calmon de Passos. Rio de Janeiro: Lumen Juris, 2010.

OLIVEIRA, Roberto Pimenta Oliveira. Improbidade Administrativa e sua autonomia constitucional. Belo Horizonte: Forum, 2009,

OSÓRIO, Fabio Medina. Teoria da Improbidade Administrativa. 3a ed. São Paulo: Revista dos Tribunais, 2013.

PÉREZ BARBERÁ, Gabriel. El dolo eventual: Hacia el abandono de la idea de dolo como estado mental. Buenos Aires: Hammurabi, 2011.

PONTES DE MIRANDA. Tratado de Direito Privado: Parte Geral, Tomo IV. Atualizado por Marcos Bernardes de Mello e Marcos Ehrhardt Jr. São Paulo: RT, 2012.

PUPPE, Ingeborg. A distinção entre Dolo e Culpa. Trad. Luís Greco. Barueri: Manole, 2004.

PUPPE, Ingeborg. Der Vorstellungsinhalt des dolus eventuales, ZStW, 1991.

RAGUÉS I VALLÉS, Ramon. El dolo y su prueba en el proceso penal. Barcelona: J.M. Bosch Editor, 1999;

RODRIGUES, Silvio. Direito Civil: Parte Geral, vol. I. 34ª ed. São Paulo: Saraiva, 2003.

RORTY, Richard. A filosofia e o espelho da natureza. Rio de Janeiro: Relume-Dumará, 1994.

ROXIN, Claus. Derecho penal. Parte general. Tomo I. Fundamentos. La estructura de la Teoría del Delito, trad. de Diego Manuel Luzón Peña, Miguel Díaz y García Conlledo y Javier de Vicente Remesal. Madrid: Thomson Civitas, 2003.

SCHMIDHÄUSER, Eberhardt. Die Grenze zwischen vorsätzlicher und fahrlässiger Straftat ("dolus eventuales" und bewubte Fahrlässigkeit), JuS, 1980.

VENOSA, Silvio de Salvo. Direito Civil: Parte Geral, 11ª ed. São Paulo: Atlas, 2011.

VIVES ANTÓN, Tomás S. Fundamentos del Sistema Penal. 2ª. Ed., Valencia, Tirant lo Blanch, 2011.

VIVES ANTÓN, Tomás S. Estudio preliminar in RAMOS VÁZQUEZ, José Antonio. Concepción significativa de la acción y teoría jurídica del delito, Valencia, Tirant lo Blanch, 2008.

VOLK, Klaus. Dolus ex re. Strafgerechtigkeit. Festschrift für Arthur Kaufmann. Heidelberg: Müller, Jur. Verl., 1993.

WEBER, v. Ueber die verschiedenen Arten des Dolus. Neues Archiv des Criminalrechts, t. 7, 1825.

WELZEL, Hans. El Nuevo Sistema del Derecho Penal: Una introducción a la doctrina de la acción finalista. Buenos Aires/Montevideo: Editorial B. de F., 2004.

WITTGENSTEIN, Ludwig. Investigaciones Filosóficas. 3ª ed. Barcelona: Crítica, 2010.

ZAFFARONI, Eugenio Raúl. Tratado de Derecho Penal: parte general. Tomo III. Buenos Aires: Ediar, 1981.

# A TEORIA PENAL DO ERRO DE PROIBIÇÃO E SUA APLICAÇÃO NA IMPROBIDADE ADMINISTRATIVA

*Jacson Zilio[1]/ Rodrigo Leite Ferreira Cabral[2]*

*Sumário. 1. Introdução. 2. Imputação subjetiva versus potencial consciência da ilicitude. 3. Erro de tipo versus erro de proibição. 4. Erro de Proibição e a Dúvida sobre a Proibição. 5. Conclusão.*

## 1. INTRODUÇÃO

Um dos "mantras" mais utilizados em tema de improbidade administrativa é aquele que exorta: *a Lei de Improbidade Administrativa serve para punir o administrador desonesto e não o administrador inábil.*

Essa afirmação, que atualmente alcançou praticamente foros de verdade absoluta, não é dotada, a nosso sentir, de um conteúdo técnico-jurídico, tornando-se, assim, mais uma dessas expressões que revelam a grave crença positivista de que existe a possibilidade do emprego de conceitos universais e descontextualizados como fidedignos espelhos da natureza das coisas.

No presente artigo pretendemos empregar uma abordagem mais técnica a respeito do que usualmente se denomina de administrador inábil, valendo-se, para tanto, de um julgado do Superior Tribunal de Justiça como ponto de partida argumentativo, com objetivo especial de demonstrar que há uma compreensão inadequado da teoria do erro

---

1 Doutor em Direito Penal pela Universidade Pablo de Olavide/Espanha. Promotor de Justiça do Estado do Paraná.

2 Doutorando em Direito Penal pela Universidade Pablo de Olavide/Espanha. Promotor de Justiça do Estado do Paraná.

de proibição em tema de improbidade administrativa[3], o que acaba por gerar uma verdadeira superlotação do estrato analítico da imputação subjetiva, pois, em regra, tais questões têm sido tratadas como casos de ausência de dolo ou, no máximo, como casos de ação culposa.

Eis o precedente que servirá como material de trabalho para o presente artigo:

> "ADMINISTRATIVO. RECURSO ESPECIAL. PREFEITO. IMPROBIDADE ADMINISTRATIVA. CONTRATAÇÃO IRREGULAR DE SERVIDORES. ART. 11 DA LEI 8.429/92. ELEMENTO SUBJETIVO (DOLO) NÃO CONFIGURADO. RECURSO ESPECIAL DESPROVIDO.
>
> 1. A Lei da Improbidade Administrativa (Lei 8.429/92) objetiva punir os praticantes de atos dolosos ou de má-fé no trato da coisa pública, assim tipificando o enriquecimento ilícito (art. 9o.), o prejuízo ao erário (art. 10) e a violação a princípios da Administração Pública (art. 11); a modalidade culposa é prevista apenas para a hipótese de prejuízo ao erário (art. 10).
>
> 2. O ato ilegal só adquire os contornos de improbidade quando a conduta antijurídica fere os princípios constitucionais da Administração Pública coadjuvada pela má-intenção do administrador, caracterizando a conduta dolosa; a aplicação das severas sanções previstas na Lei 8.429/92 é aceitável, e mesmo recomendável, para a punição do administrador desonesto (conduta dolosa) e não daquele que apenas foi inábil (conduta culposa). Precedentes: AIA 30/AM, CE, Rel. Min. TEORI ALBINO ZAVASCKI, DJe 27.9.2011, REsp. 1.103.633/MG, 1T, Rel. Min. LUIZ FUX, DJe 2.8.2010.
>
> 3. No presente caso, a conduta imputada aos recorridos consiste na suposta contratação irregular de servidores públicos, sem a realização de concurso público, evidencia em princípio, a prática de ilegalidade, contudo, neste caso, a contratação foi realizada em

---

[3] Aqui é perfeitamente possível utilizar a gramática do Direito Penal, conforme consignado em CABRAL, Rodrigo Leite Ferreira Cabral. O Elemento Subjetivo do Ato de Improbidade Administrativa, publicado, também, na presente obra, valendo, também, a advertência que o uso de conceito do Direito Penal não quer, nem de longe, significar que a responsabilização a título de improbidade administrativa tem natureza penal.

> atenção aos termos da Lei Municipal 1.610/98, que gozava de presunção de constitucionalidade.
>
> 4. Na linha da orientação ora estabelecida, as instâncias de origem julgaram improcedente o pedido do Ministério Público, afirmando ausentes o dolo ou a má-fé na conduta imputada ao réu de contratação irregular de servidores para o Município, sem o devido concurso público.
>
> 5. Não tendo sido associado à conduta do réu o elemento subjetivo doloso, qual seja, o propósito desonesto, não há que se falar em cometimento de ato de improbidade administrativa, embora seja claro que se cogita, sem dúvida, de patente ilegalidade.
>
> 6. Recurso Especial do MINISTÉRIO PÚBLICO DO ESTADO DE MINAS GERIAS desprovido."
>
> (STJ - REsp 1248529/MG, Rel. Ministro NAPOLEÃO NUNES MAIA FILHO, PRIMEIRA TURMA, julgado em 03/09/2013, DJe 18/09/2013)

Exposto o julgado que utilizaremos como paradigma, nos propomos a percorrer o seguinte roteiro para o estudo e problematização do tema, cujo centro de gravidade girará, como dito, em torno do tema do erro de proibição: (i) expor sinteticamente a distinção entre erro de tipo e erro de proibição; (ii) trazer uma notícia sobre erro de proibição em Direito Penal; (iii) trabalhar a regência penal para os casos de dúvida jurídica, expondo os seus estritos requisitos.

## 2. IMPUTAÇÃO SUBJETIVA VERSUS POTENCIAL CONSCIÊNCIA DA ILICITUDE

Como se pode verificar da leitura da ementa acima transcrita, o ponto central do caso versava sobre a existência ou não de conhecimento por parte do agente a respeito da antijuricidade na admissão de servidores, por meio de contratação temporária, naquele determinado contexto.

De tal maneira, a primeira conclusão óbvia a que se chega é: não havia qualquer notícia no sentido de que a contratação teria decorrido de um equívoco do administrador, ou seja, de houve uma violação ao dever objetivo de cuidado[4] ao assinar, v.g., por engano, o ato administrativo de admissão. Assim, não há qualquer sentido em afirmar que se tratava de conduta culposa do agente.

Da mesma forma, não havia qualquer elemento a indicar que o administrador não tinha consciência de que estava admitindo os servidores via contratação temporária, muito menos de que não tinha ele a intenção ou vontade de contratá-los. Portanto, a existência do dolo também estava clara.

Desse modo, a problematização não repousava sobre a imputação subjetiva, mas sim sobre o conhecimento ou não, por parte do agente, de que praticava um ato antijurídico, conhecimento esse que, *"como conceito normativo, não se dirige à aferição da presença efetiva do conhecimento do ilícito, mas apenas à possibilidade de existir essa percepção, pelo que trata-se de uma potencial consciência da ilicitude, que significa reunir condições de perceber, dadas as circunstâncias concretas, que se está realizando um ato ilícito."*[5]

A primeira conclusão parcial a que se chega é de que se tratava de um problema de culpabilidade e não de imputação subjetiva (tipicidade), como constou do julgado examinado.

Essa conclusão nos leva a crer ser necessário fazer uma distinção entre o erro de tipo (que atinge o dolo ou culpa, que são requisitos da tipicidade) e o erro de proibição (que atinge a potencial consciência da ilicitude, que é um dos requisitos da culpabilidade), ainda que se trate de uma temática amplamente conhecida na doutrina penal.

## 3. ERRO DE TIPO VERSUS ERRO DE PROIBIÇÃO

Como é sabido, no Direito Penal, a tipicidade e a culpabilidade exigem, respectivamente, que o autor conheça as circunstâncias de fato e a antijuridicidade da ação. A ausência desses conhecimentos pode dar nascimento no âmbito do tipo legal ao *erro de tipo* e, no âmbito da culpabilidade, ao *erro de proibição*.

---

4 Que, como se sabe, é o principal critério para aferição da existência de culpa ou não na conduta analisada.

5 BUSATO, Paulo César. Direito Penal, Parte Geral. São Paulo: Atlas, 2013, p. 570.

Ora, em tema de erro, o direito penal tem superado a antiga separação entre *erro de fato* e *erro de direito*. A diferença agora se estabelece entre o *erro de tipo* e o *erro de proibição* e está situada na consciência da antijuridicidade. Enquanto que o erro de tipo afasta o conhecimento das circunstâncias de fato e, logo, o *dolo* como elemento subjetivo do *tipo legal*, o erro de proibição deixa intacto o dolo, mas afeta o *conhecimento da antijuridicidade*, que integra a culpabilidade.

O *erro de tipo*, como *defeito de conhecimento do tipo legal,* tem duas consequências: se inevitável, exclui o dolo (conhecimento e vontade do tipo objetivo) e a imprudência; se evitável, exclui o dolo, mas permite a punição por delito imprudente, se existente.

Como se sabe, o *erro de tipo* pode ter como objeto qualquer *elemento descritivo* ou *normativo* do tipo objetivo. O conhecimento desse *elemento descritivo* se faz pela simples *percepção sensorial* das circunstâncias descritivas do fato. Já o *elemento normativo* é conhecido por meio de *compreensão intelectual*, como acontece na valoração de "coisa alheia" no furto, por exemplo.

O conhecimento efetivo das circunstâncias de fato tem também certo grau de intensidade: não se exige *conhecimento refletido* (pensar expressamente no elemento objetivo do tipo), nem um *conhecimento potencial* (no sentido de um conhecimento latente não atualizado), mas sim uma *consciência implícita* no contexto das representações do autor, segundo a fórmula da *co-consciência* (PLATZGUMMER): por exemplo, no furto de mercadorias em lojas comerciais, a consciência do caráter alheio da coisa permeia o conjunto das representações do autor.

A compreensão intelectual, entretanto, não pressupõe uma subsunção perfeita ao tipo, porque basta o "significado social" do fato incriminado. Portanto, a valoração que se faz do elemento normativo dá-se de forma "paralela na esfera do profano" (MEZGER). **Objeto do dolo** não é o conceito jurídico ou a antijuridicidade da ação, mas as circunstâncias descritas no tipo objetivo. Se o objeto do dolo consiste no conhecimento das circunstâncias que pertencem ao tipo legal (objetivo), então qualquer defeito de formação intelectual sobre a ação, o objeto da ação, o resultado, a qualidade do autor, a relação de causalidade etc., representam um erro de tipo. Em apertada e singela síntese: em Direito Penal, o erro de tipo pode ocorrer pela *falsa representação* e por *ausência de representação* de qualquer elemento (descritivo ou normativo) do tipo objetivo.

Diferentemente da problemática do erro de tipo, o problema de conhecimento virtual da antijuridicidade apresenta pontos relacionados com a *trajetória vital do autor* (por exemplo, por ser de outra cultura) e com as *circunstâncias externas* (por exemplo, por ter recebido uma assessoria jurídica incorreta). Se o sujeito **não sabe nem poderia saber** que sua ação viola normas jurídicas, não existe culpabilidade por ausência de reprovação. Não se trata, portanto, de **não saber o que faz,** mas sim de **não saber que o que faz é proibido.**

É de se advertir, porém, que a ideia de que a ignorância da lei não exime de responsabilidade é obsoleta. Essa regra, de origem romana (*error iuris nocet*), durante o século XIX foi incorporada em inúmeros códigos penais. Tal posição era até justificada, porque o direito penal estava limitado às infrações mais elementares, geralmente praticadas dentro dos próprios países. Nas circunstâncias antigas, de proteção do núcleo duro dos valores sociais, era muito raro que alguém ignorasse o conteúdo da lei penal. Mal se podia falar de ignorância escusável. Mas desde que a lei penal excedeu esse núcleo das normas sociais elementares e atravessar fronteiras fez parte do cotidiano de inúmeras pessoas, a regra de que o erro de proibição não exonera o autor porque é inescusável mudou para uma regra distinta: o erro de proibição não exonera o autor **quando** é inescusável. Essa posição só foi tomada pela jurisprudência na Alemanha após a Segunda Guerra Mundial, em 1952.

Sem embargo, hoje ainda restam algumas dúvidas no que se refere ao objeto que o sujeito realmente tem que saber para ter conhecimento da proibição. Parece claro que não é suficiente o conhecimento da imoralidade da ação, nem o conhecimento da punibilidade, muito menos as convicções religiosas, morais ou políticas podem afetar a consciência do ilícito. O que se exige é o **conhecimento do ilícito de fato**, numa "valoração correspondente ao mundo intelectual do autor". Portanto, conhecer a norma cuja valoração se reprova é suficiente. JESCHECK fala de que é suficiente conhecer a antijuridicidade material; OTTO que basta saber da punibilidade do fato; e ROXIN exige um conhecimento da antijuridicidade concreta, como **conhecimento da específica lesão do bem jurídico compreendido no tipo legal respectivo**. Esses aportes, portanto, podem ser suficientes para resolver o problema da dúvida sobre a antijuridicidade da ação, que não pode ser tratada como mera analogia ao conhecimento (dolo).

Em regra, o erro de proibição acontece quando o autor não tem consciência do ilícito, mas só conhecimento do fato. Se falta inclusive esse conhecimento de fato, mesmo de uma circunstância de fato justificante, o caso é de erro de tipo e não erro de proibição. Em tal situação há afastamento do dolo e da imprudência (se inevitável) e punição por delito imprudente, se evitável e previsto. Mas uma vez presente o conhecimento das circunstâncias fáticas, podem acontecer três situações: uma, o autor não tem conhecimento da norma transgredida, porque a conduta não lhe parece proibida (**erro de proibição direto**); duas, o autor sabe que seu comportamento viola uma norma, mas supõe erroneamente que concorre uma causa de justificação não prevista em lei ou erra sobre o alcance dessa justificação (**erro de proibição indireto ou erro de permissão**); três, o autor erra na representação de uma situação justificante realmente existente (erra sobre a verdade do fato) (**erro de tipo permissivo**).

Se consciência da ilicitude faz parte ou não do dolo, parece ser algo bem resolvido por duas teorias fundamentais: de um lado **teoria do dolo**, adotada por BINDING, JAKOBS, SCHMIDHÄUSER, OTTO e FIGUEIREDO DIAS, afirma que **a consciência da ilicitude é pressuposto do dolo e, portanto, sua ausência deve ser tratada como erro de tipo**, na estrutura e na consequência: o erro afasta o dolo e permite a imprudência, se prevista; de outro lado, a **teoria da culpabilidade**, defendida sobretudo pelos finalistas, afirma que **a consciência do ilícito integra a culpabilidade e só conhecimento do fato integra o dolo**. A ausência de conhecimento do injusto afasta a culpabilidade no caso de inevitabilidade e a reduz no caso de evitabilidade.

## 4. ERRO DE PROIBIÇÃO E A DÚVIDA SOBRE A PROIBIÇÃO

Há casos em que a existência de uma dúvida jurídica a respeito da ilicitude ou não de determinada conduta pode sim gerar a exclusão da culpabilidade do agente e, por consequência, a não-aplicação de qualquer sanção, sendo que tal raciocínio é perfeitamente válido para o microssistema de repressão contra atos de improbidade administrativa.

O caso analisado no julgado em exame tratava justamente uma dessas situações, uma vez que, conforme consta do corpo do acórdão, havia uma questão jurídica controversa, pois existia Lei Municipal amparando a contratação temporária dos servidores.

Como já dito, em nossa opinião, o acórdão tratou equivocadamente a questão como se tratasse de ausência de dolo, quando, em verdade, deveria o julgado avaliar se a dúvida jurídica a respeito da ilicitude ou não da conduta praticada tinha a força necessária para afastar a responsabilização do agente.

Sobre o tema, veja-se o que afirma RUDOLPHI:

> "(...) a forma mais comum de aparição do erro sobre a validade é aquela na qual o autor interpreta equivocadamente uma norma superior, (...) e em razão disso chega à conclusão de que a proibição ou mandato por ele violado não o vincula/obriga."[6]

Entretanto, para o reconhecimento jurídico dessa dúvida como causa excludente da reprovabilidade da conduta do agente público e consequente afastamento da sanção por improbidade administrativa há uma série de requisitos que devem ser preenchidos no caso concreto.

O primeiro deles é o de que a dúvida existente deve ser uma **dúvida plausível**, que não seja ingênua ou despropositada.

No caso em exame, é possível dizer que o Prefeito Municipal tinha uma dúvida plausível, uma vez que existia lei municipal autorizando referida contratação restando, pois, preenchido o primeiro requisito para o reconhecimento da dúvida como causa de exclusão da reprovabilidade da conduta do agente.

Uma vez existindo avaliação jurídica plausível, surge um novo requisito para eventual reconhecimento jurídico da dúvida: o cumprimento do **dever de informação**.

---

6 RUDOLPHI, Hans-Joachim. Unrechtsbewusstsein, Verbotsirrtum und Vermeidbarkeit des Verbostirrtum. Göttingen, 1969 p. 231, *apud* LEITE, Alaor. Dúvida e Erro: sobre a proibição no Direito Penal. São Paulo: Atlas, 2013, p. 101.

Ora, não basta a existência de dúvida plausível, há que se averiguar se essa dúvida era evitável ou inevitável.

Para avaliar a evitabilidade ou não da dúvida, há que se averiguar se o agente desincumbiu-se do dever de informação que lhe era imposto.

Sobre o tema, veja-se o que afirma Alaor LEITE:

> "O critério central que deve orientar a avaliação da evitabilidade é o dever de informação, cuja presença se deve à própria existência de dúvida sobre a proibição: a dúvida é precisamente o motivo, o ensejo por excelência para buscar informação. A dúvida instaura, nos termos da plástica construção de Velten, uma proibição dilatória (informe-se) e não uma proibição categórica (omita-se). Há uma relação íntima entre dúvida e dever de informação, como demonstrou com clareza Strauß. Ao surgir a dúvida, surge o dever de resolvê-la, e esse é o raciocínio simples que deve orientar a resolução dos problemas." [7]

Assim, como foi visto, tão logo surge a dúvida a respeito da proibição ou não da conduta surge também o dever de informação imposto ao agente.

No caso, analisado, da leitura do acórdão do Superior Tribunal de Justiça, não é possível verificar se o Prefeito efetivamente desincumbiu-se do dever de informação.

É de se acrescentar, ainda, que não é suficiente para o cumprimento do dever de informação a simples busca de qualquer informação.

Tal informação deve ser qualificada, ou seja, ela deve gozar do requisito da confiabilidade[8].

Sobre o tema, invocamos uma vez mais o sustentado por Alaor LEITE:

> "A confiabilidade da fonte, como critério fundamental de solução, tem como objetos de referência as qualidades externas da fonte (a inscrição em órgão de classe e habilitação para advocacia,

---

7 LEITE, Alaor. Dúvida e Erro: sobre a proibição no Direito Penal. São Paulo: Atlas, 2013, pp. 144-145.

8 KINDHÄUSER, Urs. Strafrecht: Allgemeiner Teil. 5 auflage. Baden-Banden: Nomos, 2011, p. 230.

a objetividade da fonte, a reunião dos atributos para prestar determinado tipo de informação)."[9]

No presente caso, a busca por uma fonte confiável de informação seria a consulta ao procurador do município (preferencialmente concursado), que deveria prestar a informação por meio de pronunciamento técnico-jurídico, orientando o Sr. Prefeito como deveria proceder.

Veja-se que, mesmo uma informação equivocada de fonte oficial e confiável, é suficiente para afastar eventual responsabilização, uma vez que *"pode o autor utilizar a informação recebida como base de sua atuação, de modo que se a informação se mostrar equivocada, o sujeito não pode ser prejudicado."*[10]

Ocorre, porém, que, em muitos casos, a fonte de informação, apesar de oficial e aparentemente confiável, está mancomunada com o agente público com o intuito de praticar um ato ilícito, dando, para tanto, ares de legalidade para essa ação.

Tal situação, evidentemente, afasta qualquer possibilidade de reconhecimento da dúvida como excludente da responsabilidade, uma vez que a busca de informação foi apenas um jogo de cena para burlar a lei. Em casos que tais, o advogado deverá, também, ser responsabilizado pelo ato de improbidade administrativa e pela prática do crime.

Ainda sobre essa questão da confiabilidade da fonte, vale trazer a lição de JAKOBS:

> "Se a fonte determinante não é confiável por motivos que o autor deu causa – o advogado é obviamente distraído ou recomenda eludir a lei mediante 'maquinações grosseiras'; o próprio funcionário da Fazenda declara que não é um agente com experiência – não se exculpa o autor."[11]

---

9 LEITE, Alaor. Dúvida e Erro: sobre a proibição no Direito Penal. São Paulo: Atlas, 2013, p. 111.

10 LEITE, Alaor. Dúvida e Erro: sobre a proibição no Direito Penal. São Paulo: Atlas, 2013, p. 111.

11 JAKOBS, Günther, Derecho penal, Parte general, fundamentos y teoría de la imputación, trad. de Joaquin Cuello Contreras y José Luis Serrano Gonzales de Murillo, Madrid, Marcial Pons, 1997, p. 680.

Por fim, uma vez preenchido o requisito da confiabilidade da fonte, resta um último requisito que é o dever de o agente atuar nos limites da informação prestada, ou seja, deve o autor atuar de acordo com as orientações prestadas pelo órgão oficial.

No caso examinado, caso fossem preenchidos os requisitos anteriores, deveria o Prefeito atuar nos limites da orientação que lhe foram dadas pelo procurador do município.

Assim, uma vez preenchidos todos os estritos requisitos para o reconhecimento jurídico da dúvida como erro de proibição, deve ser afastada a responsabilidade do agente por ausência de culpabilidade, também, no que diz respeito à eventual sanção por ato de improbidade administrativa.

## 5. CONCLUSÃO

Examinando o caso julgado pelo Superior Tribunal de Justiça foi possível constatar a verdadeira confusão sistêmica na análise da questão do erro de proibição na improbidade administrativa, sendo que tal situação vem sendo normalmente tratada como um problema de dolo, o que, como tentamos demonstrar, não tem qualquer fundamento naquilo que tradicionalmente se conhece como os requisitos para uma imputação subjetiva.

De tal maneira, afigura-se relevante a provocação de uma discussão mais profunda a respeito das categorias e elementos caracterizadores do ato de improbidade administrativa, buscando, ao mesmo tempo, evitar absolvições injustas (proibição da insuficiência), quanto condenações ilegais (proibição do excesso).

## REFERÊNCIAS BIBLIOGRÁFICAS

BINDING, Karl, *La culpabilidad en Derecho penal,* trad. Manuel Cancio Meliá, Buenos Aires/Montevideo, Editorial B de F, 2009.

_____, *Handbuch des deutschen strafrechts,* 1885.

DÍAZ PITA, María del Mar, *El dolo eventual,* Valencia, Tirant lo blanch, 1994.

FIGUEIREDO DIAS, Jorge de, *Direito penal,* Coimbra, Coimbra, 2007.

HASSEMER, Winfried, *Fundamentos del Derecho penal,* trad. de Francisco Muñoz Conde e Luis Arroyo Zapatero, Barcelona, Bosch, 1984.

_____, *Persona, mundo y responsabilidad. Bases para una teoría de la imputación en Derecho penal,* trad. de Francisco Muñoz Conde e María del Mar Díaz Pita, Valencia, Tirant lo blanch, 1999.

JAKOBS, Günther, *Derecho penal. Parte general. Fundamentos y teoría de la imputación,* trad. de Joaquin Cuello Contreras e José Luis Serrano Gonzales de Murillo, Madrid, Marcial Pons, 1997.

JESCHECK, Hans-Henrich, *Tratado de Derecho penal. Parte general,* trad. de Santiago Mir Puig e Francisco Muñoz Conde, vol. 1, Barcelona, Bosch, 1981.

KINDHÄUSER, Urs, *Strafrecht,* 3. ed., Baden-Baden, 2008.

LEITE, Alaor, *Dúvida e erro sobre a proibição: a atuação nos limites entre o permitido e o proibido,* São Paulo, Atlas, 2013.

MEZGER, Edmund, *Tratado de Derecho penal*, 2° ed. alemana (1933), tomos I e II, trad. de José Arturo Rodríguez Muñoz, Madrid, Editorial Revista de Derecho Privado, 1935.

RUDOLPHI, Hans-Joachim. Unrechtsbewusstsein, Verbotsirrtum und Vermeidbarkeit des Verbostirrtum. Göttingen, 1969.

ROXIN, Claus, Strafrecht. 4. ed. München, AT, 2006.

STRATENWERTH, GÜNTER, *Derecho penal. Parte general. El hecho punible,* trad. de Manuel Cancio Meliá e Marcelo A. Sancinetti, Madrid, Thomson Civistas, 2005.

VIVES ANTÓN, TOMÁS S., *Fundamentos del Sistema Penal,* Valencia, Tirant lo blanch, 1996.

# EVOLUÇÃO PATRIMONIAL INCOMPATÍVEL

*Mauro Sérgio Rocha*[1]

*Sumário: 1. Introdução. 2. Metodologia. 2.1. REsp 1.237.683/PR: fundamentos. 2.2. MS 18460/DF: fundamentos. 3. Lei de Improbidade Administrativa: aspectos gerais. 4. Evolução patrimonial incompatível: presunção iuris tantum de vantagem indevida. 4.1. Presunção iuris tantum: ponderação à luz da proporcionalidade/ razoabilidade. 5. Conclusões. 6. Referências.*

## 1. INTRODUÇÃO

O presente ensaio está voltado à análise do artigo 9º, inciso VII, da Lei nº 8.429/92, normativo que elenca como ímproba a aquisição de bens cujo valor seja desproporcional à evolução do patrimônio ou à renda daquele que exerce mandato, cargo, emprego ou função pública[2]. Sendo assim, de imediato, coloca-se em discussão a autonomia dessa previsão, pois, a exemplo das demais condutas descritas nos incisos do artigo 9º da Lei nº 8.429/92, ela também revela hipótese de enriquecimento ilícito do agente público.

---

[1] Promotor de Justiça no Estado do Paraná. Doutor em Direito pela Universidade Federal do Paraná. Mestre em Direito pela Universidade Estadual de Maringá. Professor de Direito Processual Civil da Fundação Escola do Ministério Público do Paraná – Fempar; da Academia Brasileira de Direito Constitucional – ABDConst; e do Centro de Estudos Jurídicos do Paraná (Cejur).

[2] Essa disposição está de acordo com o disposto na Convenção Interamericana contra a Corrupção (art. IX), de 29/03/96; e com o previsto na Convenção das Nações Unidas contra a Corrupção (art. 20), de 31/10/03; diplomas promulgados no Brasil pelos Decretos 4.410, de 07/10/02; e 5.687, de 31/06/06, respectivamente.

Em outras palavras, tratando-se de enriquecimento ilícito, à configuração do ato ímprobo catalogado no inciso VII, basta a demonstração da evolução patrimonial incompatível; ou, mais que isso, o preceito reivindica prova da causa dessa desproporcionalidade? Há, diante da evolução patrimonial incompatível, presunção legal de vantagem indevida do agente público? Em caso positivo, essa presunção se justifica à luz do princípio constitucional da inocência; ou, diferentemente, ela não passa no teste da proporcionalidade/razoabilidade?

Enfim, eis aí algumas das problematizações a serem enfrentadas no trabalho, problematizações, aliás, sobre as quais a atividade judicial ainda exterioriza viva controvérsia.

## 2. METODOLOGIA

Sem olvidar dos contornos legais e doutrinários, o tema será examinado sob a óptica do Superior Tribunal de Justiça, Corte cuja missão constitucional reclama por unidade e uniformidade na aplicação da lei infraconstitucional federal[3]. Diz Luiz Guilherme Marinoni: "Fundamentalmente, o Superior Tribunal de Justiça tem a missão de definir o sentido da lei federal e de garantir a sua uniformidade no território nacional."[4] Ainda sobre o recurso especial, instrumento de acesso restrito ao STJ, eis a lição de José Carlos Barbosa Moreira: "Trata-se, assim, de instrumento essencialmente destinado a proteger a integridade e a uniformidade de interpretação do direito federal *infraconstitucional*."[5]

No particular, portanto, serão detalhados os fundamentos insertos no REsp 1.237.683/PR, 1ª Turma, Rel. Min. Francisco Falcão,

---

[3] Sobre a *nomofilaquia* das Cortes Superiores, dentre outros, consultar: CALAMANDREI, Piero. **La Casación Civil**. Traducción de Santiago Sentís Melendo. Buenos Aires: Editorial Bibliográfica Argentina, 1945. Tomo II, p. 64; COMOGLIO, Luigi Paolo; FERRI, Corrado; TARUFFO, Michele. **Lezioni sul processo civile**: il processo ordinario di cognizione. 4 ed. Bologna: il Mulino, 2006, p. 650; MITIDIERO, Daniel. **Cortes Superiores e Cortes Supremas**: do controle à interpretação, da jurisprudência ao precedente. São Paulo: RT, 2013.

[4] MARINONI, Luiz Guilherme. **O STJ enquanto corte de precedentes**. São Paulo: RT, 2013, p. 119.

[5] MOREIRA, José Carlos. **Comentários ao Código de Processo Civil**. 11 ed. Rio de Janeiro: Forense, 2003, p. 579.

Rel. p/Acórdão Min. Arnaldo Esteves Lima, Dje 23/04/2014, oportunidade em que o Colegiado, por maioria, vedou o prosseguimento de demanda pela prática dessa categoria ímproba, pois, mesmo diante da evidenciada desproporcionalidade entre a evolução patrimonial e a renda do agente público, a descrição da conduta omissiva ou comissiva reveladora da vantagem patrimonial indevida é exigida. Mais, nesse contexto, também serão examinados os fundamentos utilizados no MS 18460/DF, Primeira Seção, Rel. Min. Napoleão Nunes Maia Filho, Relator p/Acórdão Min. Mauro Campbell Marques, Dje 02/04/2014, oportunidade, agora, em que o Colegiado, por maioria, não apenas atribuiu autonomia ao inciso VII, como ainda firmou o entendimento de que à Administração cabe "comprovar o incremento patrimonial significativo e incompatível com as fontes de renda do servidor" e, ao servidor, "o ônus da prova no sentido de demonstrar a licitude da evolução patrimonial constatada pela Administração, sob pena de configuração de improbidade administrativa por enriquecimento ilícito", cassando a aposentadoria do agente público ímprobo.

## *2.1 REsp 1.237.683/PR: fundamentos*

Situação analisada:

> Ação civil pública por ato de improbidade administrativa. Prova da evolução patrimonial incompatível. Insuficiência. Indicação da conduta omissiva ou comissiva por meio da qual o agente público auferiu vantagem patrimonial indevida. Imprescindibilidade. Não recebimento da petição inicial. Extinção do processo sem resolução do mérito[6].

Previsão legal:

> "**Art. 9º** Constitui ato de improbidade administrativa importando enriquecimento ilícito auferir qualquer tipo de vantagem patrimonial indevida em razão do exercício do cargo, mandato, função, emprego ou atividade nas entidades mencionadas no artigo 1º desta lei, e notadamente: [....]. **VII**- adquirir, para si ou para outrem, no exercício de mandato, cargo, emprego ou função pública, bens de qualquer natureza cujo valor seja desproporcional à evolução do patrimônio ou à renda do agente público."

---

6 A síntese é de responsabilidade do autor.

Voto do Ministro Francisco Falcão: a) a caracterização do ato de improbidade previsto no artigo 9º, inciso VII, da Lei nº 8.429/92, "não demanda nada além da comprovação de que o agente público auferiu patrimônio incompatível com a sua renda"; b) o autor demonstrou o "quanto o agente auferiu de salários (sem haver notícias de outras fontes de renda) e o valor do patrimônio que adquiriu"; e c) durante a instrução processual poderá "o agente público demonstrar suporte financeiro para aquisição lícita do patrimônio apontado pelo Ministério Público na inicial, ou mesmo comprovar que não adquiriu esse patrimônio", afastando, desse modo, a tipicidade da conduta.

Voto do Ministro Arnaldo Esteves Lima: a) reportando-se aos termos do v. Acórdão recorrido, assentou que o Ministério Público não declinou na petição inicial a conduta omissiva ou comissiva por meio da qual o agente público auferiu vantagem patrimonial indevida[7]; b) a ausência de determinação dos atos ímprobos praticados pelo agente público impede a verificação da adequação típica da conduta; e c) a ação de improbidade é algo muito desgastante, exigindo, por isso, um substrato razoável que justifique a sua inauguração.

Decisão: por maioria, vencido o Sr. Ministro Francisco Falcão, Relator originário, a Primeira Turma do STJ negou provimento ao recurso especial nos termos do voto do Sr. Ministro Arnaldo Esteves Lima, relator p/ Acórdão. Votaram com o Sr. Ministro Arnaldo Esteves Lima os Srs. Ministros Napoleão Nunes Maia Filho e Benedito Gonçalves.

## 2.3 *MS 18460/DF: fundamentos*

Situação analisada:

> Prova da evolução patrimonial incompatível. Ônus processual da Administração Pública. Cumprimento. Prova da licitude dessa incompatibilidade. Ônus processual do agente público.

7 O Min. Arnaldo Esteve Lima, no julgamento do AgRg no AREsp 187235/RJ, j. 16/10/2012, manifestou-se em sentido substancialmente diverso. Literalmente: "Desta forma, cabe ao autor da ação o ônus de provar a desproporcionalidade entre a evolução patrimonial e a renda auferida pelo agente no exercício de cargo público. Uma vez comprovada essa desproporcionalidade, caberá ao réu, por sua vez, o ônus de provar a licitude da aquisição dos bens de valor tido por desproporcional."

Não cumprimento. Improbidade administrativa. Caracterização. Processo administrativo disciplinar. Aposentadoria. Cassação. Segurança denegada[8].

Previsão legal:

"**Art. 9º** Constitui ato de improbidade administrativa importando enriquecimento ilícito auferir qualquer tipo de vantagem patrimonial indevida em razão do exercício do cargo, mandato, função, emprego ou atividade nas entidades mencionadas no artigo 1º desta lei, e notadamente: [....]. **VII**- adquirir, para si ou para outrem, no exercício de mandato, cargo, emprego ou função pública, bens de qualquer natureza cujo valor seja desproporcional à evolução do patrimônio ou à renda do agente público."

Voto do Ministro Mauro Campbell Marques: a) em matéria de enriquecimento ilícito, cabe à Administração Pública "comprovar o incremento patrimonial significativo e incompatível com as fontes de receita do servidor"; e b) incumbe ao servidor público "o ônus da prova no sentido de demonstrar a licitude da evolução patrimonial constatada pela administração, sob pena de configuração de improbidade administrativa por enriquecimento ilícito."

Voto do Ministro Napoleão Nunes Maia Filho: a) não se provou a ligação entre o crescimento patrimonial e a prática ímproba; b) as presunções não se prestam a fundamentar sanções, "que somente podem ser aplicadas quando não há dúvida quanto aos fatos puníveis e à sua autoria"; c) em se tratando de improbidade administrativa, impõe-se, obrigatoriamente, a preservação das "solenes garantias processuais"; e d) conferir a pecha de improbidade administrativa, na espécie, é ferir os princípios da razoabilidade e da proporcionalidade.

Decisão: por maioria, porém, a Primeira Seção do STJ denegou a segurança. Votaram com o Sr. Ministro Mauro Campbell Marques, Relator p/Acórdão, os Srs. Ministros Benedito Gonçalves, Sérgio Kukina e Ari Pargendler. Em sentido contrário, acompanhando o Sr. Ministro Napoleão Nunes Maia Filho, Relator originário, votaram os Srs. Ministros Arnaldo Esteves Lima e Humberto Martins.

---

[8] A síntese é de responsabilidade do autor.

## 3. LEI DE IMPROBIDADE ADMINISTRATIVA: ASPECTOS GERAIS

A Lei nº 8.429/92 cuida das seguintes hipóteses de improbidade administrativa: (i) atos ímprobos que importam em enriquecimento ilícito (artigo 9º); (ii) atos ímprobos que causam prejuízo ao erário (artigo 10); e (iii) atos ímprobos que atentam contra os princípios da Administração Pública (artigo 11); sendo certo que as práticas ali descritas são meramente exemplificativas. Diz Silvio Marques: "as condutas são meramente exemplificativas (*numerus apertus*), pois a Lei de Improbidade Administrativa, no *caput* dos três artigos referidos, após a definição das mencionadas modalidades, se valeu da expressão adverbial 'notadamente'."[9] Precedentes: STJ, REsp 1271017/RS, 2ª Turma, Rel. Min. Humberto Martins, j. 06/03/2012, Dje 07/03/2012; STJ, REsp 435412/RO, 1ª Turma, Rel. Min. Denise Arruda, j. 19/09/2006, Dje 09/10/2006; STJ, AIA 000019, 1ª Turma, Rel. Min. Luiz Fux, Dj 02/02/2006. Sobre a técnica empregada pela LIA na tipificação das condutas, discorre Emerson Garcia:

> "Da leitura dos referidos dispositivos legais (artigos 9º, 10 e 11), depreende-se a coexistência de duas técnicas legislativas: de acordo com a primeira, vislumbrada no *caput* dos dispositivos tipificadores da improbidade, tem-se a utilização de conceitos jurídicos indeterminados, apresentando-se como instrumento adequado ao enquadramento do infindável número de ilícitos passíveis de serem praticados, os quais são frutos inevitáveis da criatividade e do poder de improvisação humanos; a segunda, por sua vez, foi utilizada na formação de diversos incisos que compõem os arts. 9º, 10 e 11, tratando-se de previsões, específicas ou passíveis de integração, das situações que comumente consubstanciam a improbidade, as quais, além de facilitar a compreensão dos conceitos indeterminados veiculados no *caput*, têm natureza meramente exemplificativa, o que deflui do próprio emprego do advérbio 'notadamente'."[10]

---

9 MARQUES, Silvio. **Improbidade Administrativa**. São Paulo: Saraiva, 2010, p. 56. Ainda: DECOMAIN, Pedro Roberto. **Improbidade Administrativa**. São Paulo: Dialética, 2007, p. 56.

10 GARCIA, Emerson; ALVES, Rogério Pacheco. **Improbidade Administrativa**. 7 ed. Rio de Janeiro: Saraiva, 2013, p. 349. Nesse momento, é reiterada a

A lei de improbidade administrativa, de acordo com a categoria ímproba, elenca as respectivas consequências nos incisos I, II e III do artigo 12. Sendo assim, para as condutas descritas no artigo 9º, temos as sanções do inciso I[11]; já as condutas trazidas pelo artigo 10 estão sujeitas às sanções do inciso II[12]; e, por fim, aquelas trabalhadas pelo artigo 11 ficam à mercê das sanções do inciso III[13]; repercussões,

---

importância da metodologia empregada na elaboração do trabalho, pois, diante de conceitos vagos/indeterminados, fica ainda mais claro que a previsibilidade e estabilidade do direito está no respeito aos precedentes. Então, é preciso caminhar para que eles possam não apenas servir de parâmetro de julgamento (precedente persuasivo), mas também como instrumental de compulsória observância (precedente vinculante), pois, no Brasil, ressalva feita à súmula de efeitos vinculantes, ainda se mantém a ingênua concepção de que a obrigatoriedade do direito reside na lei. O sistema de precedentes oportuniza a reconciliação entre o caráter argumentativo do direito e a previsibilidade ainda esperada da ordem jurídica (cf. MACCORMICK, Neil. **Retórica e Estado de Direito**. Tradução de Conrado Hübner Mendes. Rio de Janeiro: Elsevier, 2008) e, se bem caracterizado, é muito menos traumático do que a adoção das súmulas de efeitos vinculantes e, acima de tudo, é muito mais eficiente do que a práxis atual em que a "jurisprudência" é aplicada mediante exclusiva (e seletiva) referência às ementas. Daí a importância da análise crítica do comportamento judicial, especialmente das Cortes de superposição.

[11] "I- **na hipótese do artigo 9º**, perda dos bens ou valores acrescidos ilicitamente ao patrimônio, ressarcimento integral do dano, quando houver, perda da função pública, suspensão dos direitos políticos de oito a dez anos, pagamento de multa civil de até três vezes o valor do acréscimo patgrimonial e proibição de contratar com o Poder Público ou receber benefícios ou incentivos fiscais ou creditícios, direta ou indiretamente, ainda que por intermédio de pessoa jurídica da qual seja sócio majoritário, pelo prazo de dez anos."

[12] "II- **na hipótese do artigo 10**, ressarcimento integral do dano, perda dos bens ou valores acrescidos ilicitamente ao patrimônio, se concorrer esta circunstância, perda da função pública, suspensão dos direitos políticos de cinco a oito anos, pagamento de multa civil de até duas vezes o valor do dano e proibição de contratar com o Poder Público ou receber benefícios ou incentivos fiscais ou creditícios, direta ou indiretamente, ainda que por intermédio de pessoa jurídica da qual seja sócio majoritário, pelo prazo de cinco anos."

[13] "III- **na hipótese do artigo 11**, ressarcimento integral do dano, se houver, perda da função pública, suspensão dos direitos políticos de três a cinco anos, pagamento de multa civil de até cem vezes o valor da remuneração percebida pelo agente e proibição de contratar com o Poder Público ou receber benefícios ou incentivos fiscais ou creditícios, direta ou indiretamente, ainda que por intermédio de pessoa jurídica da qual seja sócio majoritário, pelo prazo de três anos."

todavia, que poderão ser aplicadas isolada ou cumulativamente, dependendo, dentre outros elementos, da gravidade do fato imputado ao agente público. Precedentes: STJ, EDcl no AREsp 360707/PR, 2ª Turma, Rel. Min. Humberto Martins, j. 05/12/2013; Dje 16/12/2013; STJ, REsp 1283476/RJ, 2ª Turma, Rel. Min. Eliana Calmon, j. 19/11/2013, Dje 29/11/2013; STJ, REsp 1232888/PE, 1ª Turma, Rel. Min. Napoleão Nunes Maia Filho, j. 03/10/2013; Dje 25/10/2013.

Por fim, a lei de improbidade de improbidade administrativa está mais diretamente ligada à conduta do agente público, dolosa (artigos 9º e 11); ou culposa (artigo 10); embora, sob determinadas condições, ela também possa ser invocada contra o particular, pessoa física ou jurídica. Equivale dizer: o particular responde por improbidade administrativa quando também figure no polo passivo da relação jurídica processual o agente público[14], sem dizer da inequívoca demonstração do elemento subjetivo[15].

## 4. EVOLUÇÃO PATRIMONIAL INCOMPATÍVEL: PRESUNÇÃO IURIS TANTUM DE VANTAGEM INDEVIDA

O enriquecimento ilícito consiste na preocupação do artigo 9º da Lei nº 8.429/92, normativo cuja censura recai sobre "qualquer tipo de vantagem patrimonial indevida" experimentada pelo agente estatal. Compreende, ele, todo o aumento patrimonial injustificado[16], obtido

---

14 Precedentes: STJ, REsp 1171017/ PA, 1ª Turma, Rel. Min. Sérgio Kukina, j. 25/02/2014, Dje 06/03/2014; STJ, REsp 1181300/PA, 2ª Turma, Rel. Min. Castro Meira, j. 14/09/2010, Dje 24/09/2010; STJ, REsp 896044/ PA, 2ª Turma, Rel. Min. Herman Benjamin, j. 16/09/2010, Dje 19/04/2011. Os particulares, porém, poderão responder pelo dano causado ao erário sob o enredo da ação civil pública. Precedentes: STJ, AgRg no RESp 1413729/PA, Rel. Min. Humberto Martins, j. 22/04/2014.

15 Daí a importância da Lei nº 12.846, de 1º de agosto de 2013, instrumento que prevê a responsabilização da pessoa jurídica nos planos administrativo e judicial independentemente de culpa; dispensando, mais, a legitimação passiva do agente público. Sobre o tema, inclusive em relação à interação entre a LIA e a Lei nº 12.846/2013, consultar: ROCHA, Mauro Sérgio. **Responsabilização Judicial das Pessoas Jurídicas**. In: Comentários à Lei Anticorrução. Coord. CAMBI, Eduardo; GUARAGNI, Fábio André. São Paulo: Almedina, 2014, p. 219-243.

16 Explica Agostinho Alvim: "O enriquecimento ilícito tem o mais amplo sentido, compreendendo qualquer aumento do patrimônio, ou diminuição evitada, e

por meio de prestação positiva ou negativa, conforme lição Francisco Bilac Moreira Pinto ainda sob a óptica da Lei Federal nº 3.502, de 21 de dezembro de 1958:

> "A vantagem econômica, sob forma de prestação positiva, abrange, portanto, tôdas as formas, diretas ou oblíquas, de acréscimo patrimonial, obtido pelo agente passivo da corrupção. Diz-se, no caso, que a prestação é positiva, porque representa sempre acréscimo à fortuna do servidor público. [...]. A vantagem econômica, sob forma negativa, é aquela que nada acrescenta, diretamente, à fortuna do agente passivo da corrupção. Ela representa, porém, para o servidor público, enriquecimento ilícito indireto, porque corresponde à poupança de despesas a que se obrigou, ou pela utilização de móveis ou imóveis, ou pela aceitação de transporte ou hospedagem gratuitos ou pagos por terceiros."[17]

Desde logo, porém, uma advertência: à configuração da conduta ímproba estudada não se exige o empobrecimento patrimonial da pessoa jurídica com a qual o agente público mantém vínculo de direito material[18], pois, nos termos da legislação de regência, esse prejuízo é reivindicado exclusivamente nas hipóteses do artigo 10 da Lei nº 8.429/92 (atos que importam em dano ao erário). Precedentes: STJ, AgRg no Agravo em REsp 374.913/BA, Rel. Min. Og Fernandes, j. 11/04/2014; STJ, REsp 1174778/PR, Rel. Min. Napoleão Nunes Mais Filho, j. 24/09/2013; STJ, REsp 1169153/SP, Rel. Min. Teori Albino

---

até vantagens não patrimoniais, desde que estimáveis em dinheiro." (ALVIM, Agostinho. **Do enriquecimento sem causa**. Revista dos Tribunais - RT, v. 259, p. 19, 1957).

17 PINTO, Francisco Bilac Moreira. **Enriquecimento Ilícito no Exercício de Cargos Públicos**. Rio de Janeiro: Forense, 1960, p. 268-269.

18 Eis as considerações de Bilac Pinto também sob o enredo da Lei nº 3.502, de 21 de dezembro de 1958: "No enriquecimento ilícito (diferentemente do enriquecimento em causa) por influência ou abuso de cargo ou função, a relação processual se opera entre a entidade pública ou privada e o seu servidor, dirigente ou empregado, que se tenha enriquecido ilicitamente. A circunstância de ficar reservada sempre posição de autor da ação a uma entidade pública ou privada, que, na maioria dos casos, não terá sofrido correspondente empobrecimento, constitui nota distintiva, que põe em relevo a autonomia dos dois institutos." (PINTO, Francisco Bilac Moreira. *Op. cit.*, p. 140).

Zavascki, j. 24/08/2011[19]. Aliás, diz o artigo 21, inciso I, que a aplicação das sanções previstas na LIA não depende "da efetiva ocorrência de dano ao patrimônio público", sem dizer que o ressarcimento integral do dano, como resposta às condutas ímprobas do artigo 9º, incidirá apenas "quando houver" (artigo 12, inciso I).

O artigo 9º da Lei nº 8.429/92, ao revelar que "qualquer tipo de vantagem patrimonial indevida" encerra hipótese de enriquecimento ilícito, destaca, também, algumas situações que bem identificam essa categoria ímproba, diretamente ou por presunção. Diz Wallace Paiva Martins Júnior que a lei agiu com intuito ilustrativo e exemplificativo das hipóteses mais frequentes de condutas ímprobas caracterizadoras do enriquecimento ilícito[20], de modo que "a densidade dos incisos é maior que a do *caput*, obviamente."[21] Significa dizer: as condutas descritas nos incisos atribuem maior segurança aos cidadãos, pois, a rigor, dão maior nitidez aos comportamentos coibidos pela lei de improbidade administrativa.

O inciso II, por exemplo, descreve como ímproba a conduta do agente público que "percebe vantagem econômica, direta ou indiretamente, para facilitar a aquisição, permuta ou locação de bem móvel ou imóvel, ou a contratação de serviços pelas entidades referidas no art. 1º por preço superior ao valor de mercado", descrição, de imediato, que relaciona a "vantagem patrimonial indevida" à "facilitação" criada pelo agente público, ou seja, a "vantagem patrimonial indevida" está diretamente vinculada à conduta indevida imputada do agente público. Eis, agora, a redação do inciso VII: "adquirir, para si

---

19 Há, no âmbito do Superior Tribunal de Justiça, importantes precedentes sobre a presunção de prejuízo ao erário enquanto decorrência da falta de licitação: STJ, REsp 1378477, Rel. Mauro Campbell Marques, j. 18/11/2013; STJ, REsp 1280321/MG, Rel. Min. Mauro Campbell Marques, j. 09/03/2012; STJ, REsp 1190189/SP, Rel. Min. Mauro Campbell Marques, j. 10/09/2010. Ainda: a Corte possui entendimento no sentido de que incumbe ao gestor público demonstrar as hipóteses de dispensa ou inexigibilidade (STJ, REsp 1205605/SP, Rel. Min. Eliana Calmon, j. 22/08/2013).

20 MARTINS JÚNIOR, Wallace Paiva. **Probidade Administrativa**. 2 ed. São Paulo: Saraiva, 2002, p.217.

21 Cf. OSÓRIO, Fábio Medina. **Teoria da Improbidade Administrativa**: má gestão pública; corrupção; ineficiência. 3 ed. São Paulo: RT, 2013, p. 218.

ou para outrem, no exercício de mandato, cargo, emprego ou função pública, bens de qualquer natureza cujo valor seja desproporcional à evolução do patrimônio ou à renda do agente público."

Ora, é fácil perceber que a aquisição de bens cujo valor seja desproporcional à evolução do patrimônio ou à renda não satisfaz completamente a noção de "vantagem patrimonial indevida", pois, é óbvio, essa constatação não se vincula direta e imediatamente à conduta ilícita do agente público. Em tese, ao menos, essa "aquisição de bens" pode estar associada a uma conduta lícita. Diz Pedro Roberto Decomain: " [...], não é a aquisição de bens incompatíveis com a evolução patrimonial ou a renda do agente público, que configura ato de improbidade. Esta terá ocorrido antes, com a prática, violando dever de lealdade para com as instituições, das atividades ilícitas que propiciaram os recursos necessários à compra de tais bens."[22] Ainda Marçal Justen Filho:

> "Atos evidenciadores de enriquecimento sem justificativa: No inc. VII há a descrição de situação jurídica que faz presumir a improbidade. Trata-se da aquisição, para si ou para outrem, de bens cujo valor seja desproporcional à evolução patrimonial derivada do desempenho de cargos públicos. Esse dispositivo é qualitativamente diverso dos demais, que indicam a prática de atos eticamente reprováveis em si mesmos. No inciso VII, o ato indicado não é, em si mesmo, viciado. A aquisição é eleita como indício da prática de atos de improbidade, cuja ocorrência é desconhecida."[23]

Sendo assim, a prova desse fato, ao contrário de se subsumir na própria "vantagem patrimonial indevida", sinaliza, na forma da lei, e há fortes razões para isso, para uma possível "vantagem patrimonial indevida", decorrendo daí que demonstrada a incompatibilidade entre o valor dos bens adquiridos e a evolução patrimonial do agente público (fato conhecido), tem-se, por presunção, a "vantagem patrimonial indevida" causadora do enriquecimento ilícito do agente público (fato desconhecido). Ensina Arruda Alvim:

---

22 DECOMAIN, Pedro Roberto. *Op. cit.*, p. 97.

23 JUSTEN FILHO, Marçal. **Curso de Direito Administrativo**. 10 ed. São Paulo: RT, 2014, p. 1095.

> "A presunção, genericamente considerada, constitui-se num processo lógico-jurídico, admitido pelo sistema para provar determinados fatos, através de cujo processo, desde que conhecido um determinado fato, admite-se como verdadeiro um outro fato, que é desconhecido, e que é (este último) o inserido no objeto da prova. As presunções, quando à sua divisão, tendo em vista a origem, dizem-se presunções simples (comuns ou do homem) e presunções legais (ou de direito) como já se mencionou. [...]. As legais, conquanto o raciocínio seja o mesmo, são aquelas decorrentes de criação legal, e por isso o próprio raciocínio *está traçado na lei*."[24]

Vale dizer, ainda que o inciso VII não possa e não deva ser lido à revelia do *caput* do artigo 9º da Lei nº 8.429/92, que, insista-se, reclama pela presença da vantagem patrimonial indevida, isso não significa que o autor deva provar a ilicitude dos valores utilizados na aquisição desses bens, pois, é certo, esse entendimento faz do inciso VII letra morta[25]. Ademais, havendo prova da origem ilícita dos valores utilizados na aquisição desses bens, é óbvio, a situação se amoldará a outra modalidade de vantagem patrimonial indevida caracterizadora do enriquecimento ilícito[26]. Ainda Suzana Fairbanks Schnitzlein: "Caso

---

24 ALVIM, Arruda. **Manual de Direito Processual Civil**. Processo de Conhecimento. 11 ed. v. 2. São Paulo: RT, 2007, p. 562. Ainda: "Numa e noutra (presunção judicial e presunção legal), estabelece-se entre dois fatos certa relação que permite, verificado o primeiro, afirmar (ao menos como provável) a ocorrência do segundo, pelo simples motivo de andarem normalmente juntos." (BARBOSA MOREIRA, José Carlos. **As Presunções e a Prova**. In: Temas de Direito Processual Civil. Primeira Série. São Paulo: Saraiva, 1988, p. 58-59).

25 Explica Fábio Medina Osório: "Deve-se dizer que a violação das proibições dos incisos é interceptada mais diretamente do que a violação do *caput*, traduzindo um grau maior de possibilidade de que a conduta transgressora venha a ser censurada, de tal modo que proibições concretas se incorporam à LGIA como espécies de incisos. Note-se que o inciso espelha um detalhamento normativo da própria LGIA, na medida em que as cláusulas mais específicas são aquelas que maior operacionalidade ostentam na vida de relações, maior grau de decidibilidade e de incidência direta apresentam." (OSÓRIO, Fábio Medina. *Op. cit.*, p. 217).

26 Sobre o viés subsidiário dessa conduta ímproba, consultar: OLIVEIRA, Suzana Fairbanks Schnitzlein. A evolução patrimonial do agente público em desproporcionalidade aos seus rendimentos: uma presunção de enriquecimento ilícito – exegese do inciso VII do art. 9º da Lei n. 8.429/92. In: DOBROWOLSKI, Samantha Chantal (Coord.). **Questões Práticas sobre Improbidade Administrativa**. Brasília, ESMPU, 2011, p.70-72.

não seja essa a interpretação conferida, de nada adianta a permanência em vigor do disposto no art. 9º, VII, da Lei n. 8.429/1992, pois haverá elementos suficientes à imputação do enriquecimento ilícito por algum dos outros incisos do mesmo artigo de lei, que não precisará ser utilizado, dada a sua subsidiariedade."[27]

Dito de outro modo, se não há que se falar em enriquecimento ilícito sem a existência de uma conduta ilícita[28], ao menos no âmbito da improbidade administrativa[29], também operam sem razão aqueles que sustentam que à configuração dessa prática, para além do aumento patrimonial incompatível, impõe-se a exigência de prova sobre o comportamento ilícito ou abusivo do agente público[30]. Significa dizer: se a aquisição de bens ocorreu, por exemplo, porque o agente público facilitou a aquisição, permuta ou locação de bem móvel ou imóvel, já vimos, a prática está prevista no inciso II; já, se porventura a aquisição de bens, por exemplo, decorreu de qualquer outra vantagem indevida, a prática ímproba encontra adequação no *caput* do artigo 9º. Desse modo, o afastamento do normativo, sem qualquer esforço

---

27 *Op. cit.*, p. 75.

28 No particular, portanto, não compartilhamos integralmente do entendimento de Wallace Paiva Martins Júnior quando leciona: "Irrelevante, para os fins da lei, que o agente público pratique ato lícito ou ilícito; incide sobre ambas as situações, porque é intolerável o uso anormal e antiético da função pública para se enriquecer, mesmo agindo licitamente, sem embargo de que outras consequências jurídicas poderão advir da prática do ato ilícito." Ora, nos termos do artigo 9º, *caput*, da Lei nº 8.429/92, o enriquecimento ilícito pressupõe uma vantagem indevida. Por isso, diante da licitude do enriquecimento, dificilmente se poderá sustentar a incidência do específico normativo. Aqui, talvez, mais interessante fosse falar em atos que, caracterizados pela legalidade, não passam no teste da constitucionalidade, especialmente sob o enredo dos princípios jurídicos que norteiam a Administração Pública, situação, todavia, já contemplada à luz do artigo 11 da Lei nº 8.429/92 (atos que atentam contra os princípios da Administração Pública).

29 No âmbito do direito civil, o enriquecimento ilícito é equiparado ao enriquecimento sem causa. Por todos, consultar: GOMES, Orlando. **Obrigações**. Rio de Janeiro: Forense, 1999, p. 250-251.

30 Cf. PAZZAGLINI FILHO, Marino. **Lei de Improbidade Administrativa Comentada**: aspectos constitucionais, administrativos, civis, criminais, processuais e de responsabilidade fiscal. São Paulo: Atlas, 2011, p. 58.

hermenêutico, encerra censurável desprestígio à lei de improbidade administrativa.

A LIA criou um ambiente favorável à presunção de responsabilidade (artigo 13)[31]; e, diante do não afastamento dessa presunção, relativa, portanto, ela reivindicou a incidência das sanções catalogadas no artigo 12, inciso I. Vale dizer, esse ambiente[32], somado às reais

---

[31] Diz o artigo 13 da Lei nº 8.429/92: "A posse e o exercício de agente público ficam condicionados à apresentação de declaração de bens e valores que compõem o seu patrimônio privado, a fim de ser arquivada no Serviço de Pessoal competente. § 1º. A declaração compreenderá imóveis, móveis, semoventes, dinheiro, títulos, ações, e qualquer outra espécie de bens e valores patrimoniais, localizados no país ou no exterior, e, quando for o caso, abrangerá os bens e valores patrimoniais do cônjuge ou companheiro, dos filhos e de outras pessoas que vivam sob a dependência econômica do declarante, excluídos apenas os objetos e utensílios de uso doméstico. § 2º. A declaração de bens será anualmente atualizada e nada data em que o agente deixar o exercício do mandato, cargo, emprego ou função. § 3º. Será punido com a pena de demissão, a bem do serviço público, sem prejuízo de outras sanções cabíveis, o agente público que se recusar a prestar declaração de bens, dentro do prazo determinado, ou que a prestar falsa. § 4º. O declarante, a seu critério, poderá entregar cópia da declaração anual de bens apresentada à Delegacia da Receita Federal na conformidade da legislação do imposto sobre a renda e os proventos de qualquer natureza, com as necessárias atualizações, para suprir a exigência contida no *caput* e no § 2º deste artigo." Ainda: Lei nº 8.730/93. Para lembrança, tramita no Senado Federal Projeto de Lei nº 286/12 que pretende atribuir maior agilidade às investigações decorrentes de atos ímprobos, no caso, permitindo acesso à declaração de patrimônio e rendimentos do agente público investigado independentemente de autorização judicial.

[32] Explica Marcelo Figueiredo: "Eis a *ratio legis*: procurar algum elo entre a formação e desenvolvimento do patrimônio do agente e uma possível atividade ilícita ou imoral em sua vida administrativa ou funcional. Para tanto, a análise dos dados fornecidos ou requisitados que não se limita ao período em que o agente ocupou o cargo público. Pode haver, inclusive, pesquisa ou oferecimento de informações de período anterior, tudo visando ao escopo maior: apurar-se a verdade patrimonial." (FIGUEIREDO, Marcelo. **Probidade Administrativa**. 6 ed. São Paulo: Malheiros, 2009, p. 171). Ainda Emerson Garcia: "O disposto no art. 13 apresenta-se como elemento complementar à configuração do ato de improbidade descrito no art. 9º, VII, o qual dispõe que importa em enriquecimento ilícito 'adquirir, para si ou para outrem, no exercício de mandato, cargo, emprego ou função pública, bens de qualquer natureza cujo valor seja desproporcional à evolução do patrimônio ou à renda do agente público'." (GARCIA, Emerson; ALVES, Rogério Pacheco. *Op. cit.*, p. 201).

dificuldades de se fazer prova da origem ilícita dos valores utilizados na aquisição desses bens[33]; levou o legislador, por meio de fatos conhecidos, aquisição de bens cujo valor seja desproporcional à evolução patrimonial, a estabelecer a presunção *iuris tantum* sobre a ocorrência da vantagem indevida, fato desconhecido. Explica Moacir Amaral Santos:

> "O fato conhecido, por indício, provoca uma atividade mental, por via da qual poder-se-á chegar ao fato desconhecido, como causa ou efeito daquele. [...]. A presunção forma-se, portanto, por via do raciocínio do juiz. Será ela consequência que o juiz tira do fato conhecido, guiando-se por aquilo que ordinariamente acontece (*quod plerumque fit*). **Ocorre, todavia, que o legislador, sem desconhecer o caráter lógico das presunções, compreendeu que, em dados casos, deixar ao juiz o soberano poder de estabelecê-las,**

---

33 Dizem Antonio Augusto de Camargo Ferraz e Antonio Herman de Vasconcelos e Benjamin: "Um dos grandes e tormentosos problemas relativos à repressão dos atos de improbidade administrativa é da sua prova. É quase impossível romper o vínculo de cumplicidade naturalmente existente entre corruptor ativo e passivo. Depois, a sofisticação das relações comerciais, as *brechas* facilmente encontradas no sistema de escrituração fiscal ou contábil, a proliferação de bancos, a possibilidade de remessa de recursos financeiros para o exterior, o sigilo bancário, tudo isso torna muito difícil demonstrar o ato de corrupção específico e concreto que deu origem ao ganho patrimonial ilicitamente obtido pelo agente público. Assim, no regime anterior à Lei n. 8.429/92, muito embora o agente ostentasse sinais externos de riqueza flagrantemente incompatíveis com os seus vencimentos, era impossível buscar uma sanção civil ou administrativa sem que se provasse que o ganho patrimonial decorreu, por exemplo, da propina recebida pelo favorecimento de uma específica empresa numa dada licitação, ou pelo superfaturamento de uma obra claramente identificada, por uma determinada empreiteira... Como provar esses fatos? Como provar, ainda, em outro exemplo, que o elevadíssimo padrão de vida de uma agente policial resultou do recebimento de propinas de contraventores do chamado *jogo do bicho*? Por essas razões, feliz a iniciativa do Projeto do executivo quando, inovando nesse aspecto sobre a Lei Bilac Pinto, disse que constituiria ato de enriquecimento ilícito 'a aquisição de bens ou valores, no exercício de cargo, emprego ou função pública, ou logo após deixá-lo, sem que à época da aquisição dispusesse de recursos financeiros'. Para o Ministro Jarbas Passarinho, que o encaminhou ao Congresso, essa redação já inverteria o ônus da prova nas acusações de corrupção." (FERRAZ, Antonio Augusto de Camargo. **Ministério Público e Afirmação da Cidadania**. São Paulo: Ed. pelo Autor, 1997, p. 97).

**ou não, traria não poucas perturbações à ordem jurídica. Ou, mais precisamente, porque razões de ordem pública exigem maiores garantias a determinadas relações jurídicas, o próprio legislador, nesses casos, substituindo-se ao juiz, faz o raciocínio e, à conclusão do mesmo extraída, dá caráter impositivo quanto à sua eficácia probatória. O raciocínio lógico, noutros casos conferidos ao juiz, nesses é antecipadamente feito pelo legislador, consagrando-o num preceito legal que o juiz deverá obedecer.**"[34]

Então, nessa esteira, incumbe ao autor da ação por ato de improbidade administrativa, beneficiário da presunção *iuris tantum*, o ônus processual[35] de provar a aquisição de bens, em favor do agente público ou terceiro; e também a desproporcionalidade entre o valor desses bens e a evolução patrimonial ou à renda do agente público (STJ, AgRg no AREsp 187235, Rel. Min. Arnaldo Esteves Lima, Dje 16/10/2012); sendo certo que desses fatos auxiliares (fatos conhecidos), portanto, presume-se a ocorrência da vantagem patrimonial indevida (fato desconhecido); cabendo ao réu ou negá-los, fatos auxiliares, espaço em que o ônus probatório ainda continua com o autor (CPC, artigo 333, inciso I); ou afastar a presumida "vantagem patrimonial indevida", agora mediante a demonstração de fatos modificativos, impeditivos

---

[34] SANTOS, Moacyr Amaral. **Primeiras Linhas de Direito Processual Civil**. 24 ed. v. 2. São Paulo: Saraiva, 2008, p. 509. Ainda: "Questo schema si ripete in molte fattispecie, poiché il legislatore usa spesso lo strumento delle presunzioni *legali relative, e della conseguente modificazione o inversione degli oneri probatori, per escludere la necessita di provare fatti che corrispondono al normale andamento delle cose, per elimnare la necessita di dimostrare fatti la cui prova à difficile o impossibile, o per favorire una parte alleviandone gli oneri probatori* [...]." (COMOGLIO, Luigi Paolo; FERRI, Corrado; TARUFFO, Michele. *Op. cit.*, p. 440).

[35] Ensina José Frederico Marques: "Quando a lei cria um ônus, o imperativo jurídico dá origem a uma situação alternativa e coloca o titular de um determinado interesse diante de um dilema: ou atende ao ônus, ou sofre o prejuízo resultante do *non facere*. É imposta, assim, ou a situação decorrente do cumprimento do ônus, ou a resultante da omissão." (MARQUES, José Frederico. **Manual de Direito Processual Civil**. v. 1. Campinas: Bookseller, 1997, p. 195). No mesmo sentido: BEDAQUE, José Roberto dos Santos. **Poderes Instrutórios do Juiz**. 3 ed. São Paulo: RT, 2001, p. 118.

ou extintivos; comportamentos, agora, que dele reivindicam a iniciativa probatória (CPC, artigo 333, inciso II). Conclui Arruda Alvim:

> "[A] presunção relativa pode ser afastada por prova em contrário, realizada pela outra parte, *inclusive quanto ao fato presumido*. Ela confere ao seu beneficiário o favor de que, uma vez provado o fato do qual se vai, *ex lege*, inferir o outro (que é probando), seja este havido como verdadeiro. Todavia, permite que a parte contrária demonstre que, conquanto provado o fato de que se vai extrair a inferência ou ilação conducente à veracidade do fato probando, tal inferência ou ilação não corresponde à realidade. Nas presunções relativas, desenvolve-se atividade probatória – tal como em face das absolutas – *tendo em vista o fato auxiliar ou fato base*. Tanto aquele que é o possível beneficiário da presunção relativa, quanto seu antagonista, devem envidar esforços para evidenciar a ocorrência ou a inocorrência do fato base. Se, todavia, ficar comprovada a ocorrência do fato base, e, portanto, aquele que é o beneficiário de tal circunstância ficar numa situação privilegiada, pois, se deverá ter afinal, e, em princípio, como verídico o fato presumido, nem por isso terá, *a seu favor*, uma situação indestrutível. E isto porque a atividade probatória do seu adversário poderá se dirigir à comprovação de que, apesar de provado o fato auxiliar ou base, ainda assim o fato presumido inocorreu. A presunção relativa, portanto, leva a que, mesmo evidenciado o fato base ou auxiliar, admita-se prova de inocorrência do fato presumido, atividade certamente a cargo daquele que sofrerá os efeitos legais desfavoráveis decorrentes, *ex lege*, da existência do fato presumido."[36]

Em síntese, pode-se afirmar que na hipótese de evolução patrimonial incompatível a lei presume a existência da vantagem patrimonial indevida, cabendo, ao réu, negá-la; ou mesmo afastá-la mediante a demonstração da sua licitude, presunção, diga-se, manifestamente compatível com a ordem jurídica processual. Diz o artigo 334, inciso IV, do CPC: "Não dependem de prova os fatos: [...]; IV- em cujo favor militar presunção legal de existência ou de veracidade."[37] Enfim, não se trata

---

36 ARRUDA ALVIM, *Op. cit.*, p. 563. Ainda: BARBOSA MOREIRA, *Op. cit.*, p. 60.

37 Há idêntica previsão no *Codice di procedura civile* italiano: "Art. 2728. *Prova contro le presunzioni legali. – Le presunzioni legali dispensano da qualunque prova coloro a favore dei quali esse sono stabilite.*"

de inversão do ônus da prova; mas, antes, a presunção legal atua como norma especial na definição do ônus da prova[38].

### *4.1 Presunção* iuris tantum*: ponderação à luz da proporcionalidade/ razoabilidade*

A regra do artigo 9º, inciso VII, da Lei nº 8.429/92, para além do estreito vínculo com o princípio republicano, ainda se destaca como instrumento eficiente na defesa da probidade administrativa (artigo 37, *caput*, e § 4º da Constituição Federal), notadamente por conta da presunção criada em desfavor do agente público. Sendo assim, coloca-se a ponderação desse comando à luz do princípio da proporcionalidade/razoabilidade[39], pois, à evidência, essa regra também pode

[38] Cf. Barbosa Moreira, *Op. cit.*, p. 60-61. Literalmente: "Não parece inteiramente exato dizer, que a presunção legal (relativa) se revolve em inversão do *onus probandi*. Com efeito, o resultado da aplicação da *regra especial* (contida no dispositivo que estabelece a presunção) pode perfeitamente *coincidir*, em determinado caso, com o resultado que se obteria aplicando à espécie a regra *geral* de distribuição daquele ônus. Isto é: pode acontecer que o ônus houvesse mesmo de recair, em virtude de sua posição processual, sobre a pessoa a quem a presunção legal desaproveita. É claro dque a importância da presunção legal avulta precipuamente nos casos de *não-coincidência*, pois nestes é que ela produz efeitos práticos apreciáveis; mas permanece válida a observação de que as presunções legais não constituem propriamente *exceções* à regra comum sobre distribuição do ônus da prova; as normas que as consagram são, isso sim, normas especiais que prevalecem sobre a geral, sem necessariamente contradizê-la *in concreto*."

[39] Não obstante as diferenças conceituais (e de origem) entre proporcionalidade e razoabilidade, é bem verdade que o ponto de maior contato entre essas figuras está localizado na proporcionalidade em sentido estrito. Explica Ingo Wolfgang Sarlet: "Retomando a controvérsia a respeito da relação entre proporcionalidade e razoabilidade, convém lembrar que, no campo da proporcionalidade em sentido estrito, exige-se a comparação entre a importância da realização do fim a intensidade da restrição aos direitos fundamentais, examinando, em síntese, se as vantagens produzidas pela adoção do meio superam as desvantagens advindas da sua utilização. Precisamente quanto a este ponto assume relevo a conexão dos princípios da proporcionalidade em sentido estrito com o método da ponderação de bens. Tendo em conta que o juízo de ponderação se verifica, com toda a sua extensão, no assim designado terceiro nível da aplicação da proporcionalidade (seguindo-se a metódica trifásica da proporcionalidade), o fato é que mesmo a ponderação sendo considerada simplesmente como coincidente com o raciocínio requisitado pelo princípio da

ser encarada como limitadora do direito fundamental à presunção de inocência daquele que exerce mandato, emprego, cargo ou função pública (artigo 5º, inciso LVII, da Constituição Federal). Dizem Daniel Sarmento e Claudio Pereira de Souza Neto:

> "A ponderação judicial pode ocorrer em três contextos diferentes. No primeiro, **o poder judiciário é provocado para analisar a validade de uma ponderação já realizada por terceiros – em geral, pelo legislador – que pode ocorrer tanto em sede de controle abstrato de normas quanto na análise de caso concreto**. No segundo, existe um conflito entre normas constitucionais, mas não há nenhuma ponderação prévia realizada por terceiros. Aqui, o juiz tem a primeira palavra na ponderação, e não apenas examina a validade de algum sopesamento extrajudicial feito anteriormente. Na terceira hipótese, o próprio legislador infraconstitucional remete ao judiciário a tarefa de avaliar, em cada caso concreto, a solução correta para o conflito entre interesses constitucionais colidentes, seguindo determinadas diretrizes, pressupostos e procedimentos que ele fixou."[40]

Então, diante de um conflito de envergadura constitucional, porque afastada a prévia delimitação do campo de incidência dos princípios e/ou valores constitucionais; e porque inapropropriados os critérios hermenêuticos tradicionais descortinados à solução dessas antinomias[41];

---

razoabilidade como parâmetro da atuação normativa estatal, é este seguramente o ponto de contato mais importante entre proporcionalidade e razoabilidade. É por esta razão que a razoabilidade é também identificada com a proporcionalidade em sentido estrito, o que, todavia, não significa necessariamente que se trate de noções integralmente fungíveis e que não tenham uma aplicação autônoma" (SARLET; Ingo Wolfgang; MARINONI, Luiz Guilherme; MITIDIERO, Daniel. Curso de Direito Constitucional. São Paulo: RT, 2012, p.343). Ainda: ÁVILA, Humberto. Teoria dos Princípios: da definição à aplicação dos princípios jurídicos. São Paulo: Malheiros, 2011, p.172; MACCORMICK, Neil. Direito, intepretação e razoabilidade. In: MACEDO JR., Ronaldo Porto; BARBIERI, Catarina Helena Cortada (Org.). **Direito e interpretação**: racionalidades e instituições. São Paulo: Saraiva, 2011. p. 41.

40 SARMENTO, Daniel; SOUZA NETO, Cláudio Pereira de. **Direito Constitucional**: teoria, história e métodos de trabalho. Belo Horizonte: Fórum, 2013, p. 515.

41 "*Ahora bien, generalmente hablando, cada conflito entre principios constitucionales presenta las siguientes características. (a) En primer lugar, se trata de un conflicto entre normas que (normalmente) han sido emitidas en el mismo*

a ponderação[42], instrumentalizada pelo princípio da proporcionalidade, é encarada como um dos mecanismos mais utilizados na superação dessas divergências. Escreve Willis Santiago Guerra Filho: "a proporcionalidade na aplicação é o que permite a coexistência de princípios divergentes, podendo-se, mesmo, dizer que entre esses e ela, proporcionalidade, há uma relação de mútua implicação."[43]

Em outras palavras, o princípio da proporcionalidade, estruturado pelos subprincípios da adequação, necessidade e proporcionalidade em sentido estrito, dará os contornos da norma de decisão[44], percurso,

---

*momento. (b) En segundo lugar, se trata de un conflicto entre normas que tienen el mismo estatuto formal, la misma posición en la jerarquía de las fuentes del Derecho. (c) En tercer lugar, se trata de un conflicto <en concreto>. [...]. Todo esto tiene consecuencias notables. Los conflictos entre principios constitucionales no pueden resolverse utilizando criterios de solución estándart de los conflictos. No se puede usar el criterio lex posterior porque los dos principios son contemporâneos. No se puede utilizar el criterio lex superior porque los dos principios tienen la misma posición en la jerarquía de las fuentes. No se puede utilizar el criterio lex specialis porque las dos clases de hechos regulados por los principios se entrecruzan.*" (GUASTINI, Riccardo. **Interpretación, Estado y Constitución**. Tradução de Santiago Ortega Gomero. Lima: Ara, 2010, p. 229).

42 Gomes Canotilho discorre sobre os fatores que alimentam a ponderação: (i) inexistência de uma ordenação abstrata de bens constitucionais, o que reivindica uma norma de decisão convergente com as circunstâncias do caso; (ii) formatação principial de muitas normas constitucionais, sobretudo daquelas que esboçam direitos fundamentais; e (iii) "fractura" da unidade de valores das comunidades contemporâneas, ou seja, o fato do pluralismo. (CANOTILHO, J. J. Gomes. **Direito Constitucional e Teoria da Constituição**. 5 ed. Coimbra: Almedina, 2002, p. 1221).

43 GUERRA FILHO, Willis Santiago. Princípio da proporcionalidade e teoria do direito. In: GRAU, Eros Roberto; GUERRA FILHO, Willis Santiago (Org.). **Direito constitucional**: estudos em homenagem a Paulo Bonavides. São Paulo: Malheiros, 2001. p. 272.

44 Explica Eros Roberto Grau (2009, p.284): "Ocorre também que a ponderação entre princípios se dá no momento da formulação da norma de decisão, não no quadro, anterior a este, de produção da(s) norma(s) jurídica(s) resultantes da interpretação. Este é o aspecto que a doutrina não tem considerado adequadamente, mas cuja consideração é indispensável à compreensão da prática da ponderação. A interpretação do direito é inicialmente produção de normas gerais. A ponderação entre princípios apenas se dá posteriormente, quando o intérprete autêntico decidir o caso, então definindo a solução que ao caso aplica. A atribuição de peso menor ou maior a um ou a outro princípio é, então, opção entre

aliás, que minimiza o subjetivismo judicial e atribui maior racionalidade à atividade do juiz.

A adequação/idoneidade reivindica que a medida restritiva operada pelo legislador seja apta à obtenção do fim pretendido, ou seja, seja apta para alcançar o fim visado com a restrição[45]. No particular, o legislador, diante da inequívoca demonstração da evolução patrimonial incompatível, prova cuja incumbência é do autor, presume a ocorrência da vantagem indevida do agente público, de modo que a medida restritiva contribui satisfatoriamente à proteção da probidade adminstrativa.

A necessidade/indispensabilidade exige que, dentre os variados meios de se alcançar o resultado, a medida utilizada seja aquela que produza menos efeitos restritivos a direito fundamental[46]. Na hipótese, diante da evolução patrimonial incompatível, para além de não existir medida menos gravosa, é fora de dúvida que a presunção estabelecida pela lei se traduz como indispensável à obtenção do resultado. Lembre-se, aqui, sobre a dificuldade de se fazer prova da vantagem patrimonial indevida nas hipóteses de evolução patrimonial a descoberto (item IV).

A proporcionalidade em sentido estrito esboça a ideia de equilíbrio. Ela determina que se verifique se a realização do bem jurídico cuja tutela é perseguida justifica o grau de afetação a um direito colidente; máxima, portanto, que tem como função evitar o excesso, ou seja, proibindo que haja restrição a direitos fundamentais que não justifique a realização do objeto perseguido[47]. Cuida-se, explica Jorge Reis Novais, da "justa medida ou relação de adequação entre os bens e interesses em colisão ou, mais especificamente, entre o sacrifício imposto pela restrição e o benefício por ela perseguido."[48]

---

indiferentes jurídicos, exercício de discricionariedade, escolha subjetiva estranha à formulação, anterior, de juízos de legalidade."

45 Cf. NOVAIS, Jorge Reis. **Os Princípios Constitucionais Estruturantes da República Portuguesa**. Coimbra: Coimbra Editora, 2011, p. 162.

46 Cf. NOVAIS, Jorge Reis. *Op. cit.*, p. 163.

47 Cf. SILVA, Virgílio Afonso da. **Direitos fundamentais**: conteúdo essencial, restrições e eficácia. 2.ed. São Paulo: Malheiros, 2010, p. 175.

48 NOVAIS, Jorge Reis. *Op. cit.*, p. 163.

No caso, se parece evidente o benefício gerado pela presunção legal, também não se vislumbra qualquer excesso na medida, pois, além de admitir prova em contrário, relativa, portanto, a LIA ainda compensa essa presunção com a ouvida do agente público antes do recebimento da petição inicial[49], evitando, desse modo, o surgimento de lides temerárias. Trata-se do juízo de prelibação (artigo 17, § 7º, da LIA)[50], inclusive com a previsão de recurso (agravo de instrumento) do mero recebimento da petição inicial (artigo 17, § 10, da LIA)[51].

Por fim, sobre a relativização dos direitos fundamentais dos agentes públicos já decidiram as Cortes Superiores (STF, Pleno, SS 3902, Rel. Min. Ayres Britto, Dje 03/10/2011; STJ, 2ª Turma, RMS 38010/RS, Min. Herman Benjamin, Dje 16/05/2013), podendo, ainda, ser invocado o julgamento da ADC 29, quando, por maioria, sob o enredo da relativização da presunção de inocência, firmou-se entendimento pela constitucionalidade das hipóteses de inelegibilidade previstas no artigo 1º da Lei nº 64/90, redação atribuída pela LC nº 135/2010.

## 5. CONCLUSÕES

Então, se de um lado temos a decisão tomada pela 1ª Turma do STJ, REsp nº 1327683, Rel. p/Acórdão Min. Arnaldo Esteves Lima; de outro também temos a decisão materializada pela 1ª Seção do STJ, MS 18460/DF, Rel. p/ Acórdão Min. Mauro Campbell Marques, decisões que, não obstante a diferença de composição desses Colegiados, bem demonstram a divergência no trato dessa disciplina. Daí as conclusões que seguem:

---

49 Com razão, ensina Fábio Medina Osório: "Não há dúvida que se deve aquilatar com muita racionalidade essa modalidadade de comportamento do enriquecimento ilícito sem causa aparente. Somente situações absurdas ou abertamente incompatíveis têm de ser corrigidas e censuradas à luz da LGIA. Outras situações haverão de merecer um exame preliminar mais cauteloso, pois não se pode trabalhar com presunções contrárias à presunção de inocência, fora dos marcos interpretativos razoáveis." (OSÓRIO, Fábio Medina. *Op. cit.*, p. 377).

50 "§ 7º Estando a inicial em devida forma, o juiz mandará autuá-la e ordenará a notificação do requerido, para oferecer manifestação por escrito, que poderá ser instruída com documentos e justificações, dentro do prazo de quinze dias."

51 "§ 10. Da decisão que receber a petição inicial, caberá agravo de instrumento."

A evolução patrimonial incompatível (inciso VII) deve ser lida em harmonia com o artigo 9º, *caput*, da Lei nº 8.429/92, normativo que dispõe sobre as práticas ímprobas que importam em enriquecimento ilícito. Mas, à evidência, o preceito não reivindica prova da ação omissiva ou comissiva ensejadora da vantagem patrimonial indevida do agente público.

A LIA, por motivos justificáveis, diante da demonstração inequívoca da evolução patrimonial incompatível, prova que incumbe ao autor (CPC, artigo 333, inciso I), presume a ocorrência da vantagem indevida do agente público. Assim, realizada a prova da evolução patrimonial incompatível, fato conhecido, presume-se a ocorrência da vantagem patrimonial indevida, fato desconhecido (CPC, artigo 334, inciso IV).

A presunção legal não configura hipótese de inversão do ônus da prova; mas, antes, encerra hipótese especial de distribuição originária do ônus probatório.

A presunção legal sobre a ocorrência da vantagem patrimonial indevida é relativa, de modo que incumbe ao agente público a prova da licitude dessas aquisições[52], restrição, na espécie, caracterizada pela proporcionalidade/razoabilidade.

## 6. REFERÊNCIAS

ALVIM, Agostinho. Do enriquecimento sem causa. **Revista dos Tribunais - RT**, v. 259, p. 3-36, 1957.

ALVIM, Arruda. **Manual de Direito Processual Civil**. Processo de Conhecimento. 11 ed. v. 2. São Paulo: RT, 2007.

ÁVILA, Humberto. Teoria dos Princípios: da definição à aplicação dos princípios jurídicos. São Paulo: Malheiros, 2011.

BARBOSA MOREIRA, José Carlos. **As Presunções e a Prova**. In: Temas de Direito Processual Civil. Primeira Série. São Paulo: Saraiva, 1988.

---

[52] Recentemente, no julgamento do MS 12660/DF, 3ª Seção, Rel. Min. Conv. Marilza Maynard, j. 22/08/2014, o STJ mais uma vez se posicionou no sentido de que cabe ao investigado provar a licitude dos bens adquiridos em desconformidade com os seus rendimentos e/ou rendas.

_____. MOREIRA, José Carlos Barbosa. **Comentários ao Código de Processo Civil**. 11 ed. Rio de Janeiro: Forense, 2003.

BEDAQUE, José Roberto dos Santos. **Poderes Instrutórios do Juiz**. 3 ed. São Paulo: RT, 2001.

CALAMANDREI, Piero. **La Casación Civil**. Traducción de Santiago Sentís Melendo. Buenos Aires: Editorial Bibliográfica Argentina, 1945. Tomo II.

COMOGLIO, Luigi Paolo; FERRI, Corrado; TARUFFO, Michele. **Lezioni sul processo civile**: il processo ordinario di cognizione. 4 ed. Bologna: il Mulino, 2006.

CANOTILHO, J. J. Gomes. **Direito Constitucional e Teoria da Constituição**. 5 ed. Coimbra: Almedina, 2002.

DECOMAIN, Pedro Roberto. **Improbidade Administrativa**. São Paulo: Dialética, 2007.

FAZZIO JÚNIOR, Waldo. **Atos de Improbidade Administrativa**: doutrina, legislação e jurisprudência. 2 ed. São Paulo: Atlas, 2008.

FERRAZ, Antonio Augusto de Camargo. **Ministério Público e Afirmação da Cidadania**. São Paulo: Ed. pelo Autor, 1997.

FIGUEIREDO, Marcelo. **Probidade Administrativa**. 6 ed. São Paulo: Malheiros, 2009.

GARCIA, Emerson; ALVES, Rogério Pacheco. **Improbidade Administrativa**. 7 ed. Rio de Janeiro: Saraiva, 2013.

GOMES, Orlando. **Obrigações**. Rio de Janeiro: Forense, 1999.

GUASTINI, Riccardo. **Interpretación, Estado y Constitución**. Tradução de Santiago Ortega Gomero. Lima: Ara, 2010.

GUERRA FILHO, Willis Santiago. Princípio da proporcionalidade e teoria do direito. In: GRAU, Eros Roberto; GUERRA FILHO, Willis Santiago (Org.). **Direito constitucional**: estudos em homenagem a Paulo Bonavides. São Paulo: Malheiros, 2001. p. 268-283.

JUSTEN FILHO, Marçal. **Curso de Direito Administrativo**. 10 ed. São Paulo: RT, 2014.

MACCORMICK, Neil. Direito, intepretação e razoabilidade. In: MACEDO JR., Ronaldo Porto; BARBIERI, Catarina Helena Cortada (Org.). **Direito e interpretação**: racionalidades e instituições. São Paulo: Saraiva, 2011. p. 31-43.

_____. MACCORMICK, Neil. **Retórica e Estado de Direito**. Tradução de Conrado Hübner Mendes. Rio de Janeiro: Elsevier, 2008.

MARINONI, Luiz Guilherme; MITIDIERO, Daniel. **Código de Processo Civil Comentado**. São Paulo: RT, 2008.

_____. **O STJ enquanto corte de precedentes**. São Paulo: RT, 2013.

MARQUES, José Frederico. **Manual de Direito Processual Civil**. v. 1. Campinas: Bookseller, 1997.

MARQUES, Silvio Antonio. **Improbidade Administrativa**. São Paulo: Saraiva, 2010.

MARTINS JÚNIOR, Wallace Paiva. **Probidade Administrativa**. 2 ed. São Paulo: Saraiva, 2002.

MITIDIERO, Daniel. **Cortes Superiores e Cortes Supremas**: do controle à interpretação, da jurisprudência ao precedente. São Paulo: RT, 2013.

NOVAIS, Jorge Reis. **Os Princípios Constitucionais Estruturantes da República Portuguesa**. Coimbra: Coimbra Editora, 2011.

OLIVEIRA, Suzana Fairbanks Schnitzlein. A evolução patrimonial do agente público em desproporcionalidade aos seus rendimentos: uma presunção de enriquecimento ilícito – exegese do inciso VII do art. 9º da Lei n. 8.429/92. In: DOBROWOLSKI, Samantha Chantal (Coord.). **Questões Práticas sobre Improbidade Administrativa**. Brasília, ESMPU, 2011, p.62-88.

OSÓRIO, Fábio Medina. **Teoria da Improbidade Administrativa**: má gestão pública; corrupção; ineficiência. 3 ed. São Paulo: RT, 2013.

PAZZAGLINI FILHO, Marino. **Lei de Improbidade Administrativa Comentada**. 4 ed. São Paulo: Atlas, 2011.

ROCHA, Mauro Sérgio. **Responsabilização Judicial das Pessoas Jurídicas**. In: Comentários à Lei Anticorrução. Coord. CAMBI, Eduardo; GUARAGNI, Fábio André. São Paulo: Almedina, 2014, p. 219-243.

SANTOS, Moacyr Amaral. **Primeiras Linhas de Direito Processual Civil**. 24 ed. v. 2. São Paulo: Saraiva, 2008.

SARLET; Ingo Wolfgang; MARINONI, Luiz Guilherme; MITIDIERO, Daniel. Curso de Direito Constitucional. São Paulo: RT, 2012.

SARMENTO, Daniel; SOUZA NETO, Cláudio Pereira de. **Direito Constitucional**: teoria, história e métodos de trabalho. Belo Horizonte: Fórum, 2013.

# DANO INDIRETO PARA FINS DO ARTIGO 10 DA LEI Nº 8.429/1992

*Mário Sérgio de Albuquerque Schirmer*[1]

*Sumário. 1. Introdução. 2. Consequências do regime jurídico administrativo sobre os atos administrativos nulos. 3. Normas infraconstitucionais que reconhecem a lesão ao erário decorrente de atos administrativos nulos. 4. Análise jurisprudencial. 5. Inaplicabilidade da teoria do enriquecimento sem causa para os atos administrativos nulos. 6. Harmonização entre o regime jurídico administrativo e outros princípios constitucionais. 7. Exemplos de outros danos sem desequilíbrio econômico-financeiro. 8. Conclusão. 9. Bibliografia.*

## 1. INTRODUÇÃO

O artigo 10 da Lei nº 8.429/1992 dispõe que:

> Constitui ato de improbidade administrativa que causa lesão ao erário qualquer ação ou omissão, dolosa ou culposa, que enseje perda patrimonial, desvio, apropriação, malbaratamento ou dilapidação dos bens ou haveres das entidades referidas no art. 1º desta lei.

Intuitivo que diminuição patrimonial sem contraprestação caracteriza prejuízo, na medida em que se vislumbra um desequilíbrio econômico-financeiro. Outrossim, entendimento corrente no Direito Privado que se esse dano for causado por conduta ilícita surge a obrigação de indenizar, é a noção de responsabilidade civil[2].

---

[1] Procurador de Justiça. Mestre em Direito pela UFPR.

[2] A respeito: 1) PEREIRA, Caio Mário da Silva. **Instituições de Direito Civil**, v. III, 7. ed. Rio de Janeiro: Forense, 1984, p. 389-390; 2) RODRIGUES, Sílvio. **Direito Civil**: Responsabilidade Civil, v. IV, 13. ed. São Paulo: Saraiva, 1993, p. 13-14;

Pode-se chamar essa lesão com desequilíbrio econômico-financeiro de dano direto, real, ou, como consigna a jurisprudência ao tratar de improbidade, dano efetivo[3].

A questão é saber se a lesão ao erário, referida no artigo 10 da Lei nº 8.429/1992, alcança apenas esse tipo de prejuízo ou se também contempla um dano indireto, uma diminuição patrimonial sem desequilíbrio econômico-financeiro, calcada na ilicitude da despesa, na falta de validade jurídica do dispêndio, ainda que exista contraprestação para o gasto efetuado pela Administração Pública.

## 2. CONSEQUÊNCIAS DO REGIME JURÍDICO ADMINISTRATIVO SOBRE OS ATOS ADMINISTRATIVOS NULOS

Como é cediço, a Administração Pública brasileira está sujeita a uma disciplina jurídica, que, em vários pontos, é diversa do Direito Privado. É o regime jurídico administrativo, construído a partir do artigo 37 da Constituição da República, o qual estabelece dentre suas vigas mestras o princípio da estrita legalidade[4].

Enquanto para os particulares o princípio da legalidade funciona como uma garantia, permitindo fazer tudo que não está proibido em lei, para os agentes públicos é um dever, pois só lhes possibilita fazer o que a legislação autoriza e da forma que determina. Por isso, é qualificado como princípio da estrita legalidade[5].

---

3) VENOSA, Silvio de Salvo VENOSA. **Direito Civil**: Teoria Geral das Obrigações e Teoria Geral dos Contratos, v. II, 6. ed. São Paulo: Atlas, 2006, p. 474.

3 Nesse sentido, por exemplo: 1) **STJ**, Resp 1.173.677/MG, 1ª Turma, Rel. Napoleão Nunes Maia, Filho, j. 20/8/2013; 2) **STJ**, Resp nº 1.214.605/SP, 2ª Turma, Rel. Eliana Calmon, j. 6/6/2013, DJe 13/6/2013; 3) **STJ**, AgRg no REsp nº 1.330.664/MS, 1ª Turma, Rel. Napoleão Nunes Maia Filho, j. 14/5/2013, DJe 22/5/2013; 4) **STJ,** Resp nº 1.228.306/PB, 2ª Turma, Rel. Castro Meira, j. 9/10/2012, DJe 18/10/2012; 5) **STJ**, AgRg no REsp nº 1.177.579/PR, 1ª Turma, Rel. Benedito Gonçalves, j. 16/8/2011, DJe 19/8/2011.

4 A respeito: 1) MELLO, Celso Antônio Bandeira de. **Curso de Direito Administrativo**, 9. ed. São Paulo: Malheiros, 1997, p. 25-26; 2) FIGUEIRDO, Lúcia Valle. **Curso de Direito Administrativo**, São Paulo: Malheiros, 1994, p. 31-32.

5 Sobre o princípio da estrita legalidade: 1) MEIRELLES, Hely Lopes. **Direito Administrativo Brasileiro**, 25. ed. São Paulo: Malheiros, 2000, p. 82. 2) MELLO. *op. cit.,* p. 36, 37, 59-60 e 63; 3) DI PIETRO, Maria Sylvia Zanella.

Se os agentes públicos só podem fazer o que a lei autoriza e do modo que estabelece, as despesas efetuadas por órgãos públicos em desconformidade com a legislação são gastos sem calço jurídico válido, e, portanto não podem ser efetuados pela Administração Pública. Se tais dispêndios não podem ser pagos, são indevidos. Como são indevidos, seu pagamento caracteriza lesão ao erário. E, se o pagamento indevido caracteriza um dano ao erário, esse gasto deve ser devolvido por quem lhe deu causa[6]. Neste sentido Sérgio Ferraz e Lúcia Valle Figueiredo:

> [...] o dinheiro público, exatamente por ser *res publica*, há de ser gasto dentro da estrita conformidade legal.
>
> [...]
>
> [...] 'Quem quer que utilize dinheiros públicos terá de verificar seu bom e regular emprego, na conformidade das leis, regulamentos e normas emanadas das autoridades administrativas competentes', ou seja: 'quem gastar, tem de gastar de acordo com a lei'
>
> Isso quer dizer: quem gastar em desacordo com a lei, há de fazê-lo por sua conta, risco e perigos. Pois impugnada a despesa, a quantia gasta irregularmente terá de retornar ao Erário Público. (grifou-se)[7]

Ademais, de regra, o ato nulo não pode gerar efeitos. A propósito, mais uma vez invoca-se as lições de Sérgio Ferraz e Lúcia Valle

**Direito Administrativo**, 6. ed. São Paulo, Atlas, 1996, p. 61; 4) GASPARINI, Diógenes. **Direito Administrativo**, 3 ed. São Paulo: Saraiva, 1993, p. 6; 5) FIGUEIREDO, Lúcia Valle. *op. cit.*, p. 32; 6) REALE, Miguel. **Revogação e Anulamento do Ato Administrativo**, 2. ed., Rio de Janeiro: Forense, 1980, p. 29; 7) BASTOS, Celso Ribeiro. **Comentários à Constituição do Brasil**, 3º vol., tomo III, São Paulo: Saraiva, 1992, p. 25-26 e 32; 8) MORAES, Alexandre. **Direito Constitucional**. 5. ed, São Paulo: Atlas, 1999, p. 288.

6 Sobre o tema: 1) GARCIA, Emerson. In: GARCIA, Emerson; Alves, Rogério Pacheco. **Improbidade Administrativa**. 7. ed São Paulo: Saraiva, 2013. p. 381 e nota 81; 2) FERRAZ, Sérgio; FIGUEIREDO, Lúcia Valle. Posição das Cortes de Contas no Controle dos Contratos. In: **Dispensa e Inexigibilidade de Licitação**. FERRAZ, Sérgio; FIGUEIREDO, Lúcia Valle. 3. ed, São Paulo, Malheiros, 1994, p. 85-109; 3) MAZZILLI, Hugo Nigro. **A Defesa dos Interesses Difusos em Juízo**. 25. ed. São Paulo: Ed. Saraiva, 2012, p. 206-210.

7 FERRAZ; FIGUEIREDO, *op. cit.*, p. 93.

Figueiredo, quando explicam as consequências dos atos elencados no artigo 4º da Lei de Ação Popular:

> Se são 'nulos', ou, melhor expressão, 'não convalidáveis', são retirados do mundo jurídico, retroagindo os efeitos do desfazimento *ex tunc*. Evidentemente, efeitos padronômicos ao ato, já acontecidos, não são suscetíveis de eliminação. Daí por que os terceiros de boa fé devem ser indenizados. Entretanto, não bastará a invalidação administrativa do ato, sem recomposição do Erário, para se excluir a ação popular.
>
> [...]
>
> Demais disso, há que se enfatizar que, suprimido do mundo jurídico o ato maculado de ilegalidade, a consequência será a reposição ao erário.
>
> (grifou-se e destacou-se) [8]

Ou, conforme assevera Emerson Garcia, qualquer diminuição do patrimônio público advinda de ato inválido será ilícita, culminando em dano e dever de ressarcir, pois sendo nulo o ato não pode produzir efeitos jurídicos válidos, caracterizando lesividade e tornando aplicável a sanção de ressarcimento integral do dano[9].

## 3. NORMAS INFRACONSTITUCIONAIS QUE RECONHECEM A LESÃO AO ERÁRIO DECORRENTE DE ATOS ADMINISTRATIVOS NULOS

Com alicerce na impossibilidade de efeitos do ato nulo e no respeito ao princípio da estrita legalidade, o inciso VIII, do artigo 10, da Lei nº 8.429/1992, arrolou, dentre os atos de improbidade administrativa que causam lesão ao erário, a conduta de frustrar a licitude de processo licitatório ou dispensá-lo indevidamente, sem qualquer consideração quanto à contraprestação do contrato. É muito mais do que uma presunção[10]. Como visto, é a constatação de que a Administração Pública não pode arcar com despesas ilícitas, e, quando suporta tais

---

8 FERRAZ; FIGUEIREDO, *op. cit.*, p. 106-107.

9 GARCIA, *op. cit.*, p. 381 e nota 81.

10 Por isso entende-se incorreta a expressão "dano presumido", preferindo-se "dano indireto".

gastos, esses dispêndios caracterizam lesão ao erário. Wallace Paiva Martins Júnior consigna que: "a análise da lei mostra, sem sombra de dúvida, que o art. 10, *caput*, conceitua o prejuízo patrimonial, enquanto seus incisos indicam situações ilícitas em que a lesão é elementar e decorrente indissociavelmente" (grifou-se) [11].

E, utilizando o elemento sistemático de interpretação[12], nota-se que esse preceito (artigo 10, VIII, da Lei nº 8.429/92) está em consonância não só com o artigo 37 da Constituição Federal, como com diversas normas infraconstitucionais.

Neste sentido a Lei nº 4.717/1965. Como sabido, antes da atual Constituição[13], o patrimônio público protegido através de ação popular abrangia apenas os bens e direitos de valor econômico, artístico, estético, histórico ou turístico (artigo 1º, § 1º)[14]. Porém, já naquela época os artigos 2º a 4º da Lei nº 4.717/1965 arrolavam como atacáveis

---

11 MARTINS JÚNIOR, Wallace Paiva. **Probidade Administrativa**, 4. ed, São Paulo: Saraiva, 2009, p. 249.

12 Em relação ao elemento sistemático, lembre-se que o ordenamento jurídico não é composto de compartimentos estanques, tampouco constitui um amontoado caótico de normas, mas um sistema harmônico e hierarquizado de regras e princípios, em que a Constituição está no grau mais elevado. A respeito: 1) MAXIMILIANO, Carlos, **Hermenêutica e Aplicação do Direito**, 20. ed. Rio de Janeiro: Forense, 2011, p. 104-106; 2) BARROSO, LUÍS ROBERTO. **Interpretação e Aplicação da Constituição**, 3. ed. São Paulo: Saraiva, 1999, p. 12; 3) BASTOS, Celso Ribeiro. **Curso de Direito Constitucional**, 12. ed., São Paulo: Saraiva, 1990, p. 321; 4) BONAVIDES, Paulo. **Curso de Direito Constitucional**, 7. ed., 2. tiragem, São Paulo: Malheiros, 1998, p. 405; 5) FREITAS, Juarez. **Interpretação Sistemática do Direito**, São Paulo: Malheiros, 1995, p. 40.

13 A Lei nº 4.717/1965 foi recepcionada pela Constituição Federal de 1988. A mudança foi que o inciso LXXIII, do artigo 5º, da Carta Magna, ampliou seu espectro para abranger também os atos que causam lesão à moralidade administrativa.

14 Antes da atual Constituição os atos que não fossem lesivos a bens e interesses de valor artístico, estético, histórico ou turístico tinham, necessariamente, que conter lesividade econômica. Neste sentido: 1) MEIRELLES, Hely Lopes. **Mandado de Segurança, Ação Popular, Ação Civil Pública. Mandado de injunção, "Habeas Data"**, 13. ed., São Paulo: RT, 1989, p. 90-93; 2) PACHECO, José da Silva. **O Mandado de Segurança e outras ações constitucionais típicas**, São Paulo: RT, 1990, p. 345-350; 3) MANCUSO, Rodolfo de Camargo. Ação Popular, proteção do erário, do patrimônio público, da moralidade administrativa e do meio ambiente, *in* Coleção Controle jurisdicional dos atos do Estado, Coord. Teresa Arruda Alvim Wambier, 2ª edição, São Paulo: RT, 1996, p. 65-71 e 75-80.

por ação popular diversos atos administrativos nulos, sem cogitar de eventuais contraprestações. Como esses atos não ensejavam danos artísticos, estéticos, históricos ou turísticos, fica claro que a Lei nº 4.717/1965 entendia os atos mencionados nos artigos 2º a 4º como causadores de lesividade econômica, independentemente de desequilíbrio financeiro. Então, a Lei de Ação Popular sempre considerou os atos nulos como lesivos ao erário.

O artigo 3º da Lei nº 8.666/1993 dispõe que um dos objetivos da licitação é a escolha da proposta mais vantajosa para a Administração Pública. Por isso, quando o processo licitatório é fraudado ou dispensado indevidamente frustra-se a possibilidade de escolha da melhor proposta, o que caracteriza lesão ao erário[15]. Neste sentido já se manifestou o Superior Tribunal de Justiça:

> Não fosse isso, nas hipóteses de fraude à licitação, elimina-se possível pressão competitiva em razão da inexistência da licitação com objeto pré-definido. Com o certame, há imperativa assimetria informacional entre os possíveis competidores, de modo a contribuir para a apresentação de um serviço eficiente e menos oneroso à Administração Pública o que compõe a própria *ratio* da licitação e da previsão constitucional (art. 175 da CF) o que definitivamente não ocorre em casos de licitação posterior forjada para legitimação de contrato em curso.
>
> Nessas hipóteses, fica caracterizado o dano *in re ipsa*, consoante o teor de julgados que bem se amoldam à espécie (REsp 1280321/MG, Rel. Ministro Mauro Campbell Marques, Segunda Turma DJe 09/03/2012; REsp 1190189, Relator Min. Mauro Campbell Marques, Segunda Turma, DJe 10/09/2010; STF, RE 160381/SP, Rel. Min. Março Aurélio, Segunda Turma, DJ 12/8/1994).
>
> (grifou-se – **STJ**, REsp. 1.171.721/SP, 2ª Turma, Rel. Herman Benjamin, j. 7/5/2013, DJe 23/5/2013)

E, com mais intensidade, o artigo 59 da Lei nº 8.666/1993, o qual dispõe que:

> Art. 59. A declaração de nulidade do contrato administrativo opera retroativamente impedindo os efeitos jurídicos que ele, ordinariamente, deveria produzir, além de desconstituir os já produzidos.

---

15 A respeito: MAZZILLI, *op. cit.*, p. 209.

> Parágrafo único. A nulidade não exonera a Administração do dever de indenizar o contratado pelo que este houver executado até a data em que ela for declarada e por outros prejuízos regularmente comprovados, contanto que não lhe seja imputável, promovendo-se a responsabilidade de quem lhe deu causa.

Como se vê, esse preceito disciplina a questão financeira nos casos de anulação do contrato administrativo. No *caput* dispõe que a nulidade tem efeito *ex tunc*. No parágrafo único enfatiza que o contratado só tem direito de receber pelo que houver executado quando a nulidade não lhe seja imputável. Além disso, prescreve a necessidade de ser promovida a responsabilidade de quem deu causa à anulação. Ou seja, é protegido apenas o contratado de boa-fé, aquele que não deu causa ao vício que conduziu à anulação do contrato. De fato, pois a expressão "contanto que não lhe seja imputável" tem algum efeito a produzir, uma vez que as normas jurídicas não têm palavras inúteis ou supérfluas, todas têm função e sentido próprios e, segundo o princípio da máxima efetividade, devem ser interpretados de acordo com o sentido que mais eficácia lhes dê[16]. E, tal consequência, por óbvio, é que quando o contratado dá ensejo ao vício não tem direito de receber pelo que houver prestado. Além disso, há determinação de promoção da responsabilidade de quem deu causa à anulação, regra que, além do contratado, aplica-se aos agentes públicos.

Então, das normas emanadas do artigo 59 da Lei nº 8.666/1993 fica claro que, independentemente de qualquer consideração quanto a enriquecimento sem causa, não é a Administração Pública que deve arcar com as gastos decorrentes de contrato administrativo nulo. Quem deve suportar tais despesas são aqueles que deram causa à nulidade, sejam agentes públicos ou contratados.

Essa interpretação condiz com o elemento sistemático[17]. É que, está em conformidade com o princípio da legalidade e com o regime jurídico administrativo. Ademais, é autorizada pelo elemento teleológico,

---

[16] A respeito: 1) CANOTILHO, José Joaquim Gomes. **Direito Constitucional e Teoria da Constituição**, 2. ed., Lisboa: Livraria Almedina, 1998, p. 1097; 2) BARROSO, *in op. cit.*, p. 130 e 235, inclusive nota 230; 3) BASTOS, *op. cit.*, p. 99-100; 4) MAXIMILIANO, Carlos, *in op. cit.*, p. 91.

[17] Sobre o elemento sistemático, vide nota 11.

porque em consonância com o desiderato que o preceito pretendeu alcançar e com o interesse que visou proteger[18]. Interpretação diversa é não atribuir efeito às expressões "contanto que não lhe seja imputável" e "promovendo-se a responsabilidade de quem lhe deu causa".

Ao comentar o artigo 59 da Lei nº 8.666/1993, Marçal Justen Filho aponta que o parágrafo único deste dispositivo prevê duas espécies de indenizações cabíveis ao contratado no caso de anulação do contrato administrativo: (a) ressarcimento por tudo que houver executado até a data em que for declarada a nulidade; (b) perdas e danos por outros prejuízos regularmente comprovados. Invocando o princípio da isonomia, o princípio republicano, a proteção à propriedade privada, a proibição de confisco e a vedação do enriquecimento sem causa, sustenta que o ressarcimento por tudo que o contratado houver executado até a data da declaração da nulidade sempre deve ser efetivado; ao passo que a indenização por outros prejuízos depende da situação subjetiva do contratado, pois se tiver dado causa à nulidade não terá direito a tal pagamento, a indenização terá menor extensão, ficará restrita ao ressarcimento por tudo que houver executado até a data em que for declarada a nulidade[19].

Não obstante o referido preceito legal estabelecer essas duas espécies de indenização, com o devido respeito, não faz a distinção mencionada. É que, a expressão "contanto que não lhe seja imputável" se refere às duas espécies de indenização ali previstas. Então, nas duas hipóteses o pagamento das indenizações depende da situação subjetiva do contratado: se a nulidade não lhe é imputável tem direito às indenizações; e, se deu causa ao vício não tem direito a nenhuma.

Hugo Nigro Mazzilli enfrentou a questão do prisma do administrador, aduzindo:

> [...] a autoridade superior que determinou a execução sem as cautelas legais, provada sua culpa (...), deverá, caso se negue a pagar

---

[18] Quanto ao elemento teleológico, lembre-se que a norma deve ser entendida de acordo com a finalidade que desejou alcançar, de modo que atinja completamente o objetivo para o qual foi concebida, devendo ser interpretada a favor e não em prejuízo do interesse que visou proteger. Neste sentido: 1) BONAVIDES, Paulo, *in op. cit.*, p. 402. 2) MAXIMILIANO, *in op. cit.*, p. 124 e 128.

[19] JUSTEN FILHO, Marçal. **Comentários à Lei de Licitações e Contratos Administrativos**, 15. ed. São Paulo: Dialética, 2012, p. 851-860.

espontaneamente, em ação regressiva indenizar o Erário por sua conduta ilícita. [...]

Ainda que devam receber pela obra ou serviços os que acaso os tenham realizado de boa-fé, pela sua retribuição, quando devida, deve arcar o administrador ímprobo que contratou indevidamente, e não a coletividade, que não pode ser obrigada a custear as contratações ilegais que o administrador tenha feito de seus favorecidos."[20]

Portanto, com base na interpretação do ordenamento jurídico, desde o artigo 37 da Constituição Federal, afirma-se que as verbas gastas pela Administração Pública para pagamento decorrentes de atos ou contratos nulos caracterizam lesão ao erário, independentemente de qualquer desequilíbrio econômico-financeiro.

## 4. ANÁLISE JURISPRUDENCIAL

Inicia-se a análise jurisprudencial sobre o dano indireto pelo julgamento do Recurso Especial nº 34.272-0, ocorrido em 12 de maio de 1993.

Trata-se de investidura ilícita no serviço público. O Município ajuizou pedido de reparação de danos contra o então Prefeito. O pedido foi improcedente em primeiro grau, mas o recurso foi provido pelo Tribunal de Justiça do Estado do Rio de Janeiro:

"RESPONSABILIDADE CIVIL. ATO DE PREFEITO. CONTRATAÇÃO DE SERVIDOR. ILEGALIDADE DO ATO. INDENIZAÇÃO AO ERÁRIO PÚBLICO.

Ação de reparação de dano proposta pelo Município contra ex-prefeito que autorizou a contratação de servidor, afrontando a disposição do art. 27 da Lei nº 7.644, de 29.06.88. Prejuízo ao erário público resultando do dispêndio decorrente da contratação ilegal. Reparação de dano devida pelo autor do ilícito. Procedência do pedido. Apelação voluntária provida, feito o reexame necessário da sentença."

(grifou-se – **TJRJ**, AC 90/91, 2ª Câmara Cível, Rel. Nelson Pecegueiro do Amaral)

---

[20] MAZZILLI, *op. cit.*, p. 209 e 210.

Porém, a 1ª Turma do Superior Tribunal de Justiça, por maioria de votos, alegando a vedação de enriquecimento sem causa, reformou essa decisão:

> SERVIDOR PÚBLICO – CONTRATAÇÃO – PERÍODO SOB VEDAÇÃO LEGAL – INVALIDAÇÃO DO ATO – RESPONSABILIDADE DO AGENTE POLÍTICO.
>
> Mesmo quando necessária, a nomeação do servidor não gera direito se em período que a lei veda expressamente. A invalidação do ato, entanto, por si mesma não acarreta a responsabilidade civil do agente político. Recurso provido."
>
> (grifou-se – **STJ**, REsp. 34.272-0, 1ª Turma, Rel. Garcia Vieira, j. 12/5/1993)[21]

No voto vencido, o Ministro Milton Luiz Pereira consignou:

> Contemplar-se esse sementeiro de descumprimento à ordem legal e de ofensa à moralidade administrativa com transigência ou resignação, seria desconsiderar ou subtrair inafastáveis e especiais consequências jurídicas do princípio norteador da obrigatória **legalidade dos atos administrativos** (art. 5º, II, e, art. 37, Constituição Federal), [...]
>
> [...]
>
> [...] . Desobedecida a norma (...), ocorre a **lesividade** ao patrimônio público. Bens jurídicos tutelados foram atingidos: **lato sensu**, o interesse público, que arcou com o custo social da nomeação abusiva e, **stricto sensu**, a **moralidade**, vitimada por conduta que levou a prática de **ato nulo** [...]
>
> [...]
>
> Digo mais. Não comungo porque o ato sob censura gerou efeitos econômicos (com obrigações financeiras suportadas pela Fazenda Municipal). A escusar-se a responsabilidade do administrador público, pela salvaguarda de que o empregado, em contraprestação, prestou serviços, será construir um estranho '**indene**' de impunidade em favor do agente político que praticou ato manifestamente

[21] Naquele momento o Superior Tribunal de Justiça, em julgado na lavra do mesmo relator, já havia decidido na mesma direção: **STJ**, REsp nº 20.316-1/RJ, 1ª Turma, Rel. Garcia Vieira.

> contra a lei – nexo causal das obrigações da relação de trabalho nascida de ato ilegal – criando-se inusitada convalidação dos efeitos de **ato nulo**. Será estimular o ímprobo a agir porque, a final, aquela contraprestação o resguardará contra ação de responsabilidade civil.
>
> [...]
>
> Enfim, a obrigação de indenizar nasce da prática de ato nulo, causadora de presumido dano à moralidade administrativa (o dano é a ofensa à legalidade e à moralidade), cuja mensuração, para efeito de reparação material, tem por parâmetro o efetivo dispêndio feito pelo erário, como decorrentes de despesas forçadas pelo ato ilegal.
>
> (grifou-se, negritos no original)[22]

Pelo relatório e razões do voto vencido, nota-se que desde aquele julgamento havia dissídio jurisprudencial. Com o passar dos anos as divergências continuaram.

Em consonância com o regime jurídico administrativo há julgados reconhecendo a lesão ao erário com o gasto de verbas decorrentes de atos administrativos nulos.

Nessa diretriz existem arestos de Tribunais Estaduais, *v.g.*:

> "AÇÃO CIVIL PÚBLICA – AGRAVO RETIDO NÃO CONHECIDO – OFENSA AO DISPOSTO NO ART. 523 DO CPC – SENTENÇA EXTRA E CITRA PETITA – INOCORRÊNCIA – SUPRESSÃO DA MULTA IMPOSTA POR LITIGÂNCIA DE MÁ-FÉ – TEMPESTIVIDADE DO RECURSO ADESIVO – CONTRATAÇÃO DE SERVIDORES MUNICIPAIS SEM A REALIZAÇÃO DE CONCURSO PÚBLICO – NULIDADE DAS CONTRATAÇÕES – IMPROBIDADE ADMINISTRATIVA CONFIGURADA – VIOLAÇÃO DO ART. 37, II DA CONSTITUIÇÃO FEDERAL E ART. 11 DA LEI 8.429/92 – RECURSO DE APELAÇÃO CONHECIDO E PARCIALMENTE PROVIDO – RECURSO ADESIVO CONHECIDO E PROVIDO.
>
> [...]
>
> O art. 37, II da Constituição Federal exige, para a investidura de cargo ou emprego público a aprovação prévia em concurso

---

[22] Antes deste o Ministro Milton Luiz Pereira já havia se pronunciado no mesmo diapasão em outro aresto do Superior Tribunal de Justiça: **STJ**, REsp nº 20.715-4/RJ.

> público, e, sendo preceito obrigatório, é irrelevante que os serviços foram efetivamente prestados para o Município.
>
> Diante da nulidade das contratações, resta configurada a improbidade administrativa e o dever de restituir aos cofres públicos os valores gastos com as remunerações dos servidores contratados sem a realização de prévio concurso público.
>
> (grifou-se – **TJPR**, Ap. Civ. 351489-6, Acórdão nº 27276, Maringá, 4ª Câmara Cível, Relatora Anny Mary Kuss, DJPR 16/3/2007) [23]

O Supremo Tribunal Federal também já se manifestou sobre o assunto:

> AÇÃO POPULAR – PROCEDENCIA – PRESSUPOSTOS.
>
> Na maioria das vezes, a lesividade ao erário público decorre da própria ilegalidade do ato praticado. Assim o é quando dá-se a contratação, por município, de serviços que poderiam ser prestados por servidores, sem a feitura de licitação e sem que o ato administrativo tenha sido precedido da necessária justificativa.
>
> (**STF** – RE nº 160381/SP, 2ª Turma, Rel. Marco Aurélio, j. 29/3/1994, DJ 12/8/1994)

Mas, é o Superior Tribunal de Justiça a corte com maior interesse para o presente estudo. Nesse pretório há divergência sobre o assunto.

Existem julgados reconhecendo o dano indireto, valendo destacar:

> PROCESSUAL CIVIL E ADMINISTRATIVO. OFENSA AO ART. 535 DO CPC. INOCORRÊNCIA. FRACIONAMENTO

[23] No mesmo diapasão, *v.g.*: **1) TJPR**, AC 657.890-9, 4ª Câmara Cível, Rel. Luís Carlos Xavier, j. 14/9/2010; **2) TJPR**, AC 138.769-7, 7ª Câmara Cível, Rel. Mário Helton Jorge, DJPR 20/12/2004; **3) TJPR**, AC 94.007-2, 6ª Câmara Cível, Rel. Leonardo Lustosa, DJPR 5/3/2001, p.20; **4) TJSP**, AC 741.592.5/2, 11ª Câmara de Direito Público, Rel. Pires de Araújo, j. 23/6/2008, DJESP 8/7/2008; **5) TJSP**, APL-Rev 680204.5/0, 6ª Câmara de Direito Público, Relator Carlos Eduardo Pachi, j. 2/6/2008, DJESP 10/9/2008; **6) TJMG**, AC 1.0000.00.248319-6/000, 4ª Câmara Cível, Rel. Bady Curi, j. 24/4/2003, DJMG 14/8/2003; **7) TJMG**, AC 1.0000.00.345639-9/000, 4ª Câmara Cível, Relator Mário Lúcio Carreira Machado, DJMG 24/1/2006; **8) TJMG**, AC 1.0386.04.000379-3/0011, 7ª Câmara Cível, Rel. Wander Marotta, DJEMG 22/8/2008; **9) TJMG**, AC 1.0000.00.201987-5/000, 3ª Câmara Cível, Rel. Isalino Romualdo da Silva Lisboa, DJMG 14/12/2001.

DE OBJETO PARA PROVOCAR DISPENSA. **PREJUÍZO AO ERÁRIO IN RE IPSA**. [...].

1. Trata-se, na origem, de ação civil pública para provocar a declaração de nulidade de contrato administrativo, com consequente reparação de danos, em razão de ter havido fracionamento de objeto licitado com o objetivo de permitir a dispensa de licitação.

2. O acórdão recorrido entendeu que a irregularidade estava provada, mas que não haveria como se anular o contrato para garantir o ressarcimento, uma vez que não existiria, nos autos, prova de efetivo prejuízo ao erário. Além disso, a origem fundamentou descartou a caracterização de prejuízos por ter havido prestação do serviço contratado.

3. Nas razões recursais, sustenta a parte recorrente ter havido violação aos arts. 535 do Código de Processo Civil (CPC) – porque o acórdão seria omisso -, 4º, inc. III, a, da Lei n. 4.717/65, 2º do Decreto-lei n. 2.300/86 e 159 do Código Civil de 1916 – ao argumento de que a violação ao procedimento licitatório, embora não possa configurar improbidade administrativa na espécie, por questões referentes a direito intertemporal (não havia a Lei n. 8.429/92), é motivo que enseja a nulidade do ato e o consequente ressarcimento ao erário – e 333 e 372 do CPC – [...]

[...]

5. **No mais, é de se assentar que o prejuízo ao erário, na espécie** (fracionamento de objeto licitado, com ilegalidade da dispensa de procedimento licitatório), **que geraria a lesividade apta a ensejar a nulidade e o ressarcimento ao erário, é *in re ipsa***, na medida em que o Poder Público deixa de, por condutas de administradores, contratar a melhor proposta (no caso, em razão do fracionamento e consequente não-realização da licitação, houve verdadeiro direcionamento da contratação).

[...]

8. Não fosse isto bastante, toda a sistemática legal colocada na Lei nº 8.666/93 e no Decreto-lei nº 2.300/86 baseia-se na presunção de que a obediência aos seus ditames garantirá a escolha da melhor proposta em ambiente de igualdade de condições.

9. Dessa forma, milita em favor da necessidade de procedimento licitatório precedente à contratação a presunção de que,

> na sua ausência, a proposta contratada não será a economicamente mais viável e menos dispendiosa, daí porque o prejuízo ao erário é notório. Precedente: REsp 1.190.189/SP, de minha relatoria, Segunda Turma, DJe 10.9.2010.
>
> 10. **Despicienda, pois, a necessidade de prova do efetivo prejuízo porque, constatado, ainda que por meio de inquérito civil, que houve indevido fracionamento de objeto e dispensa de licitação injustificada** (novamente: essas foram as conclusões da origem após análise dos autos), **o prejuízo é inerente à conduta**. Afinal, não haveria sentido no esforço de provocar o fracionamento para dispensar a licitação se fosse possível, desde sempre, mesmo sem ele, oferecer a melhor proposta, pois o peso da ilicitude da conduta, peso este que deve ser conhecido por quem se pretende administrador, faz concluir que os envolvidos iriam aderir à legalidade se esta fosse viável aos seus propósitos.
>
> [...]
>
> 12. Recurso especial parcialmente provido.
>
> (grifou-se e destacou-se – **STJ**, REsp nº 1.280.321/MG, Rel. Mauro Campbell Marques, j. 6/3/2012, Dje 9/3/2012) [24]

Mas, boa parte da jurisprudência do Superior Tribunal de Justiça está em sentido oposto. Invocando a vedação do enriquecimento sem causa, não reconhece a lesão ao erário sem a comprovação de um "dano efetivo". A título de exemplo:

> ADMINISTRATIVO E PROCESSUAL CIVIL. AÇÃO CIVIL PÚBLICA. IMPROBIDADE ADMINISTRATIVA. CONTRATAÇÃO SEM A REALIZAÇÃO DE CONCURSO PÚBLICO. ART. 11 DA LEI 8.429/1992. CONFIGURAÇÃO DO DOLO GENÉRICO. PRESCINDIBILIDADE DE DANO AO ERÁRIO.

---

[24] Na mesma linha, *v.g.*: **1) STJ**, Resp. 579.541/SP, 1ª Turma, Rel. José Delgado, j. 17/2/2004, DJ 19/4/2004, p. 165; **2) STJ**, REsp. 479.812, Agr. Reg. no REsp. 2002/0130796-0, 2ª Turma, Relator Humberto Martins, j. 2/8/2007, DJ 14/8/2007, p. 281; **3) STJ**, REsp. 1.190.189/SP, 2ª Turma, Rel. Mauro Campbell Marques, j. 10/8/2010, DJe 10/9/2010; **4) STJ**, REsp. nº 817.921, 2ª Turma, Rel. Castro Meira, j. 27/11/2012, Dje 6/12/2012; **5) STJ**, Resp. nº 1.171.721/SP, 2ª Turma, Rel. Herman Benjamin, j. 7/5/2013, DJe 23/5/2013; **6) STJ**, AgRg nos EDcl no AREsp: 178852/RS, 2ª Turma, Rel. Herman Benjamin, j. 14/5/2013, DJe 22/05/2013.

RESSARCIMENTO. DESCABIMENTO. CONTRAPRESTAÇÃO DE SERVIÇOS. IMPOSSIBILIDADE DE ENRIQUECIMENTO ILÍCITO DA ADMINISTRAÇÃO. SANÇÃO DO ART. 12, III, DA LEI 8.429/1992. NECESSIDADE DE EFETIVA COMPROVAÇÃO DE PREJUÍZO PATRIMONIAL.

[...]

4. É indevido o ressarcimento ao Erário dos valores gastos com contratações irregulares sem concurso público, pelo agente público responsável, quando efetivamente houve contraprestação dos serviços, para não se configurar enriquecimento ilícito da Administração (*EREsp 575.551/SP, Rel. Ministra NANCY ANDRIGHI, CORTE ESPECIAL, julgado em 01/04/2009, DJe 30/04/2009*).

[...]

6. A sanção de ressarcimento, prevista no art. 12, inciso III, da Lei 8.429/1992, só é admitida na hipótese de ficar efetivamente comprovado o prejuízo patrimonial ao erário. Precedentes.

7. Recurso especial parcialmente provido.

(grifou-se – **STJ**, Resp nº 1214605/SP, 2ª Turma, Rel. Eliana Calmon, j. 6/6/2013, DJe 13/6/2013)[25]

## 5. INAPLICABILIDADE DA TEORIA DO ENRIQUECIMENTO SEM CAUSA PARA OS ATOS ADMINISTRATIVOS NULOS

Os arestos que não reconhecem o dano indireto nos casos de atos ou contratos administrativos nulos, exigindo a comprovação de um "dano efetivo", basicamente, estão fundamentados na vedação de enriquecimento sem causa.

[25] Na mesma linha, *v.g.*: **1) STJ**, Resp. nº 439.280/RS, 1ª Turma, Rel. Luiz Fux, j. 1/4/2003, DJ 16/6/2003; **2) STJ**, Resp. 753.039/PR, 1ª Turma, Rel. Luiz Fux, DJe 3/9/2007, p. 122; **3) STJ**, Resp. nº 1.113.843/PR, 1ª Turma, Rel. Benedito Gonçalves, j. 3/9/2009, DJe 16/9/2009; **4) STJ**, AgRg no REsp. nº 1.177.579/PR, 1ª Turma, Rel. Benedito Gonçalves, j. 16/8/2011, DJe 19/8/2011; **5) STJ,** Resp. nº 1.228.306/PB, 2ª Turma, Rel. Castro Meira, j. 9/10/2012, DJe 18/10/2012; **6) STJ**, Resp. nº 1.173.677/MG, 1ª Turma, Rel. Napoleão Nunes Maia Filho, j. 20/8/2013, DJe 30/8/2013; **7) STJ**, Resp. nº 1.395.771/SP, 2ª Turma, Rel. Humberto Martins, j. 5/11/2013, DJe 14/11/2013.

Porém, como ponderado por Sérgio Ferraz e Lúcia Valle Figueiredo, além da teoria do enriquecimento sem causa não se amoldar totalmente ao Direito Administrativo, visa possibilitar a indenização de pessoas de boa-fé em razão da anulação de contratos, não impedir a indenização por quem deu causa à nulidade[26].

Ademais, como define De Plácido e Silva:

> "O *enriquecimento ilícito* ou *sem causa* é o que se promove empobrecendo injustamente outrem, sem qualquer razão jurídica, isto é, sem ser fundado numa operação jurídica considerada lícita ou uma disposição legal". (grifou-se) [27].

Ora, na anulação de atos administrativos o "empobrecimento" de quem deu causa à nulidade não é injusto. É derivado do ato ilícito que praticou. Além disso, como visto, advém de disposição legal, do regime jurídico administrativo erigido desde o artigo 37 da Carta Magna e de normas infraconstitucionais.

Portanto, como leciona Hugo Nigro Mazzilli, ao tratar dessa hipótese:

> [...] . Não estaremos diante do chamado enriquecimento sem causa. Isso porque o prestador do serviço, o fornecedor ou executor da obra serão indenizados, na medida em que tiverem agido de boa-fé. Entretanto, a autoridade superior que determinou a execução sem as cautelas legais, provada sua culpa (...), deverá, caso se negue a pagar espontaneamente, em ação regressiva indenizar o Erário por sua conduta ilícita. O patrimônio enriquecido, o da comunidade e nunca o da Administração (pois esta é a própria comunidade), não o terá sido sem ausência de título jurídico. Mas sim, em decorrência de uma lesão aos seus valores fundamentais, como o da moralidade administrativa.
>
> [...]
>
> Não só não pode a Administração locupletar-se ilicitamente, como ainda não pode realizar despesas não autorizadas em lei. (grifou-se)[28]

---

26 FERRAZ; FIGUEIREDO, *op. cit.*, p. 85-109.

27 SILVA, de Plácido. **Vocabulário Jurídico**. 24ª ed. Atualizada por Nagib Salibi Filho e Gláucia Carvalho. Rio de Janeiro: Forense, 2004, p. 532.

28 MAZZILLI, *op. cit.,* p. 209 e 210.

Aliás, é o que reconhece o parágrafo único, do artigo 59, da Lei nº 8.666/93, que determina indenização ao contratado de boa-fé – que não dá ensejo à anulação -, mas impõe responsabilização de quem causa a nulidade, seja contratado ou agente público.

Marçal Justen Filho, embora não admita o dano indireto, reconhece que quem dá causa à nulidade não pode ser socorrido pela vedação do enriquecimento ilícito:

> Por igual, **o particular que tiver atuado maliciosamente não pode ser beneficiado pela teoria da vedação ao enriquecimento sem causa**, que se funda em juízo ético-moral. Aquele que atuou de modo reprovável eticamente não pode invocar benefícios fundados na equidade. [...]
>
> Antes de tudo, restringe-se a proteção jurídica para situações fáticas ilícitas geradas por colusão entre a Administração Pública e um particular. Ou seja, se a Administração e o particular estiverem conluiados para fraudar a regra legal, não é possível dar à situação concreta o tratamento reservado precisamente para uma contratação válida. Ou, por outra via, não se poderia invocar a tese da responsabilidade civil do Estado aquele que tivesse atuado de modo reprovável para fraudar a lei e produzir situação concreta qualificável como ilícita.
>
> [...]
>
> Nesse sentido é que se afirma que **a boa-fé do terceiro caracteriza-se quando não concorreu por sua conduta, para concretização do vício ou quando não teve conhecimento (nem tinha condições de conhecer) sua existência**. ...
>
> [...]. Insiste-se na tese de que o particular não poderá ser beneficiado quando tiver atuado visando fraudar a lei. Nem poderá pretender proteção quando existir infração clara e inquestionável ao Direito, que pudesse e devesse ser de seu conhecimento.
>
> [...]
>
> Não pode tutelar-se aquele que, tendo pleno conhecimento sobre a irregularidade de certa prática, pretende criar situação repudiada pelo Direito e daí obter vantagens – indevidas, portanto. (grifou-se e destacou-se)[29]

[29] JUSTEN FILHO, *op. cit.*, p. 855 e 857.

Estando claro que a vedação ao enriquecimento sem causa protege apenas o contratado de boa-fé, não pode ser invocada por quem causa à nulidade, seja contratado ou agente público. Isto é, ainda que reconhecido o direito do contratado de boa-fé receber pelo que prestou, quem dá ensejo à anulação do ato ou contrato administrativo deve arcar com a despesa ilícita. Neste sentido há decisões do Superior Tribunal de Justiça:

> ADMINISTRATIVO. AÇÃO POPULAR. PROCEDIMENTO LICITATÓRIO. DESOBEDIÊNCIA AOS DITAMES LEGAIS. CONTRATO DE QUANTIA VULTOSA. DESIGNAÇÃO DA MODALIDADE "TOMADA DE PREÇOS" NO LUGAR DE "CONCORRÊNCIA PÚBLICA". INSERÇÃO NO EDITAL DE CLÁUSULAS RESTRITIVAS DO CARÁTER COMPETITIVO DO CERTAME E ESTABELECIMENTO DE CLÁUSULAS QUE PERMITIRAM PREFERÊNCIAS E DISTINÇÕES INJUSTIFICADAS. DESVIRTUAMENTO
>
> DO PRINCÍPIO DA IGUALDADE ENTRE OS LICITANTES. OFENSA AOS PRINCÍPIOS DA LEGALIDADE E MORALIDADE ADMINISTRATIVAS. LESÃO AO ERÁRIO PÚBLICO CONFIGURADA. NULIDADE. PRESERVAÇÃO DO POSICIONAMENTO DO JULGADO DE SEGUNDO GRAU.
>
> [...]
>
> 4. As alegativas de afronta ao teor do parágrafo único do art. 49 do DL 2.300/86 e do parágrafo único do art. 59 da Lei 8.666/93 não merecem vingar. **A nulidade da licitação ou do contrato só não poderia ser oposta aos recorrentes se agissem impulsionados pela boa-fé**. No caso, vislumbra-se que houve concorrência dos mesmos, pelas condutas descritas, para a concretização do ato de forma viciada, ou seja, com o seu conhecimento. Há de ser prontamente rechaçada a invocação de que a Administração se beneficiou dos serviços prestados, porquanto tornou públicos os atos oficiais do Município no período da contratação, de modo a não se permitir a perpetração do enriquecimento ilícito. **A indenização pelos serviços realizados pressupõe tenha o contratante agido de boa-fé**, o que não ocorreu na hipótese. **Os recorrentes não são terceiros de boa-fé, pois participaram do ato, beneficiando-se de sua irregularidade**. O que deve ser preservado é o interesse de terceiros que de qualquer modo se vincularam ou contrataram com a Administração em razão do serviço prestado.

> 5. **O dever da Administração Pública em indenizar o contratado só se verifica na hipótese em que este não tenha concorrido para os prejuízos provocados**. O princípio da proibição do enriquecimento ilícito tem suas raízes na equidade e na moralidade, não podendo ser invocado por quem celebrou contrato com a Administração violando o princípio da moralidade, agindo com comprovada má-fé.
>
> 6. Recursos especiais improvidos.
>
> (grifou-se – **STJ**, Resp. 579.541/SP, 1ª Turma, Rel. José Delgado, j. 17/2/2004, DJ 19/4/2004, p. 165) [30]

Ademais, conforme Sérgio Ferraz e Lúcia Valle Figueiredo: "[...] quem gastar em desacordo com a lei, há de fazê-lo por sua conta, risco e perigos. Pois impugnada a despesa, a quantia gasta irregularmente terá de retornar ao Erário Público" [31].

> Ou, como diz Hugo Nigro Mazzilli:
>
> É preciso deixar claro que está em questão um princípio: pode o administrador contratar impunemente, sem concurso ou concorrência, fazendo *tabula rasa* da lei?
>
> Se o administrador puder fazê-lo, poderá, então, contratar impunemente seus parentes ou apaniguados para ocuparem sinecuras ou fazerem obras que terceiros poderiam fazer melhor e mais barato para a Fazenda Pública.
>
> Em matéria de dinheiros públicos, "quem gastar, tem que gastar de acordo com a lei" – corretamente anotou Batista Ramos.[32]

É que, como argumentado, sendo o ato ou contrato administrativo nulo o pagamento respectivo é ilícito e, por isso, indevido pela Administração Pública. Não deve ser suportado pela coletividade, mas por quem deu causa ao vício. Pois, como apontado pelo Ministro Milton Luiz Pereira, o interesse público não pode arcar com contratações abusivas, forçadas por ato ilegal [33].

---

30 Na mesma linha, *v.g.*: **1) STJ**, AgRg no AI 1.056.922/RS, 2ª Turma, Rel. Mauro Campbell Marques, j. 10/2/2009, DJe 11/3/2009; **2) STJ**, Resp. 440.178/SP, 1ª Turma, Rel. Francisco Falcão, j. 8/6/2004, DJ 16/8/2004, p. 135; **3) STJ**, REsp nº 317.463/SP, Rel. João Otávio de Noronha, j. 16/3/2004, Dje 3/4/2004, p. 126.

31 FERRAZ; FIGUEIREDO, *op. cit.*, p. 93.

32 MAZZILLI, *op. cit.*, p. 208.

33 Voto vencido proferido no REsp. 34.272-0, da 1ª Turma do STJ.

Portanto, com o devido respeito, a teoria do enriquecimento sem causa não é fundamento válido para afastar a caracterização de lesão ao erário do pagamento de despesas geradas de atos ou contratos administrativos nulos.

## 6. HARMONIZAÇÃO ENTRE O REGIME JURÍDICO ADMINISTRATIVO E OUTROS PRINCÍPIOS CONSTITUCIONAIS

Os únicos argumentos de fundo constitucional opostos ao reconhecimento do dano indireto são o princípio da isonomia, o princípio republicano, a proteção à propriedade privada e a proibição de confisco[34]. Nesta perspectiva haveria um aparente choque de normas constitucionais. De um lado o princípio da estrita legalidade, que, como apontado, só permite a realização de despesas públicas com suporte jurídico válido, e, de outro os princípios citados por Marçal Justen Filho.

Para solucionar esses conflitos deve-se lembrar que, segundo o princípio da unidade, a Constituição é um todo harmônico, não possuindo antagonismos, de forma que normas aparentemente em conflito devem harmonizar-se no momento da concretização. Essa compatibilização ocorre através de um processo de cedência recíproca, que possibilite a aplicação ótima de cada princípio, de forma que cada qual encontre seu âmbito de incidência[35]. Conquanto a solução definitiva somente seja possível no caso concreto, é admissível estabelecer alguns critérios apriorísticos.

Quanto aos princípios da isonomia e republicado salienta-se que têm uma aplicação apenas indireta no caso tratado, tendo o princípio da estrita legalidade uma incidência bem mais específica, razão pela qual, ainda que aprioristicamente, é notório que no caso em discussão deve prevalecer em razão da especialidade, pois os princípios da isonomia e

---

[34] Como citado por JUSTEN FILHO, *op. cit.*, p. 851.

[35] A respeito: 1) CANOTILHO, *op. cit.*, p. 1035-1036 e 1096-1097; 2) BARROSO, *op. cit.*, p. 134-136 e 189-195; 3) BONAVIDES, *op. cit.*, p. 405; 4) BASTOS, *op. cit.*, p. 99, inclusive nota 3, e 321; 5) COELHO, Inocêncio Mártires. **Interpretação Constitucional**. Porto Alegre: Sérgio Fábris, 1997, p. 80-86. 6) HESSE, Konrad. **Escritos de Derecho Constitucional**, tradução de Pedro Cruz Villalon, 2ª ed., Madrid, Espanha: Centro de Estudios Constitucionales, 1992, p. 45-46.

republicano não têm pretendem validar uma despesa pública decorrente de ato ilícito e/ou nulo. Então, os princípios da isonomia e republicano não têm o condão de alterar a conclusão de que existe lesão ao erário no pagamento de despesas oriundas de atos ou contratos administrativos nulos.

No pertinente ao embate do princípio da estrita legalidade com a proteção à propriedade privada e da proibição ao confisco, o parâmetro contido no parágrafo único, do artigo 59, da Lei nº 8.666/1993, "contanto que não lhe seja imputável", verificado com prudência diante do caso concreto, é um bom critério para nortear o âmbito de incidência desses princípios. Não apenas para licitações e contratos, mas para todos os casos de anulação de atos administrativos. Embora se trate de dispositivo de norma infraconstitucional não se está interpretando a Carta Magna a partir de uma regra inferior, apenas invocando um critério de interpretação, uma espécie de *topoi*.

Por evidente, a conduta que causa a anulação do ato ou contrato administrativo deve ser uma ação ilícita consciente, não mero descuido. Uma coisa é contratar com a Administração Pública com dispensa indevida de licitação na crença de que isso estava correto. Outra coisa é contratar com o Poder Público depois de licitação dirigida, fraudada ou dispensada através de conluio. Marçal Justen Filho caracterizou bem essa distinção:

> [...]. Colocando a questão nos termos do Direito brasileiro, poderia distinguir-se entre contratos nulos por vício de forma e por ilicitude de objeto, por exemplo. Assim, aqueles poderiam gerar direito à repetição, enquanto esses não gerariam tais efeitos.
>
> [...]
>
> Mas os próprios termos em que colocada a questão conduzem à impossibilidade de reprovar-se a conduta do sujeito que se submete, pura e simplesmente, ao princípio da presunção de validade do ato administrativo.
>
> Um exemplo prático permite compreender a diferença. Imagine-se que a Administração instaure licitação sem observância dos pressupostos necessários. Um particular, confiando na lisura de todo e qualquer ato concreto do Poder Público, comparece ao certame, obtém vitória e é contratado. [...].

> Outra será a situação quando se evidenciar que o particular tinha efetiva ciência dos defeitos e, mais ainda, deles se pretendia prevalecer como instrumento para seu próprio benefício.
>
> [...]
>
> Ou seja, não é possível afastar a responsabilidade administrativa senão quando o particular desenvolve atividade de colaboração efetiva para a consumação da ilicitude. (grifou-se)[36]

O mesmo aplica-se ao agente público, inclusive com avaliação mais rigorosa. É que, além de ser quem pratica o ato em nome do Estado, tem dever de lealdade às instituições e de cumprir rigorosamente o princípio da estrita legalidade.

Assim, a harmonização dos princípios em tela é possível quando se reconhece o direito a receber pelo que foi prestado apenas ao contratado de boa-fé, pois quem não deu causa à nulidade não deve sofrer injusto prejuízo. Mas, por outro lado, se reconhece que a Administração Pública (coletividade) não deve ser forçada a pagar despesas ilícitas para (ou no lugar de) quem age ilicitamente. Ou seja, quem deve arcar com os custos de atos ou contratos administrativos nulos é quem deu causa do vício que acarretou a nulidade.

## 7. EXEMPLOS DE OUTROS DANOS SEM DESEQUILÍBRIO ECONÔMICO-FINANCEIRO

Por fim, deve ser lembrado que mesmo no âmbito do Direito Privado há reconhecimento de danos sem a existência de desequilíbrio econômico-financeiro, importando em indenização que gera ganho ao indenizado sem contraprestação para quem paga o valor respectivo.

Isso ocorre, pelo menos, com indenizações por danos morais (artigo 186 do Código Civil), com a desnecessidade de pagamentos de benfeitorias voluptuárias que não se possam levantar sem detrimento da coisa mesmo no caso do possuidor de boa-fé (artigo 1219 do Código Civil) e com a prescindibilidade de ressarcir as benfeitorias não necessárias ao possuidor de má-fé (artigo 1220 do Código Civil).

---

36 JUSTEN FILHO, *op. cit.*, p. 855 e 857.

No caso do dano moral, o dever de indenização tem base na ofensa sofrida pela vítima e não em prejuízo material. Por exemplo, o direito de indenização decorrente da inclusão indevida do nome de uma pessoa em cadastro devedores não necessita prova de diminuição econômico-financeira, e, o pagamento da indenização importará em aumento patrimonial para a vítima sem contraprestação econômica ao agressor.

O mesmo ocorre com quem constrói benfeitorias voluptuárias em bem alheio que não possam ser levantadas sem detrimento da coisa. Ainda que de boa-fé, perde essas benfeitorias para o proprietário. Se de má-fé, o mesmo ocorre em relação a todas as benfeitorias úteis e voluptuárias. Essas situações importam em acréscimo financeiro ao dono da coisa sem que ele tenha efetuado despesa correspondente, bem como em redução patrimonial para quem construiu que não corresponde a qualquer contraprestação ou benefício econômico.

Em todos esses casos, como nos atos e contratos administrativos nulos, o fundamento da indenização não é um desequilíbrio econômico-financeiro, uma lesão de caráter material, mas o descumprimento de uma norma jurídica, uma conduta ilícita.

E, em nenhuma dessas hipóteses do Direito Civil coloca-se o anteparo da vedação de enriquecimento sem causa. Entende-se que o empobrecimento do agressor não é injusto, advém de uma violação ao ordenamento jurídico. É a mesma situação de quem dá causa à anulação de ato ou contrato administrativo.

## 8. CONCLUSÃO

Portanto, com o devido respeito, há equívoco da parte da jurisprudência que afasta o dano indireto apenas com a alegação de impossibilidade de enriquecimento ilícito da Administração Pública, argumentando que o dano de ser "efetivo". Esses arestos ignoram o regime jurídico administrativo, em especial o princípio da estrita legalidade, além de diversas normas infraconstitucionais que disciplinam as consequências da anulação de atos ou contratos administrativos. Também não vislumbram o dano à coletividade decorrente de ofensa à legalidade. E, ampliam a incidência da vedação de enriquecimento sem causa para abarcar situações que vão além da proteção ao contratado de boa-fé, que é o limite de seu campo de aplicação.

O certo é que, seja pelo regime jurídico administrativo construído a partir do artigo 37 da Constituição da República, em especial o princípio da estrita legalidade; seja por diversas normas infraconstitucionais, dentre as quais o artigo 59 da Lei nº 8.666/1993 e o artigo 10, VIII, da Lei nº 8.429/1992; o ordenado jurídico pátrio reconhece a lesão ao erário decorrente de pagamentos de atos ou contratos administrativos nulos, ainda que não exista um desequilíbrio econômico-financeiro – dano indireto.

Enfim, quem deve suportar as despesas decorrentes de atos ou contratos administrativos nulos não é o contratado de boa-fé, tampouco a Administração Pública, mas quem efetivamente deu causa à nulidade, a quem o vício é imputável.

Por isso, com mais razão os julgados que reconhecem o dano indireto, uma lesão ao erário *in re ipsa*, decorrente da prática de ato ilícito, ao qual corresponde dispêndio forçado para a coletividade, que não pode arcar com contratações abusivas.

## 9. BIBLIOGRAFIA

BARROSO, LUÍS ROBERTO. Interpretação e Aplicação da Constituição, 3. ed. São Paulo: Saraiva, 1999.

BASTOS, Celso Ribeiro. Comentários à Constituição do Brasil, 3º vol., tomo III, São Paulo: Saraiva.

___ Curso de Direito Constitucional, 12. ed., São Paulo: Saraiva, 1990.

BONAVIDES, Paulo. Curso de Direito Constitucional, 7. ed., 2. tiragem, São Paulo: Malheiros, 1998.

CANOTILHO, José Joaquim Gomes. Direito Constitucional e Teoria da Constituição, 2. ed., Lisboa: Livraria Almedina, 1998.

COELHO, Inocêncio Mártires. Interpretação Constitucional. Porto Alegre: Sérgio Fábris, 1997.

DI PIETRO, Maria Sylvia Zanella. Direito Administrativo, 6. ed. São Paulo, Atlas, 1996.

FERRAZ, Sérgio; FIGUEIREDO, Lúcia Valle. Posição das Cortes de Contas no Controle dos Contratos. In: Dispensa e Inexigibilidade de Licitação,

FERRAZ, Sérgio; FIGUEIREDO, Lúcia Valle. 3. ed, São Paulo, Malheiros, 1994.

FIGUEIRDO, Lúcia Valle, Curso de Direito Administrativo, São Paulo: Malheiros, 1994.

FREITAS, Juarez, Interpretação Sistemática do Direito, São Paulo: Malheiros, 1995.

GARCIA, Emerson. In: GARCIA, Emerson; Alves, Rogério Pacheco. Improbidade Administrativa. 7. ed. São Paulo: Saraiva, 2013.

GASPARINI, Diógenes. Direito Administrativo, 3 ed. São Paulo: Saraiva, 1993.

HESSE, Konrad. Escritos de Derecho Constitucional, tradução de Pedro Cruz Villalon, 2ª ed., Madrid, Espanha: Centro de Estudios Constitucionales, 1992, p. 45-46.

JUSTEN FILHO, Marçal. Comentários à Lei de Licitações e Contratos Administrativos, 15. ed. São Paulo: Dialética, 2012.

MANCUSO, Rodolfo de Camargo. Ação Popular, proteção do erário, do patrimônio público, da moralidade administrativa e do meio ambiente, *in* Coleção Controle jurisdicional dos atos do Estado, Coord. Teresa Arruda Alvim Wambier, 2ª edição, São Paulo: RT, 1996, p

MARTINS JÚNIOR, Wallace Paiva. Probidade Administrativa, 4. ed, São Paulo: Saraiva, 2009.

MAXIMILIANO, CARLOS, Hermenêutica e Aplicação do Direito, 20. ed. Rio de Janeiro: Forense, 2011.

MAZZILLI, Hugo Nigro. A Defesa dos Interesses Difusos em Juízo, 25. ed. São Paulo: Saraiva, 2012.

MEIRELLES, Hely Lopes. Direito Administrativo Brasileiro, 25. ed. São Paulo: Malheiros, 2000.

___ Mandado de Segurança, Ação Popular, Ação Civil Pública. Mandado de injunção, "Habeas Data", 13. ed., São Paulo: RT, 1989.

MELLO, Celso Antônio Bandeira de. Curso de Direito Administrativo, 9. ed. São Paulo: Malheiros, 1997.

MORAES, Alexandre de MORAES. Direito Constitucional, 5. ed, São Paulo: Atlas, 1999.

PACHECO, José da Silva. O Mandado de Segurança e outras ações constitucionais típicas, São Paulo: RT, 1990.

PEREIRA, Caio Mário da Silva. Instituições de Direito Civil, vol. III, 7. ed. Rio de Janeiro: Forense, 1984.

REALE, Miguel. Revogação e Anulamento do Ato Administrativo, 2. ed., Rio de Janeiro: Forense, 1980.

RODRIGUES, Sílvio. Direito Civil: Responsabilidade Civil, vol. IV, 13. ed. São Paulo: Saraiva, 1993.

SILVA, de Plácido. Vocabulário Jurídico. 24ª ed. Atualizada por Nagib Salibi Filho e Gláucia Carvalho. Rio de Janeiro: Forense, 2004.

VENOSA, Silvio de Salvo VENOSA. Direito Civil: Teoria Geral das Obrigações e Teoria Geral dos Contratos, vol. II, 6. ed. São Paulo: Atlas, 2006.

# O ATO DE IMPROBIDADE ADMINISTRATIVA QUE ATENTA CONTRA OS PRINCÍPIOS DA ADMINISTRAÇÃO PÚBLICA

*Walter Claudius Rothenburg*[1]

*Sumário. 1. Introdução. 2. O que são atos de improbidade administrativa que atentam contra os princípios da Administração Pública. 3. Quem pode praticar atos de improbidade administrativa que atentam contra os princípios da Administração Pública. 4. As sanções para os atos de improbidade administrativa que atentam contra os princípios da Administração Pública. 5. O aspecto subjetivo dos atos de improbidade administrativa que atentam contra os princípios da Administração Pública: dolo ou culpa? 6. Referências bibliográficas.*

## 1. INTRODUÇÃO

Todo ato de improbidade administrativa atenta contra algum princípio da Administração Pública.

Uma observação preliminar de caráter teórico: a expressão "princípio" é tomada no sentido corrente em Direito, de norma jurídica dotada de grande valor, abrangência, indeterminação relativa (vagueza), ponderabilidade e sistematização funcional.[2] As normas mais específicas (que se convenciona distinguir como "regras") costumam guardar relação de derivação e subordinação a princípios, sendo excepcional – embora possível – a existência de uma regra contrária a

---

[1] Procurador Regional da República, Mestre e Doutor pela UFPR, Pós-graduado em Direito Constitucional pela Universidade de Paris II, Professor da Instituição Toledo de Ensino.

[2] Rothenburg, p. 15-49.

um princípio, o que corresponde ao aforismo vulgar "exceção que confirma a regra".[3]

Os princípios que presidem o regime jurídico da improbidade administrativa no Brasil estão expressos com muita evidência a partir da Constituição (art. 37) e da Lei 8.429/1992. A abrangência desses princípios facilita a justificativa da afirmação inicial: não há ato de improbidade administrativa que deixe de atentar contra princípio da Administração Pública.

Será preciso, então, desvendar o sentido e a utilidade da estrutura da Lei 8.429/1992, que, após referir-se aos atos de improbidade administrativa que importam enriquecimento ilícito (art. 9º) e aos que causam prejuízo ao erário (art. 10), ainda aponta os atos de improbidade administrativa que atentam contra os princípios da Administração Pública.

Violar os princípios da Administração Pública e, assim, praticar improbidade administrativa, fere objetivamente o direito fundamental à "boa governança", que é a justa reivindicação de exercício do poder público de modo correto, honesto, eficiente e participativo.[4]

## 2. O QUE SÃO ATOS DE IMPROBIDADE ADMINISTRATIVA QUE ATENTAM CONTRA OS PRINCÍPIOS DA ADMINISTRAÇÃO PÚBLICA

Devemos entender por atos de improbidade administrativa que atentam contra os princípios da Administração Pública, nos termos do art. 11 da Lei 8.429/1992, aqueles em relação aos quais não se conseguiu comprovar que tenham importado enriquecimento ilícito nem que tenham causado prejuízo ao erário, mas sim que tenham descumprido seriamente um ou vários princípios como legalidade, impessoalidade, moralidade, publicidade, eficiência (Constituição,

---

3 Pode-se referir, na Constituição brasileira, como regras excepcionais, a aposentadoria compulsória do servidor público aos 70 anos de idade (art. 40, § 1º, II) e o parcelamento dos precatórios (art. 78 do Ato das Disposições Constitucionais Transitórias). Como regra não excepcional, cite-se a proibição de provas ilícitas (art. 5º, LVI).

4 Rothenburg, 2014, p. 70.

art. 37), honestidade, imparcialidade, legalidade, lealdade às instituições (Lei 8.429/1992).

Vejam-se alguns casos: "*atentado violento ao pudor, praticado por professor municipal, em sala de aula, contra crianças de 6 (seis) e 7 (sete) anos de idade*" (REsp 1.219.915/MG, 2ª Turma, rel. Min. Eliana Calmon, 19/11/2013 – reconhecida a improbidade); logomarca criada para distinguir gestão municipal (AgRg no EREsp 1.260.963/PR, 1ª Turma, rel. Min. Benedito Gonçalves, 26/09/2012 – não reconhecida a improbidade). Como exemplo de violação à lealdade institucional, cite-se o episódio em que um Procurador de Câmara Municipal atuou como advogado de réus em ação de improbidade administrativa por atos praticados em detrimento da própria Câmara (Tribunal de Justiça do Rio Grande do Sul, Ap. 70004353744, rel. Des. Vasco Della Giustina, 06/11/2002).[5]

Princípios são relativamente vagos e genéricos. Sua aplicação em concreto prende-se às peculiaridades do caso e depende da avaliação dos profissionais competentes. Em termos conceituais, podemos tentar uma aproximação, por exemplo, para o princípio da moralidade administrativa, que se define "*por padrões de honestidade, transparência (sobretudo permitir o acesso às informações), participação (permitir que as pessoas exponham suas considerações e contribuam para as tomadas de decisão), sintonia com as expectativas éticas da população e empenho. Praticar nepotismo, assumir compromissos públicos e depois ignorá-los, acomodar-se e deixar de envidar esforços para a solução dos problemas surgidos exemplificam atentado à moralidade administrativa*".[6]

Existe uma dupla função residual e de reforço argumentativo em se capitular uma conduta como ato de improbidade que atenta contra princípio da Administração Pública. A função residual (ou "norma de reserva"[7]) está em permitir "capturar" atos de improbidade que tenham "passado" pelas malhas dos art. 9º e 10, quando há dificuldade de provar o enriquecimento ilícito ou o prejuízo ao erário. A função de

---

5 Rothenburg, 2013, p. 66-67.

6 Idem, p. 66.

7 Garcia; Alves, 2006, p. 273.

reforço está em ressaltar a gravidade do ato de improbidade administrativa, o que deve repercutir na intensidade das sanções.

Senão, seria redundante (inútil) enquadrar um ato de improbidade administrativa da espécie do art. 9º (enriquecimento ilícito) e/ou do art. 10 (lesão ao erário) da Lei 8.429/1992 também no art. 11: essa "subsunção plúrima", por necessária e automática, é superfetatória e insignificante.[8] Inclusive quanto às sanções, haja vista que aquelas previstas para as duas primeiras modalidades de atos de improbidade administrativa (art. 9º e 10) absorvem as sanções previstas para os atos que atentam contra os princípios da Administração Pública (art. 12).

Entretanto, não temos percebido um rigor dos aplicadores do Direito em relação à tipificação concorrente de atos de improbidade administrativa, sendo frequente a combinação do art. 11 da Lei 8.429/1992 com os art. 9º e/ou 10.

## 3. QUEM PODE PRATICAR ATOS DE IMPROBIDADE ADMINISTRATIVA QUE ATENTAM CONTRA OS PRINCÍPIOS DA ADMINISTRAÇÃO PÚBLICA

Não há particularidades em relação ao sujeito ativo dos atos de improbidade administrativa que atentam contra os princípios da Administração Pública. Podem cometê-los aqueles que podem praticar improbidade administrativa em geral. Conquanto a Lei 8.429/1992 preceitue no art. 4º que "*[o]s agentes públicos de qualquer nível ou hierarquia são obrigados a velar pela estrita observância dos princípios de legalidade, impessoalidade, moralidade e publicidade no trato dos assuntos que lhe são afetos*", a própria lei estende a capacidade ativa a todos aqueles que, não sendo servidores públicos "regulares", mesmo assim exerçam, ainda que transitoriamente ou sem remuneração, por eleição, nomeação, designação, contratação ou qualquer outra forma de investidura ou vínculo, mandato, cargo, emprego ou função nas entidades mencionadas (art. 2º). Basta, portanto, que o sujeito pratique ato em nome ou por conta da Administração Pública, valendo-se de poder público, como o mesário nas eleições, o médico credenciado junto ao sistema único de saúde (SUS), o serventuário

---

8 Rothenburg, 2002, p. 477-478.

de cartório extrajudicial. Nem os particulares escapam, desde que estejam relacionados à prática da improbidade administrativa, ou seja, que induzam ou concorram "*para a prática do ato de improbidade ou dele se beneficie[m] sob qualquer forma direta ou indireta*" (art. 3º da Lei 8.429/1992), como aquele que divulga questões de concurso público de que tomou conhecimento antes de sua realização (art. 11, V, da Lei n. 8.429/1992).[9]

Os servidores públicos, contudo, têm as condutas mais fortemente pautadas pelos princípios da Administração Pública, tais como o da eficiência e o da lealdade às instituições, e tendem assim a ser os mais frequentes responsáveis pelo ilícito.

## 4. AS SANÇÕES PARA OS ATOS DE IMPROBIDADE ADMINISTRATIVA QUE ATENTAM CONTRA OS PRINCÍPIOS DA ADMINISTRAÇÃO PÚBLICA

É muito pesada a carga sancionatória da Lei 8.429/1992. Está previsto um elenco de sanções de fazer inveja a qualquer lei penal: ressarcimento integral do dano, perda da função pública, suspensão dos direitos políticos, pagamento de multa civil e proibição de contratar com o Poder Público ou receber benefícios ou incentivos fiscais ou creditícios (art. 12). A Constituição estabeleceu um rol menos abrangente de punições no art. 37, § 4º: apenas a suspensão dos direitos políticos, a perda da função pública, a indisponibilidade dos bens e o ressarcimento ao erário. Poderia a legislação ir além, visto que a própria Constituição dispõe que tais sanções serão definidas "*na forma e gradação previstas em lei*"?

A despeito de uma possível interpretação restritiva, parece-nos mais consentâneo com uma perspectiva holística da Constituição, que se funda na cidadania (art. 1º, II), que prevê como direito fundamental a ação popular contra ato lesivo ao patrimônio público em sentido amplo (art. 5º, LXXIII), que requer como condição de elegibilidade a probidade administrativa e a moralidade para o exercício do mandato (art. 16, § 9º) e que estabelece o princípio da moralidade administrativa (art. 37), interpretar o elenco constitucional de sanções como sen-

---

9 Rothenburg, 2013, p. 63.

do meramente exemplificativo e admitir uma adequada conformação legislativa, que não desborde da proporcionalidade. As inovações da Lei 8.429/1992 contêm-se nesse âmbito, à medida que acrescentam o pagamento de multa civil e a proibição de contratar com o Poder Público ou receber benefícios ou incentivos fiscais ou creditícios.

Verifica-se uma contradição conceitual na Lei 8.429/1992 quanto ao aspecto sancionatório. As sanções previstas podem ser mais graves que as penas cominadas a tipos penais de condutas semelhantes. Alguém, se pudesse escolher, talvez preferisse sofrer as consequências criminais de um ato de improbidade administrativa, ao invés das consequências civis estabelecidas na Lei 8.429/1992. Com efeito, é uma característica do sistema penal a maior gravidade das condutas e, por conseguinte, das respectivas sanções criminais (penas). Todavia, duas considerações merecem ser feitas: (a) o perfil jurídico dado à improbidade administrativa é sobretudo formal e depende, assim, das opções normativas feitas em nível constitucional e legal, sendo que a Constituição dispôs expressamente que as modalidades sancionatórias referidas dar-se-ão "*sem prejuízo da ação penal cabível*"; (b) nenhuma dessas modalidades tem a pecha de crime, ou seja, não advém de um processo criminal em que o réu seja acusado de criminoso, e nenhuma dessas sanções implica prisão, que ainda é a pena por excelência (com exceção das hipóteses de prisão civil estampadas no art. 5º, LXVII, da Constituição). Porém não deixa de ser revelador que a Lei 8.429/1992 refira-se, na epígrafe do Capítulo III e no parágrafo único do art. 12, a "*penas*".

Embora as sanções para a improbidade administrativa da Lei 8.429/1992 sejam inegavelmente duras, no que se aproximam de uma lógica criminal, as condutas previstas como ímprobas são relativamente genéricas, estabelecidas em rol aberto, de modo meramente exemplificativo (os art. 9º a 11 da Lei 8.429/1992 conceituam amplamente os atos de improbidade e, em seguida, passam à descrição de algumas condutas um pouco mais específicas, antecedidas da advertência de que são apenas exemplos: "*notadamente*"), o que as afasta do modelo de tipo penal. A vagueza da Lei 8.429/1992 é acentuada quando se refere aos atos que atentam contra os princípios da Administração Pública, mesmo porque princípios são geneticamente vagos.

Duas questões decorrentes desse figurino bipolar da Lei 8.429/1992 podem ser apontadas. A primeira diz respeito às condutas (pressuposto normativo): se elas são previstas sem muita precisão, qual é o aspecto ("elemento") subjetivo exigido, ou seja, que disposição psicológica se requer do sujeito para a configuração da ação como ímproba? Dolo, culpa ou ambos? A segunda questão diz respeito às sanções (consequência normativa): se elas são graves, todas as modalidades previstas devem ser atribuídas em conjunto ao autor da improbidade ou apenas algumas?

A solução que se buscou para superar essa incoerência foi de dificultar o enquadramento das condutas (pressuposto normativo), com a exigência mais severa de dolo do autor da improbidade nas hipóteses de enriquecimento ilícito e violação aos princípios da Administração Pública (STJ, AgRg no Ag em REsp nº 457.973/PR, rel. Min. Og Fernandes, 18/06/2014; AgRg em REsp nº 1.273.907/RS, rel. Min. Humberto Martins, 18/06/2014; REsp nº 1.291.401/RS, rel. Min. Eliana Calmon, 19/09/2013; REsp nº 1.383.649/SE, rel. Min. Herman Benjamin, 05/09/2013; REsp nº 939.142/RJ, red. p/ acórdão Min. Luiz Fux, 21/08/2007; AgRg em REsp nº 479.812/SP, rel. Min. Humberto Martins, 02/08/2007; REsp nº 658.415/RS, rel. Min. Eliana Calmon, 27/06/2006), e de culpa grave na hipótese de lesão ao erário (STJ, AgRg no Ag em REsp nº 206.256/RJ, rel. Min. Benedito Gonçalves, 11/03/2014; REsp nº 1.229.847/MS, rel. Min. Castro Meira, 06/12/2012), bem como amenizar a carga sancionatória, com a possibilidade menos severa de atribuir ao autor da improbidade apenas uma ou algumas das sanções previstas.

Quanto às sanções, tanto a Constituição (art. 37, § 4º), quanto a Lei 8.429/1992 (art. 12) previram as diversas modalidades sancionatórias em conjunto, valendo-se textualmente da aditiva "e". Além disso, existem as referências expressas à cumulação da responsabilidade por improbidade administrativa com outras formas de responsabilização jurídica (a Lei 8.429/1992 dispõe: "*Independentemente das sanções penais, civis e administrativas previstas na legislação específica...*"), o que acentua a perspectiva da aplicação conjunta das várias sanções. Afinal, não se pretendeu justamente um combate severo à corrupção?

Mas não foi esse o entendimento adotado. Houve decisões judiciais que aplicaram apenas algumas das sanções previstas, deferindo-se ampla discricionariedade ao Poder Judiciário (STJ, REsp nº 1.291.401/RS, rel. Min. Eliana Calmon, 19/09/2013: "*Cada inciso do art. 12 da Lei 8.429/1992 traz uma pluralidade de sanções, que podem ser aplicadas cumulativamente ou não, ainda que o ato de improbidade tenha sido praticado em concurso de agentes.*"; AgRg em REsp nº 479.812/SP, rel. Min. Humberto Martins, 02/08/2007: "*não é imperiosa a aplicação de todas as sanções descritas no art. 12 da Lei de Improbidade, podendo o magistrado dosá-las segunda a natureza e extensão da infração*"). Consagrando tal jurisprudência, a Lei 12.120/2009 alterou o art. 12 da Lei 8.429/1992, que passou a estabelecer: "*... está o responsável pelo ato de improbidade sujeito às seguintes cominações, que podem ser aplicadas isolada ou cumulativamente, de acordo com a gravidade do fato*". Acredito que a alteração legislativa seja incompatível com a Constituição.

Ante o aparente rigor da Lei 8.429/1992 e a vagueza relativa dos princípios da Administração Pública, incide o princípio da insignificância, pois o escopo é atingir apenas os atos relevantes[10] e os sujeitos muito mal-intencionados. Não se deve enxergar improbidade administrativa em tudo e desestimular os administradores públicos zelosos e preocupados. Atos equivocados, porém não tão graves, podem justificar uma responsabilização no âmbito administrativo, não uma responsabilização judicial.

A irrelevância do ato para efeito de improbidade administrativa repercute desde a investigação (antes mesmo da propositura de ação judicial) e permite o arquivamento do procedimento administrativo (por exemplo, um inquérito civil). No processo judicial, a insignificância pode ser suscitada mesmo nas manifestações da acusação (em parecer ou em alegações finais, por exemplo). O que a Lei 8.429/1992 não permite é a transação, acordo ou conciliação nas ações judiciais (art. 17, § 1º).[11]

A insignificância implica a inexistência de improbidade, mas a proporcionalidade, que é mais abrangente, rege inclusive a definição das

---

[10] Justen Filho, 2013, p. 1.088.

[11] Rothenburg, 2013, p. 67-68.

sanções, que, segundo o art. 12, parágrafo único, da Lei 8.429/1992, deverá considerar "*a extensão do dano causado, assim como o proveito patrimonial obtido pelo agente*".

Uma palavra a propósito da previsão de ressarcimento integral do dano no art. 12, III, da Lei 8.429/1992. Parece descabida tal modalidade, pois, se houvesse prejuízo ao erário, o enquadramento deveria ocorrer no art. 10. Todavia, há mais de uma justificativa. O dispositivo fala em dano, que é abrangente e pode envolver bens imateriais ("patrimônio" em sentido amplo), não apenas o erário. Sendo assim, estará incluído o dano moral difuso, embora entendamos que essa espécie de dano já está contida no próprio art. 10. E ainda, o ressarcimento integral permite indenizar o particular lesado, se for o caso.[12] Nesses termos, o art. 21, I, da Lei 8.429, alterado pela Lei 12.120/2009 ("*A aplicação das sanções previstas nesta lei independe: I – da efetiva ocorrência de dano ao patrimônio público, salvo quanto à pena de ressarcimento*"), desafia uma interpretação extensiva.

## 5. O ASPECTO SUBJETIVO DOS ATOS DE IMPROBIDADE ADMINISTRATIVA QUE ATENTAM CONTRA OS PRINCÍPIOS DA ADMINISTRAÇÃO PÚBLICA: DOLO OU CULPA?

O entendimento prevalecente, tanto na doutrina[13], quanto na jurisprudência, é o de que, para a caracterização dos atos de improbidade administrativa que atentam contra os princípios da Administração Pública, exige-se dolo, ou seja, a compreensão do caráter da conduta (conhecimento) e condições de determinar-se de acordo com essa compreensão (vontade), não sendo suficiente a imprudência,

[12] Weichert, 2006, p. 64.

[13] Aponta Sobrane (2010, p. 76-77): "*A doutrina não é unânime quanto à exigência do dolo para a caracterização dos atos descritos no artigo 11, caput e incisos da Lei nº 8.429/92. Filiam-se à corrente que entende pela necessidade do elemento subjetivo doloso Francisco Octavio de Almeida Prado, Cláudio Ari Mello, Marcelo Figueiredo, Aristides Junqueira Alvarenga e José Armando da Costa. De outro lado, Wallace Paiva Martins Júnior advoga ser possível a configuração culposa dos atos de improbidade administrativa previstos no artigo 11 da Lei nº 8.429/92, entendendo que a norma 'preocupa-se com a intensidade do elemento volitivo do agente', punindo as condutas praticadas dolosamente, assim como as decorrentes de culpa grave.*"

negligência ou imperícia.[14] Razões de ordem teórica e concreta fundamentam tal entendimento.

Teoricamente, considera-se, como visto, que os atos de improbidade administrativa são graves o suficiente e as sanções impostas são tão pesadas, que, em princípio, somente um comportamento intencional (doloso) seria admissível. Em concreto, há o art. 5º da Lei n. 8.429/1992, que prevê expressamente a modalidade culposa apenas quando houver lesão ao patrimônio público ("*Ocorrendo lesão ao patrimônio público por ação ou omissão, dolosa ou culposa, do agente ou de terceiro, dar-se-á o integral ressarcimento do dano.*"), o que se entende como equivalente aos atos de improbidade administrativa que causam prejuízo ao erário, estabelecidos no art. 10.[15]

Do Superior Tribunal de Justiça, citem-se algumas decisões:

> **REsp 1.219.915/MG, 2ª Turma, rel. Min. Eliana Calmon, 19/11/2013**: "*Não se enquadra como ofensa aos princípios da administração pública (art. 11 da LIA) a mera irregularidade, não revestida do elemento subjetivo convincente (dolo genérico).*";
>
> **REsp 1.256.232/MG, 2ª Turma, rel. Min. Eliana Calmon, 19/09/2013**: "*O posicionamento firmado pela Primeira Seção é que se exige dolo, ainda que genérico, nas imputações fundadas nos arts. 9º e 11 da Lei 8.429/1992 (enriquecimento ilícito e violação a princípio), e ao menos culpa, nas hipóteses do art. 10 da mesma norma (lesão ao erário).*";
>
> **AgRg no EREsp 1.260.963/PR, 1ª Turma, rel. Min. Benedito Gonçalves, 26/09/2012**;[16]

---

14 Carvalho Filho, 2011, p. 997-998. Justen Filho (2013, p. 1.089) alude à proporcionalidade: "*Não se admite infração de improbidade, subsumível ao art. 11, sem um elemento de dolo. A atuação culposa é insuficiente - o que, insista-se, não equivale a afirmar a regularidade dela. É perfeitamente possível, senão obrigatório, punir condutas irregulares ilícitas praticadas por agentes estatais. Mas isso não autoriza a impor sanção de improbidade para toda e qualquer conduta administrativa irregular. A tanto se opõe o princípio da proporcionalidade.*"

15 Garcia; Alves, 2006, p. 281-284.

16 A referência a esses julgados foi extraída dos Autos 0009340-23.2005.4.02.5101, Tribunal Regional Federal da 2ª Região, rel. Des. Fed. Marcus Abraham,

**REsp. 658.415/RS, 2ª Turma, rel. Min Eliana Calmon, 27/06/2006**: "*1. O tipo do artigo 11 da Lei 8.429/2, para configura-se com ato de improbidade, exige conduta comissiva ou omissiva dolosa, não havendo espaço para a responsabilidade objetiva. / 2. Atipicidade da conduta por ausência de dolo.*";

**REsp. 604.151/RS, 1ª Turma, red. p/ acórdão Min. Teori Zavascki, 25/04/2006**: "*Tanto a doutrina quanto a jurisprudência do STJ associam a improbidade administrativa à noção de desonestidade, de má-fé do agente público. Somente em hipóteses excepcionais, por força de inequívoca disposição legal, é que se admite a configuração de improbidade por ato culposo (Lei 8.429/2, art. 10). O enquadramento nas previsões dos arts. 9º e 11 da Lei de Improbidade, portanto, não pode prescindir do reconhecimento de conduta dolosa.*".

Não ignoro que esse ponto de vista é francamente majoritário, mas tenho opinião contrária. Concordo que é sempre preciso demonstrar uma atuação relevante do sujeito de ato de improbidade, como um ônus do qual a acusação deverá desincumbir-se, e concordo também que dolo e culpa são institutos suficientemente genéricos e importantes para se constituírem em categorias gerais do Direito. Mas a tutela adequada da Administração Pública deve ser rigorosa e abarcar condutas que revelem um descuido grave e indesculpável, ainda que o resultado não seja diretamente querido pelo sujeito.

O art. 5º da Lei 8.429/1992 não é um óbice intransponível. Uma interpretação sistemática permite afirmar que se trata de dispositivo inserido na parte geral da Lei 8.429/1992 e que vale, portanto, para todas as espécies de atos de improbidade administrativa. Existe também um argumento literal: o art. 5º refere-se à lesão ao "*patrimônio público*", enquanto o art. 10 refere-se à lesão ao "*erário*". Este termo costuma ter um significado mais específico, relacionado a valor monetário, enquanto a expressão "patrimônio público" é mais geral e compreende dimensões imateriais, como é o caso dos bens de valor histórico-cultural e da própria moralidade administrativa. Vai daí que qualquer ato de improbidade administrativa pode ser praticado com dolo ou culpa, visto que haverá sempre uma lesão ao patrimônio

---

31/07/2014: <http://s.conjur.com.br/dl/improbidade-inexistente-biblioteca.pdf>. Acesso em: 04/08/2014.

público em sentido amplo. Pode-se cogitar de um equívoco na sistematização ou na redação da Lei 8.429/1992.[17]

É suficiente a culpa grave[18], se, por exemplo, o sujeito, por falta de cuidado, permite que chegue ao conhecimento de terceiro, antes da respectiva divulgação oficial, teor de medida política ou econômica capaz de afetar o preço de mercadoria, bem ou serviço (art. 11, VII, da Lei n. 8.429/1992).[19]

A Lei Complementar 135/2010, dita "Lei da Ficha Limpa", alterou a Lei Complementar 64/1990, que dispõe sobre inelegibilidades (Constituição, art. 14, § 9º), para estabelecer como inelegíveis, no art. 1º, I, "l", "*os que forem condenados à suspensão dos direitos políticos, em decisão transitada em julgado ou proferida por órgão judicial colegiado, por ato doloso de improbidade administrativa que importe lesão ao patrimônio público e enriquecimento ilícito, desde a condenação ou o trânsito em julgado até o transcurso do prazo de 8 (oito) anos após o cumprimento da pena*" (destacamos).[20] Conquanto não se refira aos atos de improbidade administrativa que atentam contra os princípios da Administração Pública, que não ensejam inelegibilidade (Tribunal Superior Eleitoral, Recurso Especial Eleitoral nº 154.144, rel. Min. Luciana Lóssio, 06/08/2013), essa legislação oferece um argumento contrário à necessidade de dolo para a configuração da improbidade.

O dolo que se requer para efeito de inelegibilidade não precisa ser específico: "*basta, para a sua configuração, a existência de dolo*

---

[17] Para Di Pietro (2012, p. 900): "*Dos três dispositivos que definem os atos de improbidade, somente o artigo 10 fala em ação ou omissão, dolosa ou culposa. E a mesma ideia de que, nos atos de improbidade causadores de prejuízo ao erário, exige-se dolo ou culpa, repete-se no artigo 5º da lei. É difícil dizer se foi intencional essa exigência de dolo ou culpa apenas com relação a esse tipo de ato de improbidade, ou se foi falha do legislador, como tantas outras presentes na lei. A probabilidade de falha é a hipótese mais provável, porque não há razão que justifique essa diversidade de tratamento.*"

[18] Martins Júnior, 2001, p. 230.

[19] Rothenburg, 2013, p. 64.

[20] Na mesma linha é a alínea "g": "*os que tiverem suas contas relativas ao exercício de cargos ou funções públicas rejeitadas por irregularidade insanável que configure ato doloso de improbidade administrativa, e por decisão irrecorrível do órgão competente, salvo se esta houver sido suspensa ou anulada pelo Poder Judiciário...*".

*genérico ou eventual, o que se caracteriza quando o administrador deixa de observar os comandos constitucionais, legais ou contratuais que vinculam a sua atuação*" (AgRg no Recurso Especial Eleitoral nº 9.039, rel. Min. Henrique Neves da Silva, 25/04/2013).

A Lei da Ficha Limpa faz exigências qualificadas para que a improbidade administrativa acarrete a inelegibilidade, dentre as quais que a improbidade importe ao mesmo tempo lesão ao patrimônio público (hipótese do art. 10 da Lei 8.429/1992) e enriquecimento ilícito (hipótese do art. 9º da Lei 8.429/1992). Não é, portanto, qualquer improbidade administrativa que provoca a inelegibilidade, haja vista ser possível a configuração de improbidade administrativa apenas por enriquecimento ilícito ou apenas por lesão ao patrimônio público. Outra exigência específica da Lei da Ficha Limpa é o dolo, que, segundo a Lei 8.429/1992, não é cobrado (pelo menos) dos atos de improbidade administrativa que causam prejuízo ao erário (art. 10). O Tribunal Superior Eleitoral confirma "*a inelegibilidade de candidato condenado por ato doloso de improbidade administrativa que importe lesão ao patrimônio público e enriquecimento ilícito de terceiro*" (RESPE 3.242, red. p/ acórdão Min. Rosa Weber, 14/02/2013; veja-se também, por exemplo, AgRg no AI 785-69, rel. Min. Luciana Lóssio, 27/02/2014; RESPE 27.838, rel. Min. Luciana Lóssio, 10/12/2013).

É razoável concluir então que, se a Lei da Ficha Limpa requer expressamente o dolo para que o ato de improbidade provoque inelegibilidade, é porque existem atos de improbidade em que o dolo não é exigido, senão a menção da lei seria despicienda. Como a Lei da Ficha Limpa refere-se tanto a atos de improbidade administrativa que importam lesão ao patrimônio público, quanto àqueles que causam enriquecimento ilícito, pode-se sustentar que existem também atos de improbidade que importam enriquecimento ilícito sem que haja dolo. Ora, se podemos imaginar que os mais graves atos de improbidade administrativa (os que importam enriquecimento ilícito) nem sempre requerem dolo, com muito maior razão não o reclamariam os atos de improbidade administrativa que atentam contra os princípios da Administração Pública.

A culpa grave, desde que bem demonstrada, e a relevância da atuação, podem ser suficientes para caracterizar um ato de improbidade administrativa que atenta contra princípio da Administração Pública.

## 6. REFERÊNCIAS BIBLIOGRÁFICAS

CARVALHO FILHO, José dos Santos Carvalho. *Manual de direito administrativo*. 24. ed. Rio de Janeiro: Lumen Juris, 2011.

DI PIETRO, Maria Sylvia Zanella. *Direito administrativo*. 25. ed. São Paulo: Atlas, 2012.

GARCIA, Emerson; ALVES, Rogério Pacheco. *Improbidade administrativa*. 3. ed. Rio de Janeiro: Lumen Juris, 2006.

JUSTEN FILHO, Marçal. *Curso de direito administrativo*. 9. ed. São Paulo: Revista dos Tribunais, 2013.

MARTINS JÚNIOR, Wallace Paiva. *Probidade administrativa*. São Paulo: Saraiva, 2001.

ROTHENBURG, Walter Claudius. *Direitos fundamentais*. São Paulo: Método, 2014.

ROTHENBURG, Walter Claudius. Improbidade administrativa por violação aos princípios da administração pública. In: BARBOZA, Márcia Noll (Coord.). *Cem perguntas e respostas sobre improbidade administrativa: incidência e aplicação da Lei n. 8429/1992*. 2. ed. Brasília: Escola Superior do Ministério Público da União, 2013, p. 59-70.

ROTHENBURG, Walter Claudius. Ação por improbidade administrativa: aspectos de relevo. In: SAMPAIO, José Adércio Leite et al. (Org.) *Improbidade administrativa. 10 anos da Lei n. 8.429/92*. Belo Horizonte: Del Rey/ANPR, 2002, p. 461-483.

ROTHENBURG, Walter Claudius. *Princípios constitucionais*. Porto Alegre: Sergio Antonio Fabris, 1999.

SOBRANE, Sérgio Turra. *Improbidade administrativa, aspectos materiais, dimensão difusa e coisa julgada*. São Paulo: Atlas, 2010.

WEICHERT, Marlon Alberto. A sentença condenatória na ação de improbidade administrativa: profundidade e extensão das sanções. *Revista de informação legislativa*, n. 170, Brasília, Senado Federal, abr/jun 2006, p. 57-73.

# A CASSAÇÃO DA APOSENTADORIA COMO EFEITO DA CONDENAÇÃO PELA PRÁTICA DE ATO DE IMPROBIDADE ADMINISTRATIVA

*Vitor Hugo Nicastro Honesko*[1]

*Sumário: 1. Considerações iniciais. 2. Democracia e sistema de proteção da probidade na Administração Pública. 3. A sanção de perda da função pública e seus efeitos na aposentadoria. 4. Considerações finais. 5. Referências.*

## 1. CONSIDERAÇÕES INICIAIS

Com a finalidade precípua de proteção dos direitos fundamentais dos cidadãos por meio de uma ordem democrática, o advento do sistema constitucional moderno teve como principal marco a tentativa de controlar a utilização do poder estatal através de diversos mecanismos normativo-políticos, tais como a separação de poderes do Estado e a previsão de responsabilização daqueles que destes abusarem, vez que a sua titularidade seria exclusiva do povo.

E foi esse o espírito adotado pela Constituição brasileira de 1988 que, fundamentada na proteção da dignidade da pessoa humana e da soberania popular, criou um sistema de controle da atuação dos agentes estatais cumulado com a institucionalização de sanções para aqueles que violarem as normas que regem a administração dos bens públicos, dentre as quais se destaca a penalização que extingue os laços do agente ímprobo com o ente estatal respectivo.

---

1 Mestre em Filosofia do Direito e do Estado pela Pontifícia Universidade Católica de São Paulo, Professor da Fundação Escola do Ministério Público do Estado do Paraná (FEMPAR) e Promotor de Justiça no Estado do Paraná.

É diante desse panorama que se apresenta o objeto do presente texto, que vai demonstrar que a cassação da aposentadoria do agente público condenado pela prática de ato de improbidade administrativa é decorrência lógica da sanção de perda de função pública e, desse modo, possui importância primordial para a manutenção da democracia, que será cada vez mais fortalecida na medida em que o sistema de proteção da probidade administrativa tiver mais consistência.

## 2. DEMOCRACIA E SISTEMA DE PROTEÇÃO DA PROBIDADE NA ADMINISTRAÇÃO PÚBLICA

Os princípios basilares da democracia surgem em Atenas por volta do século V a.C., com a reforma de Clístenes, onde os cidadãos[2] poderiam participar diretamente das decisões ocorridas no espaço político da *polis*. Ao contrário da monarquia (*monas*), oligarquia (*oligói*) e anarquia (*an*), que atribui a um, a alguns ou a ninguém a função suprema de governo (*arkhía*), a democracia (*demói*: os cidadãos; *krátos*: força, poder, senhorio) é o poder dos cidadãos representado por meio da lei[3].

Todo entusiasmo em torno da democracia ateniense não é em vão, pois nunca se viu na ambiência espiritual de um povo tão grande apreço pelo discurso (*logos*) como "veículo político de realização do controle social, sendo mesmo entronizado como *Peithós*, o poder persuasivo"[4]. Por esta admirável característica, nota-se que a participação na coisa pública (*res publicae*, no latim, daí "República") assume um papel preponderante na vida da Cidade-estado, onde a publicidade dos assuntos garante "uma preponderância daquele setor dos interesses comuns sobre os negócios privados, e a prática em público de atos do interesse geral da coletividade"[5].

---

2 Da cidadania eram excluídos os homens menores de 18 anos, as mulheres, os estrangeiros e os escravos.

3 Cf. CHAUÍ, Marilena. *Introdução à história da filosofia:* dos pré-socráticos a Aristóteles. 2. ed. rev., ampl. e atual. São Paulo: Companhia das Letras, 2002. p. 133.

4 GUERRA FILHO, Willis Santiago. *Teoria política do direito:* uma introdução política ao Direito. Brasília: Brasília Jurídica, 2000. p. 80.

5 *Id., ibid.*, p. 81.

Durante o período medieval e início da Idade Moderna o ideal democrático foi praticamente esquecido. Apenas com o advento do século XVII, que ficou conhecido como a época em que se começou a se questionar as certezas tradicionais (crise da consciência europeia), ressurge a luta pela liberdade e igualdade pela burguesia. Isso aconteceu porque, no decorrer dos "dois séculos que sucederam à era que se convencionou denominar Idade Média, a Europa conheceu um extraordinário recrudescimento da concentração de poderes"[6].

O surgimento da classe burguesa, cujos interesses econômicos colidiam frontalmente com os interesses da monarquia, fez com que a oposição entre a liberdade do indivíduo e o absolutismo do monarca gerasse o Estado de Direito, que se levanta como uma "armadura de defesa e proteção da liberdade"[7]. Nesse ínterim, enfrentando as resistências impostas pela nobreza, as demandas políticas dessa nova classe em formação cresceram mais revolucionárias e universalistas em sua orientação[8].

E foi com base nesse universalismo que nasce o constitucionalismo moderno, em que a proclamação de que todos os seres humanos são iguais, em direitos e dignidade, traz consigo uma profunda transformação nos fundamentos da legitimidade política. Tem-se a concepção de soberania popular, auge do pensamento político de Jean-Jacques Rousseau (1712-1778). Essa soberania está, para o filósofo de Genebra, intimamente ligada à "vontade geral" (*volonté générale*), como ele próprio diz: "Afirmo, pois, que a soberania, não sendo senão o exercício da vontade geral, jamais pode alienar-se, e que o soberano, que nada é senão um ser coletivo, só pode ser representado por si mesmo"[9].

Para garantir, pelo menos na esfera jurídica, a legitimidade do exercício do poder popular, as declarações de direitos do século XVIII

---

6 COMPARATO, Fábio Konder. *A afirmação histórica dos direitos humanos*. 3. ed. rev. e ampl. São Paulo: Saraiva, 2003. p. 47.

7 BONAVIDES, Paulo. *Do estado liberal ao estado* social. 6. ed. rev. e amp. São Paulo: Malheiros, 1996. p. 41.

8 Cf. ISHAY, Micheline R. *The history of human rights: from ancient times to the globalization era.* Loa Angeles: University of California Press, 2004. p. 72-73.

9 ROUSSEAU, Jean Jacques. *Do contrato social.* Coleção Os Pensadores, n. 30. 2. ed. São Paulo: Abril, 1978. p. 44.

e os respectivos textos constitucionais destas provenientes instituem um sistema fundamentado no controle das condutas dos agentes públicos, uma vez que, diferentemente do modelo grego, a democracia advinda das revoluções burguesas é indireta, representativa, pois não são os cidadãos que decidem diretamente os rumos políticos do Estado, mas seus representantes.

Assim, com base no início do constitucionalismo, as constituições provenientes da vontade popular passaram a adotar, como fruto da decisão política fundamental do povo, o *Estado Democrático de Direito* como princípio maior do sistema constitucional, vez que este é o resultado da conjunção de duas exigências básicas, elaboradas pelos integrantes da sociedade, dirigidas "aos que atuarem em seu nome na realização de seus interesses, e que podem ser traduzidas no imperativo de respeito à 'legalidade' devidamente amparada na 'legitimidade'[10]".

Assim, em um patamar mais elevado em relação aos demais princípios se encontram os *princípios fundamentais estruturantes* que, no ordenamento jurídico brasileiro, são identificados com o *princípio do Estado de Direito* e com o *princípio democrático*. Estes, como ensina Canotilho, podem ser considerados como "constitutivos e indicativos das ideias directivas **básicas de toda a ordem constitucional**"[11].

E esse é o espírito da Constituição brasileira de 1988, que, já no parágrafo único de seu primeiro artigo, estabelece que "todo o poder emana do povo" e que, no decorrer de seu texto, prevê instrumentos reguladores deste poder, desde a instituição de normas que delineiam as características de cada função/poder estatal até a delimitação jurídica dos deveres dos agentes públicos vinculados ao exercício do poder, com a previsão de responsabilização daqueles que os violarem.

---

[10] GUERRA FILHO, Willis Santiago. *Teoria processual da constituição*. 2. ed. São Paulo: Celso Bastos Editor: Instituto Brasileiro de Direito Constitucional, 2002. p. 163.

[11] CANOTILHO, José Joaquim Gomes. *Direito constitucional*. 5. ed. Coimbra: Almedina, 1991. p. 186.

Nesse ponto, insta salientar que o texto constitucional, com a finalidade de garantir o *pleno controle popular* sobre os atos da Administração Pública de quaisquer dos Poderes estatais, sistematizou a organização desta, insculpindo, na cabeça de seu artigo 37, vetores principiológicos que possuem o condão de orientar todas as condutas administrativas, quais sejam: os princípios da legalidade, impessoalidade, moralidade, publicidade e eficiência, além de outros implícitos que decorrem do regime jurídico-administrativo, como, por exemplo, o princípio da supremacia do interesse público sobre o privado[12].

Diante desse panorama, obrigatória é a conclusão de que a manutenção da ordem democrática passa, necessariamente, pela obediência irrestrita aos princípios e regras jurídicas que regem a Administração Pública. E, nesse compasso, preciso é o dispositivo previsto no artigo 37, § 4º, da Constituição, que, visando a higidez da Administração Pública, prevê a responsabilização daqueles que se beneficiam dos atos lesivos ao regime jurídico-administrativo:

> Os atos de improbidade administrativa importarão a suspensão dos direitos políticos, a perda da função pública, a indisponibilidade dos bens e o ressarcimento ao erário, na forma e gradação previstas em lei, sem prejuízo da ação penal cabível.

Com a finalidade precípua de proteção da democracia, portanto, o sistema punitivo inaugurado pelo Texto Maior preocupa-se em cortar todos os laços do Estado com aquele que pratica o ato de improbidade administrativa, atingindo, primeiramente, o direito fundamental responsável por permitir a participação do cidadão na vida política nacional e, em segundo lugar, a própria função pública exercida pelo agente ímprobo.

Nada mais correto, pois não se pode admitir que alguém violador da probidade administrativa possa continuar vinculado ao Estado, independentemente de qual seja esse vínculo. E é nesse ponto que surge a questão acerca da possibilidade da cassação da aposentadoria do agente público condenado à perda da função pública pela prática de ato de improbidade administrativa cometido enquanto encontrava-se em pleno exercício de seu cargo.

---

12 Cf. BANDEIRA DE MELLO, Celso Antônio. *Curso de direito administrativo*. 22. ed. rev. e atual. São Paulo: Malheiros, 2007. p. 66-70 e 93-96.

## 3. A SANÇÃO DE PERDA DA FUNÇÃO PÚBLICA E SEUS EFEITOS NA APOSENTADORIA

Não são raras as situações em que, devido à morosidade processual, o trânsito em julgado da sentença condenatória pela prática de ato de improbidade administrativa ocorre somente após a aposentação do agente público ímprobo, que cometera o ilícito ainda durante sua atividade funcional.

Assim, nos casos em que a condenação judicial impõe a pena de perda da função pública deste agente inativo, a *eficácia* desta sanção é tema de extrema importância, que deve ser examinado sob o lume do regime jurídico-administrativo instaurado pela Constituição de 1988, que, como examinado, não admite manutenção de quaisquer vínculos entre Estado e pessoa (física ou jurídica) condenada pela prática de ato de improbidade.

Esse é o entendimento extraído do próprio texto legislativo que inaugura a tipificação dos atos de improbidade administrativa, a Lei nº 8.429, de 2 de junho de 1992 (Lei de Improbidade Administrativa), que, em seu artigo 12, institui as penas a serem impostas aos condenados pela prática das condutas ímprobas nos seguintes termos:

> Art. 12. Independentemente das sanções penais, civis e administrativas previstas na legislação específica, está o responsável pelo ato de improbidade sujeito às seguintes cominações, que podem ser aplicadas isolada ou cumulativamente, de acordo com a gravidade do fato: (Redação dada pela Lei nº 12.120, de 2009).
>
> I - na hipótese do art. 9°, perda dos bens ou valores acrescidos ilicitamente ao patrimônio, ressarcimento integral do dano, quando houver, perda da função pública, suspensão dos direitos políticos de oito a dez anos, pagamento de multa civil de até três vezes o valor do acréscimo patrimonial e proibição de contratar com o Poder Público ou receber benefícios ou incentivos fiscais ou creditícios, direta ou indiretamente, ainda que por intermédio de pessoa jurídica da qual seja sócio majoritário, pelo prazo de dez anos;
>
> II - na hipótese do art. 10, ressarcimento integral do dano, perda dos bens ou valores acrescidos ilicitamente ao patrimônio, se concorrer esta circunstância, perda da função pública, suspensão dos direitos políticos de cinco a oito anos, pagamento de multa civil

> de até duas vezes o valor do dano e proibição de contratar com o Poder Público ou receber benefícios ou incentivos fiscais ou creditícios, direta ou indiretamente, ainda que por intermédio de pessoa jurídica da qual seja sócio majoritário, pelo prazo de cinco anos;
>
> III - na hipótese do art. 11, ressarcimento integral do dano, se houver, perda da função pública, suspensão dos direitos políticos de três a cinco anos, pagamento de multa civil de até cem vezes o valor da remuneração percebida pelo agente e proibição de contratar com o Poder Público ou receber benefícios ou incentivos fiscais ou creditícios, direta ou indiretamente, ainda que por intermédio de pessoa jurídica da qual seja sócio majoritário, pelo prazo de três anos.
>
> Parágrafo único. Na fixação das penas previstas nesta lei o juiz levará em conta a extensão do dano causado, assim como o proveito patrimonial obtido pelo agente.

Como se nota, a legislação ordinária citada aumentou o rol de sanções previsto no texto constitucional, incluindo a previsão das penas de perda de bens, de multa civil e de proibição de contratar com o Poder Público ou receber benefícios ou incentivos fiscais ou creditícios.

Assim, em complemento aos fins almejados pelas penas de perda da função pública e de suspensão dos direitos políticos, a instituição da sanção de proibição de contratar com o Poder Público ou receber benefícios ou incentivos fiscais ou creditícios leva à clara conclusão de que o sistema jurídico-administrativo de proteção da probidade na Administração Pública possui o objetivo de, efetivamente, extirpar todas as relações dos agentes ímprobos com o Estado.

Nesse contexto que se coloca a necessidade da cassação da aposentadoria como *efeito* da pena de perda da função pública, pois o agente público inativo continua vinculado ao Estado e, seguindo a principiologia adotada pelo regime-jurídico administrativo brasileiro, não se pode admitir a continuidade desse vínculo, vez que a relação jurídica que possibilita o recebimento dos proventos pelo inativo possui como requisito necessário estar no exercício da função pública no momento em que se consuma o ato de aposentação.

Para melhor entender essa vinculação entre ente público e servidor aposentado, importa analisar mais detidamente o conceito de aposentadoria e seus requisitos de concessão. Conforme leciona Carvalho Filho, "aposentadoria é o direito, garantido pela Constituição, ao servidor público, de perceber determinada remuneração na atividade diante da ocorrência de certos fatos jurídicos previamente estabelecidos"[13].

No caso, o texto constitucional regulamenta a aposentadoria do servidor titular de cargo efetivo em seu artigo 40, criando um sistema de previdência especial, que convive com o regime geral de previdência social dos artigos 201 e 202 do Diploma Maior.

Analisando esse regime de previdência especial do servidor público, modificado especialmente pelas Emendas Constitucionais nºs. 19/1998 e 41/2003, pode-se afirmar que existem 03 (três) tipos de aposentadoria, conforme se deduz da leitura do artigo 40, §1º, da Constituição, quais sejam: *voluntária*; *compulsória*; e *por invalidez.*

Aposenta-se *voluntariamente* o servidor que preencher os seguintes requisitos cumulativos: a) cumprir tempo mínimo de 10 (dez) anos de efetivo exercício no serviço público; b) cumprir 05 (cinco) anos no cargo efetivo em que se dará a aposentadoria; c) ter 60 (sessenta) anos de idade e 35 (trinta e cinco) de contribuição, se homem, e 55 (cinquenta e cinco) anos de idade e 30 (trinta) de contribuição, se mulher.

Caso o servidor ainda não tenha contribuído o tempo exigido pela condição descrita no item (c), pode se aposentar com proventos proporcionais ao tempo de contribuição desde que, cumpridos os requisitos (a) e (b), conte com 65 (sessenta e cinco) anos de idade, se homem, e 60 (sessenta) anos de idade, se mulher.

A aposentadoria *compulsória*, por sua vez, ocorre invariavelmente quando o servidor (homem e mulher) atinge a idade de 70 (setenta) anos (artigo 40, inciso II, da Constituição).

De outra monta, a aposentadoria *por invalidez* "decorre da impossibilidade física ou psíquica do servidor, de caráter permanente, para exercer as funções de seu cargo"[14], conforme inciso I do referido dispositivo constitucional.

---

[13] CARVALHO FILHO, José dos Santos. *Manual de Direito Administrativo*. 21. ed. rev., ampl. e atual. Rio de Janeiro: Lumen Juris, 2009. p. 660.

[14] CARVALHO FILHO, *op. cit.*, p. 664.

Importante destacar que essas regras especiais, após a Emenda Constitucional nº 20/1998, também se aplicam aos titulares de cargos vitalícios, conforme se constata nas regras insertas nos artigos 93, VI (para os magistrados), 129, § 4º (para os membros do Ministério Público) e 73, § 3º (para os Ministros e Conselheiros dos Tribunais de Contas).

De outro lado, os demais servidores públicos (servidor ocupante, exclusivamente, de cargo em comissão declarado em lei de livre nomeação e exoneração bem como de outro cargo temporário ou de emprego público) se enquadram no regime geral da previdência social, conforme regra do artigo 40, § 13.

Diante dessas brevíssimas noções acerca da aposentadoria do agente público, mister se faz explicar os mais destacados motivos pelos quais é possível concluir que o servidor inativo continua vinculado ao cargo que possibilitou sua entrada para a inatividade.

Nesse sentido, destaca-se o julgamento do Recurso Extraordinário nº 163204 (julgado em 09/11/1994; DJ 31/03/1995)[15], em que o Plenário do Supremo Tribunal Federal decidiu que a acumulação de proventos dos aposentados e vencimentos dos servidores em atividade somente é permitida quando se tratar de cargos, funções ou empregos acumuláveis na atividade, na forma permitida pela Constituição (C.F., art. 37, XVI, XVII; art. 95, parágrafo único, I).

Assim, imprescindível citar trecho do voto do Ministro Relator Carlos Velloso, que, amparado em ampla jurisprudência da Suprema Corte referente aos textos constitucionais pretéritos (especialmente o de 1946), afirma que

> <u>Os servidores públicos aposentados não deixam de ser servidores públicos</u>: são, como bem afirmou Haroldo Valadão, servidores públicos inativos. A proibição de acumulação de vencimentos com proventos decorre, na realidade, de uma regra simples: é que os

---

[15] Importa salientar que o julgamento desse Recurso Extraordinário continua servindo de paradigma para as decisões do STF sobre o tema, conforme se verifica, dentre outros, nos seguintes julgamentos: RE 584388, Rel. Min. Ricardo Lewandowski, Tribunal Pleno, julgado em 31/08/2011; RE 498944 AgR, Rel. Min. Joaquim Barbosa, Segunda Turma, julgado em 06/12/2011; AI 837733 AgR, Rel. Min. Rosa Weber, Primeira Turma, julgado em 24/09/2013.

> vencimentos, que são percebidos pelos servidores públicos ativos, decorrem de um exercício atual do cargo, enquanto os proventos dos aposentados decorrem de um exercício passado. Ambos, entretanto, vencimentos e proventos, constituem remuneração decorrente do exercício – atual ou passado – de cargos públicos, ou de empregos e funções em autarquias, empresas públicas, sociedades de economia e fundações mantidas pelo poder público (C.F., art. 37, XVI e XVII, art. 40). Por isso mesmo, essa acumulação de vencimentos e proventos incide na regra proibitiva, porque ambos – vencimentos e proventos – constituem remuneração decorrente do exercício de cargo público. E a Constituição, no artigo 37, XVI, ao estabelecer que "é vedada a acumulação remunerada de cargos públicos", observadas as exceções por ela previstas, está justamente vedando a acumulação remunerada do exercício de cargos públicos. (grifou-se)

Cumpre ressaltar, ainda, que essa posição assumida pelo Supremo Tribunal Federal também está institucionalizada na legislação infraconstitucional, que admite, em determinados casos, até mesmo o retorno do servidor inativo para as suas funções, o que se denomina *reversão*, que é uma das formas de provimento de cargo público[16].

Logo, se o servidor inativo pode, em determinadas situações (apenas nos casos de aposentadoria voluntária ou por invalidez), retornar às suas atividades, não há outra interpretação que não seja aquela que conclui que a aposentação meramente afasta o agente público de suas atividades, mantendo incólume sua condição de servidor.

Nessa mesma linha principiológica seguem as regras dos estatutos[17] dos servidores públicos que preveem a cassação da aposentadoria nas hipóteses em que o agente pratica, na atividade, falta disciplinar punível com pena de demissão, tal como o artigo 134 do Estatuto

---

16 A reversão está prevista, na esfera do funcionalismo federal, no artigo 25 da Lei nº 8.112/90. Nos estatutos dos servidores públicos estaduais a previsão encontra-se, por exemplo: nos artigos 35 e 36 da Lei nº 10.261/68 do Estado de São Paulo; nos artigos 114 a 118 da Lei nº 6.174/70 do Estado do Paraná; nos artigos 44 a 48 da Lei Complementar nº 10.098/94 do Estado do Rio Grande do Sul.

17 No mesmo sentido e também exemplificativamente: artigo 259 da Lei nº 10.261/68 do Estado de São Paulo; artigo 300 da Lei nº 6.174/70 do Estado do Paraná; artigo 195 da Lei Complementar nº 10.098/94 do Estado do Rio Grande do Sul

do Funcionalismo Federal (Lei nº 8.112/90), declarado constitucional pelo Supremo Tribunal Federal[18].

Como se sabe, a demissão é penalidade administrativo-disciplinar que rompe todos os vínculos entre o servidor demitido e a Administração Pública. Logo, considerando que a aposentadoria não significa a ruptura total do inativo de seu cargo público até então exercido, a prática de falta punível com demissão durante a atividade funcional gera automaticamente a cassação da aposentadoria.

E, diante do exposto, a mesma conclusão deve ocorrer no que se refere à pena de perda de função pública imposta judicialmente, vez que esta possui o condão de excluir dos quadros da Administração Pública o servidor condenado. Por isso, a cassação da aposentadoria do servidor público condenado à pena de perda de função pública é mera *condição de eficácia* da sentença condenatória.

Portanto, ao ser notificada da decisão judicial de perda da função pública de servidor inativo, deve a Administração Pública cassar a aposentadoria deste para dar fiel cumprimento ao mandamento judicial, que somente terá eficácia desse modo, já que o condenado não mais se encontra em atividade, porém, como descrito, mantém vínculo com o Estado.

Essa solução, além de se amoldar ao sistema de proteção da ordem democrática, pois extirpa do ambiente público o agente que age em desconformidade com a vontade popular, também se coaduna com o princípio constitucional da *isonomia*, vez que os efeitos da condenação não podem ser distintos em face de situações jurídicas idênticas.

Assim, fere a isonomia uma situação em que a pena de perda de função pública aplicada a um servidor público na atividade seja totalmente eficaz, excluindo-o dos quadros da Administração Pública, enquanto a mesma sanção não é aplicada ao agente aposentado, que cometera fato semelhante quando estava no exercício pleno de suas funções, pois este continua sendo servidor público que apenas não se encontra em atividade.

---

18 Nesse sentido: MS 23219 AgR, Rel. Min. Eros Grau, Tribunal Pleno, julgado em 30/06/2005; RMS 24557, Rel. Min. Carlos Velloso, Segunda Turma, julgado em 02/09/2003; MS 23299, Rel. Min. Sepúlveda Pertence, Tribunal Pleno, julgado em 06/03/2002.

No caso, como se afirmou, a cassação da aposentadoria é mero *efeito* da condenação a uma pena de perda de função pública. É decorrência lógica desta. Ou seja: se há determinação judicial para excluir do ambiente público determinado servidor, não há qualquer razão jurídica que justifique a manutenção do vínculo estatal deste agente somente pelo fato que este já ingressara na inatividade, pois não se pode admitir que o instituto da aposentadoria sirva como instrumento de impunidade.

E é nesse sentido que caminha a jurisprudência do Superior Tribunal de Justiça, que, em diversos julgados, examinou os efeitos da pena de perda de função pública aplicada na esfera civil e, também, na penal (artigo 92, inciso I, do Código Penal), assentando, majoritariamente, que a cassação da aposentadoria decorre da perda da função pública.

Nesse sentido cita-se julgamento da Primeira Seção do referido Tribunal, que possui a incumbência de uniformizar a interpretação jurídica em matérias de Direito Público[19]:

> ADMINISTRATIVO. MANDADO DE SEGURANÇA. IMPROBIDADE ADMINISTRATIVA. CASSAÇÃO DE APOSENTADORIA. AUSÊNCIA DE DIREITO LÍQUIDO E CERTO.
>
> 1. Trata-se de Mandado de Segurança impetrado por Eraldo de Araújo Sobral contra ato do Ministro de Estado da Previdência Social, consubstanciado na Portaria 330/2013, que cassou sua aposentadoria em virtude de sentença condenatória transitada em julgado, nos autos de Ação Civil Pública de Improbidade Administrativa.
>
> 2. <u>A Lei 8.429/92 não comina, expressamente, a pena de cassação de aposentadoria a agente público condenado pela prática de atos de improbidade em sentença transitada em julgado. Todavia, é consequência lógica da condenação à pena de demissão pela conduta ímproba infligir a cassação de aposentadoria a servidor aposentado no curso de Ação de Improbidade</u>.
>
> 3. O art. 134 da Lei 8.112/90 determina a cassação da aposentadoria do inativo que houver praticado, na atividade, falta punível com a demissão.

---

[19] Nesse sentido: RMS 27075/RS, Rel. Ministra Eliana Calmon, Segunda Turma, julgado em 03/03/2009.

> 4. Segurança denegada.
>
> (MS 20.444/DF, Rel. Ministro HERMAN BENJAMIN, PRIMEIRA SEÇÃO, julgado em 27/11/2013, DJe 11/03/2014) – grifou-se

No mesmo caminho é a posição majoritária do Superior Tribunal de Justiça no que se refere aos efeitos da pena de perda de função pública no âmbito do Direito Penal, que tem o mesmo alcance da sanção prevista na Lei de Improbidade Administrativa, uma vez que se está diante de decisões judiciais (cível e criminal) que possuem um mesmo mandamento, qual seja: destituir agente público condenado de sua função pública.

Nesse aspecto, imprescindível citar que a posição da Quinta Turma do Tribunal é de que:

> Legítima é a cassação de aposentadoria de servidor, decorrente do trânsito em julgado de sentença penal condenatória pela prática de crime cometido na atividade, que lhe impôs expressamente, como efeito extrapenal específico da condenação, a perda do cargo público.
>
> (RMS 13934/SP, Rel. Ministro FELIX FISCHER, QUINTA TURMA, julgado em 10/06/2003, DJ 12/08/2003, p. 245)
>
> Sendo a cassação da aposentadoria compulsória mera decorrência da condenação penal transitada em julgado que decretou a perda do cargo do magistrado, é despicienda a instauração de processo administrativo, com todos seus consectários, para se proceder à referida cassação, sendo certo que inexiste ofensa à ampla defesa ou ao contraditório.
>
> (RMS 18763/RJ, Rel. Ministra LAURITA VAZ, QUINTA TURMA, julgado em 06/12/2005, DJ 13/02/2006, p. 832)
>
> Diante do trânsito em julgado de sentença penal condenatória que decreta a perda do cargo público, a autoridade administrativa tem o dever de proceder à demissão do servidor ou à cassação da aposentadoria, independentemente da instauração de processo administrativo disciplinar, que se mostra desnecessária. Isso porque qualquer resultado a que chegar a apuração realizada no âmbito administrativo não terá o condão de modificar a força do decreto penal condenatório.
>
> (RMS 22570/SP, Rel. Ministro ARNALDO ESTEVES LIMA, QUINTA TURMA, julgado em 18/03/2008, DJe 19/05/2008)

Como se nota, a posição assumida nos acórdãos citados é de que a cassação da aposentadoria é mero efeito da pena de perda de função pública, coadunando-se com o entendimento já esposado pela Suprema Corte de que o servidor inativo continua sendo servidor público. E, portanto, a Administração Pública, ao ser cientificada da decisão judicial (seja esta proferida na esfera cível ou criminal), deve apenas dar cumprimento a esta.

Por fim, resta dizer que a Sexta Turma do Superior Tribunal de Justiça possui entendimento diverso, não admitindo "a cassação da aposentadoria como consectário lógico da condenação criminal, em razão de ausência de previsão legal" (RMS 31980/ES, Rel. Ministro OG FERNANDES, SEXTA TURMA, julgado em 02/10/2012, DJe 30/10/2012).

No mesmo sentido foi o voto vencido da Ministra Laurita Vaz, da Quinta Turma, no julgamento do Recurso Especial nº 914405/RS (julgado em 23/11/2010), afirmando, com base em artigo doutrinário, que, além de não estar prevista no rol do artigo 92 do Código Penal, a cassação de aposentadoria não poderia decorrer da sanção de perda de cargo público porque "a aposentação é direito conquistado a cada dia de serviço prestado durante anos de contribuição **à** Instituto de Previdência", isto é, "a cada dia de trabalho na fase adulta do homem, adiciona-se mais um desconto em folha de pagamento, até completar tempo para chegar à aposentação"[20].

Em primeiro lugar, o argumento de que falta previsão legal para que se decrete a cassação de aposentadoria desconsidera que esta apenas gera *eficácia* à decisão judicial que decreta a perda da função pública. Dito de outra forma, se o agente público inativo mantém o vínculo com o Estado, a aplicação da sanção de perda do cargo, para ser efetiva, deve romper esse vínculo por completo.

De outro lado, também não condiz com o sistema constitucional a interpretação de que a aposentadoria é uma contraprestação às contribuições feitas pelo agente público e, por isso, este possui o

---

[20] ALFRADIQUE, Eliane. A interpretação do artigo 92 do Código Penal: efeitos específicos da condenação – perda de cargo – cassação de aposentadoria. *Revista Ciência Jurídica*. v. 21, n.º 136, p.63-92, jul./ago., 2007.

direito adquirido de receber os proventos da aposentação, independentemente da sanção de perda de função pública aplicada, que se tornaria sem efeito.

Com o devido respeito a esse entendimento, cumpre salientar que o servidor público que praticou o *fato gerador* da sanção de perda de função pública *durante a atividade* sequer poderia ter se aposentado se o processo (cível ou criminal) que o condenou transitasse em julgado antes de atingido o requisito necessário para a aposentadoria (quais sejam: tempo de contribuição, invalidez ou a idade de 70 anos).

Assim, essa interpretação também violaria o princípio da igualdade, pois trataria de maneira diversa casos idênticos. Por exemplo: imagine-se que dois servidores públicos possuidores do mesmo tempo de contribuição para a aposentadoria praticam, no mesmo dia, atos ilícitos que acarretam a perda da função pública. Entretanto, os processos judiciais para a aplicação da sanção em relação a cada um deles possuem andamento distinto, em que apenas um destes se encerra com o trânsito em julgado antes de advinda a aposentação. Nesse caso, um dos servidores públicos seria beneficiado pela demora processual, pois não teria contra si a efetividade a pena de perda de função pública.

Portanto, somente diante desses entendimentos expostos, apenas cumpre destacar, com o devido respeito, que estes não se enquadram na principiologia adotada pela Constituição de 1988, uma vez que não leva em conta que o servidor público inativo continua vinculado ao Estado, e a manutenção dessa relação, mesmo após a condenação deste à perda da função pública, consagra a impunidade, fazendo com que o ato de aposentação seja escudo para a prática de atos atentatórios à democracia.

## 4. CONSIDERAÇÕES FINAIS

De tudo o que se expôs, importa destacar que a adoção de um *Estado Democrático de Direito* pelo sistema constitucional brasileiro influencia, necessariamente, todo o regime jurídico-administrativo também implantado pelo Texto Maior e concretizado pela legislação infraconstitucional.

Logo, toda interpretação jurídica referente à situação do servidor público deve levar em consideração que o poder estatal emana do povo. Sendo assim, qualquer violação da vontade popular por meio de atos atentatórios à probidade administrativa deve trazer como consequência a desvinculação daquele que violou as normas de proteção desta, que nada mais é do que um dos sustentáculos dos princípios estruturantes do sistema político-constitucional.

E é nesse sentido que se impõe a cassação da aposentadoria do agente público inativo condenado à pena de perda de função pública por ato de improbidade administrativa cometido enquanto encontrava-se em pleno exercício de sua atividade, uma vez que a ruptura da relação servidor-Estado é mero efeito da condenação.

Portanto, considerando que o servidor público inativo mantém seus vínculos com a Administração Pública, há de se concluir que essa solução se compatibiliza com o regime adotado pela Constituição de 1988, razão pela qual a não cassação da aposentadoria nos termos expostos implica em verdadeira quebra da ordem democrática.

## 5. REFERÊNCIAS

ALFRADIQUE, Eliane. A interpretação do artigo 92 do Código Penal: efeitos específicos da condenação – perda de cargo – cassação de aposentadoria. *Revista Ciência Jurídica*. v. 21, n.º 136, p.63-92, jul./ago., 2007.

BANDEIRA DE MELLO, Celso Antônio. *Curso de direito administrativo*. 22. ed. rev. e atual. São Paulo: Malheiros, 2007.

BONAVIDES, Paulo. *Do estado liberal ao estado social*. 6. ed. rev. e amp. São Paulo: Malheiros, 1996.

CANOTILHO, José Joaquim Gomes. *Direito constitucional*. 5. ed. Coimbra: Almedina, 1991.

CARVALHO FILHO, José dos Santos. *Manual de Direito Administrativo*. 21. ed. rev., ampl. e atual. Rio de Janeiro: Lumen Juris, 2009.

CHAUÍ, Marilena. *Introdução à história da filosofia*: dos pré-socráticos a Aristóteles. 2. ed. rev., ampl. e atual. São Paulo: Companhia das Letras, 2002.

COMPARATO, Fábio Konder. *A afirmação histórica dos direitos humanos*. 3. ed. rev. e ampl. São Paulo: Saraiva, 2003.

GUERRA FILHO, Willis Santiago. *Teoria política do direito*: uma introdução política ao Direito. Brasília: Brasília Jurídica, 2000.

________. *Teoria processual da constituição*. 2. ed. São Paulo: Celso Bastos Editor: Instituto Brasileiro de Direito Constitucional, 2002.

ISHAY, Micheline R. *The history of human rights:* from ancient times to the globalization era. Loa Angeles: University of California Press, 2004.

ROUSSEAU, Jean Jacques. *Do contrato social.* Coleção Os Pensadores, n. 30. 2. ed. São Paulo: Abril, 1978.

# EFEITOS JURÍDICOS DECORRENTES DA SUSPENSÃO DOS DIREITOS POLÍTICOS E DA PERDA DA FUNÇÃO PÚBLICA

*Carlos Alberto Hohmann Choinski*[1]

*Sumário: 1. Temática. 2. Perda da função pública. 3. Suspensão dos Direitos Políticos. 4. Conclusão. 5. Bibliografia.*

## 1. TEMÁTICA

Quando Friedrich Müller enfatiza a plurivocidade do conceito da palavra *povo*, dentre tantas possibilidades e significâncias, afirma que o poder do Estado, perante o povo, *não é o seu sujeito, o seu proprietário, mas o seu âmbito material de responsabilidade e atribuição,* compreende-se que a Constituição supera a condição de ser mera distribuição orgânica de poder e função e torna-se verdadeira estrutura jurídico-normativa, baseada na legitimação democrática:

> "O poder de Estado não está 'no povo', mas 'emana' dele. Entende-se como exercício por encargo do povo e em regime de responsabilização realizável perante ele. Esse entendimento de 'emanar' também não é supostamente metafísico; é normativo. Por isso não pode ele permanecer na ficção, senão que deve ter o poder de desembocar em sanções sensíveis na realidade, tendo necessariamente a seu lado a promessa democrática na sua variante ativa."[2]

---

1 Promotor de Justiça. Especialista em Direito Público pela Universidade Federal do Paraná. Especialista em Direito Processual Civil pela Universidade Federal do Paraná. Professor da disciplina "Tutelas Coletivas" (Fempar). E-mail: choinski@mppr.mp.br

2 MÜLLER, Friedrich. Quem é o Povo?. Editora Max Limonad, 1998, p. 62-63.

A nossa Constituição Federativa de 1988, quando promulgada, elegeu como um dos seus valores mais inestimáveis, a renascença do exercício dos direitos políticos, como profunda garantia do exercício da democracia. Criou-se, então, um sistema moderno que, ao mesmo tempo em que se protegia das invariáveis tentativas de golpe, visava prevenir o exercício da cidadania, conceito muito difundido, mas pouco aplicado, até então, na história política do Brasil.

A mudança de um país em que atos de governo manobravam os direitos fundamentais, ora cassando, ora expungindo tais direitos, para um projeto democrático optou em proclamar, inicialmente, a liberdade da cidadania (liberdade como regra) para, depois, estabelecer as restrições necessárias para a legitimação do Estado de Direito (limitação como exceção).

Por outro vértice, a ativação da proteção dos direitos fundamentais e elementar noção do Estado Democrático de Direito fixou-se na síntese de que o Estado, quanto atua, deve atuar sempre responsavelmente pelos seus atos[3].

Some-se a isso a invencível dificuldade de se emprestar normatividade ao texto constitucional diante de um legado autoritário que, desconstruía a todo o tempo, pelos seus humores, interesses e necessidades político-econômicas, as liberdades públicas, os direitos políticos, com instrumentos de repressão e censura.

O enfeixamento da organicidade e normatividade da Constituição, estatuindo funções e delimitando responsabilidades, determinou que fosse ela, a própria Constituição Federal, o espaço reservado para abranger as medidas dirigidas às pessoas, enquanto pena, sanção, restrição ou mero impedimento, todas as vezes que a tênue linha entre o lícito e o ilícito fosse ultrapassada.

Esta medida, maior que mero instrumento de controle, se mostra inarredável se for considerada a disseminação de uma corrupção sistêmica, através da qual o Estado Brasileiro sempre foi assolado por práticas históricas e repetitivas de malversação, enriquecimento ilícito e abuso de poder. Ao Direito, portanto, enquanto *interface* entre a

---

[3] Daí a solidificação do conceito de responsabilidade do Estado estabelecida no art. 37, §6.º da Constituição Federal.

Ética e a Política[4], impôs-se a obrigação de estabelecer o liame entre o exercício do poder e uma conduta ética minimamente exigível, justamente para garantir às liberdades e se contrapor à corrupção.

Preponderou, então, uma amplificação dos sistemas de responsabilização que, além de superar a velha e clássica dicotomia entre sanções civis e sanções penais, introduziu um sistema complexo e interdependente, que abrangeu outras formas de responsabilidade de igual repercussão[5], nunca excludentes entre si, ainda que ressalvada a impossibilidade de aplicação de pena ou sanção em duplicidade (*non bis in idem).*

O artigo 37, §4.º da Magna Carta, ao estabelecer que *os atos de improbidade administrativa importarão a suspensão dos direitos políticos, a perda da função pública, a indisponibilidade de bens e o ressarcimento ao erário, na forma e gradação previstas em lei, sem prejuízo da ação penal cabível,* ali, criou uma nova tipologia de responsabilidades.

Com o advento da Lei n.º 8.429/92 iniciou-se um ciclo de interpretação e compreensão, ainda hoje em curso, onde a improbidade administrativa se transforma em uma antítese[6] ao conceito de cidadania, seja pelo seu viés material (elemento político da democracia), seja pelo seu viés moral (responsabilidade social da atividade pública). Ainda é possível questionar se tal sistema tenha alcançado a sua *maioridade*, em termos de efetividade, porém a responsabilização pela

---

4 BOTELHO, Ana Cristina Melo de Pontes. Corrupção Política – Uma Patologia Social, Belo Horizonte: Editora Fórum, 2001, p. 103.

5 Nesse sentido, Fábio Medina Osório: " É novidade histórica, sem embargo, a previsão da improbidade no art. 37, §4.º, da CF, pela forma de tratamento dispensado à matéria. Destacamos o modelo brasileiro, no tratamento da improbidade administrativa, à luz do direito administrativo, como um modelo centralizador, partindo da Constituição Federal, uma forma original de encarar o problema, rompendo a tradição mais ou menos linear que as Constituições antecessoras marcaram, na oscilação entre a perspectiva penal e a perspectiva puramente *ressarcitória, encarada também como cível, além do enfoque infraconstitucional sempre voltado ao campo disciplinar."* (OSÓRIO, Fábio Medina. *Teoria da Improbidade Administrativa*. São Paulo: Revista dos Tribunais, 2005, p. 116-117)

6 PIMENTA OLIVEIRA, José Roberto. Improbidade Administrativa e sua Autonomia Constitucional. Belo Horizonte: Ed. Forum, 2009, p. 62.

improbidade administrativa, atualmente, é parte integrante ao conceito de função pública em geral, seja sob a forma de exercício político ou administrativo. E isto, por si só, pode ser visto como avanço.

Um dos exemplos mais recentes desta afirmação é o julgamento da Ação Declaratória de Constitucionalidade n.º 29, pelo Supremo Tribunal Federal, quando, ao confirmar a constitucionalidade da Lei Complementar n.º 135/10 (Lei da Ficha Limpa) assentou que "*o direito político passivo (ius honorum) é possível de ser restringido pela lei, nas hipóteses que, in casu, não podem ser consideradas arbitrárias, porquanto se adequam à exigência constitucional da razoabilidade, revelando elevadíssima carga de reprovabilidade social, sob os enfoques da* ***violação à moralidade ou denotativos de improbidade****, de abuso de poder econômico ou de poder político*".[7]

A declaração de que a função pública e os direitos políticos poderiam ser perseguidos pelo regime de responsabilização por atos de improbidade administrativa descortinou um modelo, novo, de autonomização destas sanções em relação ao seu correlato penal. Sem descuidar dos pontos de contato com os tradicionais modelos, a lei de improbidade administrativa, enquanto espécie do regime de tutela coletiva de proteção ao patrimônio público e à moralidade administrativa, erigiu-se como instrumento de responsabilização direta em face do modelo ético de realização da cidadania.

O que o artigo 37, § 4.º da Constituição Federal trouxe de novo, foi a abertura de possibilidade de condenações, como a perda da função pública e suspensão dos direitos políticos, através de mecanismo judicial próprio. Não que tais tipos de sanções fossem novos no modelo repressivo nacional: a novidade estava justamente no *caráter autônomo* destas sanções, anteriormente vinculadas a um efeito *ex post* motivado de uma sentença penal condenatória ou como sanção natural de responsabilidade política.

Este breve estudo tem o objetivo de, sincreticamente, analisar os efeitos das sanções de perda da função pública e de suspensão de direitos políticos, pautados pela Lei n.º 8.429/92, pelo seu caráter

---

[7] Item 5 da Ementa do Julgamento, pelo Supremo Tribunal Federal, da ADC 29, rel. Min. Luiz Fux, j. 16.02.2012, Tribunal Pleno, publicado em 29.06.2012.

autônomo e de gênese constitucional, aplicáveis a partir da ação civil por prática de ato de improbidade administrativa, incondicionalmente e sem vínculos a outros gêneros de processo.

O Supremo Tribunal Federal, há muito tempo, já ratificou que é tranquila a jurisprudência desta Corte no sentido da independência das instâncias administrativa, civil e penal, independência essa que não fere a presunção de inocência, nem os artigos 126 da Lei 8.112/90 e 20 da Lei 8429/92).[8]

A perda da função pública e de suspensão de direitos políticos, numa escala hierárquica das sanções previstas na Lei n.º 8.429/92, situam-se em posição superior porque previstas expressamente no texto constitucional, ao passo que as outras sanções (multa civil e impossibilidade de contratar com o poder público) são complementares, trazidas pela norma infraconstitucional[9]. E é sensível a gravidade de seus efeitos.

A perda da função pública qualifica-se como a pena mais grave do regime disciplinar da Administração Pública, porque interrompe, de forma direta, a relação entre o agente público e o Estado.

A suspensão dos direitos políticos, por sua vez, é tida como a mais grave sanção para o exercício da cidadania, a ponto do Superior Tribunal de Justiça considerá-la como a mais *drástica* das sanções do art. 12 da Lei n.º 8.429/92, justamente por atingir o seio da plenitude da liberdade política[10].

## 2. PERDA DA FUNÇÃO PÚBLICA

O termo "função pública" guarda significância material, nos termos do art. 37, § 4.º, CF e na Lei n.º 8.429/92, abrangendo uma interpretação ampla retratada pela expressão "*por eleição, nomeação,*

---

8 STF, MS 22899 Agr/SP, Rel. Min. Moreira Alves, Pleno, j. 02/04/2003, publicado em 16.05.2003.

9 Esta escala exclui, obviamente, a reparação de danos, por que esta não pode ser considerada como sanção, *v. g.* no julgamento dos EDcl nos EDcl no REsp 1159147/MG pelo STJ.

10 REsp 1228749/PR, Rel. Ministro OG FERNANDES, SEGUNDA TURMA, julgado em 03/04/2014, DJe 29/04/2014

*designação, contratação ou qualquer outra forma de investidura ou vínculo, mandato, cargo, emprego ou função"*, disposto no art. 2.º da mencionada lei. Visto de outro ângulo, a "função pública" representa toda manifestação estatal decorrente de ato de seus agentes.

Se a Constituição Federal, no artigo 37, II, estabeleceu o princípio da acessibilidade à função pública, imediatamente impôs o ambiente de responsabilidade suficiente para retirar tal condição, seja pelo dever de obediência aos princípios administrativos constitucionais, seja por qualquer atitude ou ato contrário à finalidade da própria justificação da investidura.

A perda da função pública, enquanto sanção, decorre de inúmeras formas de incompatibilidade da conduta do agente em relação ao cargo a ele confiado quando este exibe *inidoneidade (ou inabilitação) moral e desvio ético para o exercício da função pública*[11].

Dentre as possibilidades formais de destituição da função pública encontra-se desde o processo administrativo disciplinar[12] (com a aplicação das incompatibilidades descritas no art. 132 da Lei Federal n.º 8.112/90, no âmbito do serviço público federal), passando pela sentença penal condenatória (como interdição temporária de direitos ou como efeito motivado da condenação nas hipóteses do art. 92, I, do Código Penal), pelo julgamento dos crimes de responsabilidade e como sanção pela condenação por ato de improbidade administrativa.

Para que se fixe a perda da função pública como sanção prevista no art. 12 da Lei n.º 8.429/92, basta que haja a procedência da ação de improbidade administrativa, com a expressa e motivada cominação da sanção. Por algum tempo, se discutiu acerca de que *toda*

---

11 STJ, Resp 924.439/RJ, Rel. Min. Eliana Calmon, Segunda Turma, j. em 06/08/2009, DJe 19/08/2009)

12 O Superior Tribunal de Justiça, através do Ministro Mauro Campbell Marques, no julgamento do MS 16.192/DF definiu ser *possível a demissão de servidor público por portaria quando embasada em regular procedimento administrativo disciplinar que concluiu pela prática de ato de improbidade administrativa, visto que a Lei 8429/92 não criou um único subsistema para o combate dos atos ímprobos e, sim, mais um subsistema, compatível e coordenado com os demais, não se havendo falar em derrogação de dispositivos presentes em outras esferas, como no caso o artigo 132, IV, da Lei 8.112/90, que estabelecem condenação de mesmo efeito.*

improbidade administrativa determinava a perda da função pública, pelo seu caráter sancionatório de origem constitucional. Contudo, dada a extensão dos fatos que se caracterizam como a improbidade administrativa, uns de menor, outros de maior relevância, se atentou para a percepção de que, em alguns deles, a perda da função pública se mostrava desproporcional ao ato do agente público. Nesse sentido, o Superior Tribunal de Justiça ajustou entendimento que *a simples configuração do ato ímprobo não implica, necessária e automaticamente, cominação da perda da função pública*[13].

Em outro julgamento, definiu-se que ***a perda da função pública****, a sanção política, a multa civil e a proibição de contratar com a Administração Pública e de receber benefícios do Poder Público, ao contrário, têm caráter elástico, ou seja, são providências que podem ou não ser aplicadas e, caso o sejam, são dadas à mensuração - conforme, exemplificativamente, à* ***magnitude do dano****, à* ***gravidade da conduta*** *e/ou a* ***forma de cometimento do ato*** *- nestes casos, tudo por conta do §.* ún. *do art. 12 da Lei n. 8.429/92. A bem da verdade, existe uma única exceção a essa elasticidade das sanções da LIA: é que pelo menos uma delas deve vir ao lado do dever de ressarcimento.*[14] (grifamos)

Não há um parâmetro definido pelos autores para responder quando deve ou não ser aplicada a sanção de perda da função pública. O que é consenso é que o magistrado, diante da condenação por ato de improbidade administrativa, tem o dever de justificar, sob a égide da adequação (análise da conduta em face do desvio), necessidade (relação causal entre a conduta e a função do agente) e proporcionalidade (amplitude do efeito do ato e dimensão do dano material ou imaterial causado à administração), que motivos levam à aplicação ou não da sanção. Assim é que, a perda da função pública não pode se subverter em mera escolha entre as sanções, mas retribuição equitativa entre a repercussão do ato e a necessária punição.

---

13 STJ, AgRg no REsp 949.931/SC, Rel. Ministro HERMAN BENJAMIN, SEGUNDA TURMA, julgado em 18/12/2008, DJe 10/02/2010, item 3. No mesmo sentido: REsp 924.439/RJ,

14 EDcl nos EDcl no REsp 1159147/MG, Rel. Ministro MAURO CAMPBELL MARQUES, SEGUNDA TURMA, julgado em 15/02/2011, DJe 24/02/2011.

Há certo consenso de que dois elementos se apresentam como imprescindíveis para aplicação da pena de perda da função pública: o primeiro, é de que o ato de improbidade administrativa tenha decorrido de atividade diretamente inerente à função, qual seja, de uma prerrogativa, de uma competência, da própria função; o segundo é o de aproximar uma síntese de uniformidade da aplicação desta sanção, buscando diminuir o fenômeno da intersubjetividade, isto é, estabelecer padrões estáveis, consensuais, ainda que em realidades aparentemente diferentes, de modo a que a aplicação de sua sanção produza o efeito social da inibição da repetição de ilícito e imponha mudança de condutas e procedimentos.

A perda da função pública é sanção exclusivamente dirigida aos agentes públicos demandados na ação de improbidade. Não afeta os legitimados particulares pela inocuidade da medida, pois não se perde o que não se tem. A medida, contudo, por força do art. 20 da Lei n.º 8.429/92 somente se opera mediante o trânsito em julgado da sentença condenatória. Assim, não se pode executá-la provisoriamente; aliás, procedimentalmente, tal punição sequer exige a execução tendo em vista que os próprios termos da sentença, pela sua natureza constitutiva, são suficientes para que se cumpra mediante expedição de ordem mandamental específica.[15]

Tampouco, apesar de opiniões contrárias respeitáveis, é medida que se possa tomar mediante decisão liminar antecipatória pelo natural risco de irreversibilidade da medida, além de ser invasivo ao campo do direito político alcançado[16]. A hipótese de afastamento para garantia de instrução, previsto no parágrafo único do artigo 20 da Lei de Improbidade Administrativa decorre de um efeito cautelar, voltado para a segurança da instrução processual. Neste ponto, em casos excepcionais, entende-se ser plausível discutir, ainda no campo das medidas cautelares, as hipóteses extremas onde a permanência do agente em determinado cargo represente risco iminente à Administração Pública, hipótese que reclama elementos peculiares de valoração e

---

[15] TJ-PR 8400255 PR 840025-5 (Acórdão), Relator: Adalberto Jorge Xisto Pereira, Data de Julgamento: 09/10/2012, 5ª Câmara Cível

[16] Art. 273, §2.º, CPC.

urgência. Tal medida, porém, repita-se, jamais poderia ser vista como uma antecipação da sanção[17].

A simples decretação da perda da função pública, pela prestação jurisdicional transitada em julgado, é suficiente para determinar o afastamento direto e imediato do agente público, mesmo para mandatos políticos. Ou seja, não se mostra necessária a submissão da ordem judicial a um devido processo administrativo ou a um processo específico de cassação de mandato (especialmente, no caso de parlamentares).

Nesse ponto, a ação penal n.º 470, ao renovar a eficiência da determinação, a independência das instâncias e a autoridade da decisão judicial sobre o tema afirmou que *a Constituição não submete a decisão do Poder Judiciário à complementação por ato de qualquer outro órgão ou Poder da República. Não há sentença jurisdicional cuja legitimidade ou eficácia esteja condicionada à aprovação pelos órgãos do Poder Político. A sentença condenatória não é a revelação do parecer de uma das projeções do poder estatal, mas a manifestação integral e completa da instância constitucionalmente competente para sancionar, em caráter definitivo, as ações, típicas, antijurídicas e culpáveis. (...) Ao Poder Legislativo cabe, apenas, dar fiel execução à decisão da Justiça e declarar a perda do mandato, na forma preconizada na decisão jurisdicional.*[18]

Discussão aberta ainda se encontra se a perda da função pública repercute consequentemente sobre a cassação da aposentadoria, em caso de condenação de agente público inativo. O próprio Superior Tribunal de Justiça diverge quanto a isso. De um lado, já se interpretou que *"o direito à aposentadoria submete-se aos requisitos próprios do regime contributivo, e sua extinção não é decorrência lógica da perda da função pública posteriormente decretada,* mais ainda porque

---

[17] O STJ, através de decisão de seu vice-presidente Ministro Francisco Peçanha Martins, nos autos de suspensão de liminar e sentença n.º 822/BA, ao deferir a suspensão de afastamento do cargo do Prefeito de Itabela – BA, realçou que *enquanto não transitada em julgado a sentença, a aplicação da regra do parágrafo único (do artigo 20) representaria a interrupção do mandato eletivo conferido pelo povo. E na democracia somente o povo, pelo seu órgão representativo, no caso a Câmara de Vereadores é que pode, a seu tempo e modo determinar o afastamento dentro do processo de 'impeachment'. (08.02.2008)*

[18] AP 470/MG. Rel. Joaquim Barbosa, Tribunal Pleno, j. 17/12/2012.

*a sentença que determina a perda da função pública tem efeitos ex nunc, não podendo produzir efeitos retroativos."*[19] De outro, porém, o Ministro Herman Benjamin relatou o MS 20.444/DF onde se decidiu que *"a lei 8.429/92 não comina, expressamente, a pena de cassação de aposentadoria a agente público condenado pela prática de atos de improbidade em sentença transitada em julgado. Todavia, é consequência lógica da condenação à pena de demissão pela conduta ímproba inflingir a cassação de aposentadoria a servidor aposentado no curso da Ação de Improbidade."*[20]

Aqui cabem parênteses: a Lei Federal n.º 8.112/90 (e a maioria das legislações estaduais, também) estipula como sanção específica a possibilidade de cassação da aposentadoria. Uma das faltas disciplinares que autorizam o processo administrativo, segundo aquela lei, é justamente a *improbidade administrativa*. Assim, ainda que paradoxal, a pena de cassação da aposentadoria pode decorrer do processo administrativo, mas não diretamente da ação de improbidade, salvo se houver uma aproximação dos textos legais mediante interpretação lógico-sistemática[21]. Isto porque o legislador não reproduziu textualmente tal hipótese nas sanções da Lei da Improbidade Administrativa. Parece correto, portanto, estabelecer este parâmetro entre legislação federal (lei n.º 8.429/92) e o estatuto a que o servidor público esteja vinculado, notadamente pela independência das instâncias e da enumeração taxativa das hipóteses de sanções (art. 12 da Lei n.º 8.429/92).[22]

A condenação pela perda da função pública, por fim, obedece a um princípio de correlação, qual seja, exige ponderação específica quanto à sua dimensão, inclusive para abraçar, nova função pública

---

19 STJ - REsp: 1186123 SP 2010/0052911-8, Relator: Ministro HERMAN BENJAMIN, Data de Julgamento: 02/12/2010, T2 - SEGUNDA TURMA, Data de Publicação: DJe 04/02/2011

20 MS 20.444/DF, Rel. Ministro HERMAN BENJAMIN, PRIMEIRA SEÇÃO, julgado em 27/11/2013, DJe 11/03/2014

21 Esta interpretação lógico-sistemática, por óbvio, deve ser extraída de ambos os textos sancionatórios, de modo a evitar colisão com os princípios do *non bis in idem* ou do velho brocardo *nullum poena sine lege.*

22 A matéria é alvo de artigo específico nesta obra, para a qual se remete dado o caráter minucioso com que ela é debatida pelo seu autor, Vitor Hugo Nicastro Honesko.

que o agente esteja a exercer. Nesse sentido, a Ministra Eliana Calmon afirmou que a perda da função pública equivale a uma sentença de inidoneidade pública e moral do agente e que demonstra desvio ético para o exercício da função pública, *abrangendo qualquer atividade que o agente esteja exercendo ao tempo da condenação irrecorrível.*[23]. Este critério, contudo, parece não ser absoluto. Se a decretação da perda da função pública é medida que se exige motivada por critérios de proporcionalidade, serão estes critérios os balizadores a definir a abrangência desta sanção. Um político que se reelege sucessivas vezes ao mesmo cargo e é condenado por improbidade em um dos mandatos, por evidente, não possui idoneidade moral para prosseguir no cargo, tão somente por ter se iniciado um novo ciclo. Por outro lado, um agente público na função de motorista, por exemplo, e que age com constante imprudência, vindo a receber diversas infrações de trânsito, causando prejuízo ao erário e é condenado, por improbidade administrativa, pela violação intencional a normas de conduta, não transmite este inidoneidade, caso venha a ser aprovado em um concurso público onde exercerá as funções de procurador, por exemplo. Este critério, portanto, vai exigir uma correlação explícita entre o valor moral intrínseco (inidoneidade moral do agente), a dimensão e a natureza do ato ímprobo e a sua condição em face do cargo exercido, sempre pautada nos fundamentos de proporcionalidade.

A perda da função pública também é um tipo de sanção que se exerce automaticamente, porém, uma vez executada, extingue ali todos os seus efeitos. Isto é, uma vez perdida uma função pública não há qualquer impedimento para o exercício de nova função pública ou inscrição em concurso público. Neste ponto, a perda da função pública não pode ser causa de limitação dos direitos políticos ou de restrição à cidadania, pois este tipo de consequência está reservada à suspensão de direitos políticos.

## 3. SUSPENSÃO DOS DIREITOS POLÍTICOS

O artigo 15 da Constituição Federal estabeleceu, *numerus clausus,* as formas de perda ou suspensão de direitos políticos, afirmando

[23] REsp 924.439/RJ, Rel. Ministra ELIANA CALMON, SEGUNDA TURMA, julgado em 06/08/2009, DJe 19/08/2009

expressamente a impossibilidade de cassação destes direitos. Representou uma viragem ao sistema anterior de vigência de crimes políticos, tribunais de exceção e punições personalizadas.

A suspensão dos direitos políticos como sanção por ato de improbidade administrativa veio estabelecida no art. 15, IV, e no art. 37, § 4.º, da Magna Carta, normas estas que se complementam harmonicamente. A edição da Lei n.º 8.429/92 repetiu a sanção, mas ressalvou que esta deveria ser aplicada no ambiente de gradação da improbidade, ou seja, é uma sanção que pode, ou não, ser aplicada, dependendo do caso concreto, da qualidade do agente e da dimensão e prejuízo do ato ilícito.[24]

Trata-se de hipótese específica de aplicação dos conhecidos direitos políticos negativos que, no dizer de José de Afonso da Silva, são "*... determinações constitucionais que, de uma forma ou de outra, importem em privar o cidadão do direito de participação no processo político e nos órgãos governamentais. São negativos porque consistem no conjunto de regras que negam, ao cidadão, o direito de eleger, ou de ser eleito, ou de exercer atividades político-partidária ou de exercer função pública.*" [25]

A suspensão dos direitos políticos abrange tanto a capacidade eleitoral passiva, que é direito de ser votado (*ius honorum*), como a capacidade eleitoral ativa, que atinge também o direito de voto (*ius sufragii*). Há, também, por decorrência, a impossibilidade de exercício de certos direitos, v.g., como o de se inscrever em concurso público federal, filiar-se a partido político, atuar como signatário de iniciativa popular ou propor ação popular, situações que estabelecem como pré-requisito estar *no gozo de seus direitos políticos.*

Importa referenciar que a aplicação desta sanção obedece aos critérios de proporcionalidade, porém exige motivação expressa para sua aplicação. Nem poderia ser diferente, pois, tratando-se de penalidade que suspende direito fundamental caríssimo (direitos políticos) deve encontrar sua justificação no corpo da sentença.

---

24 Para isso, repete-se o mesmo fundamento de proporcionalidade já debatido no capítulo sobre perda da função pública.

25 SILVA, José Afonso da. Curso de Direito Constitucional. São Paulo:Malheiros Editores, 1993. p. 334).

Nesse sentido, o Superior Tribunal de Justiça decidiu que *a pena de suspensão de direitos políticos, (...) além de efetivamente obstar que o agente político possa voltar à pratica de atos de improbidade em eventual caso de reeleição, após o trânsito em julgado de decisão condenatória, cumpre importante finalidade pedagógica, mormente diante do fato de a sociedade não aceitar agentes políticos que não observam os deveres de honestidade, imparcialidade, legalidade e lealdade às instituições a que servem.*[26]

A aplicação da suspensão dos direitos políticos, como já dito, para os casos de improbidade administrativa é sanção autônoma, sem depender ou ser condicionada com outro processo anterior ou posterior. Assim, uma vez condenado pela suspensão dos direitos políticos bastará ao juiz da causa remeter ofício à Justiça Eleitoral comunicando a aplicação da suspensão pelo prazo fixado, impedindo o cidadão de usufruir dos direitos inerentes.

O prazo fixado para o cumprimento da suspensão dos direitos políticos gera efeitos desde a data do trânsito em julgado da sentença e não existem hipóteses vigentes de remição, perdão, graça ou anistia destas sanções, quando decorrer diretamente da condenação por improbidade administrativa.

Uma pequena controvérsia[27], muito embora isto venha sendo reafirmado pelas Cortes Eleitorais Superiores, surgiu para distinguir a hipótese de suspensão de direitos políticos com a inelegibilidade, o que obrigou o Supremo Tribunal Federal, no julgamento da ADC 29 que tratava da avaliação da constitucionalidade da Lei da Ficha Limpa (Lei Complementar 135/10), a reafirmar a distinção entre os institutos, visto que enquanto a suspensão de direitos políticos tem caráter nitidamente penalizante, a inelegibilidade nada mais é do que a

[26] STJ, REsp 1424418/ES, Rel. Ministro HUMBERTO MARTINS, SEGUNDA TURMA, julgado em 12/08/2014, DJe 19/08/2014)

[27] Esta controvérsia é provocada por uma *"aparente contradição"* entre a redação do art. 14, §9.º, CF e o art. 15, V, CF. O primeiro previu o estabelecimento de Lei Complementar para definir outros casos de inelegibilidade, estabeleceu que o objetivo era *a fim de proteger a probidade administrativa.* O segundo estabeleceu que a improbidade administrativa era causa de suspensão dos direitos políticos. O amalgamento dos dois artigos permitiu que uma interpretação mais apressada levasse à confusão entre os institutos.

falta de um requisito essencial para candidatar-se a determinado cargo (*ius honorium*), mas não se trata de sanção própria.[28]

Outro elemento reafirmado no citado julgamento foi a necessidade natural de que, para a aplicabilidade da sanção de suspensão dos direitos políticos, houvesse o trânsito em julgado da sentença condenatória por ação de improbidade, não só pela previsão expressa do art. 20 da Lei n.º 8.429/92, mas também pelo rompimento aos preceitos fundamentais que garantem o exercício do direito político como instrumento de cidadania. O Ministro do STF, Gilmar Mendes, em manifestação, durante o julgamento da ADC 29, consignou, com percepção, que *a exigência de coisa julgada, para a suspensão dos direitos políticos como sanção em ação de improbidade administrativa, não significa dispensa de probidade administrativa ou de moralidade para o exercício de mandato eletivo. Entre os primados constitucionais da coisa julgada e da probidade administrativa, inexiste qualquer colisão ou antinomia* e que a exigência do trânsito em

[28] Em fls. 208/209, do julgamento da ADC 29, a Ministra Carmem Lúcia deixou devidamente consignado que: (...) considero que o argumento central do Autor da ação direta de inconstitucionalidade parte de premissa equivocada, qual seja, a de que a incidência da inelegibilidade importaria em apenação da pessoa do candidato, no caso, a suspensão de seus direitos políticos, regulamentada pelo art. 5º da Constituição da República.
(...)
A suspensão dos direitos políticos, que retira da pessoa condição de elegibilidade, não se confunde com a inelegibilidade superveniente. Nos dizeres de Pimenta Bueno, os direitos políticos são: "*prerrogativas, atributos, faculdades, ou poder de intervenção dos cidadãos ativos no governo de seu país, intervenção direta ou indireta, mais ou menos ampla, segundo a intensidade do gozo desses direitos. São o Jus Civitatis, os direitos cívicos, que se referem ao Poder Público, que autorizavam o cidadão ativo a participar na formação ou exercício da autoridade nacional, a exercer direito de vontade ou eleitor, o direito de deputado ou senador, a ocupar cargos políticos e a manifestar suas opiniões sobre o governo do Estado.*
*Os direitos políticos são filhos da constituição do Estado, que estabelece suas condições de gozo em vista do interesse da sociedade. É por isso que não há fatalidade maior para um povo do que a de ter representantes fracos ou desmoralizados por interesses pessoais, hipótese em que o país inteiro sofre em sua moral, direitos e interesses. Tais são os direitos políticos, e tal é a sua importância, conquista dos povos livres, que não basta alcançar, mas também é preciso saber conservar e defender em toda sua plenitude*"

julgado *consagra a segurança jurídica como fundamento estruturante do Estado Democrático de Direito.* [29]

A suspensão dos direitos políticos, quando ainda não transitada em julgado, portanto, não pode ser causa específica para inabilitação de candidatura. Porém, uma vez eleito, havendo a sanção, imediatamente é cessado requisito pessoal para exercício de mandato pelo tempo do prazo da suspensão, cuja eficácia se opera imediatamente.

O caráter pessoal da sanção de suspensão dos direitos políticos ganha certa polêmica para o caso do agente ímprobo que é condenado em mais de uma ação de improbidade administrativa para a mesma pena de suspensão. Seria caso de se somar as suspensões, ou de estabelecer algum parâmetro? Diga-se que não há previsão legal expressa para tratar desta etapa executória da sanção e não existe a possibilidade de agregar, nem mesmo como similaridade, o sistema de dosimetria da lei penal.

Importante julgamento, que serve como referencial, foi dado no Recurso Especial n.º 993.658-SC, com voto de relatoria do então Ministro Luiz Fux onde a Corte Superior sedimentou que: "*1. A concomitância de sanções políticas, por atos de improbidade administrativa contemporâneos, impõe a detração como consectário da razoabilidade do poder sancionátorio. 2. A soma das sanções infringe esse critério constitucional, mercê de sua ilogicidade jurídica. (...) 6. Consectariamente, o termo inicial para a contagem de pena de suspensão dos direitos políticos, independente do número de condenações, é o trânsito em julgado da decisão, à luz do que dispõe o art. 20 da Lei 8.429.92.*" Assim, ficou considerado, por um princípio de razoabilidade que ocorra a detração para as sanções de improbidade administrativa. De fato, parece ser a mais coerente decisão, a uma, porque diante da inexistência de regra formal, a situação deve ser interpretada mais favoravelmente ao agente, como defendido por Emerson Garcia e Rogério Pacheco Alves[30] e, a duas, porque haveria o risco da perpetuação da sanção (no caso de soma), a qual se aproximaria dos efeitos jurídicos de uma cassação de direitos políticos, vedado pelo *caput* do art. 15 da Constituição Federal.

---

[29] P. 289 do inteiro teor do julgamento da ADC 29, pelo Supremo Tribunal Federal.

[30] GARCIA, Emerson e ALVES, Rogério Pacheco. Improbidade Administrativa. 4.ª ed. Rio de Janeiro: Ed. Lumen Juris, 2008, p. 495.

## 4. CONCLUSÃO

As típicas sanções por ato de improbidade administrativa, declaradas no corpo da Carta Constitucional atestam a relevância jurídica da probidade administrativa em contraponto à má gestão pública em geral. Ao aplicador da lei, há que se ponderar que se trata de retribuições imediatas a quem, sendo merecedor do exercício da função pública, independente do modo de acesso ao cargo, abandonam a linha ética natural da função pública, enquanto representativa de uma legitimação democrática.

A Convenção das Nações Unidas contra a Corrupção, ratificada pelo Decreto n.º 5.687/2006, estabeleceu a instrumentação das possibilidades de perda da função publica ou suspensão de direitos políticos ao afirmar que um *funcionário público possa, quando proceder (ilicitamente) ser destituído, suspenso ou transferido pela autoridade competente* e que *cada Estado Parte considerará a possibilidade de estabelecer procedimentos para inabilitar as pessoas condenadas por delitos qualificadas com a presente Convenção para exercer cargos públicos,*[31] revigorando o caráter eficaz e necessário de medidas retributivas de afastamento do agente, condenado por ilícito, do exercício democrático da função pública e dos processos eleitorais.

Por conseguinte, representam um conjunto de sanções na qual residem imateriais valores de que se compõe o estágio ético exigível para a democracia, para a efetividade da igualdade e dos direitos fundamentais de cara perspectiva à Constituição Federal e que devem ser aplicados incondicionalmente como garantia da moralidade administrativa e da proteção geral ao patrimônio estatal.

## BIBLIOGRAFIA

BACELLAR FILHO, Romeu Felipe. Princípios Constitucionais do processo administrativo disciplinar. São Paulo: Max Limonad, 1998.

BANDEIRA DE MELLO, Celso Antônio. Curso de Direito Administrativo. 17.ª ed. São Paulo: Editora Malheiros, 2004.

31 Art. 30, item 6 e 7, respectivamente, da Convenção de Mérida

BANDEIRA DE MELLO, Oswaldo Aranha. Princípios Gerais de Direito Administrativo. Rio de Janeiro: Editora Forense, 1967.

BULLOS, Uadi Lammego. Curso de Direito Constitucional, 8.ª ed. São Paulo: Saraiva, 2014.

DECOMAIN, Pedro Roberto. Improbidade Administrativa, 2.ª ed. São Paulo: Editora Dialética, 2014

FERREIRA FILHO, Manoel Gonçalves. Direitos Humanos Fundamentais, 2.ª ed.. São Paulo: Editora Saraiva, 1998.

FIGUEIREDO, Marcelo. O controle da moralidade na Constituição. São Paulo: Editora Malheiros, 1999.

GARCIA, Emerson e ALVES, Rogério Pacheco. Improbidade Administrativa, 4.ª ed. Rio de Janeiro: Editora Lumen Juris, 2008.

MÜLLER, Friedrich Müller. Quem é o Povo, a questão fundamental da democracia. São Paulo: Editora Max Limonad, 1998.

OSÓRIO, Fábio Medina. Direito Administrativo Sancionador, 4.ª ed., São Paulo: Editora Revista dos Tribunais, 2011.

OSÓRIO, Fábio Medina. Teoria da Improbidade Administrativa. São Paulo: Editora Revista dos Tribunais, 2007.

PIMENTA OLIVEIRA, José Robert. Improbidade Administrativa e sua autonomia constitucional. Belo Horizonte: Editora Fórum: 2009.

PONTES BOTELHO, Ana Cristina Melo. Corrupção Política: uma Patologia Social. Belo Horizonte: Editora Fórum, 2010.

SIQUEIRA CASTRO, Carlos Roberto. O devido processo legal e os princípios da razoabilidade e da proporcionalidade, 3. Ed. Rio de Janeiro, Forense, 2005.

STUMM, Raquel Denize. O princípio da proporcionalidade no Direito Constitucional Brasileiro. Porto Alegre: Editora Livraria do Advogado, 1995.

TÁCITO, Caio. Improbidade administrativa como forma de corrupção. Revista de Direito Administrativo. Rio de Janeiro, n. 226, p. 1-3, out/dez. 2001.

# A APLICAÇÃO DO INSTITUTO DA PRESCRIÇÃO PELO SUPERIOR TRIBUNAL DE JUSTIÇA NAS AÇÕES DE IMPROBIDADE ADMINISTRATIVA

*Ana Paula Pina Gaio*[1]

*Sumário: 1. Introdução. 2. A Prescrição na Ação de Improbidade Administrativa – Linhas Gerais. 3. A imprescritibilidade das ações para o ressarcimento do dano ao erário causado pela prática do ato de improbidade. 4. O termo inicial para a contagem da prescrição para o ajuizamento da ação de improbidade administrativa nas hipóteses do artigo 23, inciso II, da LIA. 5. A aplicação do prazo prescricional penal para o ajuizamento das ações de improbidade administrativa nas hipóteses do artigo 23, inciso II, da LIA. 6. Conclusões articuladas. 7. Referências bibliográficas.*

## 1. INTRODUÇÃO

Hodiernamente, infere-se que o Superior Tribunal de Justiça tem analisado diversas questões acerca da prescrição dos atos de improbidade administrativa, delimitando quais as normas e as interpretações que lhes são conferidas, e que complementam o enxuto regramento disciplinado no artigo 23 da Lei nº 8.429/92.

A Constituição Federal, no artigo 37, §5º, e a lei da improbidade administrativa disciplinaram, de forma superficial, a prescrição da pretensão de aplicação ao ímprobo das sanções previstas no artigo

[1] Especialista em Direito Público com ênfase em Direito Administrativo pela Universidade Federal do Paraná. Especialista em Direito Criminal na Unicuritiba. Mestre em Direito Econômico e Socioambiental pela PUC-PR. Promotora de Justiça.

12 dessa mesma lei, atendo-se à previsão genérica dos prazos prescricionais e à imprescritibilidade do dano ao erário.

Em razão dessa incompletude e, mormente, pela remissão a outros diplomas legislativos, especialmente aos estatutos que regem as infrações disciplinares dos servidores públicos, surgem diversas celeumas sobre o regime da prescrição na improbidade administrativa.

Pretende-se, através do presente estudo, analisar a aplicação do prazo prescricional aos atos de improbidade administrativa, com ênfase em três questões que são, frequentemente, objeto de decisões recentes do Superior Tribunal de Justiça e que impactam diretamente na efetividade do direito fundamental à probidade administrativa.

Primeiramente, atém-se ao exame do conceito de prescrição no âmbito da improbidade administrativa, sua disciplina legal, e a interpretação das normas respectivas, de acordo com o princípio fundamental da probidade administrativa.

Em seguida, procede-se ao estudo da imprescritibilidade do dano ao erário, sob o prisma da possibilidade de prosseguimento da mesma ação para tal desiderato, quando reconhecida a prescrição das sanções do artigo 12 da LIA, e, da prescrição da pretensão para obter reparação do dano moral na improbidade administrativa.

Passa-se, então, à análise do termo inicial do prazo prescricional para que o legitimado ativo ajuíze a ação de improbidade administrativa, quando as condutas ímprobas foram praticadas por servidores públicos permanentes.

Por fim, dedica-se à possibilidade de aplicação dos prazos prescricionais penais aos atos de improbidade administrativa mesmo quando não haja investigação criminal ou ação penal sobre os mesmos fatos.

## 2. A PRESCRIÇÃO NA AÇÃO DE IMPROBIDADE ADMINISTRATIVA – LINHAS GERAIS

A prescrição é um instituto aplicado a diversos ramos do direito e que visa preservar a estabilidade das relações jurídicas, evitando que as controvérsias jurídicas possam ser perpetuadas no tempo.

A inércia daquele que detém o poder de adotar as medidas necessárias para responsabilizar o agente do ato ilícito, por determinado lapso temporal previamente determinado em lei, fulmina a pretensão do exercício desse direito.

No âmbito da improbidade administrativa, como se passará a demonstrar, a prescrição é regulada no artigo 37, §5º da Constituição Federal e no artigo 23 da Lei nº 8.429/92. Infere-se que a regra é a prescritibilidade das sanções, sendo que há uma exceção constitucional a esta no tocante ao ressarcimento dos danos ao erário, que será adiante analisada.

De qualquer forma, o decurso do prazo previsto em lei gera a consumação da prescrição e, consequentemente, impede que o titular do direito subjetivo, inclusive o Estado, satisfaça a sua pretensão de vê-lo reconhecido, ou seja, obstaculiza a penalização do agente ímprobo às sanções previstas no artigo 12 da Lei nº 8.429/92.

José dos Santos Carvalho Filho doutrina que a relação da prescrição é com a pretensão, e não com a ação, sendo que a primeira nasce para o Estado com a violação do direito, enquanto que, a segunda, é a conduta positiva do autor para fazer valer a sua pretensão:

> O ato de improbidade ofende o direito da Administração de não ser atingida pelos comportamentos de seus agentes violadores dos tipos enunciados na lei. Quando o ato é praticado, vulnera-se o direito da Administração e nesse momento nasce para ela a pretensão de condenar o autor do ato para o fim de ser-lhe aplicada a respectiva sanção. Se a Administração não o faz no lapso temporal fixado na lei, sofrerá o efeito da prescrição, sendo então incabível buscar a punição do autor da improbidade. Para evitar a prescrição, cabe à Administração diligenciar para valer seu direito (ação em sentido material) e propor ação de improbidade (ação no sentido processual ou formal).[2]

O artigo 37, §5º, da Constituição Federal dispôs sobre a função regulamentadora por lei ordinária do prazo prescricional para ilícitos praticados por qualquer agente, servidor ou não, que causem prejuízos ao erário, ressalvando-se as respectivas ações de ressarcimento.

Podem-se extrair dessa norma constitucional dois comandos ao legislador ordinário: um de natureza positiva, quando lhe é

---

2 CARVALHO FILHO, José dos Santos. Improbidade Administrativa: prescrição e outros prazos extintivos. São Paulo: Editora Atlas, p. 109.

conferido o poder de regulamentar os prazos prescricionais para os atos de improbidade administrativa; e outro, de natureza negativa, quando proclama a imprescritibilidade da ação de ressarcimento ao erário e, consequentemente, lhe veda dispor de modo contrário. Esta mesma conclusão é pontuada por Pedro Roberto Decomain:

> O dispositivo, portanto, afirma duas coisas: a) as ações promovidas com o objetivo de obter a condenação de particulares a ressarcirem prejuízos patrimoniais que hajam causado ao Erário público são imprescritíveis; e b) a lei deve estabelecer prazos de prescrição das ações ajuizadas para imposição aos agentes públicos faltosos das demais penalidades pela prática de atos de improbidade administrativa relacionadas tanto no parágrafo 4º do próprio artigo 37 da Constituição Federal, quanto em lei ordinária.[3]

O artigo 23 da Lei nº 8.492/92[4] disciplinou o prazo prescricional para o ajuizamento das ações que visam à aplicação das sanções previstas no artigo 12 deste mesmo diploma legal, sendo que utiliza como critério diferenciador o vínculo funcional existente entre o sujeito ativo do ato ímprobo com a Administração Pública.

Assim, o inciso I do artigo 23 em comento, determina o prazo de até cinco anos após o término do exercício de mandato, do cargo em comissão ou de função de confiança, ou seja, refere-se às situações de vínculo temporário entre o sujeito ativo do ato de improbidade administrativa e a administração pública.

O inciso II do mesmo dispositivo legal disciplina a prescrição para o ajuizamento da ação que visa à aplicação das sanções ao ato de improbidade administrativa, praticado por ocupantes de cargo efetivo ou emprego, adotando o mesmo prazo previsto na lei específica para as faltas disciplinares puníveis com pena de demissão a bem do serviço público.

---

[3] DECOMAIN, Pedro Roberto. Improbidade Administrativa. 2ª Edição. São Paulo: Dialética, 2014. p. 455.

[4] Art. 23. As ações destinadas a levar a efeitos as sanções previstas nesta lei podem ser propostas:
I – até cinco anos após o término do exercício de mandato, de cargo em comissão ou de função de confiança;
II – dentro do prazo prescricional previsto em lei específica para faltas disciplinares puníveis com demissão a bem do serviço público, nos casos de exercício de cargo efetivo ou emprego.

A Lei nº 8.112/90, com relação aos servidores federais, estabelece o prazo prescricional de cinco anos para a ação disciplinar quanto às infrações sujeitas à pena de demissão, ressalvada a hipótese de a conduta também constituir delito penal, circunstância na qual incidirão os prazos de prescrição previstos no Código Penal. [5]

Os cargos em comissão são definidos no artigo 37, inciso II, da Constituição Federal como aqueles de livre nomeação e exoneração, para as atribuições de direção, de chefia e assessoramento.

O exercício de função de confiança difere do cargo em comissão, pois se trata de uma ampliação das atribuições daquele que exerce um cargo de provimento efetivo, mediante o pagamento de uma gratificação adicional. Marçal Justen Filho define a função de confiança, diferenciando-a do cargo em comissão, do seguinte modo:

> A chamada função de confiança não consiste numa posição jurídica equivalente a um cargo público, mas na ampliação das atribuições e responsabilidades de um cargo de provimento efetivo, mediante uma gratificação pecuniária. Não se admite a concessão de tal benefício ao ocupante de cargo em comissão, na medida em que a remuneração correspondente abrange todas as responsabilidades e encargos possíveis.[6]

Portanto, aquele que exerce a função de confiança já é detentor de um cargo de provimento efetivo, o que poderia suscitar dúvida no aplicador do direito acerca da incidência do prazo prescricional previsto no inciso I ou no inciso II do artigo 23 da Lei nº 8.429/92.

Da mesma forma, tal celeuma poderia surgir nas hipóteses do servidor efetivo se afastar do exercício de seu cargo, desde que permitido na lei que rege sua carreira, para exercer um cargo em comissão, junto ao mesmo ou a diverso órgão administrativo.

---

5 "Art. 142. A ação disciplinar prescreverá:
I – em 5 (cinco) anos, quanto às infrações puníveis com demissão, cassação de aposentadoria ou disponibilidade e destituição de cargo em comissão;
(...)
§ 2º Os prazos de prescrição previstos na lei penal aplicam-se às infrações disciplinares capituladas também como crime."

6 JUSTEN FILHO, Marçal. Curso de Direito Administrativo. 10ª Edição. São Paulo: Revista dos Tribunais, 2014. p. 941.

A solução sobre qual o prazo prescricional incidirá em tais hipóteses deve observar as diferenças das situações fáticas apresentadas, já que a função de confiança sempre será atribuída a quem exerce um cargo efetivo, enquanto que o cargo em comissão quando exercido por servidor efetivo, pressupõe o seu afastamento do exercício do cargo de origem.

O prazo prescricional nas ações de improbidade administrativa quando seu sujeito ativo for servidor efetivo é aquele previsto na lei específica das sanções disciplinares e, assim, de uma leitura simplista dos dispositivos legais em comento, poder-se-ia entender que a previsão da função de confiança no inciso I do mesmo dispositivo legal foi despicienda, já que se aplicaria sempre o prazo do inciso II às hipóteses dos servidores efetivos exercerem função de confiança e, durante este interregno, praticarem ato de improbidade administrativa.

Por óbvio que a previsão da função de confiança no inciso I do artigo 23 pelo legislador não foi em vão e, pari passu, não há que se infirmar, em todos os casos, a aplicação do prazo do inciso II aos servidores efetivos que, temporariamente, exercerem uma função de confiança.

Da mesma forma, nem sempre se afastará a incidência do prazo prescricional previsto no inciso II do mesmo artigo quando o servidor efetivo se afastar do seu cargo para exercer um cargo em comissão. Não obstante o prazo do artigo 23, inciso I, tenha sido diferenciado pelo fato do cargo em comissão ser temporário, de livre nomeação e exoneração, por vezes, a continuidade do vínculo com o sujeito passivo em potencial do ato de improbidade administrativa, imporá a aplicação do prazo prescricional previsto aos servidores efetivos.

Impõe-se a realização de uma exegese que compatibilize o disposto nos dois incisos em questão, sendo que, para tanto, diferenciam-se duas situações jurídicas: quando o servidor efetivo de determinado órgão administrativo assume uma função de confiança ou um cargo em comissão junto a órgão administrativo diverso, e quando o servidor assume a função de confiança ou um cargo em comissão junto ao mesmo órgão administrativo a qual ele já está vinculado.

Na primeira hipótese, deve-se aplicar o prazo do inciso I, do artigo 23, haja vista que o vínculo temporário é mantido com órgão administrativo diverso daquele junto ao qual ocupa o cargo efetivo. Na segunda hipótese, quando os dois vínculos, o temporário e o efetivo, são mantidos com o mesmo órgão administrativo, incidirá o prazo previsto no inciso II, do referido artigo, haja vista a existência de continuidade. Esta é a orientação de José Antonio Lisboa Neiva:

> No caso de o servidor ímprobo ocupar cargo de provimento efetivo, mas nomeado para exercício de cargo em comissão ou indicado para função de confiança no mesmo órgão administrativo, deve prevalecer a disciplina do inciso II do art. 23, eis que sua dispensa do cargo comissionado ou da função de confiança não rompe seu vínculo com a Administração Pública.[7]

Em tais situações, há uma incontestável relação de interdependência entre a natureza permanente dos cargos estatutários exercidos pelo agente público e a temporariedade do cargo em comissão ou da função de confiança exercidas em determinada época de sua carreira funcional, mormente se os vínculos são estabelecidos com a mesma pessoa jurídica de direito público, já que não há solução de continuidade no exercício da função pública, mas apenas alteração da qualidade funcional.[8]

Da análise do inciso I do artigo 23 referido, infere-se que a preocupação do legislador foi garantir a punibilidade do agente que exerce

---

[7] NEIVA, José Antonio Lisboa. Improbidade Administrativa: legislação comentada artigo por artigo: doutrina, legislação e jurisprudência. 4ª Edição. Niterói, RJ: Impetus, 2013.p. 344.

[8] Veja-se o seguinte acórdão do STJ: PROCESSUAL CIVIL. ADMINISTRATIVO. IMPROBIDADE. PRESCRIÇÃO. LEI N.8.429/92, ART. 23, I E II. CARGO EFETIVO. CARGO EM COMISSÃO OU FUNÇÃO COMISSIONADA. EXERCÍCIO CONCOMITANTE OU NÃO. PREVALÊNCIA DO VÍNCULO EFETIVO, EM DETRIMENTO DO TEMPORÁRIO, PARA CONTAGEM DO PRAZO PRESCRICIONAL. RECURSO ESPECIAL PROVIDO.
1. Duas situações são bem definidas no tocante à contagem do prazo prescricional para ajuizamento de ação de improbidade administrativa: se o ato ímprobo for imputado a agente público no exercício de mandato, de cargo em comissão ou de função de confiança, o prazo prescricional é de cinco anos, com termo a quo no primeiro dia após a cessação do vínculo; em outro passo, sendo o agente público detentor de cargo efetivo ou emprego, havendo previsão para falta disciplinar punível com demissão, o prazo prescricional é o determinado na lei específica. Inteligência do art. 23 da Lei n. 8.429/92.
2. Não cuida a Lei de Improbidade, no entanto, da hipótese de o mesmo agente praticar ato ímprobo no exercício cumulativo de cargo efetivo e de cargo comissionado.

função pública de forma temporária na administração pública e que, diante de sua natureza, possui grande poder de influência sobre os demais servidores e administrados, razão pela qual determinou o início do lapso prescricional com a dissolução definitiva do vínculo funcional com a administração pública.

No entanto, quando o agente é despido da função temporária que exerce, mas mantém o vínculo funcional com a mesma pessoa jurídica, impõe-se que a prescrição da ação de improbidade administrativa seja regulada pelo inciso II do artigo referido.

Assim, considerar de forma isolada o exercício de um cargo em comissão ou de uma função de confiança, desprezando o exercício de outras funções públicas pelo agente do ato ímprobo, para efeito de reconhecimento da prescrição, contraria a finalidade constitucional englobada pela norma.

A Lei nº 8.429/92 não disciplinou expressamente o prazo prescricional que deve ser aplicado ao terceiro que concorre ou induz, de qualquer modo, para a prática do ato improbo, ou dele se beneficia direta ou indiretamente[9], sendo que a jurisprudência do Superior Tribunal de

---

3. Por meio de interpretação teleológica da norma, verifica-se que a individualização do lapso prescricional é associada à natureza do vínculo jurídico mantido pelo agente público com o sujeito passivo em potencial. Doutrina.
4. Partindo dessa premissa, o art. 23, I, associa o início da contagem do prazo prescricional ao término de vínculo temporário. Ao mesmo tempo, o art. 23, II, no caso de vínculo definitivo – como o exercício de cargo de provimento efetivo ou emprego –, não considera, para fins de aferição do prazo prescricional, o exercício de funções intermédias – como as comissionadas – desempenhadas pelo agente, sendo determinante apenas o exercício de cargo efetivo.
5. Portanto, exercendo cumulativamente cargo efetivo e cargo comissionado, ao tempo do ato reputado ímprobo, há de prevalecer o primeiro, para fins de contagem prescricional, pelo simples fato de o vínculo entre agente e Administração pública não cessar com a exoneração do cargo em comissão, por ser temporário.
6. Recurso especial provido, para reformar o acórdão do Tribunal de origem em que se julgaram os embargos infringentes (fl. 617) e restabelecer o acórdão que decidiu as apelações (fl. 497). (STJ – Resp nº 1060529, 2ª Turma. Rel. Mauro Campbell Marques. DJe em 18.09.2009).

[9] Art. 3º – As disposições desta Lei são aplicáveis, no que couber, àquele que, mesmo não sendo agente público, induza ou concorra para a prática do ato de improbidade ou dele se beneficie sob qualquer forma direta ou indireta.

Justiça é no sentido da aplicação do mesmo prazo prescricional do agente público que praticou o ato de improbidade administrativa.[10]

Uma breve incursão ao direito à probidade administrativa como direito fundamental, cuja prevenção e repressão são objetivos primordiais na sociedade moderna, faz-se necessária para que se possa estabelecer o norte de toda a interpretação das normas prescricionais para o ajuizamento da ação de improbidade administrativa.

A defesa de uma interpretação da prescrição da improbidade administrativa conforme a Constituição Federal não consiste em apologia à imprescritibilidade, até mesmo porque se esta fosse admitida geraria situações de insegurança jurídica, contrariando a estabilidade das relações jurídicas, garantida também no texto constitucional.

O prazo prescricional é necessário à garantia da segurança jurídica e, assim, a punição dos atos de improbidade administrativa não está imune ao tempo, de forma que, a inércia deliberada da autoridade estatal que detém atribuição para deflagrar o procedimento para responsabilização do ímprobo impõe a rejeição da pretensão ajuizada extemporaneamente.

Por outro lado, considerando que há, hodiernamente, todo um movimento internacional para que os Estados adotem medidas que busquem a efetividade da punição dos atos corruptos e que, também, previnam a sua ocorrência, aplicar uma interpretação restritiva das disposições normativas acerca da prescrição, significaria um contrassenso no combate à corrupção, bem como à ideologia constitucional traçada na proteção do patrimônio público.

---

[10] ADMINISTRATIVO E PROCESSUAL CIVIL. AÇÃO DE IMPROBIDADE ADMINISTRATIVA. PRESCRIÇÃO. TERMO INICIAL. DATA PREMISSA FÁTICA. SÚMULA 7/STJ. TERCEIRO EM CONLUIO COM AGENTES PÚBLICOS. APLICAÇÃO DO ART. 23 DA LIA. SÚMULA 83/STJ. DOSIMETRIA. ART. 12 DA LIA. PRINCÍPIOS DA RAZOABILIDADE E PROPORCIONALIDADE. SÚMULA 7/STJ.

1. (...)

2. Nos moldes da jurisprudência firmada do STJ, aplica-se aos particulares, réus em ação de improbidade, a mesma sistemática cabível aos agentes públicos, prevista no art. 23, I e II, da Lei 8.429/1992, para fins de fixação do termo inicial da prescrição. (...) (STJ – AgRg no REsp 1159035 / MG – Rel. Ministra Eliana Calmon – 2ª Turma – j. em 21/11/2013 – DJe em 29/11/2013).

Exemplo deste movimento foi a Convenção Interamericana contra a Corrupção, adotada pela OEA (Organização dos Estados Americanos) no dia 29 de março de 1996, ratificada pelo Brasil depois da promulgação da LIA, através do Decreto Legislativo 152, de 25 de junho de 2002, e promulgada pelo Decreto nº 4.410, de 07 de dezembro de 2002, alterado pelo Decreto nº 4.534, de 19 de dezembro de 2002. O compromisso internacional assumido engloba a adoção de diversas medidas pelos Estados Membros no combate aos atos de corrupção, os quais são assim considerados, independentemente de resultar em prejuízos patrimoniais ao Estado, consoante previsão do artigo XII da Convenção, indicando que a motivação do documento internacional em análise foi a preservação da moralidade administrativa.

Posteriormente, neste mesmo desiderato, foi adotada a Convenção das Nações Unidas contra a Corrupção pela Assembleia Geral das Nações Unidas em 31 de outubro de 2003, assinada pelo Brasil em 09 de dezembro de 2003, ratificada em 15 de junho de 2005, pelo Decreto Legislativo nº 348, de 18 de maio de 2005, e promulgada através do Decreto nº 5.687, de 31 de janeiro de 2006. Da mesma forma que a convenção interamericana contra a corrupção, neste documento internacional também há previsão expressa de que o ato de corrupção independe de prejuízo patrimonial ao Estado.

Dentre as suas finalidades, o artigo 1, na letra a, traz a promoção e fortalecimento das medidas para prevenir e combater mais eficaz e eficientemente a corrupção. Portanto, verifica-se a preocupação dos Estados Membros em adotar medidas que confiram maior efetividade no combate à corrupção, com a qual corrobora a interpretação da prescrição do ato de improbidade administrativa sob o enfoque da maior efetividade possível do direito fundamental à probidade administrativa.

Registre-se que, no tema específico deste trabalho – a prescrição nos atos de corrupção -, o seu artigo 29 determina que cada Estado Parte deve estabelecer um prazo de prescrição amplo para iniciar processos que busquem a responsabilização da corrupção.[11]

---

[11] Artigo 29 Prescrição Cada Estado Parte estabelecerá, quando proceder, de acordo com sua legislação interna, um prazo de prescrição amplo para iniciar processos por quaisquer dos delitos qualificados de acordo com a presente Convenção

Não se deve olvidar que, como a legislação ordinária que disciplina o prazo prescricional dos atos de improbidade administrativa é anterior à ratificação dos dois documentos internacionais em questão, e que o prazo prescricional já havia sido estipulado na Lei nº 8.429/92, há que se conferir uma interpretação ampla ao artigo 23 desta lei, em atendimento à Constituição Federal e aos diplomas internacionais referidos. Neste diapasão é a doutrina de Mateus Bertoncini:

> O direito público subjetivo à probidade administrativa, além de sua dimensão constitucional que o Texto de 1988 lhe conferiu é, atualmente, por imposição dessa Convenção das Nações Unidas, um direito internacional, mundial, de todos os povos e nações, contra os males da corrupção administrativa, que solapam, indistintamente, as bases do próprio Estado Democrático de Direito. Somando-se à Constituição, na perspectiva de sua implementação, temo agora a Convenção Interamericana Contra a Corrupção e a Convenção das Nações Unidas Contra a Corrupção, que impuseram verdadeiro redimensionamento do combate à corrupção no Brasil, nas Américas e no mundo, posto que esse direito público subjetivo coletivo nacional, regulado, dentre outros diplomas, pela Lei nº 8.429/1992, foi elevado a uma nova dimensão, tornando-se um dever interno e internacional do Estado Brasileiro.[12]

Estabelecidas as linhas gerais sobre a prescrição do ato de improbidade administrativa, sem pretender esgotar o assunto, com ênfase às regras previstas na legislação ordinária, na ideologia constitucional sobre o tema, especialmente na fundamentalidade do direito à probidade administrativa conferida constitucionalmente e reafirmada pelos documentos internacionais e, por fim, na interpretação conforme a Constituição Federal dos prazos prescricionais passa-se à análise dos três desdobramentos específicos da prescrição da improbidade administrativa que serão analisados em tópicos próprios neste trabalho.

---

e estabelecerá um prazo maior ou interromperá a prescrição quando o presumido delinqüente tenha evadido da administração da justiça.

12 BERTONCINI, Mateus. Direito Fundamental à Probidade Administrativa. Estudos Sobre Improbidade Administrativa em Homenagem ao Prof. JJ. Calmon de Passos. (Org.) Alexandre Albagli Oliveira, Cristiano Chabes e Luciano Ghignone. Rio de Janeiro: Editora Lumen Juris, 2010. p. 13

## 2. A IMPRESCRITIBILIDADE DAS AÇÕES PARA O RESSARCIMENTO DO DANO AO ERÁRIO CAUSADO PELA PRÁTICA DO ATO DE IMPROBIDADE

Consoante abordado no tópico anterior, o §5º do artigo 37 da Constituição Federal determina a imprescritibilidade das pretensões destinadas ao ressarcimento do erário público.

Cediço é que a regra geral é a prescritibilidade das pretensões para garantir a segurança jurídica, contudo, a imprescritibilidade do ressarcimento ao erário é prevista pela própria Constituição Federal, excepcionando a garantia fundamental à estabilidade das relações jurídicas em prol da necessidade de recomposição do erário público.

A adoção da imprescritibilidade das pretensões de ressarcimento ao erário é matéria pacificada no Superior Tribunal de Justiça[13], sendo que, dentre as decisões proferidas por esta Corte Superior, registra-se àquelas referentes à possibilidade da continuidade, uma vez reconhecida a prescrição das demais sanções da improbidade, da mesma ação de improbidade administrativa para obter o ressarcimento ao erário.

José dos Santos Carvalho Filho diferencia a pretensão genérica das pretensões específicas na ação de improbidade administrativa sob o enfoque da prescrição das sanções previstas no artigo 12 da Lei nº 8.429/92, o que tem relevância à conclusão acerca da possibilidade de

---

[13] A título exemplificativo: AgRg no Agravo em Recurso Especial nº 388.589/RJ (2013/0288394-6), SEGUNDA TURMA, Rel. HUMBERTO MARTINS. j. 06.02.2014, unânime, DJe 17.02.2014; AgRg no AREsp 79268/MS, Rel. Min. ELIANA CALMON, SEGUNDA TURMA, julgado em 19.11.2013, DJe 29.11.2013; REsp 1347947/MG, Rel. Ministra ELIANA CALMON, SEGUNDA TURMA, julgado em 20/08/2013, DJe 28/08/2013; REsp 1156519/RO, Rel. Ministro CASTRO MEIRA, SEGUNDA TURMA, julgado em 18/06/2013, DJe 28/06/2013; REsp 1312071/RJ, Rel. Ministro HERMAN BENJAMIN, SEGUNDA TURMA, julgado em 16/05/2013, DJe 22/05/2013; AgRg no AgRg no AREsp 179.921/SP, Rel. Ministro SÉRGIO KUKINA, PRIMEIRA TURMA, julgado em 09/04/2013, DJe 15/04/2013; AgRg no REsp 1319757/SP, Rel. Ministro MAURO CAMPBELL MARQUES, SEGUNDA TURMA, julgado em 18/12/2012, DJe 05/02/2013; AgRg no AREsp 155.254/SP, Rel. Ministro HUMBERTO MARTINS, SEGUNDA TURMA, julgado em 06/09/2012, DJe 17/09/2012; e AgRg no AREsp 76.985/MS, Rel. Ministro CESAR ASFOR ROCHA, SEGUNDA TURMA, julgado em 03/05/2012, DJe 18/05/2012.

continuidade da ação de improbidade administrativa ajuizada, quando reconhecida a consumação da prescrição, somente para obter o ressarcimento dos danos ao erário.

O referido doutrinador ensina que a pretensão genérica consiste no pedido de condenação às sanções previstas no artigo 12 da Lei nº 8.429/92, enquanto que, as pretensões específicas deduzidas na ação podem ser múltiplas, pois correspondem à especificação pelo autor das sanções no pedido da ação.[14]

Assim, por exemplo, quando o Ministério Público ajuíza a ação de improbidade administrativa e postula a condenação do requerido às sanções previstas no artigo 12 da LIA (pretensão genérica), e a aplicação da perda do cargo público, da multa civil e do ressarcimento do dano causado ao erário (pretensões específicas).

A autonomia das pretensões específicas é reforçada pelo doutrinador em comento, sendo que um fato impeditivo relacionado a uma delas não afeta necessariamente a outra, o que repercute diretamente na possibilidade da continuidade da ação de improbidade administrativa apenas para obter o ressarcimento ao erário público. Veja-se:

> A autonomia das pretensões específicas reside em que eventual fato impeditivo relacionado a uma delas não afeta necessariamente a outra. O exemplo mais elucidativo é o da imprescritibilidade da pretensão ressarcitória. Se o autor da ação de improbidade oferece as pretensões específicas acima mencionadas, a prescrição que afasta as que visam às sanções de perda da função pública e multa civil não contamina a que se direciona ao ressarcimento de prejuízos causados ao erário. Significa que, decretada a prescrição daquelas duas, a ação pode prosseguir quanto à pretensão específica de indenização, eis que esta, por força do art. 37, §5º, da CF, é imprescritível. [15]

Merece destaque o recente julgado do Superior Tribunal de Justiça proferido no Recurso Especial nº 1.299.292-MG, o qual, com base em outros precedentes daquela Corte, decidiu pela possibilidade de continuidade da ação de improbidade administrativa, quando

[14] CARVALHO FILHO, José dos Santos. Improbidade Administrativa – Prescrição e outros prazos extintivos. São Paulo: Editora Atlas, 2012.

[15] Idem, Ibidem, p. 110.

reconhecida a prescrição das sanções do artigo 12 da LIA, somente para obter o ressarcimento ao erário. [16]

Pontua-se que nesse julgado houve ressalva do Ministro Relator no sentido da necessidade de adoção, a partir de então, do procedimento comum da ação civil pública para o trâmite da ação, e que o entendimento do juízo de 1ª instância e do Tribunal Regional Federal da 1ª Região, com base em precedentes recursais, foi que a continuidade da ação de improbidade nestes casos não seria possível, sendo necessário o ajuizamento de nova ação.[17]

---

[16] RECURSO ESPECIAL. AÇÃO DE IMPROBIDADE ADMINISTRATIVA. CUMULAÇÃO DE PEDIDOS. SANÇÕES E INDENIZAÇÃO AO ERÁRIO. PRESCRIÇÃO EM RELAÇÃO ÀS SANÇÕES. PROSSEGUIMENTO DA DEMANDA QUANTO À REPARAÇÃO DE DANOS. POSSIBILIDADE. PRECEDENTES DA PRIMEIRA SEÇÃO. RESP. 928.725/DF, REL. MIN. TEORI ALBINO ZAVASCKI, DJE 05.09.2009, AGRG NO RESP. 1.218.202/MG, REL. MIN. CESAR ASFOR ROCHA, DJE 29.04.2011, REsp. 1.089.492/RO, Rel. Min. LUIZ FUX, DJe 18.11.2010, REsp. 1.303.170/PA, Rel. Min. MAURO CAMPBELL MARQUES, DJe 21.06.2012. RECURSO ESPECIAL PROVIDO PARA DETERMINAR O PROSSEGUIMENTO DA AÇÃO QUANTO AO PLEITO DE RESSARCIMENTO DE DANOS AO ERÁRIO, ALEGADAMENTE DECORRENTE DO ATO ÍMPROBO, COM RESSALVA DO ENTENDIMENTO DO RELATOR.

1. A prescrição apenas das sanções pela prática de atos de improbidade não impede o prosseguimento da ação quanto ao pedido de ressarcimento de danos. Precedentes da Primeira Seção deste STJ; essa é a orientação adotada neste STJ.

2. Contudo, melhor seria entender-se que ação ressarcitória do dano ao erário – qualquer que seja o lapso temporal de sua prescrição, e isso é um problema jurídico relevante – deve ser processada seguindo as regras de direito comum, até porque os alegados atos de improbidade já não podem, por causa da prescrição, serem investigados.

3 Recurso Especial provido, com a ressalva do ponto de vista do relator.(STJ Nº 1.299.292 – MG (2011/0306822-0), Rel. Ministro Napoleão Nunes Maia Filho, 1ª Turma, j. em 27.08.2013, Dje em 01.10.2013).

[17] ADMINISTRATIVO. IMPROBIDADE ADMINISTRATIVA. VICE-PREFEITO ELEITO PARA PREFEITO NO PLEITO SUBSEQUENTE. PRESCRIÇÃO. TERMO A QUO. TÉRMINO DO PRIMEIRO MANDATO. CARGOS DIVERSOS, COM ATRIBUIÇÕES DIVERSAS. APLICAÇÃO DO ART. 23, I, DA LEI 8.429/92. DANO AO ERÁRIO. RESSARCIMENTO. AÇÃO PRÓPRIA CONDENAÇÃO DO MINISTÉRIO PÚBLICO FEDERAL NO PAGAMENTO DE HONORÁRIOS ADVOCATÍCIOS. IMPOSSIBILIDADE. APLICAÇÃO SUBSIDIÁRIA. LEI 7.347/85, ART. 18.

Importante asseverar que o Supremo Tribunal Federal reconheceu a repercussão geral da matéria da imprescritibilidade da pretensão do ressarcimento do dano ao erário recentemente, a qual, até a data de elaboração deste trabalho, estava pendente de julgamento.[18]

A questão constitucional da repercussão geral da matéria da imprescritibilidade do ressarcimento do dano ao erário foi delimitada pelo Ministro Teori Zavascki, o qual ressaltou que a matéria comporta três linhas interpretativas:

> (a) a imprescritibilidade aludida no dispositivo constitucional alcança qualquer tipo de ação de ressarcimento ao erário; (b) a imprescritibilidade alcança apenas as ações por danos ao erário decorrentes de ilícito penal ou de improbidade administrativa; (c) o dispositivo não contém norma apta a consagrar imprescritibilidade alguma. É manifesta, assim, a relevância e a transcendência dessa questão constitucional.

Outra questão a ser analisada é se a pretensão de ressarcimento do dano moral no âmbito da improbidade administrativa é também imprescritível, posto que inexistente uma previsão legal expressa sobre o dano moral decorrente do ato ímprobo e de seu eventual prazo prescricional.

---

1. O termo inicial para a contagem do prazo prescricional da ação de improbidade administrativa é o término do primeiro mandato, quando o réu foi eleito para cargo diverso na eleição seguinte. Inteligência do art. 23, inciso I da Lei de Improbidade Administrativa.
2. Quando ocorrer a prescrição da sanção pelo ato de improbidade administrativa, nos termos do artigo 23, I, da Lei 8.429/92, o ressarcimento ao erário, que é imprescritível (artigo 37, parágrafo 4o. da CF/88), deverá ser buscada em ação autônoma, e não nos autos da ação por ato de improbidade administrativa. Precedentes. (TRF 1ª Região – AC 2006.38.15.002251-7 / MG, 3ª Turma, Rel. Desembargador Federal Carlos Olavo, decisão em 13/12/2012, DJF em 14.01.2011).

[18] EMENTA: ADMINISTRATIVO. PRETENSÃO DE RESSARCIMENTO AO ERÁRIO. PRESCRIÇÃO. INTERPRETAÇÃO DA RESSALVA FINAL PREVISTA NO ARTIGO 37, § 5º, DA CONSTITUIÇÃO FEDERAL. EXISTÊNCIA DE REPERCUSSÃO GERAL. Apresenta repercussão geral o recurso extraordinário no qual se discute o alcance da imprescritibilidade da pretensão de ressarcimento ao erário prevista no artigo 37, § 5º, da Constituição Federal. (STF – RE 669.069-MG, Rel. Min. Teori Zavascki, decisão em 02.08.2013, p. em 26.08.2013)

O enfoque do presente trabalho é a prescrição da pretensão para a aplicação das sanções do ato de improbidade administrativa, de forma que acerca da condenação à reparação pelos danos morais decorrentes da prática destes atos, caberá somente uma breve abordagem.

Emerson Garcia doutrina que o ato de improbidade administrativa pode causar um dano não patrimonial de natureza objetiva à pessoa jurídica de direito público, como um dano não patrimonial de natureza subjetiva, à coletividade. [19]

A Seção de Direito Privado do Superior Tribunal de Justiça sedimentou o entendimento de que a pessoa jurídica pode sofrer um dano moral, através da Súmula nº 227: *"A pessoa jurídica pode sofrer dano moral."*

Com relação à pessoa jurídica de direito público, também se pode afirmar que esta pode sofrer um dano moral, pois tem uma reputação a zelar, seja frente a outros organismos internacionais, seja a outras pessoas jurídicas de direito público, bem como, a pessoas jurídicas de direito privado. Emerson Garcia conclui:

> É plenamente possível, assim, que o ato de improbidade venha a macular o conceito de que gozam as pessoas jurídicas relacionadas no art. 1º da Lei nº 8.429/1992, daí decorrendo um dano de natureza não patrimonial passível de indenização.[20]

Sob o ponto de vista subjetivo, diante do fato que a pessoa jurídica não pode sofrer uma dor moral, há que se deslocar o sujeito passivo para a coletividade, a qual também é titular do patrimônio público contra o qual se dirige o ato ímprobo:

> A Lei nº 8.429/92, como temos defendido, não se destina unicamente à proteção do erário, concebido como patrimônio econômico dos sujeitos passivos dos atos de improbidade, devendo alcançar, igualmente, o patrimônio público em sua acepção mais ampla, incluindo o patrimônio moral. Danos ao patrimônio histórico e cultural, bem como ao meio ambiente, afora o prejuízo de

---

[19] GARCIA, Emerson Improbidade Administrativa: Configuração e Reparação do Dano Moral. Estudos Sobre Improbidade Administrativa em Homenagem ao Prof. JJ. Calmon de Passos. (Org.) Alexandre Albagli Oliveira, Cristiano Chabes e Luciano Ghignone. Rio de Janeiro: Editora Lumen Juris, 2010.

[20] Idem, Ibidem, p. 140

ordem econômica, mensurável com a valoração do custo estimado para a recomposição do status quo, causam evidente comoção no meio social, sendo passíveis de caracterizar um dano moral coletivo, o qual encontra previsão expressa no art. 1º da Lei nº 7.347/1985, com a redação dada pela Lei nº 8.884/1994.[21]

O Superior Tribunal de Justiça já reconheceu que há legitimidade e interesse de agir do Ministério Público na hipótese em que a instituição, com base na Lei de Improbidade Administrativa, ajuíza ação civil pública para a obtenção de indenização por danos morais coletivos em decorrência de fraude em licitação, pois tal ação é o meio idôneo para a proteção do interesse público, revelando-se necessária à consecução de tal finalidade.[22]

O artigo 12, inciso III, da Lei nº 8.429/92, prevê como penalidade aos atos de improbidade administrativa, tipificados no artigo 11 da

---

21 Idem, Ibidem, p. 141.

22 Registre-se julgado do STJ que reconheceu a possibilidade de reconhecimento de dano moral em ação de improbidade administrativo: PROCESSUAL CIVIL E ADMINISTRATIVO. AGRAVO REGIMENTAL NO RECURSO ESPECIAL. COMPETÊNCIA PARA O PROCESSAMENTO E JULGAMENTO DE AÇÃO CIVIL PÚBLICA AJUIZADA PELO MINISTÉRIO PÚBLICO FEDERAL OBJETIVANDO INDENIZAÇÃO POR DANOS MORAIS COLETIVOS EM DECORRÊNCIA DE FRAUDES EM LICITAÇÕES PARA A AQUISIÇÃO DE MEDICAMENTOS PELO ESTADO MEDIANTE A UTILIZAÇÃO DE RECURSOS FEDERAIS. EMISSÃO DE DECLARAÇÕES FALSAS DE EXCLUSIVIDADE DE DISTRIBUIÇÃO DE MEDICAMENTOS. ART. 535 DO CPC NÃO VIOLADO. UNIÃO FEDERAL ADMITIDA COMO ASSISTENTE. SÚMULA 150 DO STJ. COMPETÊNCIA DA JUSTIÇA FEDERAL. ART. 109, I, DA CONSTITUIÇÃO FEDERAL. ALEGAÇÃO DE AUSÊNCIA DE DOCUMENTOS INDISPENSÁVEIS À PROPOSITURA DA AÇÃO RECHAÇADA PELAS INSTÂNCIAS ORDINÁRIAS. INCIDÊNCIA DA SÚMULA 7 DO STJ.
1.(...)
2. À luz dos artigos 127 e 129, III, da CF/88, o Ministério Público Federal tem legitimidade para o ajuizamento de ação civil pública objetivando indenização por danos morais coletivos em decorrência de emissões de declarações falsas de exclusividade de distribuição de medicamentos usadas para burlar procedimentos licitatórios de compra de medicamentos pelo Estado da Paraíba mediante a utilização de recursos federais.
3. (...) (STJ – AgRg no REsp 1003126 / PB, 1ª Turma, Rel, Ministro Benedito Gonçalves. j. em 01/03/2011, DJe em 10.05.2011).

mesma lei, a reparação do dano, se houver, e como não há qualquer dano patrimonial nos atos ímprobos que ferem os princípios da administração pública, Fabio Medina Osório entende que este inciso quer se referir ao dano não patrimonial.[23]

Para Wallace Paiva, a multa civil é a sanção pecuniária contra o dano moral experimentado pela administração pública, já que demanda a afronta ao princípio da moralidade, independentemente do prejuízo ao patrimônio público. Poder-se-ia alegar que a multa civil, portanto, já seria suficiente à reparação do dano moral, e que a pretensão para a sua aplicação prescreveria no prazo determinado nos incisos I e II do artigo 23 da Lei nº 8.429/92.

O mesmo doutrinador desfaz eventual celeuma ao diferenciar a sanção pecuniária da multa civil da reparação do dano moral, entendendo que a pretensão para esta última é imprescritível nos termos do §5º do artigo 37 da Constituição Federal, o qual não faz a distinção entre as reparações dos danos materiais e morais.[24], [25]

Do mesmo modo, Fabio Media Osório rechaça a prescritibilidade da pretensão de reparação do dano moral:

> Ouso discordar do entendimento de que a multa civil basta para reparar o dano moral. Multa civil é conseqüência jurídica certa da improbidade, sancionamento autônomo que independe da comprovação de dano moral ou material, prevista a toda e qualquer

---

[23] OSÓRIO, Fabio Medina. As sanções da Lei 8.429/92 aos atos de improbidade administrativa. Doutrinas Essenciais de Direito Administrativo | vol. 7 | p. 869 | Nov / 2012 | DTR\1999\39.

[24] MARTINS JUNIOR, Wallace Paiva. Probidade Administrativa. 4ª Edição. São Paulo: Editora Saraiva, 2009. p. 384.

[25] No mesmo diapasão, leciona Sérgio Turra Sobrane: "O comando normativo que emerge da própria Lei nº 8.429/92 indica a necessidade de se buscar o "integral ressarcimento do dano" (art. 5º), expressão que inclui não só os danos patrimoniais, mas também os não patrimoniais, em consonância, inclusive, com o disposto no artigo 1º da Lei nº 7347/85, que permite a veiculação de pretensão destinada à satisfação dos danos patrimoniais e morais em relação a diversos interesses difusos e coletivos. Aceitar a multa como forma de reparação desse dano moral, significa, em algumas situações, conceber a possibilidade de reparação incompleta desse dano, já que a multa poderá não ser suficiente para o desejável ressarcimento. (SOBRANE, Sérgio Turra. Improbidade Administrativa – Aspectos Materiais, Dimensão Difusa e Coisa Julgada. São Paulo: Editora Atlas, 2010. p. 160)

modalidade de ato ímprobo, ao passo que o dano moral à entidade lesada, se houver, deve ser reparado à luz dos critérios que têm orientado os julgadores nessa seara, sem prejuízo da incidência cumulativa da multa civil e, mais ainda, sem submissão ao prazo prescricional, por força expressa do art. 37, § 5.º, da Carta de 1988. Aí reside importância fundamental da norma jurídica em comento, dado que permite reparação de dano moral independentemente da multa civil. Aqui, visão sistemática permite tal conclusão, na medida em que a doutrina, de longa data, vem admitindo reparação de dano moral à pessoa jurídica, dano este que pode ocorrer com gravidade em se tratando de determinados atos de improbidade atentatórios aos princípios da administração pública.[26]

## 4. O TERMO INICIAL PARA A CONTAGEM DA PRESCRIÇÃO PARA O AJUIZAMENTO DA AÇÃO DE IMPROBIDADE ADMINISTRATIVA NAS HIPÓTESES DO ARTIGO 23, INCISO II, DA LIA

O artigo 23, inciso II, da lei de improbidade administrativa determina que o prazo prescricional da pretensão para aplicação das sanções do artigo 12 da mesma lei aos atos de improbidade administrativa será o mesmo previsto na lei específica para faltas disciplinares puníveis com demissão a bem do serviço público, nos casos de exercício de cargo efetivo ou emprego.

A Lei nº 8.112/90, no seu artigo 142, §1º, dispôs que o prazo de prescrição para aplicação das sanções disciplinares terá início a partir do momento em que o fato se tornar conhecido.

Por óbvio que, para efeito do início do prazo prescricional, a autoridade competente para a aplicação das sanções disciplinares é quem deverá ter conhecimento do fato praticado, já que, ausente este, não se pode falar em omissão da autoridade administrativa. O fundamento do instituto da prescrição é que a autoridade administrativa deixe de agir quando pode fazê-lo, o que pressupõe o conhecimento do fato.

---

26 OSÓRIO, Fabio Medina. As sanções da Lei 8.429/92 aos atos de improbidade administrativa. Doutrinas Essenciais de Direito Administrativo | vol. 7 | p. 869 | Nov / 2012 | DTR\1999\39.

Infere-se que, quando o artigo em comento remete-se à prescrição determinada em lei específica, pretende que à improbidade administrativa seja aplicado todo o seu regime administrativo, seja com relação às regras que disciplinam o início do prazo, seja com relação às suas causas interruptivas, e, outras especificidades previstas na lei.

Veja-se que o prazo prescricional inicia-se a partir do conhecimento pela autoridade da prática da falta disciplinar, o que permite concluir que o prazo prescricional para o ajuizamento da ação civil de improbidade administrativa também deve se iniciar a partir do conhecimento pelo legitimado ativo da prática do ato ímprobo.

Outra ilação acarretaria contradições que afrontariam o intento da Lei nº 8.429/92, já que, por vezes, a responsabilização administrativa do sujeito ativo do ato ainda seria possível, enquanto que o ajuizamento da ação judicial para a aplicação das penalidades da improbidade administrativa estaria cerceado. Em casos tais, o ímprobo poderia sofrer sanções disciplinares pela autoridade administrativa, mas não poderia ser penalizado judicialmente pela prática dos mesmos atos, o que seria incongruente com o sistema da improbidade administrativa.

Além disso, seria inadmissível exigir que o legitimado ativo da ação de improbidade administrativa tivesse conhecimento da prática de um ato de improbidade administrativa, quando este sequer fosse conhecido pelo superior hierárquico do sujeito ativo, o qual tem maior proximidade ainda com o contexto fático.

Este também é o entendimento de Pedro Decomain:

> Todavia, mandando aplicar, em seu inciso II, as leis federais, estaduais, do Distrito Federal ou municipais que disciplinam o prazo de prescrição da ação administrativa destinada a punir faltas disciplinares, sem afirmar qual o início do prazo, a Lei nº 8.429/92 assimilou também as datas de início desse prazo, previstas nas leis federais, estaduais, distritais ou municipais. Como se viu, no caso dos servidores públicos da união e em caso de servidores públicos civis estaduais catarinenses, a prescrição só tem início no momento em que a infração vem à tona, isto é, se torna conhecida do superior hierárquico competente para determinar a instauração de sindicância ou processo disciplinar para apuração do fato na órbita administrativa.
>
> Disso decorre que a prescrição da ação civil para apuração de ato de improbidade administrativa poderá ocorrer muito depois, em se

tratando de servidor ocupante de cargo de provimento efetivo ou de empregado público, do que em se tratando de ocupante de mandato eletivo, cargo de provimento em comissão ou função de confiança.[27]

O Superior Tribunal de Justiça tem o mesmo posicionamento jurídico, adotando como termo inicial da prescrição da ação de improbidade administrativa a data da inequívoca ciência pelo legitimado ativo da prática do ato ímprobo.[28]

## 5. A APLICAÇÃO DO PRAZO PRESCRICIONAL PENAL PARA O AJUIZAMENTO DAS AÇÕES DE IMPROBIDADE ADMINISTRATIVA NAS HIPÓTESES DO ARTIGO 23, INCISO II, DA LIA

Frequentemente, a exemplo do artigo 142, §2º, da Lei nº 8.112/90, a lei que dispõe sobre o regime jurídico do servidor público determinará

---

[27] DECOMAIN, Pedro Roberto. Improbidade Administrativa. 2ª Edição. São Paulo: Dialética, 2014. p. 459.

[28] ADMINISTRATIVO. AÇÃO CIVIL PÚBLICA. IMPROBIDADE ADMINISTRATIVA. RESSARCIMENTO DE DANO AO ERÁRIO PÚBLICO. IMPRESCRITIBILIDADE. DEMAIS SANÇÕES. ART. 23 DA LIA E ART. 142 DA LEI 8.112/1990. TERMO A QUO DA PRESCRIÇÃO. DATA DO CONHECIMENTO DOS FATOS. 1. A ação de ressarcimento dos prejuízos causados ao erário é imprescritível, mesmo se cumulada com a ação de improbidade administrativa (art. 37, § 5º, da CF). 2. Nos casos de servidor público ocupante de cargo efetivo, a contagem da prescrição, para as demais sanções previstas na LIA, se dá à luz do art. 23, II, da LIA c/c art. 142 da Lei 8.112/1990, tendo como termo a quo a data em que o fato se tornou conhecido. 3. Recurso especial não provido. (Recurso Especial nº 1.268.594/PR (2011/0178553-8), 2ª Turma do STJ, Rel. Eliana Calmon. j. 05.11.2013, unânime, DJe 13.11.2013).
PROCESSUAL CIVIL E ADMINISTRATIVO. RECURSO ESPECIAL. AÇÃO DE INDENIZAÇÃO. COMPANHIA NACIONAL DE ABASTECIMENTO (CONAB). SAFRA DE ALGODÃO. CLASSIFICAÇÃO APONTADA COMO FRAUDULENTA. PRESCRIÇÃO. TERMO INICIAL. DECRETO 20.910/32. CIÊNCIA INEQUÍVOCA DO ATO LESIVO. RECURSO ESPECIAL NÃO PROVIDO.
1. (...)
3. É pacífico o entendimento desta Corte Superior no sentido de que o termo a quo para contagem do prazo prescricional se dá a partir da ciência inequívoca do ato lesivo. Nesse sentido, o entendimento deste Órgão Julgador ao analisar controvérsia idêntica, inclusive envolvendo as mesmas partes: AgRg nos Edcl no REsp 1.074.446/GO, 2ª Turma, Rel. Min. Humberto Martins, DJe 13.10.2010.
4. Recurso especial não provido. (STJ Resp 963697/GO. 2ª Turma. Rel. Mauro Campbell Marques. j. em 20/10/2011 e DJe em 27/10/2011).

que se as faltas disciplinares também consistirem crime ou contravenção, a prescrição será regulada pela lei penal.

A interpretação desta remissão legal ao prazo prescricional do direito penal deve ser realizada sob o enfoque da independência entre as instâncias penal, civil e administrativa, a qual é igualmente proclamada pela lei de improbidade administrativa.

De fato, a vinculação da lei da improbidade administrativa à seara penal, especificamente na prescrição dos atos ímprobos que também constituem delito penal, pode acarretar consequência práticas relevantes, a depender do grau de independência das searas atribuído pelo aplicador do direito.

Diversas questões podem ser postas quando se opta ou não pela adoção integral da disciplina penal da prescrição como extinção da punibilidade do autor de um delito no âmbito da improbidade administrativa, já que a sua adoção integral poderá, ao mesmo tempo, ampliar o lapso prescricional e aumentar a probabilidade de uma punição eficaz à improbidade, como também, agravar a situação do próprio sujeito ativo do ato ímprobo.

Explica-se, a adoção integral pelo aplicador do direito da disciplina da prescrição do Código Penal na improbidade administrativa, estabelecendo uma relação de dependência entre as searas implicaria: na incidência das causas interruptivas e suspensivas da prescrição previstas no Código Penal nas ações de improbidade administrativa; na incidência das causas de aumento de diminuição da prescrição previstas no Código Penal; na determinação do lapso prescricional para o ajuizamento da ação de improbidade administrativa de acordo com a pena em concreto aplicada em eventual condenação criminal; no estabelecimento de uma condição de procedibilidade para a aplicação do prazo prescricional penal para o ajuizamento da ação de improbidade administrativa, consistente na exigência da existência, pelo menos, de investigação criminal sobre os fatos.

Para Emerson Garcia, o regime da prescrição estabelecido no Código Penal deve incidir integralmente na seara da improbidade administrativa, sendo que, dentre outros argumentos, entende que esta foi uma opção válida do legislador, haja vista a inexistência de vedação constitucional à interpenetração entre as searas cível e penal e a atribuição do legislador ordinário para estabelecer quais os limites dessa vinculação. Ainda, pontua que já há influência direta da seara penal na cível, quando, no primeiro juízo, é proferida uma sentença absolutória do réu com fundamento na inexistência do fato, o que impede o ajuizamento da ação cível.[29]

Sem embargo da conclusão sobre a incidência integral ou não da disciplina penal da prescrição aos atos de improbidade, põe-se outra questão consistente na eventual necessidade da existência de investigação criminal para que incida o prazo prescricional penal aos atos de improbidade administrativa. Podem-se extrair três questões acerca do tema: a) os atos de improbidade administrativa que também constituam crime prescrevem de

[29] Transcreve-se o posicionamento do doutrinador que elenca dez argumentos nesse sentido: "A uma, a independência entre as instâncias cível e penal não tem esteio constitucional, o que afasta a possibilidade de considerá-la elemento estruturante da própria função jurisdicional. A duas, os limites da interpenetração entre as instâncias devem ser traçados pelo legislador infraconstitucional. A três, inexiste qualquer óbice à utilização, no âmbito cível, do sistema regente da prescrição na seara penal, argumento que se robustece em se tratando de direito sancionador. A quatro, em múltiplas hipóteses, a atividade persecutória do Estado gera efeitos unos e indivisíveis, fazendo com que a jurisdição cível se mantenha adstrita ao que foi deliberado na penal (v.g.: o reconhecimento da inexistência do fato – art. 386, I, do CPP). A cinco, na situação ora estudada, a aplicação do sistema haverá de ser integral, o que alcança as causas de interrupção e de suspensão da prescrição, isto sob pena de uma simbiose estrutural entre as esferas cível e penal, com o consequente surgimento de um tertium genus. A seis, efetivada a prestação jurisdicional no âmbito cível e sendo posteriormente reconhecida a prescrição, ainda que retroativa, no Juízo Penal, poderá o interessado utilizar-se das ações autônomas de impugnação para desconstituí-la, as quais sempre terão por termo final a coisa julgada. A sete, a possibilidade de ocorrência da prescrição retroativa efetivamente dificultará a visualização do prazo prescricional *ex ante*, no entanto, foi essa a opção política do legislador. A oito, o simples ajuizamento da ação civil ou a instauração do processo disciplinar não tem o condão de estancar a aplicação do sistema regente da prescrição no âmbito penal, isto porque é a punibilidade do crime e não o início de uma atividade cognoscitiva que norteia a sua utilização. A nove, restará sempre a possibilidade de perquirição da falta residual, considerada como tal aquela conduta que desborde o espectro de subsunção ao tipo penal. A dez, esse entendimento tem sido prestigiado pelo Superior Tribunal de Justiça. (GARCIA, Emerson. Improbidade Administrativa/Emerson Garcia e Rogério Pacheco Alves. 6ª Edição. Rio de Janeiro, Lumen Juris, 2011. p. 626).

acordo com o prazo prescricional penal sempre, independentemente da existência de investigação criminal sobre os fatos; b) se não há sequer investigação criminal sobre os fatos que também constituem ato de improbidade administrativa, o prazo prescricional será aquele previsto na lei do servidor; c) existindo, concomitantemente, ação penal e ação de improbidade administrativa sobre os mesmos fatos, o prazo prescricional desta última regula-se pela pena em abstrato, e não pela pena em concreto aplicada na sentença.

A influência direta da sentença absolutória, como já referida, na ação de improbidade administrativa é inconteste, no entanto, fere a independência das instâncias exigir para a adoção do prazo prescricional penal nos atos de improbidade administrativa a existência de investigação criminal, instituindo uma condição de procedibilidade que a constituição federal e a lei ordinária não previram.

Destarte, o princípio fundamental à probidade administrativa impõe a interpretação no sentido da incidência sempre do prazo prescricional penal de acordo com a pena em abstrato nas hipóteses do ato de improbidade também constituir crime ou contravenção penal.

Não obstante, o Superior Tribunal de Justiça vem subordinando a aplicação do prazo prescricional penal aos atos de improbidade administrativa à existência de investigação criminal sobre os fatos.[30]

---

[30] DIREITO ADMINISTRATIVO. AGRAVO REGIMENTAL EM RECURSO ESPECIAL. INQUÉRITO CIVIL INSTAURADO PELO MINISTÉRIO PÚBLICO PARA INVESTIGAR A PRÁTICA DE ATO DE IMPROBIDADE ADMINISTRATIVA. POLICIAL CIVIL DO RIO GRANDE DO SUL. IMPOSSIBILIDADE DE APLICAÇÃO DO PRAZO PRESCRICIONAL PREVISTO NO CPB, POR INEXISTÊNCIA DE AÇÃO PENAL E CONDENAÇÃO EM DESFAVOR DO IMPETRANTE. APLICAÇÃO DO PRAZO QUINQUENAL PREVISTO NO ART. 23, II, DA LEI 8.429/92. OCORRÊNCIA DA PRESCRIÇÃO DA PRETENSÃO PUNITIVA. AGRAVO REGIMENTAL DO MPF DESPROVIDO. 1. (...) **5. Segundo entendimento pacífico desta Corte, a eventual presença de indícios de crime, sem a devida apuração em Ação Criminal, afasta a aplicação da norma penal para o cômputo da prescrição. Isso porque não seria razoável aplicar-se à prescrição da punibilidade administrativa o prazo prescricional da sanção penal, se sequer se deflagrou a iniciativa criminal, sendo incerto, portanto, o tipo em que o Servidor seria incurso, bem como a pena que lhe seria imposta, o que inviabiliza a apuração da respectiva prescrição. 6. Agravo Regimental do Ministério Público Federal**

Em decisão proferida em Recurso Especial, em novembro de 2013, a 2ª Turma do Superior Tribunal de Justiça, decidiu que a aplicação de prazo do Código Penal no cálculo da prescrição de infrações administrativas depende da instauração de inquérito policial ou do ajuizamento de ação penal.

O relator, ministro Humberto Martins, asseverou que "a instauração de um procedimento criminal é providência inafastável para atrair o prazo penal ao cálculo da prescrição das infrações administrativas".[31]

Por fim, com relação à terceira questão sobre a aplicação do prazo prescricional penal baseado na pena em concreto aplicada na sentença penal, ou seja, a possibilidade de prescrição intercorrente na improbidade administrativa, o Superior Tribunal de Justiça tem entendido que, de acordo com o disposto no artigo 23 da LIA, esta não pode ser aplicada[32].

---

**desprovido. (AgRg no Recurso Especial nº 1196629/RJ (2010/0102976-6), 1ª Turma do STJ, Rel. Napoleão Nunes Maia Filho. j. 14.05.2013, unânime, DJe 22.05.2013)**

No mesmo sentido: RMS 15.648/SP, Rel. Ministro Hamilton Carvalhido, Sexta Turma, DJ 03.09.2007; RMS 18.901/RJ, Rel. Ministro Felix Fischer, Quinta Turma, DJ 13.03.2006; REsp 379.276/SP, Rel. Ministra Maria Thereza de Assis Moura, Sexta Turma, DJ 26.02.2007; Recurso Especial nº 1335113/RJ (2012/0150826-8), 2ª Turma do STJ, Rel. Castro Meira. j. 27.11.2012, unânime, DJe 06.12.2012; Recurso Especial nº 1.386.162/SE (2013/0170794-9), 2ª Turma do STJ, Rel. Herman Benjamin. j. 25.02.2014, unânime, DJe 19.03.2014.

31 MS 12.090/DF, Rel. Ministro Arnaldo Esteves Lima, Terceira Seção, DJ 21.05.2007, p. 541). Recurso ordinário provido. (Recurso em Mandado de Segurança nº 38.992/RS (2012/0182955-0), 2ª Turma do STJ, Rel. Humberto Martins. j. 21.11.2013, unânime, DJe 02.12.2013).

32 ADMINISTRATIVO E PROCESSUAL CIVIL. AÇÃO CIVIL PÚBLICA. IMPROBIDADE ADMINISTRATIVA. AUSÊNCIA DE PREQUESTIONAMENTO. SÚMULA 211/STJ. ART. 23, I E II, DA LEI 8.429/1992. PRESCRIÇÃO INTERCORRENTE. NÃO OCORRÊNCIA. 1. (...); 2. O art. 23 da Lei 8.429/1992, que regula o prazo prescricional para propositura da ação de improbidade administrativa, não possui comando a permitir a aplicação da prescrição intercorrente nos casos de sentença proferida há mais de 5 (cinco) anos do ajuizamento ou do ato citatório na demanda. Precedente. 3. Recurso especial parcialmente conhecido e não provido. (Recurso Especial nº 1.300.150/GO (2011/0174102-0), 2ª Turma do STJ, Rel. Eliana Calmon. j. 05.11.2013, unânime, DJe 13.11.2013).

## 6. CONCLUSÕES ARTICULADAS

De todo o exposto, conclui-se que:

a) O prazo prescricional é necessário à garantia da segurança jurídica e, assim, a punição dos atos de improbidade administrativa não está imune ao tempo, de forma que, a inércia deliberada da autoridade estatal que detém atribuição para deflagrar o procedimento para responsabilização do ímprobo impõe a rejeição da pretensão ajuizada extemporaneamente.

b) Hodiernamente, há um movimento internacional para que os Estados adotem medidas que busquem a efetividade da punição dos atos corruptos e que, também, previnam a sua ocorrência, sendo que aplicar uma interpretação restritiva das disposições normativas acerca da prescrição, significaria um retrocesso no combate à corrupção, bem como à ideologia constitucional traçada na proteção do patrimônio público.

c) Não obstante a regra geral seja a prescritibilidade das pretensões para garantir a segurança jurídica, a imprescritibilidade do ressarcimento ao erário é prevista pela própria Constituição Federal,

---

ADMINISTRATIVO. IRREGULARIDADE DE REPRESENTAÇÃO PROCESSUAL. IMPOSSIBILIDADE DE REGULARIZAÇÃO POSTERIOR. SÚMULA 115/STJ. IMPROBIDADE ADMINISTRATIVA. EXPEDIÇÃO DE CARTEIRAS NACIONAIS DE HABILITAÇÃO SEM OBSERVÂNCIA DOS PROCEDIMENTOS LEGAIS. INEXISTÊNCIA DE PRESCRIÇÃO INTERCORRENTE. NÃO CONFIGURADA VIOLAÇÃO AOS ARTS. 11 E 12 DA LEI 8.429/92. PROPORCIONALIDADE DA PENA. DISSÍDIO JURISPRUDENCIAL NÃO CONFIGURADO. AUSÊNCIA DE COTEJO ANALÍTICO ENTRE OS ACÓRDÃOS. 1. (...); 4. Da leitura do art. 23 da Lei 8.429/92 não se pode constatar a possibilidade de ocorrência de prescrição intercorrente nas Ações de Improbidade Administrativa, uma vez que o aludido comando legal somente se refere a prescrição quinquenal para ajuizamento da ação, contados do término do exercício do mandato, cargo em comissão ou função de confiança. 5. Ainda que se admitisse a tese de prescrição intercorrente, o transcurso de prazo superior a 5 anos, entre a data de propositura da ação e a data da sentença, não é suficiente para caracterizá-la, sendo necessária a demonstração de inércia da parte autora. 6. (...) (Recurso Especial nº 1218050/RO (2010/0174650-8), 1ª Turma do STJ, Rel. Napoleão Nunes Maia Filho. j. 05.09.2013, unânime, DJe 20.09.2013).

excepcionando a garantia fundamental à estabilidade das relações jurídicas em prol da necessidade de recomposição do erário.

d) O artigo 23, inciso II, da Lei nº 8.429/92 determina que o prazo prescricional para o ajuizamento da ação civil de improbidade administrativa, tratando-se de servidor efetivo, será o determinado em lei específica. A Lei nº 8.112/90, no seu artigo 142, §1º, dispôs que o prazo de prescrição para aplicação das sanções disciplinares terá início a partir do momento em que o fato se tornar conhecido. Assim, o prazo prescricional inicia-se a partir do conhecimento pela autoridade da prática da falta disciplinar, o que permite concluir que o prazo prescricional para o ajuizamento da ação civil de improbidade administrativa também deve se iniciar a partir do conhecimento pelo legitimado ativo da prática do ato ímprobo.

e) As leis que dispõem sobre o regime jurídico do servidor público, frequentemente, a exemplo do artigo 142, §2º, da Lei nº 8.112/90, determinam que se as faltas disciplinares também consistirem crime ou contravenção, a prescrição será regulada pela lei penal. Condicionar a aplicação do prazo prescricional penal no âmbito da improbidade administrativa à existência de investigação ou ação penal significa criar uma condição de procedibilidade que inexiste na Constituição Federal e na legislação ordinária, e, com isso, afrontar ao direito fundamental à probidade administrativa. Desta forma, impõe-se que os atos de improbidade administrativa que também constituam crime prescrevam de acordo com o prazo prescricional penal, independentemente da existência de investigação criminal sobre os fatos.

## 7. REFERÊNCIAS BIBLIOGRÁFICAS

BERTONCINI, Mateus. Direito Fundamental à Probidade Administrativa. Estudos Sobre Improbidade Administrativa em Homenagem ao Prof. JJ. Calmon de Passos. (Org.) Alexandre Albagli Oliveira, Cristiano Chabes e Luciano Ghignone. Rio de Janeiro: Editora Lumen Juris, 2010.

CARVALHO FILHO, José dos Santos. Improbidade Administrativa: prescrição e outros prazos extintivos. São Paulo: Editora Atlas, 2012.

DECOMAIN, Pedro Roberto. Improbidade Administrativa. 2ª Edição. São Paulo: Dialética, 2014.

GARCIA, Emerson. Improbidade Administrativa: Configuração e Reparação do Dano Moral. Estudos Sobre Improbidade Administrativa em Homenagem ao Prof. JJ. Calmon de Passos. (Org.) Alexandre Albagli Oliveira, Cristiano Chabes e Luciano Ghignone. Rio de Janeiro: Editora Lumen Juris, 2010.

____________ Improbidade Administrativa/Emerson Garcia e Rogério Pacheco Alves. 6ª Edição. Rio de Janeiro, Lumen Juris, 2011.

JUSTEN FILHO, Marçal. Curso de Direito Administrativo. 10ª Edição. São Paulo: Revista dos Tribunais, 2014.

MARTINS JUNIOR, Wallace Paiva. Probidade Administrativa. 4ª Edição. São Paulo: Editora Saraiva, 2009.

NEIVA, José Antonio Lisboa. Improbidade Administrativa: legislação comentada artigo por artigo: doutrina, legislação e jurisprudência. 4ª Edição. Niterói, RJ: Impetus, 2013.

OSÓRIO, Fabio Medina. As sanções da Lei 8.429/92 aos atos de improbidade administrativa. Doutrinas Essenciais de Direito Administrativo, vol. 7 | p. 869 | Nov / 2012 | DTR\1999\39.

SOBRANE, Sérgio Turra. Improbidade Administrativa – Aspectos Materiais, Dimensão Difusa e Coisa Julgada. São Paulo: Editora Atlas, 2010.

# ANÁLISE CRÍTICA DA LEI DE IMPROBIDADE ADMINISTRATIVA SOB A PERSPECTIVA DE SUA EFETIVIDADE

*Paulo Ovídio dos Santos Lima*[1]

*Sumário: 1. Introdução. 2. O combate à corrupção no Brasil antes e depois da Lei de Improbidade Administrativa. 3. Da reação à efetividade da Lei de Improbidade Administrativa. 4. O Poder Judiciário e a efetividade da Lei de Improbidade Administrativa. 5. Conclusão. 6. Referências bibliográficas.*

## 1. INTRODUÇÃO

Tendo em vista o escopo do presente livro e do tema deste artigo, bem como da natural limitação do espaço a ele destinado, necessário se faz delimitar o enfoque que se pretende conferir, sob pena de, pretendendo discorrer sobre tudo, não conseguir um maior aprofundamento no tema.

Assim é que, primeiramente, se faz necessário explicar que se adota a lição de Tércio Sampaio Ferraz Jr. para conceituar a efetividade da norma como eficácia social, ou seja, quando a norma *"encontra na realidade condições adequadas para produzir seus efeitos"*[2], que independe de sua obediência, mas que, se exigível, pode ser uma obediência espontânea ou imposta por terceiros, a exemplo dos Tribunais.

---

1 Promotor de Justiça. Graduado em Direito pela Faculdade de Direito de Curitiba. Especialista em Direito Administrativo Aplicado pelo Instituto Bacellar. Atualmente titular da 1ª Promotoria de Proteção ao Patrimônio Público de Curitiba.

2 Introdução ao estudo de direito: técnica, decisão, dominação. São Paulo: Atlas, 2001, p. 149.

Ademais, a natureza repressiva das normas contidas na Lei 8.429/92 faz com que sua obediência e, em consequência, sua eficácia social/efetividade em muito dependa da interpretação e de sua aplicação de forma efetiva pelos Tribunais.

Fixados esses contornos, ainda que de forma muito concisa, para a melhor compreensão do tema também se faz necessário breve delineamento do histórico do combate à corrupção antes e depois da Lei de Improbidade Administrativa, das reações advindas com a ampliação das investigações e ações para declaração da existência de atos de corrupção/improbidade administrativa e aplicação das sanções correspondentes para, em seguida, analisar a atuação dos Tribunais Superiores e se estes têm conseguido conferir o máximo de efetividade possível às normas da Lei de Improbidade Administrativa.

Daí a importância de se realizar uma análise crítica da Lei de Improbidade Administrativa, com base nas decisões dos Tribunais Superiores. Deve-se reconhecer a dificuldade e extensão do tema, que mereceria bem mais do que um artigo quiçá com o contraditório e as diferentes visões que seu objeto comporta de acordo com os diversos operadores do direito e, por que não, de acordo com os diferentes atores sociais, públicos ou privados, envolvidos.

## 2. O COMBATE À CORRUPÇÃO NO BRASIL ANTES E DEPOIS DA LEI DE IMPROBIDADE ADMINISTRATIVA

A forma tradicional do combate à corrupção se dá no âmbito criminal. Entretanto, ainda que se reconheça a importância da repressão penal em face de atos de corrupção, é percepção geral que essa forma de combate não resultou na diminuição esperada dos casos de corrupção. A legislação penal e processual penal de combate à corrupção bem espelha a forma estamental da sociedade brasileira, cuja elite procura a própria preservação. Daí a fixação de penas pequenas, tipos penais com a exigência de elementos subjetivos de difícil comprovação e prazos prescricionais reduzidos, tudo em contraposição com a gravidade das consequências econômicas, sociais e morais dos atos de corrupção.

Já o combate aos atos de corrupção de natureza não penal existe mesmo antes da edição da Lei de Improbidade Administrativa, a exemplo da ação civil movida pela pessoa interessada visando nulidade do ato e ressarcimento de danos; a ação popular; a Lei nº 3.164/1957 (Lei Pitombo / Godoi Ilha) e a Lei nº 3.502/1958 (Lei Bilac Pinto), que possibilitavam o sequestro e perda de bens, assim como o ressarcimento de danos; a ação civil pública mencionada no artigo 129, III, da Constituição Federal, que restaurou o veto ao inciso IV, do artigo 1º, da Lei nº 7.347/1985, em relação ao Ministério Público.

A ação popular não obteve o êxito necessário especialmente pelo seu uso oportunista por cidadãos que desejavam muito mais prejudicar oponentes políticos do que a restauração da legalidade ou moralidade com a decretação da nulidade do ato administrativo lesivo ao patrimônio público ou a efetiva recomposição do erário lesado.

A Lei Pitombo Godoi Ilha, por sua vez, em seu pouco tempo de vigência tentava reprimir os casos de enriquecimento ilícito sem, no entanto, tipificar os fatos que o caracterizassem, além de não prever sanções outras que não as meramente econômicas.

Revogada a Lei Pitombo Godoi Ilha pela Lei Bilac Pinto, esta representou um pequeno avanço na repressão aos atos de corrupção ao prever os tipos de enriquecimento ilícito por influência ou abuso do cargo ou função e, nesses casos, o sequestro e o perdimento de bens. No entanto, além de prever apenas sanções econômicas, apresentava o grave defeito de reservar a legitimidade ativa tão somente para a pessoa jurídica lesada pelo ato de enriquecimento ilícito. Ao não prescrever a legitimidade ativa do Ministério Público, acabou por ter pouca efetividade.

Antes da Lei nº 8.429/1992, a ação civil pública prevista na Lei nº 8.625/1993 e a ação civil pública mencionada no artigo 129, III, da Constituição Federal, também se revelaram insuficientes para um efetivo combate à corrupção, especialmente em razão da limitação de seu objeto, restrito à anulação do ato administrativo, à aplicação de sanções de natureza econômica ou à imposição de obrigações de fazer ou não fazer.

A Constituição Federal de 1988, a Constituição Cidadã, conferiu especial impulso ao combate judicial não criminal da improbidade e da corrupção. Em especial, ampliou o objeto da ação popular para a repressão de atos lesivos à moralidade administrativa; dispôs acerca da legitimidade do Ministério Público para a propositura de ação civil pública para a proteção do patrimônio público e social, além de outros interesses difusos e coletivos; e, acima de tudo, previu a necessidade de Lei para punir os atos de improbidade administrativa.

A Lei de Improbidade Administrativa, por sua vez, surge em momento de redemocratização do país e, de consequência, período de avanços legislativos. Trouxe enormes mudanças na forma de combate aos atos de improbidade administrativa e à corrupção.

Ampliou-se o rol dos agentes sujeitos às sanções trazidas pela Lei de Improbidade Administrativa, abrangendo não apenas os agentes públicos da administração direta e indireta, mas, igualmente, os agentes de entidades que recebem benefícios do poder público e terceiros, mesmo que não agentes públicos, que induzam, concorram ou beneficiem-se dos atos tipificados.

De forma inédita, tipificaram-se os atos de improbidade administrativa em três tópicos: atos que importem em enriquecimento ilícito; que causem prejuízo ao erário; e que atentem contra os princípios da Administração Pública.

Disciplinou medidas cautelares de indisponibilidade de bens e de afastamento do agente público do cargo ou função pública exercida.

Prescreveu o ressarcimento de danos e as graves sanções de pagamento de multa civil, perda da função pública, suspensão dos direitos políticos, proibição de contratar com o poder público e proibição de receber incentivos fiscais ou creditícios.

Conferiu, ainda, a legitimidade ativa, não apenas à pessoa jurídica de direito público interessada, mas, também, ao Ministério Público o que, não se pode deixar de reconhecer, foi um dos fatores que conferiram à Lei de Improbidade Administrativa uma efetividade jamais obtida pelas outras leis de combate, criminal ou não criminal, da corrupção.

As consequências da atuação do Ministério Público foram muitas. Pode-se citar, especialmente, o aumento do número de ações de responsabilização do administrador, e terceiros, pela prática de atos de improbidade administrativa e de corrupção, embora ainda insuficientes em face da demanda.

Apesar de todas as dificuldades que vêm sendo colocadas à efetividade da Lei de Improbidade Administrativa, como será analisado adiante, tem-se obtido bons resultados com afastamentos de administradores, aplicação das graves sanções, recomposição de danos Nesse aspecto importa ressaltar que o próprio CNJ vem exigindo do Judiciário maior celeridade no julgamento das Ações de Improbidade Administrativa, a exemplo da meta 18 que resultou no julgamento de mais de vinte mil ações de improbidade administrativa no ano de 2013[3], alcançando pessoas que se consideravam inatingíveis pelas leis de combate à corrupção até então existentes.

## 3. DA REAÇÃO À EFETIVIDADE DA LEI DE IMPROBIDADE ADMINISTRATIVA

Talvez a prova maior da efetividade da Lei de Improbidade Administrativa seja as reações que surgiram a partir das primeiras investigações, ações ajuizadas e condenações. Tais reações surgiram especialmente no meio político, repercutindo, não somente nos Poderes Legislativo e Executivo, mas, igualmente, no Poder Judiciário.

Algumas das tentativas da classe política em restringir a ação do Ministério Público decorrem de uma visão deturpada que, vendo nos outros um espelho de si mesmo, achavam, em qualquer caso investigado ou ação ajuizada, uma atuação política do Ministério Público.

Várias ações legislativas tendentes a por freio na atuação do Ministério Público no combate aos atos de improbidade surgiram, como o Projeto de Lei nº 2.961/97 – Mordacinha – caracterizando como crime de abuso de autoridade a instauração de inquérito civil, policial ou administrativo, ou propor ação de natureza civil, criminal ou de improbidade, com propósito de perseguição, ou para satisfazer simples sentimento pessoal ou convicção política ou, ainda, criminalizando, também como abuso de autoridade, qualquer manifestação do magistrado, do membro do Ministério Público, do membro de Tribunal de Contas, da autoridade policial ou da autoridade administrativa, por qualquer meio de comunicação, opinião sobre investigação, inquérito ou processo, ou revelar ou permitir que cheguem ao conhecimento de terceiros fatos ou informações de que tenha ciência em razão do

[3] http://www.cnj.jus.br/noticias/cnj/27003-tribunais-julgaram-23925-acoes-de-improbidade-e-crimes-contra-a-administracao-em-2013.

cargo e que violem o interesse público e o sigilo legal, a intimidade, a vida privada, a honra e a imagem das pessoas, olvidando-se o direito público de transparência e de informação dos cidadãos, essenciais a um verdadeiro Estado Democrático de Direito.

O mesmo projeto de Lei ainda previa a modificação do foro para processamento das ações de improbidade, atribuindo foro privilegiado para determinadas autoridades públicas a exemplo do que ocorre nas ações penais.

Não tendo prosperado o projeto de lei da "mordacinha", propôs-se a denominada Emenda Constitucional da mordaça, que apresentavam os mesmos objetivos do projeto de lei mal sucedido, e que, após mobilização do Ministério Público, da imprensa e da sociedade, também acabou rejeitada.

A Medida Provisória Nº 2.088, editada inicialmente em 29/12/00, véspera de férias forenses e recesso parlamentar, sob a alegação de conter um suposto "exibicionismo" dos membros do Ministério Público, como se esse fosse um problema maior que a corrupção, estabeleceu, como ato de improbidade, a instauração temerária de inquérito policial ou procedimento administrativo e propor ação de natureza civil, criminal ou de improbidade atribuindo a outrem fato que sabe inocente, além de instituir rito diferenciado para a ação civil pública de responsabilização pela prática de ato de improbidade administrativa, com a notificação dos réus para resposta prévia ao recebimento da ação, possibilitando, ainda, no prazo da contestação, a "reconvenção", suscitando a improbidade do agente ministerial que propôs a ação.

Reforçando seu caráter intimidativo, dificultando o combate à corrupção e buscando, nitidamente, retirar a efetividade da Lei de Improbidade Administrativa, tentou-se estabelecer a possibilidade de que, nos casos em que o pedido de condenação pela prática de ato de improbidade administrativa fosse considerado manifestamente improcedente, o juiz ou tribunal estaria autorizado a condenar, nos próprios autos, a pedido do réu, o agente público que propôs a ação ao pagamento de uma multa de até R$ 151.000,00 (cento e cinquenta e um mil reais).

Porém, comprovando-se mais uma vez a eficácia social da Lei de Improbidade Administrativa, a reação do Ministério Público, da imprensa e da sociedade, implicou que as medidas mais gravosas acima mencionadas não fossem reeditadas, restando apenas a mudança do rito, ainda que dificultando o trâmite processual.

Nova tentativa de mitigar a efetividade da Lei de Improbidade Administrativa adveio com o denominado "ante-projeto Artur Virgílio" e sua proposta de alteração dos artigos 8º e 9º da Lei nº 7.347/85, estabelecendo que o Inquérito civil, instrumento de investigação dos fatos, em tese, considerados como ímprobos, só poderia ser instaurado pelo Procurador-Geral de Justiça, ainda que preservasse a qualquer membro a instauração de um procedimento preparatório. Ainda assim, feria a independência funcional dos membros, impossibilitando ou dificultando a atuação das Promotorias, transformando o Procurador-Geral de Justiça em órgão de execução de 1º grau e censor da atividade dos membros do Ministério Público, contrariando o princípio da independência funcional.

E mais, o mesmo anteprojeto previu a figura do "interessado", autorizando sua intervenção na fase inquisitiva, além de que previa a existência de recurso em face da instauração do Inquérito Civil, com a possibilidade de que o Conselho Superior do Ministério Público lhe atribuísse efeito suspensivo, restringisse seu objeto ou, até mesmo, determinasse o seu trancamento.

Se isso não bastasse, tentou-se impor prazo de seis meses para conclusão do inquérito civil, autorizando sua renovação apenas pelo tempo necessário à realização de diligências imprescindíveis, o que geraria direito subjetivo do investigado e ocasionaria no trancamento de inúmeros inquéritos civis, uma vez que é necessário se reconhecer que o Ministério Público não teria estrutura de membros, servidores e recursos para concluir os inúmeros Inquéritos Civis em prazo tão restrito.

Frustrada mais essa tentativa de dificultar os procedimentos de investigação e os ritos da ação de improbidade, de reduzir a efetividade da Lei de Improbidade Administrativa, sobreveio a chamada CPI do Ministério Público como forma de intimidar a Instituição, apresentando, dentre suas razões a de que "com base nos elementos de prova produzidos única e exclusivamente pelo promotor de justiça, inicia-se uma ação civil pública, na qual, liminarmente, se requer a indisponibilidade de bens do acusado, a quebra de sigilos telefônico, bancário e fiscal, em suma promovem uma completa devassa na vida do investigado, sem que este tenha a menor chance de defesa". E continua: "a ação proposta ficará anos na Justiça, e enquanto isto o acusado se vê privado de seus bens e até mesmo do sustento de sua família, para somente após vir a ser declarado inocente (...) para todos os órgãos estatais existe um mecanismo de controle e correção de abusos, sendo o Ministério Público a única exceção".

Ora, se efetivamente é o Ministério Público quem requer as medidas cautelares como a de indisponibilidade de bens, quem as decreta é o Poder Judiciário, com base na legislação vigente, inclusive quanto à possibilidade de deferimento *inaudita altera pars*. De igual sorte, o Ministério Público não impõe as sanções previstas na Lei de Improbidade Administrativa.

Ademais, falaciosa a argumentação de que os atos abusivos praticados por membro do Ministério Público não poderiam ser controlados, já que, como os atos de qualquer agente público, existem inúmeras medidas internas, perante o Conselho Superior ou à Corregedoria-Geral do Ministério Público, e externas, ante o Conselho Nacional do Ministério Público ou Poder Judiciário, que possibilitam coibir qualquer excesso eventualmente praticado.

Como se observa, pode-se afirmar que foi a eficácia no manejo da Lei de Improbidade Administrativa pelos operadores do direito, especialmente pelos membros do Ministério Público, o motivo das reações mais diversas, especialmente da classe política, na tentativa de dificultar, senão impedir mesmo, a atuação do Ministério Público e do Judiciário, criando ameaças, dificultando ritos ou estabelecendo prazos impossíveis de serem cumpridos.

## 4. O PODER JUDICIÁRIO E A EFETIVIDADE DA LEI DE IMPROBIDADE ADMINISTRATIVA

Deve-se reconhecer, entretanto, que em algumas oportunidades o próprio Poder Judiciário mitigou a efetividade da Lei de Improbidade, mediante interpretações e fundamentações divorciadas da melhor doutrina. Pode-se citar, a título de exemplo, sem maior aprofundamento, até porque já foram mais bem analisadas em outros artigos desta obra, as diversas decisões, especialmente do STJ, relativas ao conceito do dolo, exigindo um dolo específico ou um especial fim de agir para a configuração do ato de improbidade administrativa, de todo estranhos à norma legal.

Outro exemplo é a aplicação indiscriminada e pragmática do chamado "princípio da proporcionalidade", verdadeiro estratagema para a fundamentação das decisões judiciais, mas que pouco ou nada significa, "não se refere a algo existente, nem a uma ideia qualquer", cuja "simples enunciação já faz 'emergir' a sua significação", que "já 'não pode ser contestado'; não pode sofrer críticas; consta como 'algo dado desde sempre'; sua mera evocação já é um 'em si mesmo'" [4].

Pode-se citar, ainda, as limitações inicialmente impostas à medida cautelar de indisponibilidade de bens dos acusados da prática de ato ímprobo que, olvidando o comando constitucional, exigia a comprovação do *periculum in mora*, como se pode observar do julgamento do REsp 469366/ PR da relatoria da então Ministra Eliana Calmon. Felizmente, tal tendência foi revertida e, atualmente, entende-se presumido o requisito do perigo na demora do julgamento do mérito da demanda. Nesse sentido o REsp 1319484/SP, relator Min. Herman Benjamin.

Dois outros casos bem demonstram como o Poder Judiciário também é responsável pela redução da efetividade da Lei de Improbidade Administrativa: a questão dos julgamentos acerca do foro privilegiado para as ações de responsabilização pela prática de ato de improbidade administrativa e da aplicação da Lei de Improbidade aos chamados agentes políticos.

A aplicação da Lei de Improbidade Administrativa aos chamados agentes políticos recebeu do STF tratamento que praticamente acaba com a sua efetividade. A decisão proferida no âmbito da Reclamação 2.138-DF restou assim ementada:

> RECLAMAÇÃO. USURPAÇÃO DA COMPETÊNCIA DO SUPREMO TRIBUNAL FEDERAL. IMPROBIDADE ADMINISTRATIVA. CRIME DE RESPONSABILIDADE. AGENTES POLÍTICOS. I. PRELIMINARES. QUESTÕES DE ORDEM. (...) MÉRITO. II.1.Improbidade administrativa. Crimes de responsabilidade. Os atos de improbidade administrativa são tipificados

4 Streck, Lenio Luiz. Verdade e Consenso: constituição, hermenêutica e teoria discursivas. São Paulo: Saraiva, 2001, p. 55.

como crime de responsabilidade na Lei n° 1.079/1950, delito de caráter político-administrativo. II.2.Distinção entre os regimes de responsabilização político-administrativa. O sistema constitucional brasileiro distingue o regime de responsabilidade dos agentes políticos dos demais agentes públicos. A Constituição não admite a concorrência entre dois regimes de responsabilidade político-administrativa para os agentes políticos: o previsto no art. 37, § 4º (regulado pela Lei n° 8.429/1992) e o regime fixado no art. 102, I, "c", (disciplinado pela Lei n° 1.079/1950). Se a competência para processar e julgar a ação de improbidade (CF, art. 37, § 4º) pudesse abranger também atos praticados pelos agentes políticos, submetidos a regime de responsabilidade especial, ter-se-ia uma interpretação ab-rogante do disposto no art. 102, I, "c", da Constituição. II.3.Regime especial. Ministros de Estado. Os Ministros de Estado, por estarem regidos por normas especiais de responsabilidade (CF, art. 102, I, "c"; Lei n° 1.079/1950), não se submetem ao modelo de competência previsto no regime comum da Lei de Improbidade Administrativa (Lei n° 8.429/1992). II.4.Crimes de responsabilidade. Competência do Supremo Tribunal Federal. Compete exclusivamente ao Supremo Tribunal Federal processar e julgar os delitos político-administrativos, na hipótese do art. 102, I, "c", da Constituição. Somente o STF pode processar e julgar Ministro de Estado no caso de crime de responsabilidade e, assim, eventualmente, determinar a perda do cargo ou a suspensão de direitos políticos. II.5.Ação de improbidade administrativa. Ministro de Estado que teve decretada a suspensão de seus direitos políticos pelo prazo de 8 anos e a perda da função pública por sentença do Juízo da 14ª Vara da Justiça Federal – Seção Judiciária do Distrito Federal. Incompetência dos juízos de primeira instância para processar e julgar ação civil de improbidade administrativa ajuizada contra agente político que possui prerrogativa de foro perante o Supremo Tribunal Federal, por crime de responsabilidade, conforme o art. 102, I, "c", da Constituição. III. RECLAMAÇÃO JULGADA PROCEDENTE. (Rcl 2138, Relator(a): Min. NELSON JOBIM, Relator(a) p/ Acórdão: Min. GILMAR MENDES (ART.38,IV,b, DO RISTF), Tribunal Pleno, julgado em 13/06/2007, DJe-070 DIVULG 17-04-2008 PUBLIC 18-04-2008 EMENT VOL-02315-01 PP-00094 RTJ VOL-00211- PP-00058)

Ora, a Lei de Improbidade Administrativa somente se tornou efetiva porque alcançou agentes públicos que se achavam imunes à atuação repressiva do Estado, especialmente aos agentes políticos. A partir do momento em que o Tribunal Constitucional reduz a aplicação da Lei apenas aos servidores menos graduados, que poderíamos chamar de "barnabés" há evidente retrocesso no combate à corrupção e redução da efetividade da lei e da própria norma constitucional que a previu. As sanções previstas na Lei de Improbidade mostram-se pouco eficazes em face do servidor público comum. É-lhe indiferente a suspensão de direitos políticos. A perda de cargo público pode ser obtida em mero processo administrativo disciplinar. Dificilmente o servidor mantém contrato com o poder público. O ressarcimento de eventual dano ao erário pode ser perseguido em ação própria. Restaria a ação de improbidade para aplicação de mera multa civil.

Talvez por isso mesmo o próprio STF venha restringindo a aplicação do decidido na referida Reclamação, especialmente em face de outras Reclamações que procuravam fazer valer o decidido na 2.138-DF[5].

No que tange à fixação de foro privilegiado para a ação de responsabilização pela prática de ato de improbidade administrativa para algumas autoridades, após inúmeras tentativas, o Poder Legislativo finalmente aprovou, através da Lei 10.628/02, modificação no Código de Processo Penal prevendo o foro privilegiado nas ações de improbidade administrativa. Coerentemente com posicionamento anterior, o STF, ainda em setembro de 2005, na ADI 2797 / DF – DISTRITO FEDERAL, da relatoria do Min. Sepúlveda Pertence, reputou a mudança legal como inconstitucional. Assim restou ementada a decisão, no que interessa ao presente estudo:

> (...)
>
> III. Foro especial por prerrogativa de função: extensão, no tempo, ao momento posterior à cessação da investidura na função dele determinante. Súmula 394/STF (cancelamento pelo Supremo Tribunal Federal). Lei 10.628/2002, que acrescentou os §§ 1º e 2º ao artigo 84 do C. Processo Penal: pretensão inadmissível de interpretação autêntica da Constituição por lei ordinária e usurpação da competência do Supremo Tribunal para interpretar a Constituição: inconstitucionalidade declarada. 1. O novo § 1º do

[5] Nesse sentido, por exemplo, a Rcl 5391 AgR / PA – PARÁ, Relator Min. Dias Toffoli.

art. 84 CPrPen constitui evidente reação legislativa ao cancelamento da Súmula 394 por decisão tomada pelo Supremo Tribunal no Inq 687-QO, 25.8.97, rel. o em. Ministro Sydney Sanches (RTJ 179/912), cujos fundamentos a lei nova contraria inequivocamente. 2. Tanto a Súmula 394, como a decisão do Supremo Tribunal, que a cancelou, derivaram de interpretação direta e exclusiva da Constituição Federal. 3. Não pode a lei ordinária pretender impor, como seu objeto imediato, uma interpretação da Constituição: a questão é de inconstitucionalidade formal, ínsita a toda norma de gradação inferior que se proponha a ditar interpretação da norma de hierarquia superior. 4. Quando, ao vício de inconstitucionalidade formal, a lei interpretativa da Constituição acresça o de opor-se ao entendimento da jurisprudência constitucional do Supremo Tribunal – guarda da Constituição -, às razões dogmáticas acentuadas se impõem ao Tribunal razões de alta política institucional para repelir a usurpação pelo legislador de sua missão de intérprete final da Lei Fundamental: admitir pudesse a lei ordinária inverter a leitura pelo Supremo Tribunal da Constituição seria dizer que a interpretação constitucional da Corte estaria sujeita ao referendo do legislador, ou seja, que a Constituição – como entendida pelo órgão que ela própria erigiu em guarda da sua supremacia -, só constituiria o correto entendimento da Lei Suprema na medida da inteligência que lhe desse outro órgão constituído, o legislador ordinário, ao contrário, submetido aos seus ditames. 5. Inconstitucionalidade do § 1º do art. 84 C.Pr.Penal, acrescido pela lei questionada e, por arrastamento, da regra final do § 2º do mesmo artigo, que manda estender a regra à ação de improbidade administrativa. IV. Ação de improbidade administrativa: extensão da competência especial por prerrogativa de função estabelecida para o processo penal condenatório contra o mesmo dignitário (§ 2º do art. 84 do C Pr Penal introduzido pela L. 10.628/2002): declaração, por lei, de competência originária não prevista na Constituição: inconstitucionalidade. 1. No plano federal, as hipóteses de competência cível ou criminal dos tribunais da União são as previstas na Constituição da República ou dela implicitamente decorrentes, salvo quando esta mesma remeta à lei a sua fixação. 2. Essa exclusividade constitucional da fonte das competências dos tribunais federais resulta, de logo, de ser a Justiça da União especial em relação às dos Estados, detentores de toda a jurisdição residual. 3. Acresce que a competência originária dos Tribunais é, por definição, derrogação da competência ordinária dos juízos de primeiro grau, do que decorre que, demarcada a última pela Constituição, só a própria Constituição a pode excetuar. 4. Como mera explicitação de competências originárias implícitas na Lei Fundamental, à disposição legal em causa seriam oponíveis as razões já aventadas contra a pretensão de imposição por lei ordinária de uma dada interpretação constitucional. 5. De outro lado, pretende a lei questionada equiparar a ação de improbidade administrativa, de natureza civil (CF, art. 37, § 4º), à ação penal contra os mais altos dignitários da República, para o fim de estabelecer competência originária do Supremo Tribunal, em relação à qual a jurisprudência do Tribunal sempre estabeleceu nítida distinção entre as duas espécies. 6. Quanto aos Tribunais locais, a Constituição Federal -salvo as hipóteses dos seus arts. 29, X e 96, III -, reservou explicitamente às Constituições dos Estados-membros a definição da competência dos seus tribunais, o que afasta a possibilidade de ser ela alterada por lei federal ordinária. V. Ação de improbidade administrativa e competência constitucional para o julgamento dos crimes de responsabilidade. 1. O eventual acolhimento da tese de que a competência constitucional para julgar os crimes de responsabilidade haveria de estender-se ao processo e julgamento da ação de improbidade, agitada na Rcl 2138, ora pendente de julgamento no Supremo Tribunal, não prejudica nem é prejudicada pela inconstitucionalidade do novo § 2º do art. 84 do C.Pr.Penal. 2. A competência originária dos tribunais para julgar crimes de responsabilidade é bem mais restrita que a de julgar autoridades por crimes comuns: afora o caso dos chefes do Poder Executivo – cujo impeachment é da competência dos órgãos políticos – a cogitada competência dos tribunais não alcançaria, sequer por integração analógica, os membros do Congresso Nacional e das outras casas legislativas, aos quais, segundo a Constituição, não se pode atribuir a prática de crimes de responsabilidade. 3. Por outro lado, ao contrário do que sucede com os crimes comuns, a regra é que cessa a imputabilidade por crimes de responsabilidade com o termo da investidura do dignitário acusado.

O STJ, até a edição da mudança legislativa, vinha mantendo coerência e decidindo pela inexistência de foro privilegiado para as ações de improbidade administrativa. Com a mudança na Lei e antes da decisão do STF acerca de sua inconstitucionalidade, passa a admitir o privilégio de foro. Dentre as inúmeras decisões, em ambos os sentidos, vale citar:

> RECLAMAÇÃO. Inquérito Civil Público instaurado pelo Ministério Público para apurar atos de improbidade administrativa cuja prática é atribuída a agentes políticos que, em instância penal e em sede de mandado de segurança, são jurisdicionados originariamente do Superior Tribunal de Justiça. A competência originária do STJ está arrolada no art. 105, I, da Constituição Federal, não comportando extravasamento que ultrapasse os rígidos limites nele fixados. Inexistência de usurpação da competência. Reclamação que se julga improcedente. (Rcl.580/GO, Rel. Ministro José Arnaldo da Fonseca, Corte Especial, julgado em 17/10/2001, DJ 18/02/2002, p. 210)

> RECLAMAÇÃO. Ação de improbidade. Ex-Governador de Estado. Lei nº 10.628, de 24/12/02. Competência do Superior Tribunal de Justiça. Precedentes. 1. Compete ao Superior Tribunal de Justiça processar e julgar ação de improbidade proposta contra ex-Governador de Estado por atos praticados durante a sua gestão, diante da Lei nº 10.628, de 24/12/02, e da decisão monocrática proferida pelo Supremo Tribunal Federal (MCRcl nº 2.381/8, Relator o Ministro Carlos Ayres Britto, DJ de 15/10/03), confirmada pelo Plenário, em 6/11/03, ao desprover agravo regimental do Ministério Público Federal. Segundo a orientação adotada, o referido diploma deve ser cumprido até o julgamento da ação direta de inconstitucionalidade respectiva, na qual foi indeferido o pedido cautelar de suspensão. 2. Reclamação procedente. (Rcl 1.717/PR, Rel. Ministro CARLOS ALBERTO MENEZES DIREITO, CORTE ESPECIAL, julgado em 16/03/2005, DJ 09/05/2005, p. 284)

Entretanto, mesmo com o julgamento do STF, em ação direta, pela inconstitucionalidade da modificação legal que instituiu o foro privilegiado para as ações de improbidade administrativa, o STJ continuou a admitir o foro privilegiado partindo de premissas absolutamente equivocadas em especial uma decisão corporativa do STF que deferiu foro privilegiado a um de seus próprios Ministros, bem como a uma alegada simetria entre crime comum e ato de improbidade administrativa, apesar de expressa disposição constitucional em contrário. Observe-se:

> CONSTITUCIONAL. COMPETÊNCIA. AÇÃO DE IMPROBIDADE CONTRA GOVERNADOR DE ESTADO. DUPLO REGIME SANCIONATÓRIO DOS AGENTES POLÍTICOS:

LEGITIMIDADE. FORO POR PRERROGATIVA DE FUNÇÃO: RECONHECIMENTO. USURPAÇÃO DE COMPETÊNCIA DO STJ. PROCEDÊNCIA PARCIAL DA RECLAMAÇÃO. 1. Excetuada a hipótese de atos de improbidade praticados pelo Presidente da República (art. 85, V), cujo julgamento se dá em regime especial pelo Senado Federal (art. 86), não há norma constitucional alguma que imunize os agentes políticos, sujeitos a crime de responsabilidade, de qualquer das sanções por ato de improbidade previstas no art. 37, § 4.º. Seria incompatível com a Constituição eventual preceito normativo infraconstitucional que impusesse imunidade dessa natureza. 2. Por decisão de 13 de março de 2008, a Suprema Corte, com apenas um voto contrário, declarou que "compete ao Supremo Tribunal Federal julgar ação de improbidade contra seus membros" (QO na Pet. 3.211-0, Min. Menezes Direito, DJ 27.06.2008). Considerou, para tanto, que a prerrogativa de foro, em casos tais, decorre diretamente do sistema de competências estabelecido na Constituição, que assegura a seus Ministros foro por prerrogativa de função, tanto em crimes comuns, na própria Corte, quanto em crimes de responsabilidade, no Senado Federal. Por isso, "seria absurdo ou o máximo do contra-senso conceber que ordem jurídica permita que Ministro possa ser julgado por outro órgão em ação diversa, mas entre cujas sanções está também a perda do cargo. Isto seria a desestruturação de todo o sistema que fundamenta a distribuição da competência" (voto do Min.Cezar Peluso). 3. Esses mesmos fundamentos de natureza sistemática autorizam a concluir, por imposição lógica de coerência interpretativa, que norma infraconstitucional não pode atribuir a juiz de primeiro grau o julgamento de ação de improbidade administrativa, com possível aplicação da pena de perda do cargo, contra Governador do Estado, que, a exemplo dos Ministros do STF, também tem assegurado foro por prerrogativa de função, tanto em crimes comuns (perante o STJ), quanto em crimes de responsabilidade (perante a respectiva Assembleia Legislativa). É de se reconhecer que, por inafastável simetria com o que ocorre em relação aos crimes comuns (CF, art.105, I, a), há, em casos tais, competência implícita complementar do Superior Tribunal de Justiça. 4. Reclamação procedente, em parte. (Rcl 2790/SC, Rel. Ministro TEORI ALBINO ZAVASCKI, CORTE ESPECIAL, julgado em 02/12/2009, DJe 04/03/2010)

A Corte Suprema, no entanto, não corroborou tal entendimento, cassando inúmeras decisões do STJ que estabeleciam o foro privilegiado. Por todas, vale citar:

> DECISÃO RECURSO EXTRAORDINÁRIO. ADMINISTRATIVO. AÇÃO CIVIL PÚBLICA POR IMPROBIDADE ADMINISTRATIVA CONTRA DEPUTADO FEDERAL: AUSÊNCIA DE FORO POR PRERROGATIVA DE FUNÇÃO. PRECEDENTES. RECURSO EXTRAORDINÁRIO PROVIDO. (RE 691489, Relator(a): Min. CÁRMEN LÚCIA, julgado em 20/03/2013, publicado em PROCESSO ELETRÔNICO DJe-057 DIVULG 25/03/2013 PUBLIC 26/03/2013)

Do corpo do referido acórdão, extrai-se:

> "As Turmas deste Supremo Tribunal Federal têm reconhecido a impossibilidade de equiparação da ação por improbidade administrativa, de natureza civil, à ação penal para o fim de estender o foro por prerrogativa de função às ações de improbidade:
>
> "Agravo regimental no agravo de instrumento. Improbidade administrativa. Prerrogativa de foro. Inexistência. Precedentes. 1. Inexiste foro por prerrogativa de função nas ações de improbidade administrativa. 2. Agravo regimental não provido" (AI 556.727-AgR, Rel. Min. Dias Toffoli, Primeira Turma, Dje 26.4.2012, grifos nossos).
>
> "AGRAVO REGIMENTAL NO RECURSO EXTRAORDINÁRIO. CONSTITUCIONAL. COMPETÊNCIA DO JUÍZO DE PRIMEIRO GRAU PARA JULGAMENTO DE AÇÃO CIVIL PÚBLICA CONTRA PREFEITO MUNICIPAL POR ATO DE IMPROBIDADE ADMINISTRATIVA. DECLARAÇÃO DE INCONSTITUCIONALIDADE DA LEI N. 10.628/2002. ACÓRDÃO RECORRIDO EM HARMONIA COM A JURISPRUDÊNCIA DO SUPREMO TRIBUNAL FEDERAL. AGRAVO REGIMENTAL AO QUAL SE NEGA PROVIMENTO" (RE 444.042-AgR, de minha relatoria, Segunda Turma, Dje 15.10.2012, grifos nossos).
>
> "AGRAVO REGIMENTAL EM AGRAVO DE INSTRUMENTO. CONSTITUCIONAL. LEI 10.628/02, QUE ACRESCENTOU OS §§ 1º E 2º AO ART. 84 DO CÓDIGO DE PROCESSO PENAL. SECRETÁRIO DE ESTADO. IMPROBIDADE ADMINISTRATIVA. FORO POR PRERROGATIVA DE FUNÇÃO. INCONSTITUCIONALIDADE. ADI 2.797. AGRAVO IMPROVIDO. I – O Plenário do Supremo, ao julgar a ADI 2.797, Rel. Ministro Sepúlveda Pertence, declarou a inconstitucionalidade da

Lei 10.628/02, que acrescentou os §§ 1º e 2º ao art. 84 do Código de Processo Penal. II – Entendimento firmado no sentido de que inexiste foro por prerrogativa de função nas ações de improbidade administrativa. III – No que se refere à necessidade de aplicação dos entendimentos firmados na Rcl 2.138/DF ao caso, observo que tal julgado fora firmado em processo de natureza subjetiva e, como se sabe, vincula apenas as partes litigantes e o próprio órgão a que se dirige o concernente comando judicial. IV – Agravo regimental improvido" (AI 554.398-AgR, Rel. Min. Ricardo Lewandowski, Primeira Turma, DJe 16.11.2010, grifos nossos).

"AGRAVO REGIMENTAL NO AGRAVO DE INSTRUMENTO. CONSTITUCIONAL. PROCESSUAL PENAL. LEI N. 10.628/02, QUE ACRESCENTOU OS §§ 1º E 2º AO ART. 84 DO CÓDIGO DE PROCESSO PENAL. FORO POR PRERROGATIVA DE FUNÇÃO. INCONSTITUCIONALIDADE. ADI N. 2.797 E ADI N. 2.860. 1. O Plenário do Supremo, ao julgar a ADI n. 2.797 e a ADI n. 2.860, Relator o Ministro Sepúlveda Pertence, Sessão de 15.9.05, declarou a inconstitucionalidade da Lei n. 10.628/02, que acrescentou os §§ 1º e 2º ao art. 84 do Código de Processo Penal. 2. Orientação firmada no sentido de que inexiste foro por prerrogativa de função nas ações de improbidade administrativa. Agravo regimental a que nega provimento" (AI 538.389-AgR, Rel. Min. Eros Grau, Segunda Turma, DJ 29.9.2006, grifos nossos).

"RECURSO EXTRAORDINÁRIO – ALEGADA IMPOSSIBILIDADE DE APLICAÇÃO DA LEI Nº 8.429/1992, POR MAGISTRADO DE PRIMEIRA INSTÂNCIA, A AGENTES POLÍTICOS QUE DISPÕEM DE PRERROGATIVA DE FORO EM MATÉRIA PENAL – AUSÊNCIA DE PREQUESTIONAMENTO EXPLÍCITO – CONHECIMENTO, PELO SUPREMO TRIBUNAL FEDERAL, DE OFÍCIO, DA QUESTÃO CONSTITUCIONAL – MATÉRIA QUE, POR SER ESTRANHA À PRESENTE CAUSA, NÃO FOI EXAMINADA NA DECISÃO OBJETO DO RECURSO EXTRAORDINÁRIO – INVOCAÇÃO DO PRINCÍPIO 'JURA NOVIT CURIA' EM SEDE RECURSAL EXTRAORDINÁRIA – DESCABIMENTO – AÇÃO CIVIL POR IMPROBIDADE ADMINISTRATIVA – COMPETÊNCIA DE MAGISTRADO DE PRIMEIRO GRAU, QUER SE CUIDE DE OCUPANTE DE CARGO PÚBLICO, QUER SE TRATE DE TITULAR DE MANDATO ELETIVO AINDA NO EXERCÍCIO

> DAS RESPECTIVAS FUNÇÕES – RECURSO DE AGRAVO IMPROVIDO. – Não se revela aplicável o princípio 'jura novit curia.' ao julgamento do recurso extraordinário, sendo vedado, ao Supremo Tribunal Federal, quando do exame do apelo extremo, apreciar questões que não tenham sido analisadas, de modo expresso, na decisão recorrida. Precedentes. – Esta Suprema Corte tem advertido que, tratando-se de ação civil por improbidade administrativa (Lei nº 8.429/92), mostra-se irrelevante, para efeito de definição da competência originária dos Tribunais, que se cuide de ocupante de cargo público ou de titular de mandato eletivo ainda no exercício das respectivas funções, pois a ação civil em questão deverá ser ajuizada perante magistrado de primeiro grau. Precedentes" (AI 506.323-AgR, Rel. Min. Celso de Mello, Segunda Turma, DJe 1º.7.2009, grifos nossos).
>
> **Ao assegurar foro por prerrogativa de função ao Recorrido, o Superior Tribunal de Justiça divergiu da assentada jurisprudência deste Supremo Tribunal**. (negrito não constante do original)

Em respeito ao entendimento do STF, na melhor doutrina e nos limites semânticos da própria Constituição, o STJ volta a uma hermenêutica baseada na inconstitucionalidade do foro privilegiado quando não expressamente previsto na Constituição Federal e passa a não mais admiti-lo:

> QUESTÃO DE ORDEM. AÇÃO DE IMPROBIDADE ADMINISTRATIVA. RÉUS DESEMBARGADORES DE TRT. COMPETÊNCIA DAS INSTÂNCIAS ORDINÁRIAS. PRERROGATIVA DE FORO ADSTRITA À PERSECUÇÃO CRIMINAL. REFORMULAÇÃO DO ENTENDIMENTO DA CORTE ESPECIAL DO STJ. DEVOLUÇÃO DOS AUTOS À ORIGEM. 1. "A ação de improbidade administrativa deve ser processada e julgada nas instâncias ordinárias, ainda que proposta contra agente político que tenha foro privilegiado no âmbito penal e nos crimes de responsabilidade" (AgRg na Rcl 12.514/MT, Rel. Ministro ARI PARGENDLER, CORTE ESPECIAL, julgado em 16/09/2013, DJe 26/09/2013). 2. Questão de ordem resolvida com a determinação de devolução dos autos ao Tribunal Regional Federal da 1.ª Região, para que se julgue as apelações pendentes. (AIA . 45/AM, Rel. Ministra LAURITA VAZ, CORTE ESPECIAL, julgado em 18/12/2013, DJe 19/03/2014)

## 5. CONCLUSÃO

Como visto, a efetividade da lei pode variar e admite graduação[6]. A Lei de Improbidade Administrativa representou, e ainda representa, a possibilidade do Estado reprimir atos de corrupção como nunca conseguiu através dos métodos tradicionais de repressão, especialmente de natureza penal. Pode-se afirmar que, de início, sua efetividade era quase máxima.

Mas essa eficácia social da Lei de Improbidade gerou reações diversas, especialmente pelos atores sociais que até então se sentiam inatingíveis. Surgiram ataques ao Ministério Público, tentativas de responsabilizar pessoalmente o membro do *Parquet* pelo tão só exercício de suas atribuições. Buscou-se dificultar a instauração e limitar os procedimentos de investigação. Criou-se fase preliminar de defesa do acusado de ato ímprobo, anterior ao recebimento da ação, prolongando-se ainda mais a conclusão das ações de improbidade, dentre outras reações contrárias que mitigaram e diminuíram a efetividade da Lei de Improbidade Administrativa.

O próprio Poder Judiciário, com a indefinição de temas importantes para tornar efetiva a Lei de Improbidade, contribui fortemente pela diminuição de sua eficácia social. E, pior, gerando descrença na efetividade da Lei pela sociedade.

Mas a força da efetividade da Lei de Improbidade pode ser analisada, igualmente, pelas reações da sociedade, de parcela do Judiciário e do Ministério Público e de seus órgãos de controle externo.

A sociedade, vale lembrar, foi decisiva ao conseguir propor o projeto de lei de iniciativa popular que veio a se transformar na Lei da Ficha Limpa – Lei Complementar 135/2010 –, proibindo a candidatura de pessoas condenadas por órgão colegiado, inclusive em alguns casos de improbidade administrativa, reforçando, dessa forma, a efetividade da própria Lei de Improbidade Administrativa.

O Judiciário, por alguns de seus membros, e o Ministério Público ao interpretarem e aplicarem a Lei 8.429/92 no trabalho do dia a dia, também vem tentando garantir o máximo de sua efetividade.

---

6 Nesse sentido: Ferraz Junior, Tércio Sampaio Ferraz. *Introdução ao estudo de direito: técnica, decisão, dominação*. São Paulo: Atlas, 2001, p. 196.

Os próprios órgãos de controle externo do Judiciário e do Ministério Público, CNJ e CNMP, respectivamente, ao estabelecerem metas e exigirem a investigação e julgamento dos atos de improbidade em prazo razoável, revelam a preocupação em garantir a efetividade da Lei de Improbidade Administrativa.

Esclareça-se, ainda, que garantir a efetividade da Lei de Improbidade Administrativa não significa olvidar os direitos e garantias individuais dos acusados, especialmente os decorrentes do devido processo legal. Porém necessário lembrar que o Estado deve buscar o bem comum e, nesse aspecto, o combate à corrupção deve ser priorizado em decorrência das mazelas sociais, econômicas e morais que produz. Em consequência, os atores sociais devem impedir reações desproporcionais à aplicação da Lei de Improbidade Administrativa, bem como os operadores do direito devem interpretá-la e aplicá-la de forma a garantir o máximo de efetividade possível.

## 6. REFERÊNCIAS BIBLIOGRÁFICAS

DECOMAIN, Pedro Roberto. *Improbidade Administrativa.* 2ª ed. São Paulo: Dialética, 2014.

FERRAZ JUNIOR, Tércio Sampaio Ferraz. *Introdução ao estudo de direito: técnica, decisão, dominação.* São Paulo: Atlas, 2001.

GARCIA, Emerson e ALVES, Rogério Pacheco. *Improbidade Administrativa.* 5ª ed. Rio de Janeiro: Lumen Juris, 2010.

LAUFER, Daniel (coord). *Corrupção: uma perspectiva entre as diversas áreas do direito.* Curitiba: Juruá, 2013.

MEDINA OSÓRIO, Fábio. *Teoria da Improbidade Administrativa: má gestão pública: corrupção: ineficiência.* São Paulo: RT, 2007.

STRECK, Lenio Luiz. *Verdade e Consenso: constituição, hermenêutica e teoria discursivas.* São Paulo: Saraiva, 2001.

# LEI ANTICORRUPÇÃO: PRINCIPAIS ASPECTOS E PRIMEIRAS IMPRESSÕES

*Egon Bockmann Moreira*[1]

*Sumário: Introdução; 1. Breve histórico da Lei Anticorrupção; 2. Premissas cognitivas e escopo fundamental da Lei Anticorrupção; 3. A razão da responsabilização objetiva da pessoa jurídica; 4. Os três níveis de consideração/desconsideração societária; 5. O papel fundamental dos regulamentos administrativos; Considerações finais.*

## INTRODUÇÃO

A Lei nº 12.846/2013 – doravante também "Lei Anticorrupção" – representa um marco no Direito brasileiro. Isso porque ela inverte a lógica tradicional, que pretendia combater a corrupção por meio da imputação de consequências gravosas, *a posteriori,* aos agentes corruptos pessoas físicas – deixando-se de lado as pessoas jurídicas que serviam como instrumento de geração e distribuição dos benefícios indevidos (salvo raras exceções, muitas deles dependentes da prova da culpa grave ou dolo). Ao contrário dessa concepção tradicional, que correlaciona atos ilícitos a castigos contra pessoas físicas, a Lei Anticorrupção instalou um sistema de incentivos econômicos para que as pessoas jurídicas efetivamente incorporem mecanismos de *compliance*. A lógica é preventiva/acautelatória, uma vez que é de todo viável a adoção de boas práticas, as quais, senão impeçam, ao menos atenuem os atos de corrupção.

---

[1] Mestre e Doutor em Direito. Professor da Faculdade de Direito e do Programa de Pós-Graduação em Direito da UFPR. Advogado.

Assim, a Lei que será objeto de breves notas neste artigo não visa propriamente a punir, mas sim a instalar estímulos para que as pessoas jurídicas não se prestem ao cometimento de ilícitos. Orientada pela ideia de *função social,* a Lei Anticorrupção antes busca que as pessoas jurídicas compreendam e internalizem tais incentivos, instituindo como regra interna a radical proibição a atos que possam lesar o patrimônio público. Inclusive, a Lei permite a celebração de acordos de leniência que colaborem na punição – econômica e subjetiva – dos culpados. Em decorrência, as pessoas jurídicas devem estar cientes de que, se não houver essa conscientização conjugada com práticas consentâneas à ética dos negócios, elas poderão ser responsabilizadas de modo objetivo, com severas penas econômicas (inclusive, podendo culminar na sua desconsideração total – isto é, na sua extinção: a "pena capital" aplicada a pessoas jurídicas).

Este breve ensaio será dividido em cinco partes, para além desta introdução e das considerações finais: em primeiro lugar, será apresentado um resumo do histórico da Lei Anticorrupção, a fim de se esboçar o motivo pelo qual ela foi debatida pelo Congresso Nacional e promulgada pela Presidência da República (bem como a representatividade de um de seus vetos); em seguida, pretende-se esclarecer a racionalidade normativa inerente à Lei Anticorrupção – e demonstrar porque ela, ao mesmo tempo em que se afasta da lógica do Direito Penal e do Direito Administrativo sancionador tradicionais, aproxima-se do Direito Antitruste e do Direito Ambiental (todos fortemente pós-modernos). Definidas estas premissas, o texto avançará por três aspectos bastante importantes da Lei Anticorrupção: a razão da responsabilidade objetiva da pessoa jurídica (compreendida aqui como um sistema de incentivos econômicos para que a corrupção não seja praticada); a dissolução total da personalidade societária como a consequência-limite da Lei Anticorrupção (e respectivos graus – ou níveis – de (des)consideração no Direito brasileiro) e, por fim, da importância assumida pelos regulamentos para a efetividade desta Lei (e os riscos inerentes a tal concentração de poder).

## 1. BREVE HISTÓRICO DA LEI ANTICORRUPÇÃO

1. Em fevereiro de 2010, a Presidência da República submeteu à consideração do Congresso Nacional o Projeto de Lei (PL) nº 6826,

cuja redação original havia sido de responsabilidade da Controladoria-Geral da União, além do Ministério da Justiça e da Advocacia-Geral da União.

O escopo de tal projeto era claro, conforme descrito na mensagem presidencial: "suprimir uma lacuna existente no sistema jurídico pátrio no que tange à responsabilização de pessoas jurídicas pela prática de atos ilícitos contra a Administração Pública, em especial, por atos de corrupção em licitações e contratos administrativos".[2] Isto é, havia uma ausência sentida no sistema brasileiro de responsabilidade civil-administrativa: muito embora as pessoas físicas respondessem por seus atos, as jurídicas eram quase-imunes a isso.

2. Além do mais, o PL também dava cumprimento a compromissos internacionais contra a corrupção, assumidos pelo Brasil em ao menos três convenções: a "Convenção das Nações Unidas sobre Corrupção"[3]; a "Convenção Interamericana de Combate à Corrupção"[4] e a "Convenção sobre a Corrupção de Funcionários Públicos Estrangeiros em Transações Comerciais Internacionais da Organização para Cooperação e Desenvolvimento Econômico"[5]. Nos três casos, é marcante que o escopo da comunidade internacional diz respeito, sobretudo, à *prevenção* à corrupção (sem desprezar o efetivo combate a ela e correlatas sanções).

2.1 Isto é, a Lei brasileira tem como causa remota as práticas internacionais que imputam aos Estados o dever de adotar políticas públicas preventivas, por meio da institucionalização de treinamentos, protocolos e procedimentos (seleção de servidores públicos por critérios objetivos de mérito; transparência e controle do financiamento de campanhas políticas; códigos de conduta; incentivos a denúncias e acordos de cooperação; inibição ao recebimento de presentes e

2 Tanto o PL 6826/2010 como a Mensagem 52/2010 estão disponíveis em: http://www.camara.gov.br/proposicoesWeb/fichadetramitacao?idProposicao=466400. Último acesso em: 31/5/2014.

3 Assinada pelo Brasil em dezembro de 2003 e promulgada pela Presidência da República em janeiro de 2006, por meio do Decreto nº 5.687/2006. Disponível em: http://www.planalto.gov.br/ccivil_03/_Ato2004-2006/2006/Decreto/D5687.htm. Último acesso em: 31/5/2014.

4 Disponível em: http://www.cgu.gov.br/oea/ Último acesso em: 31/5/2014.

5 Disponível em: http://www.cgu.gov.br/ocde/ Último acesso em: 31/5/2014.

favores por parte de servidores públicos; repúdio a situações de conflitos de interesses; publicidade, acesso e legibilidade das contas públicas; padrões uniformes para auditoria e contabilidade de empresas privadas; sanções inibidoras e eficazes; estímulo ao pagamento de tributos e vedação a "despesas não contabilizadas", etc.). Tal ordem de requisitos funcionais precisa ser definida em lei – a incidir tanto para as pessoas político-administrativas, seus servidores e empresas estatais, quanto para as pessoas privadas.

Os poderes públicos devem, portanto, institucionalizar e controlar uma série de formalidades e registros, com efetiva transparência e objetividade, a fim de inibir a prática de atos indevidos. Porém, o ápice de tais medidas preventivas está na efetiva garantia do dever de independência do Poder Judiciário e do Ministério Público – não só relativo às empresas privadas e seus advogados, mas, especialmente, em alusão ao próprio vínculo com os governos – e benefícios dele oriundos (cargos, salários e vantagens funcionais; infraestrutura administrativa; investimentos em bens e serviços, etc.).

2.2 Além das medidas preventivas (que serão especialmente enfocadas neste texto), as convenções internacionais visam à tipificação de condutas tanto dos atos de corrupção propriamente ditos (suborno; desvio de recursos; fraude; apropriação indébita, etc.) como aqueles que contribuam para a corrupção (tráfico de influência; obstrução de justiça; lavagem de recursos, etc.).

Contudo, a experiência demonstra que não basta dirigir tais normas aos indivíduos responsáveis pelos atos – e fazer com que as consequências demandem a prova do dolo ou da culpa. Carregar no elemento subjetivo como requisito para a punição de pessoas físicas é de todo adequado e correlato às exigências de um Estado que se pretenda Democrático de Direito. Porém, o foco da prevenção e punição não pode menosprezar o papel desempenhado pelas pessoas jurídicas. Afinal, uma coisa é punir o diretor de uma sociedade anônima que praticou atos de corrupção – porém, seus efeitos, circunscritos àquela pessoa, são microscópicos e retrospectivos. Outra coisa, bastante mais efetiva em termos macroscópicos e prospectivos, é impedir que o acionista dessa companhia se beneficie economicamente desse mesmo ato – ou proibir, de modo eficaz, que, no futuro, tal sociedade volte a ser instrumento para a prática de atos semelhantes, ainda que pelas mãos de outros diretores.

2.3 Por fim, as convenções buscam conferir eficácia a tais medidas de combate à corrupção, por meio de sistema de apoio internacional para a recuperação de ativos. Na medida em que os atos de corrupção envolvem o tráfego e a alocação internacional de recursos, na maioria das vezes praticados por pessoas jurídicas de fachada (ou com pouca consistência institucional), a devolução dos bens e recursos aos seus legítimos donos – sobretudo o Estado – é indispensável para que se confira efetividade às medidas (tanto as preventivas quanto as repressivas).

Estas foram algumas das diretrizes, consagradas internacionalmente, que se procurou cumprir com o PL nº 6826/2010.

3. Ocorre que a principal resistência ao PL nº 6826/2010 no Congresso foi justamente o tema da responsabilidade objetiva das pessoas jurídicas. Isso fica claro na mensagem de veto da Presidência da República (nº 314/2013), ao bloquear a redação aprovada no Legislativo, que previa o seguinte, no § 2º do art. 19: "Dependerá da comprovação de culpa ou dolo a aplicação das sanções previstas nos incisos II a IV deste artigo."[6] Ou seja, o Congresso pretendeu inverter toda a racionalidade da Lei Anticorrupção e submetê-la à mesma ordem de requisitos subjetivos da Lei nº 8.429/1992 (Lei de Improbidade Administrativa) e da Lei nº 8.666/1993 (Lei Geral de Licitações e Contratos Administrativos) – retirando quase toda a força inibitória do diploma.

Mas, como consignou o veto presidencial: "Tal como previsto, o dispositivo contraria a lógica norteadora do projeto de lei, centrado na responsabilidade objetiva de pessoas jurídicas que cometam atos contra a administração pública. A introdução da responsabilidade subjetiva anularia todos os avanços apresentados pela nova lei, uma vez que não há que se falar na mensuração da culpabilidade de uma pessoa jurídica."[7] Assim, por meio do veto supressivo, foram respeitados

---

[6] O texto aprovado pelo Congresso Nacional estabelecia que as seguintes penas dependeriam da prova do elemento subjetivo, em processo judicial: " II – suspensão ou interdição parcial de suas atividades; III – dissolução compulsória da pessoa jurídica; IV – proibição de receber incentivos, subsídios, subvenções, doações ou empréstimos de órgãos ou entidades públicas e de instituições financeiras públicas ou controladas pelo poder público, pelo prazo mínimo de 1 (um) e máximo de 5 (cinco) anos."

[7] Disponível em: http://www.planalto.gov.br/ccivil_03/_ato2011-2014/2013/Msg/VEP-314.htm Último acesso em 31/5/2014.

os compromissos internacionais a que havia aderido o Estado brasileiro – e manteve-se íntegra a viga de sustentação da nova Lei Anticorrupção.

## 2. PREMISSAS COGNITIVAS E ESCOPO FUNDAMENTAL DA LEI ANTICORRUPÇÃO

4. Por conseguinte, dúvida não pode haver de que o principal objetivo da Lei nº 12.846/2013 – a sua razão de existir – está na construção de mecanismos legislativos que determinem a responsabilização imediata de pessoas jurídicas, por meio da prévia definição normativa de sua responsabilidade objetiva caso se dê a prática de determinados atos por meio de seus funcionários, acionistas e diretores. Com isso, se visou a transpor os limites e obstáculos da Lei nº 8.666/1993 (que possui tipificação imperfeita e nem sempre se aplica a pessoas jurídicas, nem promove o efetivo ressarcimento dos danos[8]) e da Lei nº 8.429/1992 (que exige, mesmo para a responsabilização de pessoas jurídicas, a prova da culpa grave ou dolo na improbidade, uma vez que só traz tipos vinculados à responsabilidade subjetiva dos agentes[9]).

O texto normativo é incisivo quanto ao aspecto da objetividade, pois estabelece logo em sua abertura, como disposição geral, que as

---

8 A respeito do tema, v. as críticas de Marçal Justen Filho a respeito das sanções – administrativas e criminais – da Lei nº 8.666/1993 (*Comentários à Lei de Licitações e Contratos Administrativos*, 15ª ed. São Paulo: Dialética, pp. 1006-1051). Especificamente sobre os crimes, v. Cezar Roberto Bittencourt, *Direito Penal das Licitações*. São Paulo: Saraiva, 2012, *passim*.

9 Nesse sentido, já se pacificou a jurisprudência do STJ: "Observe-se, ainda, que a conduta do Agente, nos casos dos arts. 9º e 11 da Lei 8.429/92, há de ser sempre dolosa, por mais complexa que seja a demonstração desse elemento subjetivo; nas hipóteses do art. 10 da Lei 8.429/92, admite-se que possa ser culposa, mas em nenhuma das hipóteses legais se diz que possa a conduta do agente ser considerada apenas do ponto de vista objetivo, gerando a responsabilidade objetiva. Precedentes: AIA 30/AM, Rel. Min. TEORI ALBINO ZAVASCKI, DJe 28.09.2011; REsp. 1.103.633/MG, Rel. Min. LUIZ FUX, DJe 03.08.2010; EDcl no REsp. 1.322.353/PR, Rel. Min. BENEDITO GONÇALVES, DJe 11.12.2012; REsp. 1.075.882/MG, Rel. Min. ARNALDO ESTEVES LIMA, DJe 12.11.2010; REsp. 414.697/RO, Rel. Min. HERMAN BENJAMIN, DJe 16.09.2010; REsp. 1.036.229/PR, Rel. Min. DENISE ARRUDA, DJe 02.02.2010." (REsp 1216633, Min. Napoleão Nunes Maia Filho, *DJe* 2/12/2013).

pessoas jurídicas, qualquer que seja a sua forma (e mesmo as não personificadas), "serão responsabilizadas objetivamente, nos âmbitos administrativo e civil" (Lei nº 12.846/2013, art. 2º). Em contrapartida, os dirigentes ou administradores serão responsabilizados "na medida da sua culpabilidade" (Lei nº 12.846/2013, art. 3º, § 2º).

5. Por isso se pode afirmar que, a rigor, a racionalidade da Lei nº 12.846/2013 é mais próxima daquela das normas de proteção ao meio ambiente e à concorrência do que propriamente do Direito Administrativo sancionador e do Direito Penal tradicionais.[10] Isto porque, tanto no Direito Ambiental como no Direito Antitruste, é usual ter pessoas jurídicas a receber, de imediato e independente de culpa, o impacto normativo – tanto para a prevenção/precaução, como no que respeita às sanções punitivas propriamente ditas (desde que não-criminais). Por outro lado, o critério para a definição e punição do sujeito passivo é antes o econômico do que o jurídico-formal de penas aflitivas e restritivas de direitos subjetivos de primeira dimensão.

Tal qual na legislação ambiental e na antitruste, as sanções da Lei Anticorrupção independem da forma societária adotada (ou não-adotada), bem como prescindem de cogitações quanto à culpa – e até da produção de efeitos concretos e/ou da aferição de vantagens indevidas. Além disso, o nexo de causalidade aqui é puramente normativo

---

[10] Disciplinas que possuem intensa relação, tanto em termos materiais quanto processuais. A doutrina, nacional e estrangeira, é unânime nesse sentido. Confira-se em: Rafael Munhoz de Mello, *Princípios Constitucionais de Processo Administrativo Sancionador*, São Paulo: Malheiros Ed., 2007, pp. 104-108 e 218-254; Fábio Medina Osório, *Direito Administrativo Sancionador*, 2ª ed., São Paulo: Ed. RT, 2005, pp. 119-177 e pp. 475-541; Egon Bockmann Moreira, "Agências Reguladoras Independentes, Poder Econômico e Sanções Administrativas", in Sérgio Guerra (coord.), *Temas de Direito Regulatório*, Rio de Janeiro: Freitas Bastos, 2005, pp. 160-199; Franck Moderne, *Sanctions Administratives et Justice Constitutionelle*: contribution à l'etude du *jus puniendi* de l'Etat dans les démocraties contemporaines, Paris: Economica, 1993, pp. 43-55 e 295-326; Georges Dellis, *Droit Penal et Droit Administratif*, Paris: LGDJ, 1997, pp. 116-130 e 332-386; José María Quirós Lobo, *Principios de Derecho Sancionador*, Granada: Comares, 1996, pp. 25-28; José Garberí Llobregat e Guadalupe Buitrón Ramírez, *El Procedimiento Administrativo Sancionador*, vol. I, 4ª ed., Valencia: Tirant lo Blanch, 2001, pp. 30-45; Alejandro Nieto, *Derecho Administrativo Sancionador*, 3ª ed., Madri: Tecnos, 2002, pp. 165-177.

– a prescindir da prova da conduta culposa ou dolosa do agente. Por isso que se pode dizer que a responsabilidade objetiva instituída pela Lei nº 12.846/2013 não depende sequer da prova de condutas comissivas da pessoa jurídica, mas se satisfaz, inclusive, com a omissão: aqui, basta o *non facere quod debeatur* para instalar a responsabilização da pessoa jurídica.[11]

5.1 Veja-se, por exemplo, a Lei nº 12.529/2011, que deu nova estrutura ao Sistema Brasileiro de Defesa da Concorrência. Os seus dispositivos tipológicos sancionadores referem-se à "infração da ordem econômica, independentemente de culpa", para atos que "tenham por objeto ou possam produzir" determinados efeitos nocivos à concorrência (condutas ou estruturas), "ainda que não alcançados" (art. 36). Por outro lado, muitas das condutas ilícitas têm a pessoa jurídica como sujeito imediato – na prática e na punibilidade (art. 36, incisos e parágrafos; art. 37, incisos I e II) – pouco importa a forma e/ou formalização dela.

Situação que encontra nítido paralelismo com as infrações e sanções desta Lei nº 12.846/2013, a autorizar que aqui seja aplicada a advertência feita por Paula Forgioni: "Em outras palavras, qualquer forma de organização dos fatores de produção utilizada como instrumento para o desenvolvimento de uma atividade pode ser considerada como sujeito ativo da prática prevista na hipótese normativa [...] será pouco frutífera a alegação de qualquer ente, público ou privado, de que não está sujeito às disposições da Lei Antitruste, procurando se esquivar das restrições que lhe são impostas. De fato, qualquer um que possa praticar um ato restritivo da concorrência deverá ser

---

[11] A propósito da responsabilidade objetiva por omissão em Direito Administrativo, v. o meu *Processo Administrativo: princípios constitucionais e a Lei 9.784/1999*. 4ª ed. São Paulo: Malheiros Ed., pp. 161-173. Para uma visão mais ampla e minuciosa da responsabilidade objetiva na Lei nº 12.846/2103, v. Leila Cuéllar e Clóvis Alberto Bertolini de Pinho ("Reflexões sobre a Lei Federal nº 12.846/2013 ('Lei Anticorrupção')", *Revista de Direito Público da Economia – RDPE* 46. Belo Horizonte: Fórum, abr./jun. 2014) e Diogo de Figueiredo Moreira Neto e Rafael Véras de Freitas ("A Juridicidade da Lei Anticorrupção: Reflexões e Interpretações prospectivas", Disponível em: http://www.editoraforum.com.br/ef/wp-content/uploads/2014/01/ART_Diogo-Figueiredo-Moreira-Neto-et-al_Lei-Anticorrupcao.pdf. Último acesso em: 10/6/2014).

atingido pelas disposições da lei, ainda que sua atividade não tenha fins lucrativos."[12] O critério para a definição do sujeito passivo, comprovação das hipóteses e aplicação das normas, tanto no caso da Lei Antitruste como no da Lei Anticorrupção, é objetivamente o *econômico*: a específica organização dos bens e fatores de produção.

5.2 Muito semelhante também é o *leitmotiv* do Direito Ambiental – e sua forte nuance de objetividade na responsabilização de pessoas jurídicas, ao lado de intensas preocupações quanto à *precaução* e à *prevenção*. Isso sem se falar na dimensão supranacional das fontes normativas (tratados, relatórios e declarações[13]) e no que respeita aos efeitos dos eventos agressivos do meio ambiente (territorial e cronologicamente dispersos – até se tornarem difusos).

Pense-se, por exemplo, no princípio da precaução – que tem o seu campo aplicativo dirigido a casos de dúvida.[14] Como não se está diante de perigos conhecidos e/ou danos previamente avaliáveis, mas sim de riscos e incertezas ambientais, a lógica é eminentemente acauteladora/preventiva, orientada a impedir a superveniência das situações vedadas. A sua maior conseqüência é a de *transferir o ônus da prova* do nexo causal entre a fonte poluidora e o dano ambiental do legislador (ou administrador) para o potencial poluidor. Este tem o

---

12 *Os Fundamentos do Antitruste*, 2ª ed. São Paulo: Ed. RT, 2005, p. 157.

13 Por exemplo, o princípio da precaução – que, muito embora implícito, é plenamente aplicado no Direito brasileiro – surgiu na Declaração da Segunda Conferência Internacional sobre a Proteção do Mar do Norte (Declaração de Londres), de 1987, e, depois, foi consolidado como o Princípio nº 15 da Declaração do Rio de Janeiro, de 1992. O rol dos principais tratados internacionais e sua explicação podem ser vistos em Fabio Feldmann (org.), *Entendendo o meio ambiente, vol. I: Tratados e Organizações Internacionais em Matéria de Meio Ambiente*. 2ª ed. São Paulo: SMA, 1997 (disponível em: http://www.terrabrasilis.org.br/ecotecadigital/pdf/tratados-e-organizacoes-internacionais-em-materia-de-meio-ambiente.pdf; último acesso em: 5/6/2014).

14 Sobre as características das normas ambientais, o princípio da precaução e respectivas criticas, v. Vasco Pereira da Silva, *Verde Cor de Direito*, Coimbra: Almedina, 2002, pp. 17-54 e 65-73. A propósito das peculiaridades da responsabilidade civil em matéria ambiental no Direito brasileiro, v. José Afonso da Silva, *Direito Ambiental Constitucional*, 6ª ed. São Paulo: Malheiros Ed., 2007, pp. 313-319; Sidney Guerra e Sérgio Guerra, *Curso de Direito Ambiental*. Belo Horizonte: Fórum Ed., 2009, pp. 222-241.

ônus de demonstrar cientificamente que sua futura conduta não gerará efeitos nocivos ao meio ambiente – caso contrário, a decisão haverá de ser contra ele (proibir ou suspender determinada conduta; adotar medidas para recuperar o meio ambiente; dever de ressarcir os danos, etc.). Está-se, portanto, num momento ainda anterior ao da responsabilidade objetiva do poluidor – em que a carga normativa que confere objetividade à decisão administrativa (ou judicial) é ainda mais forte: nem sequer se precisa da prova do dano, mas do temor, da incerteza, da dúvida quanto à sua existência: *in dubio, pro ambiente*.

Em assim sendo, o Direito Ambiental convive com temas pertinentes à pauta de comportamentos predefinidos e requisitos procedimentais que tendam a minorar os danos ambientais (objeto de constante renovação). Claro que ele se preocupa com a reparação dos prejuízos e responsabilização dos sujeitos – mas estes temas não são o seu foco primário: como no velho brocardo, o móvel do Direito Ambiental é "antes prevenir do que remediar". Aqui se encaixa à perfeição a racionalidade da Lei Anticorrupção: ela não pretende carregar nas penas e sofrimentos, mas sim nos incentivos à prevenção. A lógica do Direito Ambiental pode, assim, ajudar a esclarecer a da Lei nº 12.846/2013: na medida em que os danos ambientais podem ser irreversíveis (p. ex., a extinção de uma espécie animal; a destruição de fósseis imemoriais – danos os quais jamais seriam compensados pela indenização em dinheiro), a prioridade é a prevenção. Deve-se adotar, ativamente, o mais completo rol de condutas que permitam a adequação do sujeito às expectativas normativas – visando-se a impedir que sequer se cogite da conduta porventura danosa.

Demais disso e tal como o Direito Ambiental, a Lei Anticorrupção é marcantemente transnacional e prospectiva – não se dedica tanto à procura das fontes pretéritas/tradicionais do Direito e à subsunção mecânica a hipóteses predefinidas, mas sim se orienta por meio de modelos e metas, estabelecidos e constantemente renovados em nível transnacional. Como assinalou Maria da Glória Garcia, a *questão ecológica* "não se satisfaz com uma única alteração de comportamentos. Acompanha a dinâmica da substituição de técnicas por outras melhores. O apelo ao direito e à norma legal para, com a sua autoridade e força coercitiva, alterar comportamentos, renova-se e acompanha a dinâmica científica e tecnológica nas propostas de solução para a '*questão ecológica*'. A instrumentalização do direito é a consequência."[15] O mesmo se diga quanto à Lei nº 12.846/2013 e o combate à criatividade dos meios e formas de corrupção.

Daí a intraduzível ideia de *compliance*, própria da Lei Anticorrupção: todas as pessoas jurídicas devem aderir, obedecer e renovar o conjunto normativo de melhores práticas da atividade empresarial, bem como a governança corporativa e os princípios contábeis e de controladoria/auditoria setorial. Este é o escopo normativo, visando a preservar as boas práticas e precaver-se contra a corrupção.

6. Tais características essenciais da Lei nº 12.846/2013 – a prevenção conjugada com a objetividade da responsabilização de pessoas jurídicas – autoriza a fixação da seguinte ideia: a Lei Anticorrupção pretende ser intensamente dissuasória, pois é direcionada para o futuro (e não apenas retrospectiva/punitiva). Dirige-se a fazer com que todas as pessoas jurídicas, sem exceção, institucionalizem as melhores práticas como um *locus naturalis* para o desenvolvimento de suas atividades.

## 3. A RAZÃO DA RESPONSABILIZAÇÃO OBJETIVA DA PESSOA JURÍDICA

7. É muito importante que se tenha em mente que a racionalidade estrutural da Lei Anticorrupção reside em premissa puramente econômica: os custos imediatamente imputáveis a pessoas jurídicas, como consequência objetiva para o descumprimento de certas normas legais. Isto é, não se trata de reprimenda de ordem moral (muito embora esse efeito não seja excluído), que porventura cogite de punir por meio da criação de castigo que possa gerar algum sofrimento institucionalizado.

As multas, o perdimento de bens, a suspensão de atividades, a dissolução compulsória e a proibição de receber vantagens oriundas de entidades públicas (Lei nº 12.846/2013, art. 9º, incs. I a IV) nada têm de subjetivo – pois não visam a castigar moralmente a quem quer que seja, mas sim a institucionalizar consequências econômicas para

---

15 *O Lugar do Direito na Proteção do Ambiente*. Coimbra: Almedina, 2007, p. 372.

o descumprimento de certas regras legais. Ou melhor, sob outro ângulo: o seu escopo é o de instalar incentivos econômicos para que sejam institucionalizadas práticas as quais façam com que as condutas descritas no art. 5º da Lei Anticorrupção jamais sejam concretizadas.

8. Por outro lado, não nos esqueçamos de que o sujeito a quem a Lei nº 12.846/2013 se dirige é aquela pessoa criada devido a razões puramente econômicas. A pessoa jurídica pode ter (ou não) uma específica finalidade econômica, mas ela não é criada devido a motivos sentimentais, morais ou afetivos. Como Ronald Coase demonstrou há décadas,[16] ela existe para diminuir os "custos de transação" da atividade. Os empresários poderiam trabalhar de forma individual, comprando e vendendo ininterruptamente seus bens e serviços em mercados à vista. Mas, caso assim o fizessem, os custos para transacionar seriam altíssimos – afinal, cada pequeno contrato remeteria a gastos equivalentes (de tempo e de dinheiro). Por isso que, ao invés de negociar ininterruptamente e realizar vários contratos com muitíssimas pessoas, o empreendedor realiza um só contrato de longa duração (a constituição de uma pessoa jurídica) e nele estabelece os limites para a sua atividade – alocando racionalmente bens, trabalhadores, serviços e tributos (ou seja, estabelecendo a estrutura produtiva e de coordenação dos trabalhos).

Até determinado ponto, é mais barato internalizar, integrar e coordenar certas atividades do que as contratar com terceiros. É mais fácil realizar um só contrato – o ato constitutivo da sociedade – do que vários outros. Por meio de pessoas jurídicas, o empreendedor elimina custos inerentes ao seu negócio – e assim o faz para, legitimamente, aumentar os seus lucros (ou, no caso de pessoas sem fins lucrativos, para minorar os custos).

Logo, as pessoas jurídicas são contratos com significativa razão econômica, que não pode ser desprezada pelo Direito – como de fato não o é, em vista da redação do art. 981 do Código Civil: "Celebram contrato de sociedade as pessoas que reciprocamente se obrigam a contribuir, com bens ou serviços, para o exercício de atividade

---

16 Sobretudo em "The Nature of the Firm", in R. Coase, *The Firm, the Market and the Law.* Chicago: Univ. of Chicago Press, 1998, pp. 33-55.

econômica e a partilha, entre si, dos resultados". Ou, na definição de Alfredo de Assis Gonçalves Neto: "A sociedade é um *negócio jurídico* que tem por propósito criar um novo sujeito de direito, distinto das pessoas (ou da pessoa) que o ajustam, capaz de direitos e obrigações na ordem civil, para facilitar o intercâmbio no mundo do direito, interpondo-se entre seus criadores (ou seu criador) e terceiros na realização de negócios."[17]

9. Ocorre que tal estruturação e coordenação de atividades pode se desenvolver de forma lícita ou ilícita (qualificação atribuída pelo Direito). A pessoa jurídica consegue distribuir lucros aos seus acionistas tanto em decorrência da excelência de suas atividades como em razão da ilicitude delas. Afinal, *pecunia non olet.* No caso da licitude das atividades, nada há a anotar – o empresário merece ver prestigiado o seu direito ao lucro (que experimentará os limites naturais do mercado e da respectiva regulação, conjugados com a eficiência do empreendedor).

Porém, caso aquela estrutura jurídico-econômica se valha de condutas ilícitas para gerar ganhos, ainda que os seus acionistas e/ou direção central não tenham conhecimento de tais ilicitudes, deverá haver uma resposta jurídica diferenciada – um "equivalente econômico", por assim dizer. Da mesma forma que o Direito admite a pessoa jurídica como técnica de organização econômica, ele pode funcionalizá-la a objetos lícitos. Esta previsão é expressa no *caput* do art. 170 da Constituição brasileira. Como já escrito alhures, lá "estão estampados

---

[17] *Direito de Empresa*, 3ª Ed. São Paulo: Ed. RT, 2010, p. 120. Mas note-se que o Autor está especificamente a tratar de sociedade, distinguindo-a das demais estruturas jurídicas dotadas de personalidade, algumas sem fins econômicos (associações; fundações; condomínios, etc.). Esta diferenciação é irrelevante para a Lei 12.846/2013, nos termos do parágrafo único do art. 1º ("Parágrafo único. Aplica-se o disposto nesta Lei às sociedades empresárias e às sociedades simples, personificadas ou não, independentemente da forma de organização ou modelo societário adotado, bem como a quaisquer fundações, associações de entidades ou pessoas, ou sociedades estrangeiras, que tenham sede, filial ou representação no território brasileiro, constituídas de fato ou de direito, ainda que temporariamente"). Por outro lado, mesmo nas pessoas jurídicas sem fins lucrativos, existe a razão econômica que preside a respectiva constituição: ela é criada não com finalidades econômico-lucrativas, mas sim devido a motivo de economia.

dois fundamentos constitucionais da Ordem Econômica brasileira (a valorização do trabalho humano e a livre iniciativa), ao lado de sua finalidade: assegurar a todos existência digna, conforme os ditames da justiça social. O epicentro da Constituição Econômica está na sua compreensão funcionalizada, sobretudo em face dos princípios da dignidade da pessoa humana e da justiça social."[18] Tal como as demais liberdades, os princípios da livre iniciativa e da livre empresa (englobando a liberdade de investimento ou de acesso; a liberdade de organização e a liberdade de contratação) são *funcionalizados* de acordo com o sistema da Constituição Econômica brasileira.

Assim, é perfeitamente válido a norma jurídica estabelecer que as pessoas jurídicas sejam direcionadas a modos de atuação que impeçam quaisquer cogitações que envolvam a corrupção – até a situação-limite de proibir a existência de pessoas jurídicas que a pratiquem. Como será mais bem tratado no título seguinte, a *consideração* da pessoa jurídica pressupõe sua licitude e a respectiva funcionalização a um escopo lícito e respectivos meios. Caso isso não se dê, o Direito chega ao limite de instalar *níveis de desconsideração* da personalidade jurídica – desde a *desconsideração por atos* até a *desconsideração integral*.

10.Assim, nada impede que haja uma tipificação jurídico-sancionatória, de natureza puramente econômica, para certas e específicas condutas produzidas, direta ou indiretamente, pela pessoa jurídica. Seria de se estranhar se determinados ilícitos – os que atentem contra a vida ou integridade física das pessoas, por exemplo – fossem submetidos exclusivamente a penas pecuniárias.[19] Haveria aqui uma banalização do ilícito e sua "precificação". Porém, para delitos puramente econômicos praticados por meio da estrutura de pessoas jurídicas, é mais eficiente que estas sejam submetidas a consequências da mesma ordem das infrações: objetivas e econômicas (em paralelo às subjetivas/aflitivas impostas às pessoas físicas).

---

[18] Egon Bockmann Moreira, "Reflexões a Propósito dos Princípios da Livre Iniciativa e da Função Social", *Revista de Direito Público da Economia – RDPE* 16/31-32. Belo Horizonte: Fórum Ed., out./dez. 2006.

[19] Essa ordem de considerações – e seus reflexos morais – são analisados por Michael Sandel em *O que o Dinheiro não Compra: os limites morais do mercado*. Trad. C. Marques. Rio de Janeiro: Civilização Brasileira, 2012.

No caso da Lei Anticorrupção, basta que ela pratique "atos contra a administração pública, nacional ou estrangeira" (Lei nº 12.846/2013, art. 1º), os quais "atentem contra o patrimônio público nacional ou estrangeiro, contra princípios da administração pública ou contra os compromissos internacionais assumidos pelo Brasil" (Lei nº 12.846/2013, art. 5º).

Mas quais seriam tais atos? Aqueles definidos e arrolados, *numerus clausus*, nos cinco incisos do artigo 5º da Lei Anticorrupção:

> I – prometer, oferecer ou dar, direta ou indiretamente, vantagem indevida a agente público, ou a terceira pessoa a ele relacionada;
>
> II – comprovadamente, financiar, custear, patrocinar ou de qualquer modo subvencionar a prática dos atos ilícitos previstos nesta Lei;
>
> III – comprovadamente, utilizar-se de interposta pessoa física ou jurídica para ocultar ou dissimular seus reais interesses ou a identidade dos beneficiários dos atos praticados;
>
> IV – no tocante a licitações e contratos:
>
> a) frustrar ou fraudar, mediante ajuste, combinação ou qualquer outro expediente, o caráter competitivo de procedimento licitatório público;
>
> b) impedir, perturbar ou fraudar a realização de qualquer ato de procedimento licitatório público;
>
> c) afastar ou procurar afastar licitante, por meio de fraude ou oferecimento de vantagem de qualquer tipo;
>
> d) fraudar licitação pública ou contrato dela decorrente;
>
> e) criar, de modo fraudulento ou irregular, pessoa jurídica para participar de licitação pública ou celebrar contrato administrativo;
>
> f) obter vantagem ou benefício indevido, de modo fraudulento, de modificações ou prorrogações de contratos celebrados com a administração pública, sem autorização em lei, no ato convocatório da licitação pública ou nos respectivos instrumentos contratuais; ou
>
> g) manipular ou fraudar o equilíbrio econômico-financeiro dos contratos celebrados com a administração pública;

V – dificultar atividade de investigação ou fiscalização de órgãos, entidades ou agentes públicos, ou intervir em sua atuação, inclusive no âmbito das agências reguladoras e dos órgãos de fiscalização do sistema financeiro nacional.

Isto é, dúvida não pode haver a propósito de quais são os atos que a Lei Anticorrupção pretende impedir a respectiva concretização.[20] Mas como essa proibição pode se tornar efetiva? Como uma pessoa jurídica pode vedar que as pessoas físicas – seres humanos que são, sujeitos às tentações usuais do dinheiro – não realizem atos lesivos à administração pública? Apenas por um caminho: a explícita prefixação de parâmetros de conduta obrigatórios, que se orientem pela educação ético-institucional, supervisão de condutas, procedimentos -padrão e controle interno proativo.

11. Em assim sendo, é inevitável retornar-se ao tema da *compliance* – que pode ser compreendida como "os esforços adotados pela iniciativa privada para garantir o cumprimento de exigências legais e regulamentares relacionadas às suas atividades e observar princípios de ética e integridade corporativa", como consignou Bruno Carneiro Maeda.[21] Tais diligências devem ser instaladas por todas as pessoas jurídicas, como modo de fazer com que as condutas descritas no art. 5º da Lei nº 12.846/2013 sejam literalmente impedidas de brotar.

Conforme consignaram Leila Cuéllar e Clóvis Alberto Bertolini de Pinho: "Os mecanismos de *compliance* tornarão imperativa a incidência de boas práticas empresariais, tendo em vista as possibilidades de diminuição das sanções decorrentes da existência de tais mecanismos,

---

20 Tais tipos são analisados por Diogo de Figueiredo Moreira Neto e Rafael Véras de Freitas em "A Juridicidade da Lei Anticorrupção: Reflexões e Interpretações prospectivas", Disponível em: http://www.editoraforum.com.br/ef/wp-content/uploads/2014/01/ART_Diogo-Figueiredo-Moreira-Neto-et-al_Lei-Anticorrupcao.pdf. Último acesso em: 10/6/2014. Ampliar no artigo de Leila Cuéllar e Clóvis Alberto Bertolini de Pinho, que avançam no tema da responsabilização penal de pessoas jurídicas ("Reflexões sobre a Lei Federal nº 12.846/2013 ('Lei Anticorrupção')", *Revista de Direito Público da Economia – RDPE* 46. Belo Horizonte: Fórum, abr./jun. 2014).

21 "Programas de *Compliance* Anticorrupção: importância e elementos essenciais", in A. Del Debbio; B. C. Maeda e C. H. S. Ayres (coords.), *Temas de Anticorrupção & Compliance*. Rio de Janeiro: Elsevier, 2013, p. 167.

principalmente por conta da possibilidade de diminuição dos riscos derivados da ocorrência de atos lesivos (ou de atos de corrupção) à Administração Pública".[22] No mesmo sentido, Diogo de Figueiredo Moreira Neto e Rafael Véras de Freitas: "A *ratio* desse dispositivo é, claramente, fomentar que as pessoas jurídicas, elas próprias, instituam sistemas de controle sobre as condutas de seus agentes, de sorte a que evitem a prática de atos violadores da moral administrativa, uma vez que lhes será impossível isentarem-se de eventual responsabilização alegando ausência de *culpa in vigilando*."[23]

Isso apenas será possível caso a Lei Anticorrupção seja internalizada como um sistema de incentivos para que o modelo de organização empresarial conviva com premissas éticas e controles internos – implementando a geração contínua de melhorias na gestão, no registro de negócios e respectivos documentos da pessoa jurídica (contratuais, contábeis, bancários, etc.), bem como pautas transparentes de convivência público-privada. Tais premissas podem ser sintetizadas em quatro frentes: *(i)* códigos de ética efetivos; *(ii)* reestruturação de negócios e suas condições; *(iii)* controles sistêmicos proativos e *(iv)* criação de mecanismos sérios e consistentes de denúncias que não só preservem, mas também cuidadosamente enalteçam o denunciante.

12. Todavia e ainda que sejam estabelecidos firmes parâmetros de conduta a serem observados por todos os funcionários e diretores de uma pessoa jurídica, fato é que se torna impossível extinguir os casos de corrupção. Seria ilusório pensar-se que, depois da instalação da racionalidade empresarial anticorrupção, os desvios não mais existirão. Essa certeza não existirá, pois sempre haverá um ou outro indivíduo que, muito embora bem instruído e supervisionado, não resistirá à tentação e cederá às promessas faustianas do ganho presente (e lamúria futura).

---

[22] "Reflexões sobre a Lei Federal nº 12.846/2013 ('Lei Anticorrupção')", *Revista de Direito Público da Economia – RDPE* 46. Belo Horizonte: Fórum, abr./jun. 2014.

[23] "A Juridicidade da Lei Anticorrupção: Reflexões e Interpretações prospectivas", Disponível em: http://www.editoraforum.com.br/ef/wp-content/uploads/2014/01/ART_Diogo-Figueiredo-Moreira-Neto-et-al_Lei-Anticorrupcao.pdf. Último acesso em: 10/6/2014.

Aqui surge uma questão relevante: o que se passará àquela pessoa jurídica que, tendo cumprido todos os requisitos-padrão do *compliance*, ainda assim veja-se envolvida por ato de corrupção praticado nos termos do art. 5º da Lei nº 12.846/2013? A própria Lei Anticorrupção fornece a solução para esse dilema, que pode ser de duas ordens.

12.1 Por um lado, a Lei nº 12.846/2013 prevê a possibilidade do acordo de leniência (arts. 16 e 17). Esta solução permite que a pessoa jurídica, cujo funcionário tenha praticado algum dos atos de corrupção previstos no art. 5º da Lei nº 12.846/2013, tome a iniciativa e colabore ativamente com a apuração dos ilícitos e, assim o fazendo de modo eficaz, o acordo a isentará "das sanções previstas no inciso II do art. 6º e no inciso IV do art. 19 e reduzirá em até 2/3 (dois terços) o valor da multa aplicável" (art. 16, § 2º).

Isso importa dizer que as pessoas jurídicas precisam manter ativos seus sistemas de controle interno e não devem hesitar em manifestar, de modo inaugural, a colaboração ativa para o acordo de leniência. Assim, poderão impedir a incidência da regra da responsabilidade objetiva. Desde a edição da Lei Anticorrupção, todos sabem disso – e, assim, precisam estabelecer sistemas de controle a montante e a jusante, no começo e no fim de todos os processos produtivos e negociais (máxime aqueles que envolvam interações público-privadas).

12.2 Por outro lado, a Lei Anticorrupção determina que seja levado em conta como atenuante para a aplicação de suas sanções "a existência de mecanismos e procedimentos internos de integridade, auditoria e incentivo à denúncia de irregularidades e a aplicação efetiva de códigos de ética e de conduta no âmbito da pessoa jurídica" (art. 7º, inc. VIII). Aqui não se dá a isenção da responsabilidade, mas sim a sugestão legislativa de que tais fatores sejam, fundamentadamente e de modo vinculado, levados em consideração quando da aplicação da pena.

Aliás, esta é a conclusão de Diogo de Figueiredo Moreira Neto e Rafael Véras de Freitas a propósito dessa previsão do art. 7º: "Trata-se de preceito que, de forma inovadora, fomentará a criação de estruturas intestinas nas pessoas jurídicas, cujos objetivos serão a prevenção e a detecção destes ilícitos (*compliance*)."[24] Caso haja tais sistemas, mas eles tenham sido falhos, ainda assim deverão ser levados em conta quando do julgamento e eventual aplicação da pena (e respectiva dosimetria).

## 4. OS TRÊS NÍVEIS DE CONSIDERAÇÃO/DESCONSIDERAÇÃO SOCIETÁRIA

13. A edição da Lei nº 12.846/2013 autoriza que se desenvolvam cogitações a propósito dos níveis – ou graus – de tutela da personalidade societária pelo Direito brasileiro. Isso porque nosso ordenamento estabelece soluções que vão desde a plena consideração (o respeito ao ato constitutivo, com equivalente proteção da pessoa jurídica e de seus sócios) até a integral desconsideração da personalidade societária (o desrespeito ao ato constitutivo por meio da dissolução da pessoa jurídica – ou sua "despersonificação"), passando pela desconsideração parcial (o respeito ao ato constitutivo pontuado pela ignorância específica de certos atos que tenham violado a função da personalidade societária).[25-26] O que os três casos têm em comum?

---

[24] "A Juridicidade da Lei Anticorrupção: Reflexões e Interpretações prospectivas", Disponível em: http://www.editoraforum.com.br/ef/wp-content/uploads/2014/01/ART_Diogo-Figueiredo-Moreira-Neto-et-al_Lei-Anticorrupcao.pdf. Último acesso em: 10/6/2014.

[25] No Brasil, a teoria da desconsideração da personalidade societária teve os seguintes valiosos trabalhos inaugurais: Rubens Requião, "Abuso de Direito e Fraude Através da Personalidade Jurídica", *Revista dos Tribunais – RT* 410/12-24. São Paulo: Ed. RT, dez. 1969; José Lamartine Corrêa de Oliveira, *A Dupla Crise da Personalidade Jurídica*. São Paulo: Saraiva, 1979, e Marçal Justen Filho, *Desconsideração da Personalidade Societária no Direito Brasileiro*. São Paulo: Ed. RT, 1987. Mais recentemente, é de se destacar as monografias de Fábio Ulhoa Coelho (*Desconsideração da Personalidade Jurídica*. São Paulo: Ed. RT, 1989); Raquel Sztajn ("Desconsideração da Personalidade Jurídica", *Revista de Direito do Consumidor* 2/67-75. São Paulo: Ed. RT, jun. 1992) e Rodrigo Xavier Leonardo ("Pessoa Jurídica: por que reler a obra de J. Lamartine Corrêa de Oliveira Lyra hoje?", in Rodrigo Pironti Aguirre de Castro (org.), *Concurso de Monografias Prêmio José Lamartine Corrêa de Oliveira Lyra*. Curitiba: OAB/PR, 2005, pp. 33-75).

[26] Marçal Justen Filho desenvolve teorização semelhante, que diz respeito à "intensidade da desconsideração": "consiste tanto na ignorância total do regime jurídico societário como em um abrandamento desse regime jurídico".

Todos exigem a prévia e válida existência de uma pessoa jurídica – que, no caso da desconsideração, é assim preservada e, no da despersonificação, é destruída.

Bem vistas as coisas, trata-se de níveis de reação do ordenamento ante o cumprimento (ou não) de suas normas, inclusive na vertente funcionalista celebrada na Constituição e na legislação civil-administrativa. São variações em torno do mesmo tema; facetas de uma única realidade (a proteção à pessoa jurídica). Nas três hipóteses, o que se dá é o grau de prestígio (ou não) a determinados atos jurídicos: seja o societário-constitutivo (tanto no caso da criação como no seu reverso, a dissolução), sejam aqueles atos disfuncionais cujos efeitos impliquem a suspensão, pontual e específica, da personalidade societária (a sua desconsideração para este ou aquele efeito). Tais atos serão (ou não) levados em conta e respeitados, a depender da reação institucionalizada – e do que o sistema pretende celebrar (e respectiva carga axiológica).

14. Dentre as mais fortes reações, está a desconsideração total ou despersonificação: a pena capital da dissolução compulsória. O que se pretende extinguir é a fonte dos atos ilícitos, a sua matriz ou causa: isto é, a própria pessoa jurídica. Pessoa jurídica esta que foi institucionalizada – ou cuja existência se presta – ao cometimento de atos de corrupção. Porém, para compreendê-la, antes tratemos brevemente

---

A *desconsideração total (máxima)* "consiste na total ignorância da existência da pessoa jurídica, considerando-se os atos e as relações jurídicas como imputados diretamente à pessoa dos sócios (ou vice-versa)"; a *desconsideração média*, quando "haja identificação entre sócio e sociedade. Vale dizer, não se ignora a existência da sociedade, mas se toma como se houvesse uma única e só pessoa – ou, mais precisamente, duas pessoas com posição jurídica idêntica"; a *desconsideração mínima* estaria "na ignorância de um ângulo do regime jurídico personificatório. Isso se passa quando (...) se considera que sócio ou sociedade (conforme o caso) têm uma responsabilidade subsidiária pelos efeitos dos atos praticados pela sociedade ou pelo sócio (respectivamente)." (*Desconsideração da Personalidade Societária no Direito Brasileiro*. São Paulo: Ed. RT, 1987, p. 61). Em seguida, o Autor trata da extensão da desconsideração e apresenta nove categorias combinatórias de intensidade e extensão. Mas cabe o alerta de que ele não qualifica a dissolução societária como um caso de "desconsideração total".

das desconsiderações aqui chamadas de parciais (ou, como prefere Marçal Justen Filho, das "técnicas desconsiderativas"[27]).

Este caso é o mais usualmente tratado pela legislação – por exemplo, no Direito do Consumidor, no Direito Ambiental, no Direito Antitruste e no próprio Direito Civil.[28] A pessoa jurídica tem sua existência preservada, mas sofre uma desconsideração tópica e temporária. O ato constitutivo é mantido – persiste válido e eficaz, para todos os efeitos, exceção feita ao que foi objeto de desconsideração – e a pessoa jurídica segue a sua vida. A pessoa jurídica, portanto, não é desfeita, nem invalidada. Aliás, aqui a questão é mais lógica do que

---

27 *Desconsideração da Personalidade Societária no Direito Brasileiro*. São Paulo: Ed. RT, 1987, p. 64.

28 Respectivamente: Lei nº 8.075/1990 – Código de Defesa do Consumidor ("Art. 28. O juiz poderá desconsiderar a personalidade jurídica da sociedade quando, em detrimento do consumidor, houver abuso de direito, excesso de poder, infração da lei, fato ou ato ilícito ou violação dos estatutos ou contrato social. A desconsideração também será efetivada quando houver falência, estado de insolvência, encerramento ou inatividade da pessoa jurídica provocados por má administração. § 1° (Vetado). § 2° As sociedades integrantes dos grupos societários e as sociedades controladas, são subsidiariamente responsáveis pelas obrigações decorrentes deste código. § 3° As sociedades consorciadas são solidariamente responsáveis pelas obrigações decorrentes deste código. § 4° As sociedades coligadas só responderão por culpa. § 5° Também poderá ser desconsiderada a pessoa jurídica sempre que sua personalidade for, de alguma forma, obstáculo ao ressarcimento de prejuízos causados aos consumidores."); Lei nº 9.605/1998 ("Art. 4º. Poderá ser desconsiderada a pessoa jurídica sempre que sua personalidade for obstáculo ao ressarcimento de prejuízos causados à qualidade do meio ambiente"); Lei nº 12.519/2011 ("Art. 34. A personalidade jurídica do responsável por infração da ordem econômica poderá ser desconsiderada quando houver da parte deste abuso de direito, excesso de poder, infração da lei, fato ou ato ilícito ou violação dos estatutos ou contrato social. Parágrafo único. A desconsideração também será efetivada quando houver falência, estado de insolvência, encerramento ou inatividade da pessoa jurídica provocados por má administração.") e Lei nº 10.406/2002 – Código Civil ("Art. 50. Em caso de abuso da personalidade jurídica, caracterizado pelo desvio de finalidade, ou pela confusão patrimonial, pode o juiz decidir, a requerimento da parte, ou do Ministério Público quando lhe couber intervir no processo, que os efeitos de certas e determinadas relações de obrigações sejam estendidos aos bens particulares dos administradores ou sócios da pessoa jurídica.").

jurídica: para que a pessoa jurídica tenha atos seus desconsiderados, é preciso que ela exista.

Mas, como Alfredo de Assis Gonçalves Neto advertiu, a teoria da desconsideração societária não se dirige a qualquer ato ilícito porventura praticado pela pessoa jurídica, pois "é preciso que haja desvio de sua função econômico-social, isto é, da causa do seu nascimento, do papel que a pessoa jurídica deve preencher e que justificou a sua criação para atuar à semelhança de uma pessoa natural."[29] Devido a esse motivo, afasta-se o regime jurídico próprio da pessoa jurídica, só para determinados efeitos. A pessoa, ela mesma, persistirá íntegra.

15. Porém, desde a edição da Lei nº 12.846/2013, pode-se dizer que todas as pessoas jurídicas brasileiras foram *funcionalizadas* a determinado objetivo: o combate à corrupção. Não há limites subjetivos, como se infere da cláusula aberta do par. ún. do art. 1º: públicas ou privadas; nacionais ou estrangeiras; lucrativas ou não; personificadas ou não – não há imunidade à Lei Anticorrupção (exceção feita às pessoas políticas e às entidades com característica autárquica – que, por terem sido criadas por lei, precisam de ato legislativo simétrico para sua extinção).

Logo, todas as pessoas jurídicas precisam institucionalizar mecanismos de inibição a tais atos ilícitos. Para que elas sejam consideradas pelo ordenamento, já não mais basta a celebração do ato constitutivo e o seu registro no órgão competente, mas necessária se faz a prática cotidiana do *compliance*. A Lei Anticorrupção estabeleceu essa função para as pessoas jurídicas. Os atos de corrupção, ao invés de caracterizarem uma *disfunção circunstancial* (como se dá naqueles que podem instalar as hipóteses tradicionais de desconsideração), assumem a condição de *disfunção estrutural*. Por isso que aquela pessoa jurídica que pratique os atos de corrupção nos termos dos incs. I e II do § 1º do art. 19 da Lei nº 12.846/2013,[30] poderá sofrer a dissolução judicial compulsória.

---

[29] *Direito de Empresa*, 3ª Ed. São Paulo: Ed. RT, 2010, p. 139.

[30] "Art. 19. Em razão da prática de atos previstos no art. 5º desta Lei, a União, os Estados, o Distrito Federal e os Municípios, por meio das respectivas Advocacias Públicas ou órgãos de representação judicial, ou equivalentes, e o Ministério Público, poderão ajuizar ação com vistas à aplicação das seguintes sanções às

Esta é a pena de morte à pessoa jurídica, limitada aos casos em que se comprove ter sido a personalidade jurídica o instrumento habitual para "facilitar ou promover a prática de atos ilícitos" ou ter sido "constituída para ocultar ou dissimular interesses ilícitos ou a identidade dos beneficiários dos atos praticados" (art. 19, § 1º, incs. I e II). Note-se que aqui a Lei nº 12.846/2013 exige expressamente a prova de tais fatos.

## 5. O PAPEL FUNDAMENTAL DOS REGULAMENTOS ADMINISTRATIVOS

16. A última característica da Lei nº 12.846/2013 a ser analisada neste ensaio é mais um sintoma da elevada concentração de competências regulamentares que vem sendo atribuída ao Poder Executivo, quando menos na última década.[31]

Essa circunstância tornou-se mais incisiva no setor de contratação pública a partir da edição da Lei nº 10.520/2002, que instituiu o pregão e cuja aplicabilidade plena ficou dependente do respectivo decreto regulamentador (nº 5.450/2005). O mesmo se diga da Lei nº 11.079/2004, relativa às parcerias público-privadas brasileiras, que também aguardou sua regulamentação por ato do Executivo (Decretos nº 5.411/2005; 5.385/2005; nº 5.977/2006 e 6.037/2007), e do Regime Diferenciado de Contratação – RDC – cuja Lei, a nº 12.462/2011, teve a aplicação condicionada à edição do Decreto nº 7.581/2001. Tais decretos são todos federais – a exigir, portanto, a correspondente edição dos respectivos decretos estaduais e municipais.

---

pessoas jurídicas infratoras: [...] III – dissolução compulsória da pessoa jurídica; [...] § 1º A dissolução compulsória da pessoa jurídica será determinada quando comprovado: I – ter sido a personalidade jurídica utilizada de forma habitual para facilitar ou promover a prática de atos ilícitos; ou II – ter sido constituída para ocultar ou dissimular interesses ilícitos ou a identidade dos beneficiários dos atos praticados."

[31] Sobre tais peculiaridades, v. Egon Bockmann Moreira e Fernando Vernalha Guimarães, *Licitação Pública: a Lei Geral de Licitação – LGL e o Regime Diferenciado de Contratação – RDC*. São Paulo: Malheiros Ed., 2012, pp. 42-44; Egon Bockmann Moreira, "Qual é o Futuro do Direito da Regulação no Brasil?", in C. A. Sundfeld e A. Rosilho, *Direito da Regulação e Políticas Públicas*. São Paulo: Malheiros Ed., 2014, pp. 107-139.

Note-se que esta dependência regulamentar era praticamente inexistente ao tempo da Lei nº 8.429/1992 e da Lei nº 8.666/1993 – nem a Lei de Improbidade Administrativa nem a Lei Geral de Licitações precisaram aguardar os regulamentos administrativos para que tivessem plena exequibilidade. Pois não é o que se passa com a Lei nº 12.846/2013 – que é adicta do decreto regulamentar em alguns de seus aspectos mais relevantes.

17. Assim, todas as sanções da Lei Anticorrupção dependem da definição, pela via regulamentar, dos "parâmetros de avaliação de mecanismos e procedimentos" previstos no inc. VIII do art. 7º – cujo *caput* impõe que sua aplicação leve em conta "a existência de mecanismos e procedimentos internos de integridade, auditoria e incentivo à denúncia de irregularidades e a aplicação efetiva de códigos de ética e de conduta no âmbito da pessoa jurídica". Sem que seja revelado o que vêm a ser tais "mecanismos e procedimentos", como se aplicar qualquer sanção?

Demais disso, os arts. 8º a 15 da Lei nº 12.846/2013 disciplinam, genericamente, o processo administrativo de responsabilização da pessoa jurídica – o que demanda, por igual, a regulamentação de todo o procedimento. Sem este decreto, tais dispositivos tornam-se de difícil aplicação.

18. Ocorre que, muito embora tenha tido o trâmite legislativo de três anos e a *vacatio legis* de 180 dias (agosto de 2013 a fevereiro de 2014), fato é que a Lei nº 12.846/2013 ainda não havia sido regulamentada ao nível federal, quando da escrita deste texto.

Dos 26 Estados-Membros, até a data final deste artigo, apenas três haviam editado os respectivos decretos para permitir a aplicação da Lei Anticorrupção. Pela ordem: Tocantins (Decreto nº 4.954/2014[32]); São Paulo (Decreto nº 60.106/2014[33]) e Paraná (Decreto nº 10.271/2014[34]).

---

32 Disponível em: http://central3.to.gov.br/arquivo/173182/. Último acesso em: 11/6/2014.

33 Disponível em: http://www.legislacao.sp.gov.br/legislacao/index.htm. Último acesso em: 11/6/2014.

34 Disponível em: http://www.legislacao.pr.gov.br/legislacao/listarAtosAno.do?action=exibir&codAto=114190&codItemAto=722030#722030. Último acesso em: 11/6/2014.

Dentre os 5.570 Municípios, só se tem notícia do de São Paulo (Decreto nº 55.107/2014[35]). Tampouco o Distrito Federal regulamentou a Lei.

19. Claro que a omissão regulatória é também uma escolha. Ao deixar de expedir o decreto regulamentar, o Poder Executivo inibe a aplicação da Lei Anticorrupção. Impede que ela seja imediata e plenamente aplicável, transmitindo uma sinalização equivocada às pessoas jurídicas, pois não faz parecer que o Executivo central esteja muito interessado em dar efetividade à Lei nº 12.846/2013. Infelizmente, não é um bom começo.

## CONSIDERAÇÕES FINAIS

Conforme consignado ao início, a Lei Anticorrupção tem caráter eminentemente prospectivo: ela visa a criar uma verdadeira revolução cultural no trato das pessoas privadas com a Administração Pública. Para isso, pretende estimular as pessoas jurídicas a instalar, coordenar e renovar procedimentos que procurem inibir a prática de atos de corrupção. Porém, como se trata de Lei dirigida ao futuro, exigirá muita paciência e dependerá de persistência – os resultados não surgirão em curto prazo. É preciso que não se desista da aplicação da Lei, ainda que ela passe por momentos difíceis. Mas fato é que o mais importante está na edição da Lei e no seu estudo: o primeiro passo já foi dado.

Curitiba, 12 de junho de 2014.

[35] Disponível em: http://www.prefeitura.sp.gov.br/cidade/secretarias/upload/controladoria_geral/arquivos/CGM/DECRETO%20N%2055107%20de%202014.pdf. Último acesso em: 11/6/2014.

Impresso em setembro de 2015